新编基础写作

XINBIAN
JICHU XIEZUO

江立员　黄珊红　主编

苏州大学出版社
Soochow University Press

图书在版编目(CIP)数据

新编基础写作 / 江立员,黄珊红主编. -- 苏州:苏州大学出版社,2023.7
ISBN 978-7-5672-4424-5

Ⅰ.①新… Ⅱ.①江…②黄… Ⅲ.①汉语-写作 Ⅳ.①H15

中国国家版本馆 CIP 数据核字(2023)第 095670 号

书　　名：	新编基础写作
	XINBIAN JICHU XIEZUO
主　　编：	江立员　黄珊红
责任编辑：	周建兰
助理编辑：	王秀秀
装帧设计：	刘　俊
出版发行：	苏州大学出版社(Soochow University Press)
社　　址：	苏州市十梓街1号　邮编:215006
印　　装：	苏州市深广印刷有限公司
网　　址：	www.sudapress.com
邮　　箱：	sdcbs@suda.edu.cn
邮购热线：	0512-67480030
销售热线：	0512-67481020
开　　本：	787 mm×1 092 mm　1/16　印张:20.25　字数:468千
版　　次：	2023年7月第1版
印　　次：	2023年7月第1次印刷
书　　号：	ISBN 978-7-5672-4424-5
定　　价：	65.00元

凡购本社图书发现印装错误,请与本社联系调换。服务热线:0512-67481020

前言

党的二十大报告提出,要推进文化自信自强,铸就社会主义文化新辉煌,要将"人民精神文化生活更加丰富,中华民族凝聚力和中华文化影响力不断增强"列为未来五年全面建设社会主义现代化国家的主要目标任务之一。写作是人类不可或缺的社会行为,它承担着传承和创造人类文明的重任,它也是一个国家、一个民族文化水平的重要标识。现代社会文明离不开高水平的文化,也少不了高质量的写作。作为一个高素质的现代人,大学生肩负着传承、建设和振兴中华文化的历史重任,理应具备较强的写作能力。

毋庸置疑,在多元文化冲击和市场经济影响下,当代大学生写作能力出现弱化现象。编写写作新教材、创新写作教学新方法成为新时代高校写作课程改革的关键举措。针对教育专业大学生个人学历提升、应聘就业和今后作文教学指导等现实需求,编者在参考大量著作和总结多年写作教学经验的基础上编写了本教材。全书分三篇共十三章。上篇为理论篇,设置了写作概述、古代写作理论、写作素养、写作能力、写作过程五章,目的在于构建写作理论的基本体系。中篇为技法篇,设置了选材技法、立意技法、结构技法、谋篇技法、表达方式、语言技法六章,目的在于构建写作技法的基本体系。下篇为应用篇,设置了文学文体写作、常用文体写作两章,目的在于构建写作训练的基本体系。

本教材有以下主要特色。一是逻辑性强。从整体来看,先了解写作的基本理论,在此基础上掌握写作的基本技巧,最后进行应用训练,呈现递进性的逻辑关系;各技法、各文体,既有知识介绍,也有技法指导,随之有训练任务。二是实用性强。在论述各知识点后,都能以精当的范例来解说。各章都设置了阅读与探究,及时梳理并巩固当章所讲知识,以引导学生开展探究性学习;特设择业文书,这更是本教材注重实用性的最佳表现。

本教材的编写得到学校领导和苏州大学出版社的大力支持,得到上海大学教授饶龙隼先生的悉心指导,在此一并表示衷心的感谢!本书第二、十、十三章由黄珊红负责,其他部分由江立员负责。本书所引用的资料,绝大多数注明了出处,极少数因无法查证而未予以标注,望原作者见后来函告知,在此表示真诚的歉意!最后,希望兄弟院校师生和相关写作爱好者在使用本教材的过程中提出批评意见。我们一定会虚心听取,不断修订,使之更为完善。

编者
2023 年 3 月 9 日

目录

上篇 理论篇

- **第一章 写作概述** ········· 1
  - 第一节 写作概念 ········· 1
  - 第二节 写作本质 ········· 6
  - 第三节 写作规律 ········· 7
  - 第四节 写作特性 ········· 8
  - 第五节 写作功能 ········· 11
  - 第六节 写作价值 ········· 14
  - 第七节 训练方法 ········· 16
- **第二章 古代写作理论** ········· 23
  - 第一节 毛亨《诗大序》 ········· 23
  - 第二节 王充《论衡》 ········· 24
  - 第三节 曹丕《典论·论文》 ········· 26
  - 第四节 陆机《文赋》 ········· 26
  - 第五节 挚虞《文章流别论》 ········· 27
  - 第六节 刘勰《文心雕龙》 ········· 28
  - 第七节 钟嵘《诗品》 ········· 30
  - 第八节 司空图《二十四诗品》 ········· 31
  - 第九节 欧阳修《六一诗话》 ········· 32
  - 第十节 严羽《沧浪诗话》 ········· 33
  - 第十一节 吴讷《文章辨体序说》 ········· 34
  - 第十二节 金圣叹《水浒传》点评 ········· 35
  - 第十三节 李渔《闲情偶寄》 ········· 36
  - 第十四节 叶燮《原诗》 ········· 37
  - 第十五节 刘熙载《艺概》 ········· 38

第十六节　林纾《春觉斋论文》……………………………………40
第十七节　王国维《人间词话》……………………………………41

第三章　写作素养……………………………………………………44
第一节　生活实践素养………………………………………………44
第二节　思想理论素养………………………………………………46
第三节　文化知识素养………………………………………………47
第四节　情感意志素养………………………………………………49
第五节　审美活动素养………………………………………………51

第四章　写作能力……………………………………………………55
第一节　观察力………………………………………………………55
第二节　感受力………………………………………………………60
第三节　想象力………………………………………………………64
第四节　联想力………………………………………………………68
第五节　思维力………………………………………………………72
第六节　表现力………………………………………………………77
第七节　鉴赏力………………………………………………………79

第五章　写作过程……………………………………………………86
第一节　感知阶段……………………………………………………86
第二节　构思阶段……………………………………………………90
第三节　行文阶段……………………………………………………95
第四节　修改阶段……………………………………………………98

中篇　技法篇

第六章　选材技法…………………………………………………110
第一节　选材概述…………………………………………………110
第二节　材料选择原则……………………………………………113
第三节　材料使用技法……………………………………………117

第七章　立意技法…………………………………………………123
第一节　立意概述…………………………………………………123
第二节　立意原则…………………………………………………127
第三节　立意方法…………………………………………………130
第四节　立意误区…………………………………………………133

第八章　结构技法…………………………………………………139
第一节　结构概述…………………………………………………139
第二节　结构要素及技法…………………………………………140
第三节　结构基本要求……………………………………………158

- 第九章　谋篇技法 ··· 161
  - 第一节　定线 ··· 161
  - 第二节　文眼 ··· 164
  - 第三节　伏应 ··· 166
  - 第四节　过渡 ··· 167
  - 第五节　兴波 ··· 170
- 第十章　表达方式 ··· 174
  - 第一节　叙述 ··· 174
  - 第二节　描写 ··· 181
  - 第三节　议论 ··· 200
  - 第四节　抒情 ··· 208
  - 第五节　说明 ··· 212
- 第十一章　语言技法 ··· 221
  - 第一节　语言概述 ··· 221
  - 第二节　语言运用原则 ·· 223
  - 第三节　语言表达 ··· 233
  - 第四节　使用语言忌讳 ·· 239
  - 第五节　学习语言途径 ·· 240

下篇　应用篇

- 第十二章　文学文体写作 ·· 244
  - 第一节　诗歌 ··· 244
  - 第二节　散文 ··· 256
  - 第三节　戏剧 ··· 262
  - 第四节　小说 ··· 274
- 第十三章　常用文体写作 ·· 288
  - 第一节　报告文学 ··· 288
  - 第二节　文学评论 ··· 296
  - 第三节　学术论文 ··· 302
  - 第四节　择业文书 ··· 307

- 主要参考书目 ··· 316

上篇　理论篇

第一章　写作概述

在人类发展史上,写作活动历史悠久,源远流长。自有文字以来,写作行为就与人们的生活息息相关。写作不仅记载了人类的文明,同时也创造并发展了人类的文明。从结绳记事到甲骨篆刻,从竹简铅印到电脑传输,人类文明的一切进步都与写作活动密切相关。在复兴中华民族的征程中,我们的强国目标既体现在政治、科学、经济、军事等层面,同时也体现在文化层面,而学习写作是提升全民族文化素养的一个渠道。作为未来高水平的教师,更应该熟悉写作的基础知识,具备较高的写作水平,如此方可更好地传承中华优秀文化,更好地适应基础教育改革的新需求。

第一节　写作概念

一、写作定义

写作定义在学界见仁见智。有人从其功能分析:写作,俗称写文章。它是人类运用文字、符号进行信息记录、交流、传播的语言活动。最初的写作,产生于人类书面文字起源之时。当时,写作记录、交流、传播的是单个的、零散的文字信息。随着人类生产和语言的发展,为了记录、交流、传播的需要,人类写作活动把单个的、零散的、无序的文字、信息发展到整体化、有序化阶段,"言有序"(《易经》)的"文章"于是产生,写作以"连结篇章"(《论衡》)的"立说"为己任。有人从其过程分析:写作是人们在与客观事物(包括精神客体)相互作用的过程中,引发思维活动和心理活动,以语言文字符号为工具和媒介,进行有序化和篇章化的表达,完成思维活动成果的行为过程。有人从其本源分析:写作是借助书面语言传递信息,表达思想、情感和认识,制作文字作品的精神劳动。有人从其操作层面分析:写作是写作主体为实现写作功能而运用思维操作技术和书面语言符号,对表达内容进行语境

化展开的修辞性精神创造行为。有人从其构成要素分析:写作就是写文章,它是由写作主体、写作客体、写作载体和写作受体之间的多向互动所构成的一种有特性、成系统的社会实践活动,是一种具有明确目的指向的精神产品生产与传播的过程。综上所述,编者认为:写作是指写作主体在观察、体验和感受客观世界后,通过思维,借助语言文字将自己的思想、情感等进行有序表达并物态化,以期用于交流与传播的一种创造行为。

写作含义有广义、狭义之分。编者认为,广义的写作包含普通文体的基础性写作,包括一些应用性较强的日常生活常用的实用文体写作;狭义的写作通常是指作家的写作,即文学创作。广义的写作和狭义的写作关联密切,前者是后者的基础和起点,后者是前者的提炼和升华。新时代的健全公民,不需要也不可能人人都能从事文学创作,成为诗人、小说家、戏剧家、散文家,但需要具备基础性写作能力,因为准确地表达个人的思想、情感和认识是事业成功、生活愉悦的关键因素之一。作为今后从事语文教学工作的大学生,熟练掌握普通文体的基础性写作,能进行浅层次的文学创作显得尤为重要。

二、写作要素

关于写作要素,当前写作学界比较一致的看法是"四体",即写作主体、写作客体、写作受体、写作载体。写作的"四体"分别表明"谁来写"(写作主体)、"写什么"(写作客体)、"为谁写"(写作受体)和"怎样写"(写作载体)。

(一) 写作主体

写作主体,即作者。它是写作中起主导作用的要素。离开了写作主体,写作就无法进行。作者的思想、感情、观点、意志决定着写什么和怎样写;而作者的认知能力、思想情感、专业水平及写作方法也决定着作品的质量与效益。例如,同是写"秋":林语堂是爱秋的,因为从"秋林古气磅礴气象"中感受到做人"有古色苍茏之概,不单以葱翠争荣了",而于作文,便是"已排脱下笔惊人的格调,而渐趋纯熟练达,宏毅坚实,其文读来有深长意味"。(《秋天的况味》)而鲁迅则憎恶过"凛秋"——"然而荷叶却早枯了;小草也有点萎黄。这些现象,我先前总以为是所谓'严霜'之故,于是有时候对于那'凛秋'不免口出怨言,加以攻击。"(《厦门通信(二)》)一爱一憎,是作者理智、意志、观念、情感参与的结果。故而,加强写作主体的修养与能力成为写作的关键一环。

(二) 写作客体

写作客体,即素材。关于写作客体有两种界定:一种界定为客观世界,这是写作取之不尽、用之不尽的源泉;另一种界定是写作材料,即对象化了的自然现象、社会现象和精神现象。例如,杜甫诗句:"感时花溅泪,恨别鸟惊心。"(《春望》)花鸟本是客观存在的事物,而一旦成为写作材料,便被对象化了。因杜甫"感时"与"恨别"的情感渗入,花与鸟才"溅泪"与"惊心"。客观世界中的诸事万物,在没有成为写作材料的时候,它们只是客观存在,而一旦被认知,作为写作材料进入写作过程,便因为主体的不同而千变万化、多姿多彩。例如,"月亮"作为客观存在,千千万万年以来,月亮还是那个月亮,而作为写作对象,古今中外的诗歌中便有了千万个月亮:

明月照高楼,流光正徘徊。(曹植)
不知乘月几人归,落月摇情满江树。(张若虚)
海上生明月,天涯共此时。(张九龄)
举杯邀明月,对影成三人。(李白)
露从今夜白,月是故乡明。(杜甫)
西北望乡何处是,东南见月几回圆。(白居易)
野旷天低树,江清月近人。(孟浩然)
大漠沙如雪,燕山月似钩。(李贺)
人有悲欢离合,月有阴晴圆缺,此事古难全。但愿人长久,千里共婵娟。(苏轼)
云破月来花弄影。(张先)
恨君不似江楼月,南北东西,南北东西,只有相随无别离。(吕本中)
待月举杯,呼芳樽于绿净。拜华星之坠几,约明月之浮槎。(文天祥)
梅花雪,梨花月,总相思。自是春来不觉去偏知。(张惠言)
明月有情还约我,夜来相见杏花梢。(袁枚)
……

这些"月"都是特别的月,是蕴含着作者的独特发现和独特感受的独一无二的月。

(三)写作受体

写作受体,即文章的接受者。它主要包括文章的把关人(编辑、审稿人等)和阅读人(读者、听众等)。作者本人也是受体,在某种意义上,任何文章的第一受体都是作者本人。传播意义上的受众具有广泛、分散和隐匿的特征,而写作学则将写作受体分为指定读者和基本读者两种类型,分别具有不同的意义。例如,日记的指定读者可以说就是作者本人,信函的指定读者就是收信人,上行公文的指定读者就是上级领导者;而基本读者一般指作品所拥有的读者。写作受体直接影响写作本身。受体的接受和反馈过程是写作活动的自然延伸。受体对载体的认同或排拒,不仅作为主体意识渗入写作,而且还指引作者对载体进行再创造。例如,曹雪芹将《红楼梦》"披阅十载,增删五次",就是要"编述一集,以告天下人",天下人都成为激励他写作的动力;而唐代诗人贾岛诗云:"两句三年得,一吟双泪流。知音如不赏,归卧故山秋。"(《题诗后》)说的是"知音"不买账,连写都懒得写了,因为离开了受体,写作也便失去了意义。

写作主体与受体之间的互动化,已经成为当今传媒文化中的显著特征。王蒙说:"……我们的力量在于倾听实践的呼声,扎根于我们的生活、我们的人民、我们的土地当中。我们带给读者的当然不能仅仅限于古老的和浮泛的人啊,尊严啊,幸福啊的呼唤,我们要传达给读者的,应该是人民内心深处的,历史的和具体的,社会的和个人的,充满矛盾和不断发展的心愿、追求、痛苦、希望和欢乐。"(《"人性"断想》)当前,受体对写作活动的参与越来越积极,写作主体理应更加注重对受体阅读要求的顺应,但越是这样,写作主体越不能丧失自己的文化品位。写作主体应该通过自己的写作活动,用优秀的高品位的作品影响受体,努力征服受体,为自己的作品创造受体,在提高自己写作水平的同时,也提升受体的阅读鉴赏水平。这才是完全意义上的真正的受体意识的体现。

（四）写作载体

写作的载体，即写作的成品，一般指由文字所构成的文本。它负载着审美信息和实用信息，是内部言语外化为文字符号的结晶。在写作过程中，载体担负着表达写作主体的思想、认识和情感的任务，具有写人记事、绘景状物、说理抒情、传递信息等诸多功能，体现着写作活动的直接目的。载体连接着写作客体（写作对象）、写作主体（作者）和写作受体（读者）：它处于主体操纵下而又对主体形成制约，它是客体表现的物质基础而又与客体相辅相成，它是受体最先接触到的文字组织系统而又受到受体的影响。

总之，写作主体是写作活动的统摄因素，写作客体、写作受体和写作载体的作用是分别给写作奠基、指归和赋形。写作"四体"的作用各不相同，缺一不可，它们之间具有相互吸附、相互配合的一面，又有相互制约、相互排斥的一面。正是在写作活动中，才使既对立又统一的写作"四体"得以相互适应、相互调适、各得其所并最终融为一体，使写作活动可以完成。

四大要素之间的互动关系，便构成了完整的写作行为系统的运行机制：

主体—客体　　　　　　　　　认识关系
主体—载体—客体　　　　　　表达关系
主体—载体—客体—受体　　　传播关系
主体—受体　　　　　　　　　反馈关系

对此，陈果安在《写作学基础》中写道："一方面是'主体'自觉地操演着语言文字符号、篇章结构、文本；另一方面，'载体'又以其自身的规律，规范和制约着写作主体。写作离不开'主体'，因为一切文章的写作，都要写作主体去操作，写作主体的基本状态，包括他的人格、胸怀、知识、思想、情感、智能以及技巧的运用，无不随时随地地制约着写作行为，并且决定着这一精神生产的质量和效益。但'载体'也并非一个随意受'主体'摆布的客体：一方面，无论是语言文字符号、篇章结构还是由它们组成的'文本'，都蕴涵着其自身的规律、特点，对写作行为作了内在的规定，如果完全漠视或脱离这些规范，写出的文章就不像文章，写作也不成其为写作。另一方面，'主体'对载体——语言文字符号、篇章结构以及文本的掌握，又可以转化为'写作主体'的一种基本技能，甚至转化为一种创造力，从而使写作主体更加完美娴熟地实施写作行为。"

三、写作与说话

五四运动时期，以胡适为代表的文学革命派，针对文言写作中言文分离的弊端，提出了"作文如说话"的口号。语文教育界有感于中国语文教育重写轻说所造成的不良后果，比较重视把"说"（口述）纳入语文教学特别是作文教学之中，所以才有口语写作、口头作文的说法。但从写作学的理论角度来看，"作文如说话"不是一个科学命题，写作和说话还是有着较大区别的。其一，两者使用的媒介不同。写作和说话尽管都属于人的表达活动，但写作活动使用的媒介是书面语言，而说话活动使用的媒介则是口头语言。其二，两者要求不同。口头表达可以凭借语音、语调、语气、节奏等因素，可以夹杂一些衬字，可以重复，还可以借助手势、表情等体态语言来表情达意。但到了写作时,这些凭借都无法使用,只能使用文字符号来表达内在的思想感情,因此,语言使用上的要求就更为规范而严谨了。就日常经历来看,同样是有文化的人,多数人说话说得娓娓动听、有条不紊,却写不出好文章;就个人的表达经验来看,同样的一件事,可以说得清清楚楚、明明白白,但动笔写时仍然觉得困难重重。因此,写作与说话之间不能画等号。

朱自清在《论诵读》中说,学生的白话写作确有不少毛病,其中一个就是"由于过分依赖说话"。学生受"作文如说话"影响,没有辨别作文与说话的差异,把口语言谈直接搬到文章写作中来。他认为,尽管白话文提倡"言文一致",但是,"写的白话不等于说话,写的白话文更不等于说话。写和说到底是两回事"。在《写作杂谈·文脉》中,他还指出:思想、说话、演说、作文,都要遵守一定的思路,思路的体现就是脉。体现在意念之中是意脉,体现在口头语言里是语脉,体现在文章中就是文脉。思想、谈话、演说、作文,这四步一步比一步难,一步比一步需要更多的条理。朱光潜在《文学与语文》中指出,写作运用的媒介是"写的语文"(Written language),口头言谈所运用的是"说的语文"(Spoken language)。作文和说话在本质上是有区别的。因此,从科学意义上讲,"作文如说话"是"一句带有语病的口号"。叶圣陶说:"写作和说话虽说同样是发表,可也有不同处。写作一定有个中心,写一张最简单的便条,写一篇千万字的论文,同样的有个中心,不像随便谈话那样可以东拉西扯,前后无照应。写作又得比说话正确些,齐整些,干净些。说话固然也不宜错误拖沓,可是听的人就在对面,不明白可以当面问,不心服可以当面驳,嫌啰嗦也可以说别太啰嗦了。写了下来,看的人可不在对面,如果其中有不周到不妥帖处,就将使他人不明白,不心服,不愉快,岂不违反了写作的本意?所以写作得比说话正确些、齐整些、干净些。"(《中学国文学习法》)

现在不少语文教学大纲都强调,口头表达的训练不仅可以提高口头表达能力,对提高书面表达能力也有促进作用。而在理论和实践中,往往把"促进"理解成"同步提高",这对写作学习是不利的。对于高职院校教育专业的大学生来说,口头表达能力与书面表达能力固然都是重要的,也都需要锻炼,但这两种能力毕竟有明显差别。正确认识两者的差异性,对于学习写作的启发在于:不应再把"作文如说话"当作学习写作的准则,要想真正提高写作水平,必须注重文字表述的训练。

四、"写"与"思"

写作不仅仅是个"写"的过程,它首先要有一个"思"的过程。"思"是"写"的基础,"思"得细致、成熟,"写"才能得心应手,"意在笔先""胸有成竹"说的就是这个道理。有的人写作快捷,下笔千言,文不加点,一挥而就,要知道,在他"下笔""一挥"之前,其实已经经历了许许多多次深思熟虑。

那么,写作是不是心有所思,笔墨(文字)承之,即"表达"承接"思维"呢?中国古代有"意在笔先"的说法,意大利美学家克罗齐也认为,对于艺术创作(包括写作)来说,最重要的是"思",至于表达,只是对思维成果的"翻译"。我们要充分认识到:思维是表达的基础,但"写"并不是对思维的直线式的承接。事实上,写作活动中的"思"与"写"并不能截然分为两段。古人固然说过写作需要"成竹在胸",然而事实上,很少有人能够把"竹"在心中完全而细致地生成,然后再原封不动地用文字记录下来,而是"思"与"写"在相互促进、相互推动。正如朱光潜所说:"因为语言和思想毕竟是不能割裂开来的,在运用思想时就要运用语言,在运用语言时也就要运用思想。语言和思想都不是静止的,而是不断在生发的,在生发时语言和思想在密切联系中互相推动着……所以在说理文的写作中,思想和语言总是要维持辩证的关系:不想就不能写,不写也就很难想得明确周全。"(《漫谈说理文》)不仅说理文的写作,其他文章的写作也是如此。由此观之,思考时所用的是内心语言,写作表达时所使用的则是书面语言。在内心里自以为想得成熟的内容,到了写成文字时还会发现有不够成熟的地方,于是推动思维的进一步深入。正因如此,1987年在荷兰提尔堡召开的国际写作专题讨论会的研究报告中就明确指出:"在写作与思维之间存在着共生的关系。"

综上所述,"思"在"写"前,又与"写"共生。

第二节 写作本质

只有揭示了写作本质,才能认识写作的规律、特性和功能等本体问题。那么,写作的本质是什么呢?胡欣等学者一致认为,写作的本质是思维。因为从感知阶段、构思阶段,到行文阶段,思维贯穿于写作的全过程。

一、感知阶段,是思维的起点

写作主体接受外界刺激,积累信息,触动思维。外界刺激有两种形式:第一性刺激和第二性刺激。第一性刺激是指直接来自客观世界的直觉刺激,它是人类获得外部信息的主要来源;第二性刺激是指间接来自客观世界的折射刺激——符号刺激,它是人类获得外部信息的补充来源。大脑神经系统把刺激以信息的形式储存在大脑器官的记忆仓库里。这就是人类进行思维活动以认识客观世界的原始依据,也是写作的起点。外部世界的刺激纷至沓来,暂时未能构成清晰的理性蓝图,却能摇撼写作主体的心灵,强烈刺激写作主体的情绪,推动写作主体探索它的理性意义,从而使写作主体萌发出一种表达需求或创作冲动。这种感知的变化,包孕着思维;无思维,无所谓感知。

二、构思阶段,是思维的序化和深化

这是对信息进行整理加工的理性飞跃阶段。它包括立意、选材和布局。立意,通过对信息由表及里的排列组合以求"质"——从现象到本质的纵向开拓中寻求事物的本质意义,规定表达方向和接受对象;选材,通过信息由此及彼的排列组合以求"物"——从事物外部联系的横向拓展中寻求最能表现"质"的材料;布局,通过信息的综合排列组合以求"序"——在多维开拓中确定事物各部分的内在联系,使认识凝集成完整的意识形态,标志构思的成熟。就像马克思所说,建筑师在建筑楼房之前,已经在自己的头脑中把它建成了。在构思阶段中思维体现得最明显,可以说,构思就是思维。

三、行文阶段,是思维的物化

行文阶段,又称表达阶段或外化阶段,主要任务是起草、修改、定稿、誊稿,是构思活动的物化,即运用语言文字将构思的内容变成具体的现实存在——文章。这一阶段是创作的中心阶段,要求写作主体调动自己的生活积累,对构思好的素材进行深入细致的加工改造,通过典型化的艺术处理,使生活表象和作家的审美意识融合起来,在头脑中孕育出完整的审美意象,最后外化为艺术作品。这个阶段促使思维在稳定的可见性的系列组合中走向强化,又将思维的结晶准确地予以定型与物化。

从以上分析可以看出,思维贯穿于写作的全过程。没有思维,等于没有写作。不过,写作的思维是一种高级的、综合性的思维,以其强化、序化和外化的逻辑形式演进。思维与写作共生共存,这就是写作要动脑筋的原因所在。

第三节　写作规律

写作,无论是作为一种技能,还是作为一门科学,都是可以被认识和掌握的。纵然是文章高手、写作大家,也走过一条艰辛的道路。他们的文章,开始也是幼稚肤浅、粗糙不堪的,从立意、构思到选材、行文,存在的毛病不一而足。但随着勤奋学习和刻苦钻研,他们慢慢便找到了写作的门路,摸到了写作的规律,由写作中的必然王国走进了自由王国。这时,写作对于他们来说,就不再是一种负担和难题,反而成了一件充满乐趣的事,甚至成了生活的第一需要。那么,写作的一般规律是什么呢?

一、双重转化律

南朝文学理论家刘勰说:"情以物迁,辞以情发。""写气图貌,既随物以宛转;属采附声,亦与心而徘徊。"(《文心雕龙·物色》)这段话讲了两个意思:一是明确提出写作的"物—情—辞"的转换关系;二是如何做好这种转换,就是"写气图貌"——再现客观外界的气象和风貌,要"随物以宛转"——随着事物的本来面貌而宛转与之相适应,"属采附声"——连缀辞采、谐和声律的语言表现,也要"与心而徘徊"——与内心的思想感情达到一致。刘勰的这种"物—情—辞"的转换认识,是他对文学写作过程的一个基本观点。

从转换的过程来说,文学写作与其他文体写作一样,只是转换的个性特征不同,文学注重"情"和"辞"。苏联著名心理学家科瓦廖夫的变换理论认为"创作过程不是别的,而是双重的变换过程,就是:第一,把外部刺激的能量变换成知觉的显示或者现实的形象;第二,把形象变换成作为形象客观化、物质化的体现的文字描写"(《文学创作心理学》)。写作主体在写作之前,必须观察、体验并感受世界,从中获得"物",在此基础上触发写作主体的"情"(有的称之"意"),实现了第一次转化。写作主体的这些"情"——"眼中之竹""胸中之竹""手中之竹"(《板桥题画诗跋集》)达到一定程度时,写作主体不吐不快,当写作主体把它们外化成为"辞"(文字)后,即实现了写作的第二次转化。在写作的双重转化律中,"物"是基础,"情"是核心,"辞"是关键。

二、三重转化律

宋朝青原惟信禅师,一次游览山水,他说当他初次见到这山水时"见山是山,见水是水",当他在欣赏了山水后却"见山不是山,见水不是水",到后来他说"见山只是山,见水只是水"(《五灯会元》)。清代画家郑板桥曾提到自己画画的过程:"江馆清秋,晨起看竹,烟光、日影、露气,皆浮动于疏枝密叶之间。胸中勃勃,遂有画意。其实胸中之竹,并不是眼中之竹也。因而磨墨展纸,落笔倏作变相,手中之竹又不是胸中之竹也。"(《题画》)青原惟信禅师和郑板桥的话,间接地说出了写作过程的规律,那就是"物—感—思—文"立体复合发展状态下的三重转化:内化—意化—外化。

写作内化——由"物"到"感",这是写作的积累阶段,是写作主体将外界事物内化为大脑存储信息的过程。所谓内化,就是变外物为内物,变身外之物为储存于脑中的感知之物,并使之被写作主体化解、容纳,它是写作的准备阶段,也称感知的积累阶段。写作意化——由"感"到"思",这是写作的构思阶段,是写作主体在心理操作下,将内化的感知之物化为意向之物或某种观念,在意识和潜意识系统中或分析归纳、辨识明理,或想象联想、孕育形象,或立意塑造、勾画轮廓,最后逐步形成意态文的过程。换句话说,写作意化,就是将内化物在运思的熔炉中进行重新组合的意态化和意识化,它是一种写作设计、意向孕育的心理构筑,是俗话中的"打腹稿"。写作外化——由"思"到"文",是将意化中孕育成形的精神胎儿定型身外,使之书面化的过程。所谓外化,就是将孕育成形的意象,通过语言符号表达出来,使之定型为作品,使思维成果物态化,它是写作的完成亦即表意行文的阶段。写作主体只有超越了感知、思维和语言上的三道障碍,实现了三重转化,才能达到预期的写作目的。

第四节 写作特性

写作是精神文化活动,相比于人类社会的其他活动,有着鲜明的特性。

一、目的性

孔子说:"诗可以兴,可以观,可以群,可以怨。"(《论语·阳货》)晋代文论家挚虞认为文章"宣上下之象,明人伦之叙,穷理尽性,以究万物之宜者也"(《文章流别论》)。汉代司马迁提出文章应"究天人之际,通古今之变"(《报任安书》)。唐代诗人白居易提出"文章合为时而著,歌诗合为事而作"(《与元九书》)。清代学者顾炎武提出:"文之不可绝于天地间者,曰明道也,纪政事也,察民隐也,乐道人之善也。若此者,有益于天下,有益于将来,多一篇,多一篇之益矣。"(《日知录·文须有益于天下》)鲁迅主张写作要"为人生",他说:"人感到寂寞时,会创作;一感到干净时,即无创作,他已经一无所爱。创作总根于爱……创作是有社会性的。"(《小杂感》)丁玲坦言:"为人生,为民族的解放,为国家的独立,为人民的民主,为社会的进步而从事文学写作的。"(《我的生平与创作》)巴金也曾直露地表达:"我想用它来改变我的生活,改变我的环境,改变我的精神世界。"(《我为什么写作》)在新的历史条件下,我们从事写作,就应"以科学的理论武装人,以正确的舆论引导人,以高尚的精神塑造人,以优秀的作品鼓舞人"。

一般说来,文章通过明道说理,对真、善、美的客观事物进行描述,应具有劝善惩恶的教育作用,长知识、广见闻的认识作用,以及移人情、育操守的美感作用。正如习近平总书记所提出的"文以化人",写作主体应树立为教化人生,为真、善、美而写作的目的,否则信笔涂鸦,任意走笔,很难写出文质兼美的文章来。

二、综合性

从学科来看,写作是一门交叉性学科,与语言学、艺术学、教育学、心理学、哲学、美学等学科密切关联,其学科内容涉及这些相邻学科的相关知识与理论;从活动过程来看,写作过程体现着写作主体、客体、载体和受体的综合作用,这些复杂因素大量体现在劳动过程中;从个人写作能力来看,文章的好坏直接反映出写作主体综合素质的高低,它是创作主体知识、理论、生活经验、智慧、语言等多方面因素综合发挥作用的结果。写作对人才素质的要求是通才型的。清代学者叶燮说:"大凡人无才,则心思不出;无胆,则笔墨畏缩;无识,则不能取舍;无力,则不能自成一家。"(《原诗》)鲁迅也强调:"美术家固然须有精熟的技工,但尤须有进步的思想与高尚的人格。他的制作,表面上是一张画或一个雕像,其实是他的思想与人格的表现。"(《随感录·四十三》)茹志鹃说:"我在写每一篇东西的时候,哪怕是一篇短小的散文,我都在调动我一切储备,好像这篇写完了以后,别的东西不准备写了似的。是的,我在写每一篇东西的时候,我都翻箱倒柜,把所有的储藏,只要能用的都使用上来,哪怕并不是用在文字上。"(《漫谈我的创作经历》)一个善于写作的人,要具备很强的观察力、感受力、想象力、联想力、思维力及整合能力、建构能力和文字表达能力,要具有较高的思想修养、文化修养、审美修养和艺术修养,同时还要具备开阔的视野、丰富的阅历、多种学科的知识背景及端正的写作态度、坚忍的写作意志、持久的写作热情等。

三、实践性

写作是一种社会实践活动,其实践性具体体现在"写"上。"写"就是既动脑又动手,要身体力行;"写"就是主体能动的心理操作和行为操作相互协调向前推进的活动。宋代诗人陆游说:"纸上得来终觉浅,绝知此事要躬行。"(《冬夜读书示子聿》)清代学者唐彪说:"谚云,'读十篇不如做一篇。'盖常作则机关熟,题虽甚难,为之亦易;不常做,则理路生,题虽甚易,为之则难。沈虹野云:'文章硬涩由于不熟,不熟由于不多做。'信哉言乎!"(《读书作文谱》)鲁迅说:"文章应该怎样做,我说不出来,因为自己的作文,是由于多看和练习,此外并无心得或方法的。"(《致赖少麒》)叶圣陶从理论层面阐述:"写作是'行'的事情,不只是'知'的事情。"(《写作漫谈》)这就告诉我们,只有通过反复的实践,才能熟练地掌握写作的方法、技巧和语言,进入运笔自如的写作境界。写作的实践性体现在诸多方面:第一,任何写作材料的获取,都要依靠写作主体亲身参加社会实践活动,脱离了社会实践,写作就成了无源之水、无米之炊;第二,许多奇思妙想,瞬间顿悟,甚至突然降临的灵感,都是通过写

作实践引发的;第三,任何知识和理论,只有通过写作实践才能转化为实际的写作能力和良好的写作习惯;第四,写作主体自身精神的重塑、潜力的挖掘、写作智能的开发,都只有通过写作实践才能实现。

四、创造性

对于写作的创造性,美国写作学家威廉·W.韦斯特做过很好的阐述:"所有的写作都是创造性的,所有的写作都包含一种新的表达的'起源、发展、形成'的过程,即使你使用的是'旧'思想和第二手材料,你也为它们创造着一种新的而且是惟一的表达方式。你产生完一些完全新的、一些认真的,完全表达出你的性格和才能的东西。"(《提高写作技能》)这段话在启示我们,写作总是要设法找到一个独特的角度去体现创造性。路遥说:"文学创作的艰苦性还在于它是一种创造性的劳动,任何简单的创造都要比复杂的模仿困难得多。平庸的作家会反复制造出一堆又一堆被同样平庸的评论家所表扬的文学废品,而任何一个严肃认真的作家,为寻找一行富有创造性的文字,往往就像在沙子里面淘金一般不容易。如果说创作还有一点甜头,那么,这种甜头只有在吃尽苦头以后才能尝到。"(《作家的劳动》)在写作中,既不能模仿重复他人的作品,也不能模仿重复自己已有的作品。哪怕是材料、主题与别人相似,也要在感觉、语言或者表达方式上追求别具一格。心理学界的研究越来越强调:创造性并不是只有少数人才具备的,而是每个人身上或多或少都存在的。创造性既可体现为迥异,也可体现为微殊。像李白的豪放、杜甫的沉郁、白居易的晓畅,鲁迅的杂文、朱自清的散文、金庸的武侠小说、四大古典名著等作品,固然都是伟大的创造,而普通人在写作活动中稍微放弃一些通常而追求一点局部的出新,也同样是创造。

五、艰苦性

唐代诗人卢延让感叹"吟安一个字,捻断数茎须"(《苦吟》),可见其艰难形状。而贾岛"两句三年得,一吟双泪流"(《题诗后》),表现出他经过苦苦求索之后取得成果时的欣喜之情。写作的艰苦性首先表现在思索中的苦闷。无论从事何种写作,都必须经过由"物"而生"情"的阶段。"物"中生"情"是写作主体反复提炼、开掘,不断分析、综合的结果。而这一过程绝不是轻而易举、一探就得的。其中往往要经历无数艰难,甚至出现百思而不得其解的苦闷。写作的艰苦性还表现在表述中的烦恼。无论何种写作,最终必须由"情"而成"文"。而"文"的"生成",即言语的表述,却会遇到种种烦恼。因为运用抽象化、概念化、规则化、客体化的语言符号表述人的精细幽微、变幻莫测的内心世界,确是一项万分艰苦的劳动。鲁迅说,他的文章,哪怕是极短的杂文,都是绞尽脑汁,用"血"和"生命"换来的。托尔斯泰也曾表示:作家的笔不是"蘸着墨水",而是"蘸着自己的'血肉'在写作的"。

六、个体性

写作的个体性是由人的个别性所决定的。因为写作活动中包含诸多环节,在对事物的观察、感受、吸收、选择,文章的孕育、构思、立意,表达时的语言习惯和语言风格等方面,每一个环节都与写作主体的知识底色、情感、兴趣、思维方式、审美倾向等密切联系着,写出来必然会带有主体的个人印记。真正的写作应该是"文由己出"。在遵循文体规范的大前提下,应积极主动地开动大脑,积极思维,充分调动自己的精神储备,努力锻炼自己的"眼光"和"笔力",写出属于"自我"的个性化的文章,哪怕它不够精彩,哪怕它显得幼稚,也远胜于没有个性的"美丽"的拼凑。山隅的野花也比美丽的塑料花更能吸引人,更具审美价值。任何文学作品得以传播或流传的根本原因是其中蕴含着作家的独特人格,以及个性化的思维和语言。例如,屈原楚辞的瑰丽多姿、庄子散文的恣肆汪洋、李白诗篇的雄奇豪迈、郭沫若诗作的浪漫洒脱、李清照的缠绵悱恻、蒲松龄的诡谲瑰丽、鲁迅的犀利幽默、柳永的婉约缠绵等,均是写作主体用个体的自由之笔,写个体的自得之见,抒个体的自然之情,显个体的自在之趣。因此,个性的才是最好的。

第五节 写作功能

写作功能是指写作活动或写作成品所能起到的作用及所能发挥的效能。程民在《现代写作论》中提出,写作功能具体表现为记载功能、传播功能、宣泄功能、审美功能、发展功能五个方面。

一、记载功能

记载功能,指将人类文明的精神成果记载下来,便于流传下去,具有超时性。古人推崇的"藏之名山,传之其人"(《报任安书》),大概就是最早的档案意识了,这种档案意识突出的正是写作的记载功能。后人之所以能观前代之风俗、考前人之得失、知历史之兴衰、辨前事之清浊,正是因为有了文章的记载功能。

对于写作的记载功能,古人很早就注意了。胜利而归,古人往往把功勋铸在钟鼎上,以传后世;某人逝世,后代子孙也要刻碑为记,以求不朽;历代帝王,几乎无一例外地设有史官,以记载伟业,昭示后人。当然,上述对于记载功能的理解,还是个人从树碑立传出发的,并非其主要方面。事实上,写作记载功能的主要价值还在于记载人类精神文明成果,推动社会向前发展。例如,李时珍的《本草纲目》正是在前人间接经验的基础上加以创造性发展的结果。他研究了古代医学书籍800余种,并亲自进行实地考证,加以补充订正,才写成了这部巨著,被达尔文称为"中国古代的百科全书",至今仍是常用的医学书籍之一。试想,如果李时珍不把所认识的草药和药方记载下来,而是仅仅靠口传言授,能将如此丰富的研究成果流传后世吗?近两千种中药,一万多个药方,再聪明的徒弟也是记不住的。正是由于有这部集中药之大成的药典做基石,近现代中医内科才发展到前所未有的水平。与此相反,中医外科至今仍处于一个较低的发展阶段,与中医内科相比大为逊色。这种内外科非同步发展的状态值得研究。其实,我国中医外科也曾发展到一个很高的水平,早在1700多年前,就出现了华佗这样的外科名医。在当时,华佗就能够进行割除肿瘤、摘除脾脏、剖腹取胎、切除结肠等大手术,而且能够使用麻沸散进行全身麻醉,而欧洲人发明麻醉药至今不过百年的历史。那么,为什么我国先进的外科手术技术和麻沸散没有流传下来并在此基础上继续发展,而要从外国引进麻醉术和学习外科手术呢?其原因就在于华佗的宝贵经验未能利用写作这种手段流传下来,以致失传。

二、传播功能

传播功能,指运用文字符号把信息行迹化,从而使信息以书面的方式传播开来,便于交流。相对于口头传播信息,写作这种传播方式最突出的优点是准确可靠,方便高效。用口头传播信息,每传播一次都要经过口授、耳听两个环节,而每经过一个环节都存在着耗损的可能。传播的次数越多,损耗的可能就越大。传来传去,势必层层损耗,发生误会,甚至面目全非,故有"以讹传讹"之说。而用书面的形式传播信息,由于信息是凝固化的,在传播的过程中相对不至于损耗走样,因此可以保证信息准确无误地传播。

写作又因文字的有形和具象,使它具有了超时空传播的能力。此外,除了纸和笔,它对媒介的设备条件、物质要求依赖较少,这种便捷和廉价为它拥有庞大的使用者、扩大传播的社会效益带来又一优势。因此,自古以来人们就一直把写作作为常用的传播信息的工具。例如,在人际交往中,书信成了最常用的交际工具;在新闻传播中,报刊成了人们了解国内外大事的主要渠道;在知识传播中,书籍成了人们学习科学文化的园地。即使随着现代科技的发展,出现了广播、电视、网络等工具,但写作非但没有被取消,而且成了广播、电视、网络的基础(广播需要先写好稿子,电视剧要写好脚本,网络新闻也离不开写作),写作的生命力由此可见一斑。例如,廖承志1982年7月24日写了一封《致蒋经国先生信》,先叙阔别之情:"咫尺之隔,竟成海天之遥。南京匆匆一晤,瞬逾三十六载,幼时同袍,苏京把晤,往事历历在目。"再表我党的态度:"三年以来,我党一再倡议贵我两党举行谈判,同捐前嫌,共竟祖国统一大业。"又从民族利益、国民党利益、蒋氏两代利益分析祖国统一的好处与坚持分裂的弊端,并进行规劝,表达了作者切盼祖国和平统一的真挚愿望:"当今国际风云变幻莫测,台湾上下众议纷纭。岁月不居,来日苦短,夜长梦多,时不我与。盼弟善为抉择,未雨绸缪。'寥廓海天,不归何待?'……'度尽劫波兄弟在,相逢一笑泯恩仇'。遥望南天,不禁神驰,书不尽言,诸希珍重,伫候复音。"全信情真意挚,感人肺腑,既宣传了我党和平统一台湾的政策,又表现了共产党人以国家民族利益为重的磊磊胸襟和豁达大度,引起了海内外华夏儿女的强烈反响。

三、宣泄功能

写作的宣泄功能是一种客观存在,早就引起作家们的重视。鲁迅指出:"人感到寂寞时,会创作;一感到干净时,即无创作,他已经一无所爱。"(《小杂感》)一些作家在回答"你创作的目的是什么"时,也涉及这个问题。彭荆风的回答是:"抒发我的爱与憎。"苏叔阳的回答是:"抒发自己所思所想;很想替平民百姓说话。"藏族作家扎西达娃回答得更干脆:"宣泄。"(《作家的自白——25位作家创造情况调查》)巴金说:"我是一个不善于讲话的人,唯其不善于讲话,有思想表达不出,有感情无法倾吐,我才不得不求助于纸笔,让在我心上燃烧的火喷出来,于是我写了小说。""我感觉到我们的社会出了毛病,我却说不清楚病在什么地方,又怎样医治……我有感情无法倾吐,有爱憎无处宣泄……让我的痛苦,我的寂寞,我的热情化成一行一行的字留在纸上。我过去的爱和恨,悲哀和欢乐,受苦和同情,希望和挣扎,一齐来到我的笔端……"(《文学生活五十年》)这里所说的宣泄功能,当然是就作家而言的,不过与写作的社会性并不矛盾。尽管作家所宣泄的情愫是主观的,但作家的情愫毕竟是受客观环境的刺激而起,因而必然具有社会内容。当然,作家所宣泄的情愫只有具有一定的积极正面的社会价值,这种宣泄才有社会意义。如果作家宣泄的仅仅是私愤,这种宣泄对于社会就无意义了,甚至具有负面影响。

宣泄作为一种产生和表现情感的写作行为,在今天这个高技术、快节奏的社会里正越来越为人们所认可。随着小康生活和休闲时代的到来,休闲写作也成为一种客观存在的写作状态。尤其随着网络技术的普及,网络写作已经成为最具魅力的写作方式之一,其便捷、海量及发表的低成本、低门槛等优势,顺应了大众化、普及化的趋势。因此,当今时代的写作宣泄功能有广泛的群众基础。

四、审美功能

写作是一种审美活动,要求写作主体对社会和自然作出审美评价。文章一旦写成之后,就作为一种审美载体供读者欣赏,以实现其美学价值。写作的审美功能主要体现在三方面:一是思想性。写作主体对自然和社会做出审美判断,并选择其中美的事物加以表现,对社会中丑的事物加以艺术化的处理,热情讴歌真、善、美,鞭挞假、恶、丑。只有如此,才会给人带来美的体验,使人们的心灵变得更美好。那种宣扬罪恶、诲淫诲盗的文章,并不具有美学价值。二是结构美。写作主体按照美的法则来编排文章结构,使全篇匀称和谐,严谨完整,舒展自如,浑然一体,似清水芙蓉,如行云流水,具有整体美、动态美和建筑美。三是语言美。写作主体所运用的语言必须是美的。语言是写作的工具,但又不同于一般工具。写作是语言的艺术,语言工具本身具有美的特质,即具有工具美。语言不仅要准确、鲜明、生动地表述思想内容,而且要看起来顺眼,读起来动听,具有形式美和音韵美。只有内容、结构、语言三者皆美的作品,才能充分发挥文章的审美功能,给读者带来美的享受。

例如,唐代诗人杜甫的诗歌:"两个黄鹂鸣翠柳,一行白鹭上青天。窗含西岭千秋雪,门泊东吴万里船。"(《绝句》)诗人用黄、翠、白、青的色彩组成一幅秀美的生活画面。黄鹂鸣叫,白鹭高飞,积雪闪光,泊船欲动,有声有色,有动有静,表现出阳春三月欣欣向荣的春景。这是作者对生活美的感受、发现与抒写。读者阅读时,同样能感受到诗歌"再现"与"表现"出来的生活美。

五、发展功能

写作的核心和灵魂是思维。写作是思维活动的催化剂,能有效地促进思维向着广阔性、深刻性、创造性、灵活性、逻辑性、敏捷性等方向发展,促进思维进入更高层次。没有思维活动,就没有写作活动;没有思维的活跃,就没有写作的灵动;没有思维的深度,就没有写作的深度;没有思维的广度,就没有写作的广度。写作也是一种自我教育的重要方式,它有利于写作者提高阅读能力,增进认识能力,加强口头表达能力等。

从写作过程而论,写作过程中人的思维比平时更活跃,更深入,更集中,更有方向性。

平时的思维活动在人脑中以内部语言方式进行的时候,思维的内容往往是肤浅的、模糊的、粗糙的、混乱的(内部语言是跳跃的、不连贯的,思维中的元素符号几乎不受什么限制)。而如果用语言文字符号把这些思维的内容记录下来,加以物态化,便需要反复琢磨、整理、修改,从而使思维活动越来越积极、深入、集中,使思维的内容越来越清晰、准确、深刻。朱光潜说:"写成的字句往往可以成为思想的刺激剂,我有时本来已把一段话预先想好,可是把它写下来时,新的意思常源源而来,结果须把预定的一段话完全改过。普遍所谓'由文生情'与'兴会淋漓',大半在这种时机发现。"(《谈文学·作文与运思》)这就是写作促进了思维进入高层次。写作的过程是不断引爆创造性思维的过程,如同放鞭炮一样,由一次迸发引发另一次迸发,由一个形象引发另一个形象,由一种构思引发另一种构思,由一种结构引发另一种结构等等,如此在写作中相互刺激,不断生成,人的大脑将越写越灵敏,越写越聪明,越写越易激活思路,越写越易找到新的写作点,人的思维自然越来越得到发展。

第六节 写作价值

现代社会是一个高度开放、快速发展、充满激烈竞争的社会。这个社会需要大量高素质的人才,具有较强的写作能力无疑是现代人必备的基本素质。写作的价值到底有哪些?

一、满足职业需求

根据人才学的研究,当代科学技术人员最佳智能结构应具备五种能力:自学能力、思维能力、创造能力、表达能力和组织管理能力。其中表达能力与其他四种能力关系最为密切。正因为表达能力(即写作能力)是一种重要能力,是培养人所必需的,所以许多国家,尤其是发达国家都十分重视写作课。例如,在美国,"一些大学提出一个'学习通过写作'的口号,把写作看作全面训练大学生思维能力和学好其他课程的基础和最佳途径"(《关于写作理论更新的思考》)。美国明尼苏达新闻学院还开设一种高级写作课程,专门研究怎样提高写作能力。通过这种高层次的写作训练,学生具有了自己的写作风格及特点。在日本,不仅应聘经理要写一篇作文,陈述你对"怎样做才能提高本公司的技术水平"这一类问题的见解,而且招聘工人、职员也要进行笔试作文。书面表达能力差的人,在谋生竞争中就会常常失利。在法国,有一所国立行政学院,这是一所专门培养政府行政部门高级人才的学校,每周招生100人,从2000名有硕士学位的人中选拔,入校考试都有写作试题,其中初试的六道试题中有四道是作文。可见,会不会写文章,不仅成了人们有没有学问的明显标志,还成了评判职业竞争力高低的重要手段。

从事科技工作,要写科技成果报告、工程(或产品)设计说明、发明申请书、科技学术论文等;从事经济工作,要写商品广告、经济合同、经济活动分析报告、财经学术论文等;从事法律工作,要写起诉书、公证书、答辩书、判决书、法律论文等;从事公务员工作,要写调研报告、章程、条例、规章、办法、请示、决议等。目前,各级国家机关录用公务员的公共科目考试中都有"申论"一项;全国各地公开选拔党政领导干部的公开科目考试中有作文一项;教师资格证考试各专业学生也有作文考试;等等。总之,写作活动已渗入各行各业,凡是有事业心、渴望成功的人,总会与写作结下不解之缘。作为未来的语文教师,语文课的一个重要内容就是作文教学,其任务是传授写作知识,培养学生写作能力。因此,语文教育专业的师范生应该成为写作的"三师":"诊断师"——能够指出学生作文中存在的问题;"指导师"——能够用学过的写作理论指导学生如何作文;"操作师"——能够写出漂亮的下水作文,为学生树立榜样。

二、营造生活情趣

从广泛的意义上来说,文字作品是生活的馈赠。一个成熟的写作主体,必定是一个热爱生活的人。因为只有热爱生活,才有心思热情地熟悉生活、专注地深入生活、正确地理解生活,从而更好地反映和表现生活;只有热爱生活,才有动力从生活中汲取营养,从生活中发现主题,从而对人、对社会充满爱心,对写作充满激情;也只有热爱生活,才有兴趣培养高雅的爱好,掌握某种生活的特技,进而营造有情趣的生活。

培养广泛的兴趣爱好,追求高雅的生活情趣,可以说是写作的天然需要。按照法国作家蒙田关于"生活乐趣的大小是随我们对生活的关心程度而定的"(《蒙田人生随笔·珍爱生命》)的说法,从有无生活情趣中可以检验一个人的生活态度。按照英国作家培根关于"有什么样的情趣,就有什么样的思想;有什么样的学识和见解,就有什么样的谈吐"(《随笔录》)和古希腊哲学家伊壁鸠鲁关于"趣味的先决条件是美德,没有美德也就不会有什么乐趣"(《世界名言大辞典》)的说法,生活情趣则是一个人道德、修养、品格、格调的试金石。培养高雅的情趣,寻找生活的乐趣,既是增长学问见识的需要,也是造就高尚道德情操的需要,还是提高自己生活质量的需要——写作是紧张繁重的脑力劳动,需要充沛的精力和强健的体魄,而有别样的兴趣爱好,有写作之外的健康向上的生活情趣,有助于紧张之后的身心放松,有助于连续工作甚至打通宵后精力体力的恢复,这当然有益于更好地再投入写作。写作与生活,就是这样千丝万缕地联系着。

三、提升人生品位

作品是写作主体心灵的展现,文品与人品密不可分,通常的说法是"文如其人""诗品出于人品"。写作不仅仅是语言文字和写作技巧的运用,而且是写作主体——人的综合素质的展现。综合素质既包括人的经历、学识,也包括人的思想、品格。或者说,写作主体的综合素质主要包括生活修养、学识修养、人格品位和审美理想四个方面。鲁迅说:"美术家固然须有精熟的技工,但尤须有进步的思想与高尚的人格。他的制作,表面上是一张画或一个雕像,其实是他的思想与人格的表现。"(《随感录·四十三》)绘画如此,写作又何尝不如此!要作文,先做人。而做人,就要讲究人品,活出人格和人的尊严来。

1915年诺贝尔文学奖获得者、法国著名作家罗曼·罗兰说:"没有伟大的品格,就没有伟大的人,甚至也没有伟大的艺术家,伟大的行动者。"(《贝多芬传》)每一个写作主体,都应当加强修养,追求心灵的美好、灵魂的纯洁、人品的高尚。否则,根本写不出像样的东西来。退一步讲,即便写出漂亮的文字,也会由于文章和人格的背离而难以产生良好的社

效应。试想,现实生活中,还有什么比人品低下而言辞动听更招人厌恶的吗?

四、开发人的智能

借助于写作活动的不断进行,写作主体的观察力、感受力、想象力、联想力、思维力、表现力、鉴赏力及语言表达能力等,都将得到切实的锻炼和提高。这些能力的提高,不仅有利于学习学科知识,还有利于写作主体对事物(包括别人或自己已有的写作成果)做出批判性的判断,更有利于诱发人的创造性思维,催生创造性的成果。例如,当我们要描写一种花朵,又很难准确把握其花色、花形、花香时,就会促使我们找机会去仔细观察它,这就培养了我们的观察能力;当我们要写白杨树时,我们就要思考,如何摆脱茅盾《白杨礼赞》所形成的思维定式,找到新的表现角度,这就培养了我们创新思维的能力;当我们在写作母爱的同时,也会引发写作父爱的构想,这就培养了我们的联想能力和比较思维能力……总之,写作的不断进行,就是对人的潜在智能的不断开发;每一次写作行为的结束,都可能引发一次新的写作行为。

朱光潜说:"写成的字句往往可以成为思想的刺激剂。"在这种刺激下,"新意自会像泉水涌现,一新意酿成另一新意……"(《作文与运思》)。

第七节 训练方法

如何有效提升自己的写作水平呢?

一、破卷取神与切实多做相结合

鲁迅说:"专看文学书,也不好的。先前的文学青年,往往厌恶数学,理化,史地,生物学,以为这些都无足重轻,后来变成连常识也没有,研究文学固然不明白,自己做起文章来也胡涂,所以我希望你们不要放开科学,一味钻在文学里。"(《致颜黎民》)郭沫若也指出,作者只有博览精读,成了"一部或大或小的活的百科辞典",才能转益多师,博采众长,"破其卷而取其神,把其精而去其粕。熔宇宙之万有,凭呕心之创作"。著名作家沈从文在谈到自己是怎样从事写作的问题时说:要读很多书,从一堆小说中明白组织各种故事的方法,明白文字的分量;为了弄明白文字的分量,得在记忆里收藏一大堆单字单句,这些单字单句是靠平时处处用心,从眼睛里耳朵里装进去的;要留心别人作品写到某一件事,提到某一点气候同某一个人的感觉时,他使用了些什么文字去说明,他简单处简单到什么程度,复杂处又复杂到什么程度;还要在实践中不断变换作品的内容和形式,用不同方法处理文字组织故事,进行不同的试探。他说,他自己就是经过将近10年的学习用笔,才慢慢脱去矜持、浮夸、生硬、做作,日益接近自然和成熟。(《沈从文文集》)沈从文的经验,虽然谈的是怎样学会写小说,其实对其他文章写作也同样具有借鉴作用。但是,多读也得明确:读书为下笔。读书要讲究方法,要把"破"和"有神"结合起来,要做到"破其卷而取其神"。

杜甫说"读书破万卷,下笔如有神"(《奏赠韦左丞丈二十二韵》),是否真正地多读了文章,又能"破卷取神",就能"下笔如有神"了呢? 也不尽然。事实上,有些人确实读了很多书,说起话来也头头是道,而动起笔来还是没有神。这就是眼高手低,或者说是光会动口不会动手。产生这种现象的主要原因在于缺乏实际写作训练。清代学者唐彪说:"学人只喜多读文章,不喜多做文章;不知多读乃藉人之功夫,多做乃切实求己功夫,其益相去远也。……谚云:'读十篇不如做一篇。'盖常作则机关熟,题虽甚难,为之亦易;不常做,则理路生,题虽甚易,为之则难。"(《读书作文谱》)这是说读和写的关系,写(实践)是重点。只读不写,仅获得知识,不能变为能力;只写不读,容易陷入盲目性。周立波认为:"一个文学工作者要经常练笔,正如一个拳师要经常练拳一样。长久不练,就会荒疏。"(《致湖南青年文学创作者会议的贺信》)多写,才能顺畅地表情达意;多写,才会明白文章之利病;多写,语言文字的运用才能熟纯美妙;多写,才能去"常语滞义",获得新鲜的思想,做到"手之所至,随意生态"(《与陈硕士书》)。凡是大作家、大手笔都在主张多读多写,读写结合。

二、内功修炼与外功修炼相结合

学习写作既要修炼内功,又要修炼外功。修炼内功指的是丰富自身的生活实践,提高自身的思想理论、文化知识、情感意志、逻辑语言等素养;修炼外功指的是要善于在生活中观察、感悟、想象、思考、鉴赏和表现写作素材。学习写作者要先修内功,再练外功,因为内功是激发写作兴趣的内驱力。

曾任中国写作学会会长的裴显生教授多次在青年学生中倡导,学习写作要做到"六有",即"心中有爱,肩上有担,腹中有墨,胸中有识,目中有人,手上有艺"。这就是告诫学习写作者:第一必须要有爱心,对生命、对生活、对社会、对历史要有一种积极的态度;第二必须有责任感,对文章、对读者、对时代要感到笔头的分量和肩头的责任;第三必须要有真才实学,写作是一项严肃而神圣的工作,来不得半点虚假和轻浮;第四必须要有胆识和魄力,有创新意识,敢于并善于说真话、说实话;第五必须要有谦虚谨慎,尊重读者、同行的美德,听得进不同的意见;第六必须要有过硬的写作技能,具有良好的写作基本功。"六有"的实质也是提倡学习写作者要将内功修炼与外功修炼相结合。需要强调的是,要想学会写作,就要走进生活,积极参加社会生活,扩大自己生活的范围,丰富生活阅历。吴伯箫曾说:"我写过《记一辆纺车》,因为我纺过线;我写过《菜园小记》,因为我种过菜。"(《经验》)诗人臧克家也说:"如果你不能深刻体会慈母的爱,你也就不能深刻体会'临行密密缝,意恐迟迟归'的深意。如果你不了解一个妻子对丈夫的关切,你就不了解'一行书信千行泪,寒到君边衣到无'的深情。'烽火连三月,家书抵万金',身经战乱的人才能感同身受地体验诗中的味道。'劝君更尽一杯酒,西出阳关无故人',久客他乡的旅子才觉出它的深长意义。没有丧失甘苦共尝的爱人经验的人,不会对元稹的'落叶添薪仰古槐''贫贱夫妻百事哀'的悼亡诗感到痛切的哀伤;没有恋爱经验的人,对'爱而不见,搔首踟蹰'的滋味就不能体味。"

三、发表文章与讲评文章相结合

写作也是一种公众的言说,几乎每一个写作主体都期望自己的文字能见诸报端、媒体

等。发表,既表明写作主体的才华被认可,又象征着写作主体获得了公众言说的权利。一个写作主体最大的荣耀,莫过于拥有在公众面前言说的能力和资格;绝大多数写作主体的主要目的,就是要拥有在公众面前言说的能力和资格。一个写作主体看到自己的文字和名字出现在报刊、媒体上,既兴奋,又激动。这兴奋与激动,一方面是发现自己拥有了另一种说话的方式,这种说话方式能使写作主体发出更广阔、更洪亮的声音,一个人的声音传得多远、多久,就证明这个人的影响力有多远、多久,这就是为什么一个有争议的作家,往往也是一个有影响力的作家。伴随而至的,还有取得这种别样的说话方式的权利感、获得感、快慰感、成就感,刺激着写作主体以更好的姿态、更高的标准、更严的要求去写作。因此,发表文章对写作主体是一种激励,能促使写作主体源源不断地获得写作的动力和能源。

此外,学习写作还要善于讲评文章(包括自己的和他人的),讲评时要"无私于轻重,不偏于憎爱",持公正、客观的态度,"一观位体,二观置辞,三观通变,四观奇正,五观事义,六观宫商",这样就"斯术既形,则优劣见矣"(《文心雕龙·知音》)。其意思是,一看是否合乎体式,二看运用的语言技巧,三看是否善于变化,四看能否正确使用奇妙而正常的表现方法,五看运用的事例是否精当,六看语言是否有声律、合乎自然的节奏,以上六点做到了,作品的好坏也就看出来了。讲评不仅是写作知识、写作技巧的总结和补充,也是端正写作态度和明确作文改进方向的思想教育课。它对于提高写作学习主体的思想水平和写作能力,进一步调动写作学习主体的积极性,都具有很大的意义。

1. 写作对于每个现代人来说都是不可或缺的,如同空气之于人的生命。以下是写作者眼中的写作:

斯好说:写作是我最好的生命方式。

叶广芩说:写作是快乐的苦役。

聂华苓说:写作是件很美的事。

阿来说:写作是生命本身的一种冲动。

林真理子说:写作是房间里的独角戏。

皮亚杰说:写作才能思维。

雨果·克洛说:我写作则我生存。

海明威说:写作,是一种孤寂的生涯。

还有许多对写作的个人表述:写作是一种治疗,写作是一件倾诉工具,写作是一种自由的状态,写作是为了描述一种无法表达的痛,写作是弱者的自白,写作是一个人心里生出的孩子……你心中的写作是什么呢?和同学交流,谈谈自己的看法。

2. 现代有人预言,随着电脑技术的发展,将来的写作不再是"用手"而是"用口"(即人对着电脑说话,电脑会自动生成文章),也有人提出了"多媒体写作"(指的是写作中除了文字之外,还有图像媒介、声音媒介的综合运用)的概念。你是如何认识这些问题的?

3. 有人认为写作规律是"循序渐进""习惯养成"和"热情推动",有人认为写作规律是

"化一律""渐递律"和"适宜律",有人认为写作规律是"物我交融转化律""博而能一综合律"和"法而无法通变律"。谈谈你对这些观点的认识。

4. 美国当代著名学者阿尔温·托夫勒指出:"新的经济要求掌握符号形象抽象的技巧,要求具有合乎逻辑地说明问题和表达的能力,以及其他方面的能力。"著名社会学家约翰·奈斯比特也指出:"在这个文字密集的社会里,我们比以往更需要具备基本的读写技巧。"谈谈你对这两位学者观点的理解。

5. 鲁迅说过:"写不出时不硬写。"而美国的大学写作教材提倡:"强迫自己写。"这两种说法矛盾吗?你怎样看待这两种观点?

6. 课外阅读下列文章,从多种角度加深对写作的理解。
（1）海明威的《写作,是一种孤寂的生涯》
（2）王蒙的《你为什么写作》
（3）苏雪林的《写作与思想》
（4）池莉的《写作是一种愉快》

7. 大学生必读书目100本(教育部高等教育司指定)
（1）《语言问题》赵元任著,商务印书馆,1980年版
（2）《语言与文化》罗常培著,语文出版社,1989年版
（3）《汉语语法分析问题》吕叔湘著,商务印书馆,1979年版
（4）《修辞学发凡》陈望道著,上海教育出版社,1979年版
（5）《汉语方言概要》袁家骅等著,文字改革出版社,1983年版
（6）《马氏文通》马建忠著,商务印书馆,1983年版
（7）《汉语音韵》王力著,中华书局,1980年版
（8）《训诂简论》陆宗达著,北京出版社,1980年版
（9）《中国语言学史》王力著,山西人民出版社,1981年版
（10）《中国文字学》唐兰著,上海古籍出版社,1979年版
（11）《中国历代语言学论文选注》吴文祺、张世禄主编,上海教育出版社,1986年版
（12）《普通语言学教程》(瑞士)索绪尔著,高名凯译,岑麒祥、叶蜚声校注,商务印书馆,1982年版
（13）《语言论》高名凯著,商务印书馆,1995年版
（14）《西方语言学名著选读》胡明扬主编,中国人民大学出版社,1988年版
（15）《应用语言学》刘涌泉、乔毅编著,上海外语教育出版社,1991年版
（16）《马克思恩格斯论文学与艺术》陆梅林辑注,人民文学出版社,1982年版
（17）《在延安文艺座谈会上的讲话》毛泽东著,见《毛泽东选集》第3卷,人民出版社,1991年版
（18）《邓小平论文艺》中共中央宣传部文艺局编,人民文学出版社,1989年版
（19）《中国历代文论选》郭绍虞主编,上海古籍出版社,1979年版
（20）《文心雕龙选译》刘勰著,周振甫译注,中华书局,1980年版
（21）《诗学》亚里斯多德著,罗念生译,人民文学出版社,1982年版

(22)《西方文艺理论史精读文献》章安祺编,中国人民大学出版社,1996年版
(23)《20世纪西方美学名著选》蒋孔阳主编,复旦大学出版社,1987年版
(24)《西方美学史》朱光潜著,人民文学出版社,1979年版
(25)《文学理论》(美)韦勒克、沃伦著,刘象愚等译,三联书店,1984年版
(26)《比较文学与文学理论》(美)韦斯坦因著,刘象愚译,辽宁人民出版社,1987年版
(27)《诗经选》余冠英选注,人民文学出版社,1956年版
(28)《楚辞选》马茂元选注,人民文学出版社,1980年版
(29)《论语译注》杨伯峻译注,中华书局,1980年版
(30)《孟子译注》杨伯峻译注,中华书局,1960年版
(31)《庄子今注今译》陈鼓应译注,中华书局,1983年版
(32)《乐府诗选》余冠英选,人民文学出版社,1959年版
(33)《史记选》王伯祥选,人民文学出版社,1957年版
(34)《陶渊明集》逯钦立校注,中华书局,1979年版
(35)《李白诗选》复旦大学中文系古典文学教研组选注,人民文学出版社,1977年版
(36)《杜甫诗选》萧涤非选注,人民文学出版社,1985年版
(37)《李商隐选集》周振甫选注,上海古籍出版社,1986年版
(38)《唐宋八大家文选》牛宝彤选,甘肃人民出版社,1986年版
(39)《唐人小说》汪辟疆校录,上海古籍出版社,1978年版
(40)《唐诗选》中国社会科学院文学所编,人民文学出版社,1978年版
(41)《唐宋词选》中国社科院文学所编,人民文学出版社,1982年版
(42)《宋诗选注》钱锺书选注,人民文学出版社,1989年版
(43)《苏轼选集》王水照选注,上海古籍出版社,1984年版
(44)《元人杂剧选》顾肇仓选注,人民文学出版社,1962年版
(45)《辛弃疾词选》朱德才选注,人民文学出版社,1988年版
(46)《西厢记》王实甫著,王季思校注,人民文学出版社,1978年版
(47)《三国演义》罗贯中著,人民文学出版社,1957年版
(48)《水浒传》施耐庵著,人民文学出版社,1975年版
(49)《西游记》吴承恩著,人民文学出版社,1955年版
(50)《今古奇观》抱瓮老人辑,人民文学出版社,1979年版
(51)《牡丹亭》汤显祖著,人民文学出版社,1982年版
(52)《聊斋志异选》张友鹤选注,人民文学出版社,1978年版
(53)《儒林外史》吴敬梓著,人民文学出版社,1977年版
(54)《红楼梦》曹雪芹著,人民文学出版社,1982年版
(55)《长生殿》洪昇著,人民文学出版社,1983年版
(56)《桃花扇》孔尚任著,人民文学出版社,1958年版
(57)《老残游记》刘鹗著,人民文学出版社,1959年版
(58)《鲁迅小说集》鲁迅著,人民文学出版社,1979年版

(59)《野草》鲁迅著,人民文学出版社,1979年版
(60)《女神》郭沫若著,人民文学出版社,1978年重印版
(61)《郁达夫小说集》郁达夫著,浙江人民出版社,1982年版
(62)《新月诗选》陈梦家编,上海书店复印,1985年
(63)《子夜》茅盾著,人民文学出版社,1994年版
(64)《家》巴金著,人民文学出版社,1979年版
(65)《沈从文小说选集》沈从文著,人民文学出版社,1982年版
(66)《骆驼祥子》老舍著,人民文学出版社,1999年版
(67)《曹禺选集》曹禺著,人民文学出版社,1978年版
(68)《艾青诗选》艾青著,人民文学出版社,1988年版
(69)《围城》钱锺书著,人民文学出版社,1980年版
(70)《赵树理选集》赵树理著,人民文学出版社,1958年版
(71)《现代派诗选》蓝棣之编选,人民文学出版社,1986年版
(72)《创业史》(第一部)柳青著,中国青年出版社,1960年版
(73)《茶馆》老舍著,人民文学出版社,1994年版
(74)《王蒙代表作》张学正编,黄河文艺出版社,1990年版
(75)《白鹿原》陈忠实著,人民文学出版社,1993年版
(76)《余光中精品文集》余光中著,安徽人民出版社,1999年版
(77)《台湾小说选》,《台湾小说选》编辑委员会选编,人民文学出版社,1983年版
(78)《中国当代文学作品选》王庆生主编,华中师范大学出版社,1997年版
(79)《希腊的神话和传说》(德)斯威布著,楚图南译,人民文学出版社,1977年版
(80)《俄狄浦斯王》(《索福克勒斯悲剧二种》)罗念生译,人民文学出版社,1961年版
(81)《神曲》(意)但丁著,王维克译,人民文学出版社,1980年版
(82)《哈姆莱特》(《莎士比亚悲剧四》)卞之琳译,人民出版社,1988年版
(83)《伪君子》(法)莫里哀著,李健吾译,上海译文出版社,1980年版
(84)《浮士德》(德)歌德著,董问樵译,复旦大学出版社,1982年版
(85)《悲惨世界》(法)雨果著,李丹、方于译,人民文学出版社,1978—1983年版
(86)《红与黑》(法)司汤达著,郝运译,上海译文出版社,1986年版
(87)《高老头》(法)巴尔扎克著,傅雷译,人民文学出版社,1954年版
(88)《双城记》(英)狄更斯著,石永礼译,人民文学出版社,1993年版
(89)《德伯家的苔丝》(英)哈代著,张谷若译,人民文学出版社,1957年版
(90)《卡拉马佐夫兄弟》(俄)陀思妥耶夫斯基著,耿济之译,人民文学出版社,1981年版
(91)《安娜·卡列尼娜》(俄)托尔斯泰著,周扬、谢索台译,人民文学出版社,1978年版
(92)《母亲》(俄)高尔基著,瞿秋白等译,人民文学出版社,1980年版
(93)《百年孤独》(哥伦比亚)加西亚·马尔克斯著,黄锦炎等译,上海译文出版社,

1984年版

(94)《喧哗与骚动》(美)福克纳著,李文俊译,上海译文出版社,1984年版

(95)《等待戈多》(法)萨缪埃尔·贝克特著,外国文学出版社,1998年版

(96)《沙恭达罗》(印)迦梨陀娑著,季羡林译,人民文学出版社,1981年版

(97)《泰戈尔诗选》(印)泰戈尔著,冰心译,湖南人民出版社,1981年版

(98)《雪国》(日)川端康成著,高慧勤译,漓江出版社,1985初版

(99)《一千零一夜》(阿拉伯)纳训译,人民文学出版社,1957年版

(100)《外国文学作品选》(两卷本)郑克鲁编,复旦大学出版社,1999年版

第二章 古代写作理论

几千年来,我国许多思想家、文学家、诗人在长期的写作实践和研究中,积累了极其丰富的经验,并且把这些经验概括、提炼而成为写作理论。古代虽没有把写作单独作为一门学科来研究,但对写作理论的研究早在先秦时期就开始了。胡欣等学者认为,先秦阶段的写作理论包孕在诗歌和散文的写作论述中,多为零散的经验概括和心得体会;两汉阶段,随着辞赋、政论、史传写作的繁荣,则出现了一些较为完整的写作理论篇章;到魏晋南北朝时期,古代写作体系基本形成;在隋唐五代宋金元时期,写作研究进入发展期;而在明清时期,写作理论则非常成熟了。这些珍贵而丰富的写作理论,对写作主体的写作实践具有很大的启发作用和借鉴意义。

第一节 毛亨《诗大序》

毛亨,生平不详,毛遂的侄儿,秦末汉初学者,战国末期赵国邯郸(今河北省邯郸市鸡泽县)人,相传是古文诗学"毛诗学"的开创者。据说他学《诗》于荀子,而其诗学传自于子夏,曾作《毛诗故训传》,简称《毛传》,以授侄子毛苌,世人称之"大毛公"。

《诗大序》,又称《毛诗序》,是中国古代第一篇诗歌理论专著,概括了先秦以来儒家对于诗歌的若干重要认识,进一步阐明了诗歌抒情言志的特征,是先秦到西汉的儒家诗论的总结。第一,揭示了诗歌抒情与言志相统一的艺术本质;第二,基于儒家的视角,特别重视以政教为核心的诗的社会作用;第三,序文提出的"六义"说具有丰富的理论内涵。大序主要说明了诗的教化作用"言在诗外",强调"美刺"。它论述了诗歌风化、教化、美刺、讽谏的社会作用及其原则、标准,诗歌发展与时代的关系,诗歌的分类(风、雅、颂)和表现手法(赋、比、兴),对后世的文学和写作理论具有长远影响。

毛诗学派是最早阐释《诗经》的四派儒家经师之一,其作品历来被划分为"大序"和"小序"。"小序"是每篇诗前的简短说明,阐释一篇诗的创作动因与宗旨,而"大序"则在诠释《关雎》之时,阐述了这一学派对诗歌乃至文学原理的认识,是儒家经师对周代诗歌创作的经验总结。这是早期《诗经》研究中最具有理论形态的文献,也是儒家诗教观的经典性表述。

《诗大序》概括了先秦时代儒家对于诗歌理论的许多重要认识,是从先秦到汉代儒家

诗论的总结。《诗大序》对诗歌的性质、作用、体制和表现方法等问题做了比较全面的阐述,对后世诗歌理论产生了极大的影响,具有很高的价值。

第二节 王充《论衡》

王充(27—97?),字仲任,会稽上虞(今浙江上虞)人。出生于"细族孤门",家贫无书,年轻时到洛阳求学,拜班彪为师。"常游洛阳市肆,阅所卖书,一见辄能诵忆,遂博通众流百家之言。"(《后汉书·王充传》)后回乡教书,曾任功曹、治中等小官,晚年闭门潜心著书,完成不朽之作《论衡》。《论衡》共八十五篇,二十余万字。全书广泛论述了哲学和文学理论的许多问题。现通行本脱文、错简和误字很多,可供阅读的版本有:《四部丛刊》影印明通津草堂本,黄晖《论衡校释》长沙商务印书馆1938年铅印本,刘盼遂《论衡集解》北京古籍出版社1957年铅印本,上海人民出版社1974年出版的《论衡》铅印点校本。王充的文学理论散见于《论衡》一书的《自纪》《对作》《佚文》《艺增》《超奇》等二十多篇中,总括起来主要有以下几点。

第一,重视文章的实用价值。"故夫圣贤之兴文也,起事不空为,因因不妄作。作有益于化,化有补于正。"(《对作》)"为世用者,百篇无害;不为用者,一章无补。"(《自纪》)他所主张的"为世用"主要有两层含义:其一是劝善惩恶,教化人民。"夫文人文章,岂徒调墨弄笔为美丽之观哉?载人之行,传人之名也。善人愿载,思勉为善;邪人恶载,力自禁裁。"(《佚文》)其二是为统治者歌功颂德。他说:"周秦之际,诸子并作,皆论他事,不颂主上,无益于国,无补于化。"(《佚文》)王充主张文章应当"为世用",对当时皓首穷经之辈,信伪迷真之徒,有着积极的针砭意义。

第二,要求文章的内容与形式统一。他说:"贤圣定意于笔,笔集成文,文具情显。"(《佚文》)"文"是形式,"意""情"都是内容,二者是"外内表里,自相副称"(《超奇》),彼此是统一的。但二者的关系他认为是这样的:"人之有文也,犹禽之有毛也。毛有五色,皆生于体。苟有文无实,是则五色之禽,毛妄生也。"(《超奇》)尽管内容与形式是相辅相成的,但它们并不可等量齐观。二者相比,内容起着主导的、决定性的作用。如不顾及内容,一味追求形式美,则无论其辞藻如何美,皆是不可取的,"文丽而务巨,言眇而趋深,然而不能处定是非,辩然否之实。虽文如锦绣,深如河、汉,民不觉知是非之分,无益于弥为崇实之化"(《定贤》)。当然,他也重视文采。因为"情见乎辞",所以"文辞美恶"又"足以观才"。(《佚文》)文章既要有充实的内容,又要有绚烂的文采,才能使读者"诚见其美,欢气发于内"(《佚文》),从而受到潜移默化的感染作用。

第三,强调文学的真实性。纵观《论衡》全书,"疾虚妄""归实诚"像一根红线贯穿始终,从而构成了王充现实主义文学理论的基本核心。王充作《论衡》的根本目的,就是"疾虚妄",倡"真美"。"是故《论衡》之造也,起众书并失实,虚妄之言胜真美也。""浮妄虚伪,没夺正是。心溃涌,笔手扰,安能不论?"(《对作》)王充这种疾虚妄、归实诚、倡真美的现实主义文学观,是对当时谶言蜂起、怪说布彰的社会风气的勇敢挑战。为了坚持"尚然""贵

是",他敢于问孔刺孟,敢于"谲常心,逆俗耳",期待着"华伪之文灭,则纯诚之化日以孳矣。"(《对作》)

第四,主张使用明白易晓的语言写文章。针对汉代复古保守的"文必艰深"的观点,他提倡文章的语言要清楚明白。当时有人认为,"口辩者其言深,笔敏者其文沉"(《自纪》)。似乎文字越深奥水平就越高。针对这种不良文风,王充指出:"夫文由(犹)语也,或浅露分别,或深迂优雅,孰为辩者?故口言以明志,言恐灭遗,故著之文字。文字与言同趋,何为犹当隐闭指意?"又说:"夫笔著者,欲其易晓而难为,不贵难知而易造;口论务解分而可听,不务深迂而难睹。"(《自纪》)因此,"口则务在明言,笔则务在露文"(《自纪》)。至于古人之书所以深奥难懂,并不是因为古人才气大,而是由于时代相隔太久,古今语言不同,或是各地的方言不一样,"此名曰语异,不名曰材鸿"(《自纪》)。因此,王充提出了自己的语言标准:真正好的作品,并不在于语言艰深,而是能深入浅出、喻深以浅,"何以为辩?喻深以浅。何以为智?喻难以易"(《自纪》)。

第五,要求文章要创新,反对模仿和因袭。针对汉代文学界浓厚的复古模拟之风,王充极力反对贵古贱今,批判"好高古而下今,贵所闻而贱所见"(《齐世》)的观点。王充认为,历史在发展,时代在进步,文学总是今胜于古的,"周有郁郁之文者,在百世之末也。汉在百世之后,文论辞说,安得不茂"(《超奇》),更重要的还在于:衡量作品不应当只看时代的差异,而应看其内在的价值,"夫俗好珍古不贵今,谓今之文不如古书。夫古今一也。才有高下,言有是非……"(《案书》)。因此,"不论善恶而徒贵古",是决不可取的。正确的态度应当是"才有浅深,无有古今;文有伪真,无有故新"(《案书》)。从这一观点出发,王充主张艺术创新,反对模拟前人,"文士之务,各有所从,或调辞以巧文,或辩伪以实事。必谋虑有合,文辞相袭,是则五帝不异事,三王不殊业也"(《自纪》)。他认为文章要有自己的特征,"各以所禀,自为佳好",而不应一味模仿古人,因为"饰貌以强类者失形,调辞以务似者失情"(《自纪》)。他认为文章不能千篇一律,每篇文章应有自己特殊的面貌。值得一提的是,王充在反对贵古贱今、模拟因袭的同时,也大力提倡学习古人,博古通今,"温故知新,可以为师;今不知古,称师如何"(《谢短》),"知今不知古,谓之盲瞽"(《谢短》)。

第六,重视作家的修养。对才、气、学、习的论述,也有价值。王充认为,作家创作个性,既取决于先天的"才"与"气",又受制于后天的"学"与"习"。而才能则是创作的关键,"才力不相如,则其知思不相及也……其才劣者,笔墨之力尤难"(《效力》),"连结篇章,必大才大智,鸿懿之俊也"(《超奇》)。当然,仅有"才"还不够,还应博学,"才智高者,能为博矣"(《别通》)。王充关于才、气、学、习的观点,虽然谈得不甚明确,但对后世文学理论产生了积极的影响。从曹丕《典论·论文》中的"文气",到刘勰《文心雕龙·体性》所说的"才有庸俊,气有刚柔,学有浅深,习有雅郑",皆可以看出王充《论衡》的影响。

第三节 曹丕《典论·论文》

曹丕(187—226),字子桓,三国时期著名的政治家、文学家,曹魏的开国皇帝。曹丕自幼好文学,诗、赋、文学皆有成就,尤擅长于五言诗,与其父曹操和弟曹植,并称"三曹",今存《魏文帝集》二卷。《典论·论文》是曹丕精心撰著的《典论》中的一篇。《典论》一书,据《隋书·经籍志》著录,共有五卷二十篇。所谓"典",有"常"或"法"的意思。所谓《典论》主要是讨论各种事物的法则,在当时被人视为规范文人言行的法典。它是我国文学批评史上第一篇宏观地、多角度地论述文学文体的专著。它冲击了汉代后期统治文坛的陈腐观念,总结了建安文学的新特点和新经验,开创了盛极一时的魏晋南北朝文学批评之先例。该著作的主要论点有以下几点。

第一,反对自古以来的"文人相轻"的积习,分析了陋习产生的原因。解决的办法是"审己以度人",即从自我出发,正确地审视别人;并分别指出了建安七子在各体文章创作上的长处和短处。

第二,第一次提出了"夫文,本同而末异"的文体观,并把文章分为四科八类,即"奏议宜雅,书论宜理,铭诔尚实,诗赋欲丽"。初步揭示了作为文学的诗赋予其他六种体裁的区别之处,为各文体文章的创作和批评找到了一个初步的客观标准。

第三,提出了"文以气为主"的命题。他所谓的"气",是指作家的个性和气质;所谓的"清浊有体",是指作家阳刚与阴柔两种不同的风格。曹丕指出,正因为"引气不齐,巧拙有素",作品风格也自然不同。

第四,把文章的作用提到了"经国之大业,不朽之盛事"的社会政治高度,并且鼓励文人更积极地创作,希望他们不要"遂营目前之务,而遗千载之功"。

曹丕的《典论·论文》,标志着我国古代的文学批评进入了一个新的时期。它不是单纯根据个人主观爱憎来评论文章,而是有意识地去探索并企图解决文学发展中的一些共性问题。尽管它对这些问题所作的答案还比较简单,但是它启发后来的作家、批评家们继续探索解决这些问题的先驱功绩是应该肯定的。后来的陆机、刘勰、钟嵘等人,正是沿着它所开拓的道路继续前进的。

第四节 陆机《文赋》

陆机(261—303),字士衡,吴郡吴县(今江苏苏州)人,西晋文学家、文学理论家、书法家,与其弟陆云合称"二陆"。他"少有奇才,文章冠世"(《晋书·陆机传》),《文赋》是其杰出的文学理论著作。杜甫《醉歌行》说:"陆机二十作文赋。"李善注引臧荣绪《晋书》,称:"年二十而吴灭,退临旧里,与弟云勤学,积十一年,誉流京华,声溢四表……机妙解情理,心识文体,故作《文赋》。"《文赋》是我国第一部从写作过程来论述写作的专著。其主要观点可总结为如下几点。

第一,提出"诗缘情而绮靡"。"缘情"是就诗歌的内在美而言的,"绮靡"则是指诗歌的外形美。继承曹丕"诗赋欲丽",陆机认为诗歌应具有艳丽华美的形式。所谓"其会意也尚巧,其遣言也贵妍,暨音声之迭代,若五色之相宣",正是对诗歌绮靡的形式美的论述。由于"缘情而绮靡"的主张不符合儒家传统诗学信条,历来多遭到封建文人的非议,但这种观念的更新进一步促进了诗歌理论和创作的发展。

第二,探讨了作文的用心。陆机在《文赋》的序言中说:"余每观才士之作,窃有以得其用心。夫放言遣辞,良多变矣。妍蚩好恶,可得而言。每自属文,尤见其情。恒患意不称物,文不逮意。盖非知之难,能之难也。故作文赋以述先士之盛藻,因论作文利害之所由。"这一段话清楚地说明了他创作《文赋》的动机和目的,主要在于探索才士创作的"用心","论作文利害之所由"。

第三,分析了作文的过程。陆机认为,当作家"遵四时以叹逝,瞻万物而思纷",产生了创作动机以后,就进入了"收视反听,耽思傍讯""精骛八极,心游万仞"的构思的过程。直到"情瞳昽而弥鲜,物昭晰而互进",沉辞浮藻,联翩而来,算是做到"意能称物"了,这才进入"选义按部,考辞就班"的阶段。"或因枝以振叶,或沿波而讨源,或本隐以之显,或求易而得难",说明选义考辞工作的复杂和曲折。"理扶质以立干,文垂条而结繁",又指出立意和选辞之间有先后主从的关系,不能本末倒置。所谓选义考辞,正是为了做到"文能逮意"。他提出写作要解决的中心问题是"意不称物,文不逮意"。

第四,对十种文体进行了论述。陆机对十种文体的内容和形式特点作了精练概述。"诗缘情而绮靡,赋体物而浏亮,碑披文以相质,诔缠绵而凄怆,铭博约而温润,箴顿挫而清壮,颂优游以彬蔚,论精微而朗畅,奏平彻以闲雅,说炜晔而谲诳。"

第五,除了上述创作过程的一般描述之外,该著作还详细地研究了立意、修辞的问题。陆机从积极的方面指出了在"文繁理富"的情况下"立片言"为"警策"的必要;指出了立意和遣言,应该"谢朝华于已披,启夕秀于未振",努力创新,反对"伤廉""忽义"的因陈抄袭。从消极方面,他也指出了创作中常见的"唱而靡应""应而不和""和而不悲""悲而不雅""雅而不艳"等毛病。值得注意的是,他所谓的"会意尚巧",是指如何巧妙地表达内容,而不是追求内容的高尚、深刻、丰富、充实。

《文赋》结合东汉末以来诗赋等文体的创作,继承了曹丕的《典论·论文》的文学论,突破了儒家"诗言志"的传统,并开启了刘勰《文心雕龙》的文学论,成为近代最杰出的讨论创作的文学论。

第五节 挚虞《文章流别论》

挚虞,生年不详,卒于西晋永嘉五年(311)。字仲洽,京兆长安(今陕西西安)人。历官至光禄勋、太常卿。怀帝永嘉末,洛阳荒乱,饥饿而死。《晋书·挚虞传》记载:"虞撰《文章志》四卷……又撰古文章,类聚区分为三十卷,名曰《流别集》,各为之论,辞理惬当,为世所重。"考《新唐书·艺文志四》有挚虞《文章流别集》三十卷。这部著作乃按照问题分类选集的古代优秀作品,每类作品各有叙论。全书今已佚失,只残存严可均从各类书中辑出载于《全上古三代秦汉三国六朝文》中的十二条,以及范文澜从《金楼子·立言下》与《文选·东征赋》注各补一条。这十四条就是《文章流别论》中各类文体叙论的残编断简。

《文章流别论》继《典论·论文》及《文赋》对各种文体粗略提出不同风格要求之后,进而对每种文体做较详细的论辩,对文体的产生和作用、发展和变化,以及作家创作的得失,作全面的论述,是魏晋时期文艺理论和批评的一大飞跃,也反映出当时文艺创作及审美意识的精进。如其对赋体的论述,先言赋的源起和作用,继言赋的发展变化,并对作家提出评论,且举出足为典范的作品,最后标举赋的创作准则而指出"四过"。

刘勰《文心雕龙·序志篇》标出上篇泛论文体的四条纲领:"原始以表末,释名以章义,选文以定篇,敷理以举统。"挚虞在这里早已做了实际的运用,可以说,刘勰的纲领,就是受到挚虞文体论的启迪而从中概括出来的。张溥在《汉魏六朝三百家集》的《挚太常集》"题辞"之末说:"《流别》旷论,穷神尽理,刘勰《雕龙》,钟嵘《诗品》,缘此起议,评论日多矣。"即确切指出它们间的源流关系。章学诚《文史通义·诗教下》讥萧统《文选》标"七"之名,而挚虞已将《七发》及其后仿效之作作为一类并论之,可见《文选》的文体分类也曾受到《文章流别论》的影响。

第六节　刘勰《文心雕龙》

刘勰(约465—?),字彦和,祖籍东莞郡莒县(今山东省日照市莒县东莞镇大沈庄)。南朝梁时期大臣,文学理论家、文学批评家,刘宋越骑校尉刘尚之子。少时家贫笃志好学,依靠名僧僧祐,学习儒家和佛家理论。历时五年,完成《文心雕龙》的创作。因名微位卑,书成之后未能引人注意,他便拦在当时官高位显的沈约车前,请其评审。沈约读后,给予"深得文理"的高度评价,并经常把该书稿放在自己的案前,刘勰和《文心雕龙》才渐渐为世人所知。《文心雕龙》引论古今文体及其作法,与刘知几《史通》、章学诚《文史通义》,并称文史批评三大名著,奠定了在中国文学批评史上的地位。

《文心雕龙》是古代写作论的集大成者。刘勰在《序志》篇这样解释《文心雕龙》书名:"夫文心者,言为文之用心也。昔涓子《琴心》,王孙《巧心》,心哉美矣,故用之焉。古来文章,以雕缛成体,岂取驺奭之群言雕龙也?"由此可见,"文心"指写文章的用心,"雕龙"指把文章写得华美如雕绘的龙文。全书十卷,五十篇,分上下两篇,各二十五篇,包括总论、文体论、创作论、批评论四个主要部分,共计37 000余字。总论共计5篇,论"文之枢纽",阐述了写作的指导思想,为全书的理论基础;文体论共计20篇,分别探究了骚、诗、乐府、赋等35种文体的写作,每篇分论一种或两三种文体,对主要文体都做到"原始以表末,释名以章义,选文以定篇,敷理以举统",其分析的详细,论述的系统周密,远远超过了曹丕和陆机;创作论共计19篇,阐述了创作中的各种问题,分论了创作过程、作家个性风格、文质关系、写作技巧、文辞声律等类的问题;批评论共计5篇,从不同角度对过去时代的文风、作家的成就提出批评,并对批评方法作了专门探讨;《序志》是最后1篇,说明自己的创作目的和全书的部署意图。这部书内容虽然分为四个方面,但理论观点首尾一贯,各部分之间又相互照应。正像他在《附会篇》说的:"众理虽繁,而无倒置之乖;群言虽多,而无棼丝之乱。"其"体大""虑周""思精""笼罩群言",在古代文学批评著作中是空前绝后的。《文心雕龙》的出现,在我国写作学科的发展史和古代文论发展史上具有划时代的意义,标志着古代写作学的基本形成。在《文心雕龙》里,刘勰的主要观点有以下几点。

第一,阐明了写作的功能和撰写本著作的动机。《序志篇》中,他说:"唯文章之用,实经典枝条。五礼资之以成,六典因之致用。君臣所以炳焕,军国所以昭明,详其本源,莫非经典。而去圣久远,文体解散,辞人爱奇,言贵浮诡,饰羽尚画,文绣鞶帨,离本弥甚,将遂讹滥。盖《周书》论辞,贵乎体要;尼父陈训,恶乎异端。辞训之异,宜体于要。于是搦笔和墨,乃始论文。"这里,刘勰说明了文章的政治社会作用,也说明了他写这部著作的动机是为了纠正离开了经典本源的"浮诡""讹滥"的文风。

第二,初步建立了用历史眼光来分析、评论文学的观念。用他的话说,就是"振叶以寻根,观澜而索源"。

第三,从不同的角度阐发了质先于文、质文并重的文学主张,比较全面地说明了文学内容和形式的关系。刘勰要求后世作家向儒家经典学习的,主要就是作品既要有华丽的形式,又要有正确而充实的内容。所以他强调:"志足而言文,情信而辞巧,乃含章之玉牒,秉文之金科矣。"

第四,从创作的各个环节、各个方面总结了创作的经验。例如,他在《熔裁篇》中对写作过程作了明确具体的说明,"履端于始,则设情以位体;举正于中,则酌事以取类;归余于终,则撮辞以举要"。

第五,初步建立了文学批评的方法论。在《知音篇》里,刘勰发展了曹丕的观点,反对"贵古贱今""崇己抑人""信伪迷真"等错误的批评态度,认为正确的批评家应该有深广的学识修养,"凡操千曲而后晓声,观千剑而后识器"。他又提出了六观的方法:"一观体位,二观置辞,三观通变,四观奇正,五观事义,六观宫商。"这六方面虽然更多的是从形式上着眼,但是他认为只有"披文"才能"入情",只有"沿波"才能"讨源",只有全面地观察形式才能深入内容。最后他还指出任何文章都是可以理解、可以批评的,"岂成篇之足深,患识照之自浅耳"。

《文心雕龙》的理论对唐以后的批评家有相当大的影响。陈子昂革新诗歌标举"风骨""兴寄",杜甫、白居易论诗重视"比兴",韩愈论文主张尊儒、复古,论学习古人应该"师其意而不师其辞",都是直接或间接受到该理论的启发。清代章学诚倡导"战国文体最备"的著名议论,实质上也是继承和发展了该书《宗经》等篇的看法。

今存《文心雕龙》最早的版本是唐写本残卷,最早的刻本是元代至正本。从明代弘治本以后,刻本、校本、注本甚多,到清代黄叔琳辑注本集其大成。

现代学者撰注的诸本中,以范文澜《文心雕龙注》影响最大。另有杨明照《文心雕龙校注》、刘永济《文心雕龙校释》、王利器《文心雕龙校证》、詹锳《文心雕龙义证》等,注释和译注本则有周振甫、陆侃如、牟世金、郭晋稀、赵仲邑、向长清等多种。

第七节　钟嵘《诗品》

钟嵘(约468—518),字仲伟,南朝文学批评家。颍川长社(今河南许昌长葛市)人,魏晋名门"颍川钟氏"之后。仿汉代"九品论人,七略裁士"的著作先例,写成诗歌评论专著《诗品》。全书所论范围以五言诗为主,将两汉至梁作家122人,分为上、中、下三品进行评论,故名为《诗品》。《隋书·经籍志》著录此书,书名为《诗评》,这是因为除品第之外,该书还就作品评论其优劣。在《诗品》中,钟嵘提倡风力,反对玄言;主张音韵自然和谐,反对人为的声病说;主张"直寻",反对用典,提出了一套比较系统的诗歌品评的标准。作为中国古代第一部论诗的著作,钟嵘在著作中论诗的观点主要有以下几点。

第一,强调赋和比兴相济为用,强调内在的风力与外在的丹彩应同等相待。他在《诗品序》里说:"故诗有三义焉:一曰兴,二曰比,三曰赋。文已尽而意有余,兴也;因物喻志,比也;直书其事,寓言写物,赋也。宏斯三义,酌而用之,干之以风力,润之以丹彩,使味之者无极,闻之者动心,是诗之至也。若专用比兴,患在意深,意深则词踬。若但用赋体,患在意浮,意浮则文散,嬉成流移,文无止泊,有芜漫之累矣。"

第二,反对用典。当时不少诗人专尚用典,抄故纸堆,而不是"直寻",即描写即目所见的生动的生活现象,致使诗歌创作"拘挛补衲,蠹文已甚,但自然英旨,罕值其人"。钟嵘的观点得到后人的响应,如清代袁枚嘲笑那些追求用典者:"天涯有客号詅痴,误把抄书当作诗。抄到钟嵘《诗品》日,该他知道性灵时。"(《仿元遗山论诗》)在序里,他说:"若乃经国文符,应资博古;撰德驳奏,宜穷往烈。至乎吟咏情性,亦何贵于用事?"

第三,反对沈约等人"四声八病"的主张。沈约等提出的"四声八病"的诗律,人为的限制过于严格,连他们自己也无法遵守。钟嵘批评他们"襞积细微,专相陵架。故使文多拘忌,伤其真美"。他说:"余谓文制,本须讽读,不可蹇碍。但令清浊通流,口吻调利,斯为足矣。至平上去入,则余病未能;蜂腰鹤膝,闾里已具。"

第四,善于概括诗人独特的艺术风格。他概括诗歌风格主要从以下几方面着眼。一是论赋比兴。例如,他说阮籍的诗"言在耳目之内,情寄八荒之表"。二是论风骨和词采。例如,说曹植诗"骨气奇高,词采华茂"。三是重视诗味。例如,他说五言诗"是众作之有滋味者也"。四是注意摘引和称道诗中佳句,称之为"胜语"。例如,论谢灵运诗,称其"名章迥句,处处间起"。五是善于运用形容词、比喻修辞来描绘诗歌的风格特征。例如,评范云、丘迟诗说:"范诗清便宛转,如流风回雪;丘诗点缀映媚似落花依草。"

第五,有一定的历史观。钟嵘认为诗歌有三个源头。一是《诗经》中的《国风》。"其源出于《国风》"的有汉末流传下来的无名氏的五言诗《古诗》、曹植的作品,以下递相师法的有刘桢、左思、陆机、谢灵运、颜延之等人。二是《诗经》中的《小雅》。源出《小雅》的只有阮籍一人。三是《楚辞》即屈原的作品。直接源出《楚辞》的有李陵,递相师法的有班姬(李陵、班姬的作品实系后人伪托)、曹丕、王粲、嵇康、张华、潘岳、张协、刘琨、郭璞、陶潜、鲍照、谢朓、沈约等人。

第六，一方面他反对某些形式主义的现象，另一方面也受到南朝形式主义潮流的影响。他品评诗人，往往把词采放在第一位，很少涉及他们作品的思想成就。他常常肯定文采的"华茂""彪炳"，也肯定文风的"省净""华净"，而不赞成朴实、质直的风格。

钟嵘的《诗品》，尽管有不少失当之处，但成就是主要的。《诗品》阐发的理论问题，有的十分精当，影响了千古诗论，不少人称之为历代诗话之祖。其对后代诗歌的批评有很大的影响。唐代司空图，宋代严羽、敖陶孙，明代胡应麟，清代王士禛、袁枚、洪亮吉等人论诗，都在观点、方法或词句形式上，受其不同程度的启发和影响。

《诗品》版本颇多，明清时各种丛书多有收录，文字互有出入。为《诗品》认真注疏是近代以来的事情，以陈延杰《诗品注》、许文雨《诗品释》（后经修订收入《文论讲疏》）较好，解放后都有重版，可供研读。

第八节　司空图《二十四诗品》

司空图（837—908），河中虞乡（今山西运城永济）人。字表圣，自号知非子，又号耐辱居士，晚唐诗人、诗论家。著有《二十四诗品》。《二十四诗品》是"论诗诗"。他以"赏诗"为"第一功名"，后人肯定他的，就是他因赏诗而提出的诗歌理论。其主要观点有以下几点。

第一，提出了辨别诗味的标准。他说："噫，近而不浮，远而不尽，然后可以言韵外之致耳。"其意指：一首好诗，艺术形象当是具体生动的，使人看来不流于浮泛；形象有含蓄性、意境是深远的，使人读起来觉得它言有尽而意无穷。这种诗才能谈得上有韵外之致。

第二，提出了创作艺术形象的秘诀。他认为，创作"近而不浮，远而不尽"的艺术形象的秘诀是"思与境偕"。在创作过程中所谓"思"，即前人所谓"神思"——生动活泼的意象；所谓"境"，指为表达意象而创设的一个相对完整的世界，因为"象"不能脱离"境"；所谓"偕"，指意象与其所在境地的主客观统一，应达到契合无间的地步。"思与境偕"，如用他的另一说法，那就是"意象欲出，造化已奇"——意象与境相契合，且被描绘得如"造化"般自然、逼真。

总之，司空图论诗的诸多观点，可概括地称为"韵味说"，其精髓在于追求诗的蕴藉、含蓄之美。《二十四诗品》则是其观点的诗化的表达。他把诗歌的风格分为雄浑、冲淡、纤秾等二十四类，每类各以十二句形象化的韵语来形容比喻其风格的面貌。从表面看来，他提到的风格是多方面的，既有冲淡、含蓄、飘逸，也有雄浑、豪放、悲慨，他似乎并不专注一格。但他所谓的"雄浑"，是要求"超以象外，得其环中"；他所谓的"豪放"，是要求"真力弥满，万象在旁"；他所谓的"悲慨"，也更多的是注重"萧萧落叶，漏雨苍苔"的空灵气氛。总而言之，在各类风格中，他都在极力鼓吹远离现实生活体验的超脱意境。

《二十四诗品》在表达上具有一个共同特点：以带有感性特征的描绘来代替思辨式的理论阐述。前人把这种表达方式称为"比物取象，目击道存"。司空图把诗味辨得如此细致且扣人心弦，奠定了他在中国文艺理论批评史上的地位。后来宋代严羽"妙悟说"、清代王士禛"神韵说"等，都受司空图"韵味说"的影响。现在国内外学者研究《二十四诗品》的

大有人在。

第九节 欧阳修《六一诗话》

欧阳修(1007—1072),字永叔,号醉翁,晚号六一居士,庐陵吉水(今江西吉安)人。他是北宋古文运动的倡导者和领袖,著名的散文家,散文说理畅达,抒情委婉,是唐宋八大家之一。其词婉丽,承袭南唐余风,与晏殊较接近,但也有不同处,如他有述怀、咏史、写民情风俗之作,题材较晏殊词更为广泛。风格与其散文近似,语言流畅自然。有《欧阳文忠公集》。《六一诗话》在《欧阳文忠公集》中仅称《诗话》。单行本题名中"六一"二字,当为后人所加。它主要是以漫谈随笔的形式批评诗歌,是文学理论史上以"诗话"为名的第一部著作。《四库全书简明目录》中说:"诗话莫盛于宋,其传于世者,以修此编为最古。其书以论文为主,而兼记本事。诸家诗话之体例,亦创于是编。"其主要诗学理论有以下几点。

第一,提出"穷而后工"的观点。欧阳修借助对唐代孟郊、贾岛境况的剖析与诗句的分析,证明了作家生活遭遇对创作的深刻影响。例如,他论孟郊时说:"孟有《移居》诗云:'借车载家具,家具少于车。'乃是都无一物耳。又《谢人惠炭》云:'暖得曲身成直身。'人谓非其身备尝之不能道此句也。"穷苦的生活,使得诗人对饥寒有着深切的亲身体验,因而在创作时就能写人情之所难言。"穷而后工"的命题,同韩愈"不平则鸣"一样,是带有规律性的认识。

第二,对诗歌的艺术表现方法作了探索。《诗话》中所录梅尧臣的一段论诗之语,为历代所称引:"圣俞尝语余曰:'诗家虽率意,而造语亦难。若意新语工,得前人所未道者,斯为善也。必能状难状之景如在目前,含不尽之意见于言外,然后为至矣。'"创新,是诗歌艺术的生命。无论内容或语言,都以前人未道者为高。

第三,他虽然倡导诗句的精工,但同时认为不能脱离思想、情感、事理等内容来作片面的追求。"诗人贪求好句,而理有不通,亦语病也。如'袖中谏草朝天去,头上宫花侍宴归',诚为佳句矣,但进谏必以章疏,无直用稿草之理。唐人有云:'姑苏台下寒山寺,半夜钟声到客船。'说者亦云,句则佳矣,其如三更不是打钟时。"此语一出,引起了一场关于夜半钟声的讨论。这场讨论虽然否定了欧阳修此论中的一个论据,却强化了他所提出的创作必须符合情理、注意细节真实性的要求,成为大家的共识。

除上述对诗歌规律的探求、佳句的赏析外,其中还有诗坛掌故的介绍、轶事的叙述,以及字句的识别、谬说的更正。如石曼卿条对"诗纸书"三绝的记录,对贱工末艺因诗而垂于不朽的议论,对"太瘦生、作么生、何似生"等言语助辞的考释。此外,《六一诗话》自然流畅、生动活泼、短小轻松、涉笔成趣的表达方式,更给后代诗话的写作提供了楷模,形成了诗话这一评论体裁特有的风貌。

载于清代何文焕编的《历代诗话》中的《六一诗话》是目前最通行的本子,中华书局1981年4月排印发行。此外,四部丛刊集部《欧阳文忠公集》中有《诗话》一卷,也是易得的好本子。

第十节　严羽《沧浪诗话》

严羽,邵武莒溪(今福建省邵武市)人。生卒年不详。字丹丘,一字仪卿,自号沧浪逋客,世称严沧浪。南宋诗论家、诗人。严羽论诗推重汉魏盛唐,号召学古,所著《沧浪诗话》名重于世,被誉为宋、元、明、清四朝诗话第一人。《沧浪诗话》是一部全面而系统的诗论,分为《诗辩》《诗体》《诗法》《诗评》《考证》五部分,卷末附《答出继叔临安吴景仙书》。

《诗辩》为全书中心所在,主要展现作者有关学诗评诗的理论见解。《诗体》胪列由先秦迄宋代以时、以人或以不同内容、句式等形成的各种诗歌体裁,且用小注简略说明各体之名的含义,由此探讨诗歌风格体制和流派演进变化的历史,在一定程度上勾勒出中国古代诗歌发展的线索和轮廓。《诗法》指示初学者作诗的一些基本技巧与方法。《诗评》品评《楚辞》以来各家诗作的优劣等次,进一步阐明汉魏盛唐诗为"第一义"的理由,其中有许多惊人而又中肯的评价。《考证》一篇,则主要是用鉴赏的手段对某些诗篇的作者、分段、异文、写作年代等进行考辨,时而也反映了作者的文学思想。

《诗辩》的内容是阐述古今诗的艺术风格及诗歌的学习和创作等问题,而归结于以盛唐为法,是《诗话》的总纲。在这里,严羽提出一个学诗的方法,那就是"妙悟"。他以禅喻诗,认为"禅道惟在妙悟,诗道亦在妙悟",只有悟才是"当行""本色",不过悟的程度"有浅深,有分限,有透彻之悟,有但得一知半解之悟"而已。所谓"妙悟",照字面讲,它是心领神会、彻头彻尾的理解的意思。就《诗辩》的全部理论看来,"悟"包括认识和实践这两方面的问题,也就是诗歌的阅读和写作的问题。前者严羽主张取法乎上,"以汉魏晋盛唐为师,不作开元天宝以下人物"。入手的具体步骤是"工夫须从上做下,不可从下做上。先须熟读《楚辞》,朝夕讽咏",以次及于汉魏古诗、乐府,再沈潜玩索李杜二集,"然后博取盛唐名家,酝酿胸中,久之自然悟入"。这就是平日学习的悟入法。至于后者,也就是诗的艺术实践问题,他说:"夫诗有别材,非关书也;诗有别趣,非关理也。然非多读书、多穷理,则不能极其至。所谓不涉理路、不落言筌者,上也。诗者,吟咏情性也。盛唐诸人惟在兴趣,羚羊挂角,无迹可求。故其妙处透彻玲珑,不可凑泊,如空中之音、相中之色、水中之月、镜中之象,言有尽而意无穷。"他认为诗的艺术必须达到这种境界,才能算"透彻之悟",才是"妙悟"。

《沧浪诗话》对古代诗歌的历史演变,尤其是唐诗和宋诗所提供的正反两方面的经验,做了深入的探讨和总结,成为我们把握这一时期文学思潮的重要枢纽。它鲜明地提出了诗歌艺术的美学特点和审美意识活动的特殊规律性问题,触及艺术形象和形象思维的某些基本属性,把传统的美学理论向前推进了一大步。它还全面地展开了关于诗歌创作、诗歌批评、诗体辨析等的理论,提供了许多有用的思想资料。后世诗论中,不仅"格调""性灵""神韵"诸派都从其中汲取养料,作为自己立论的根据,就是一些独树一帜的理论家如王夫之、叶燮、王国维等,也都借鉴了它的理论思维经验,予以批判地改造,推陈出新。另外,从杨士弘《唐音》、高棅《唐诗品汇》,直到沈德潜《唐诗别裁》,历来的唐诗选本和唐诗学研究中,莫不可以看出其或明或暗的投影。因此,说《沧浪诗话》几乎笼罩了明清两代的诗学,并非过

甚其词。

宋代汇编的《诗人玉屑》曾将它的内容全部收录,历代刊刻《沧浪吟卷》也大多同时收录《诗话》。另有单行刻本,并被辑入多种丛书中,成为研究中国诗学的基本读物。为它注释的,有清人胡鉴《沧浪诗话注》、王玮庆《沧浪诗话补注》、近人胡才甫《沧浪诗话笺注》和今人郭绍虞《沧浪诗话校释》。

第十一节 吴讷《文章辨体序说》

吴讷(1372—1457),字敏德,号思庵。江苏常熟人,明代学者。平时生活淡泊,常布衣食蔬。殁后,朝廷赠谥"文恪"。著有《小学集解》《文章辨体》《思庵集》等。《文章辨体序说》是一部富有价值的文体论著,是宋真德秀《文章正宗》之后又一部文体论的集大成之作。全书内外两集,内集五十卷,"始于古歌谣辞,终于祭文",为古赋、乐府、古诗、谕告、玺书、批答、诏、册、制、诰、议、弹文、论、辨等四十九体;外集五卷,为四六对偶及律诗歌曲等五体。《序说》所涉及的问题极为广泛,除"文体论"外,还从评论文艺出发,提出了文艺理论方面的重要问题,如文学与政治的关系、内容与形式的关系等。因此,我们也可以说它是我国文艺理论史上的一部自成体系的专著。其价值如下。

第一,强调文体的重要性。认为文体是文章之本,"文章先体制而后文辞"(《古赋·唐》),文章表现方法决定于文章体制。文体不同,对文辞的要求便不同。正如《歌行》篇所说:"本其命篇之义曰《篇》;因其立辞之意曰《辞》;体如行书曰《行》;述事本末曰《引》;悲如恐蛰曰《吟》;委曲尽情曰《曲》;放情长言曰《歌》;言通俚俗曰《谣》;感而发言曰《叹》;愤而不怒曰《怨》。"

第二,《序说》在论述文章体制上,使用了纵横交错的写法,这是一个创举。它既叙述文体的横面——本体,又叙述文体的纵面——演变。对每类文体,既给予它适当的定义,说明它的特征,指出它与其他文体的区别及联系;同时又叙述它的起源和发展,简介代表作家和作品。

第三,肯定了文学与现实的关系。吴讷认为真正的文学,应当是现实生活的反映,时代的最强音。"发于情"(《古赋·唐》),"记其事"(《记》)。如《说》则"即事即理而为之说,以晓当世,以开悟后学"(《说·解》),如《论》则"议论古今时世人物"(《论》),等等。

第四,强调文章的社会作用,提出"明道""经世"的观点。他要求入选的文章必须"其言足以垂世而立教"(《记》),"以垂教万世"(《古诗·五言》)。在《凡例》中明确规定:"作文以关世教为主。凡文辞必择辞理兼备,切于世用者取之,悖理伤教及涉淫放怪癖者,虽工弗录。"当然,他也反对专以立意为宗,而不尚文采的文章。"命辞固以明理为本,若不顾文辞题意,概以场屋经训性理之说,施诸诗赋及赠送杂作之中,是岂谓之善学也哉?"(《凡例》)主张"文实副称",寓明理于文辞之中,所谓"其情不自知而形于辞,其辞不自知而合于理"(《古赋·两汉》)。

后世论文体者,大多以吴讷所著为蓝本。如明徐师曾《文体明辨》、贺复征《文章辨体汇选》,皆根据此书增修而成。正如《四库全书总目提要》所说:"《文体明辨》,盖取明初吴讷之《文章辨体》而损益之。""《文章辨体汇选》,以吴讷《文章辨体》所收未广,因别为搜讨,上自三代,下逮明末,分列各体为一百三十二体,多引刘勰、吴讷、徐师曾之言,参以己说,以为凡例。"

第十二节　金圣叹《水浒传》点评

金圣叹(1608—1661),名采,字若采。一说原姓张,明亡后改名人瑞,字圣叹,自称泐庵法师。明末清初苏州吴县人,著名的文学家、文学批评家。其主要成就在于文学批评,对《水浒传》《西厢记》《左传》等书及杜甫诸家唐诗都有评点。金圣叹的《水浒传》点评,反映了我国古代小说理论的最高成就。其重要观点如下。

第一,他称作家为"真能致知格物"的君子,"才子心清如水,故物来毕照"。提倡"十年格物""澄怀格物",这就是强调作家应长期广泛地观察并客观地反映社会生活。他的"忧患成书"说,比"发愤著书"说更能体现作家的社会责任感。他称赞《水浒传》写一百零八人"人有其性情,人有其气质,人有其形状,人有其声口""真个一百八样"。这种以写性格、气质为中心的典型理论,可以说是走在当时世界的前列。

第二,他强调长篇小说应该写得波澜起伏,引人入胜,情节要曲折,结构要紧凑,结尾要留有余不尽之意。正是因为金圣叹对《水浒传》动了"大手术",使之止于排座次,以轰轰烈烈的高潮结尾,才使人"读之正如千里群龙,一齐入海,更无丝毫未了之憾"。由于金圣叹以吴用去石碣村说三阮为小说的提纲,以白龙庙小聚会为一书之腰,而另撰一画龙点睛之笔的大誓词结束全书,这样《水浒传》才成为一线串珠,由一系列长短不齐的人物列传串联成书,最后以上梁山告终,形成完整的有机体。

第三,他强调小说人物的语言应符合人物的身份与文化素养。他说白话小说优于文言小说,"《水浒传》并无之乎者也等字,一样人便还他一样人说话,真是其绝奇本事"。

第四,他借用佛家的"因缘生法"说,论述文学作品如何写反面人物的思想活动这样深刻复杂的理论问题。

第五,他的文章"三境"(圣境、神境、化境)说尤为精警。他还提出了著名的"那辗"说,又借用印度古代的"极微论",形象地论证小说写作,应分多层次,要十分重视细节的描写。

第六,他主张写历史题材的文学作品,要"为文计,不为事计"。即围绕作品的主题,对历史素材进行剪裁,或对小事作形象化的描写,或通过想象填补故事的缺欠与空白。

第七,他还论述了写小说常用的倒插法(运用伏笔)、夹叙法(同时写两个人物说话,一个未说完,另一插入)、草蛇灰线法(暗示故事的发展线索)、大落墨法(突出重要情节和主要场面)、绵针泥刺法(用《春秋》笔法暴露人物的阴暗面)、背面铺粉法(用对比陪衬手法写人物)、弄引法(先写一段"小文字",以引出后面的"大文字")、獭尾法(重大事件结束后,应有余波荡漾)、正犯法、略犯法(写同样的或相似的题材,却能写出其不同的精神面貌)、极不省法(详写)、极省法(略写)、欲合故纵法(为了使故事出现波折)、横云断山法("文字

太长了便恐累坠,故从半腰间暂时闪出,以间隔之")、鸾胶续弦法(把两个故事黏合起来)等十五种手法。

由于金批《水浒传》具备了以上优点,所以出刊后能够"风行海内"。而一切以"忠义"名书的各种繁本、简本《水浒传》遂归于淘汰。直到解放以前人们所谓的《水浒传》都是指的七十回本。

第十三节 李渔《闲情偶寄》

李渔(1611—1680),原名仙侣,字谪凡,号天徒,后改号笠翁,还常署名随庵主人。清初戏剧家、戏剧理论家。一生跨明清两代,饱受战乱之苦。中年家道中落,靠卖诗文和带领家庭剧团到处演戏维持生计。一生著述颇丰,主要有《笠翁一家言全集》《闲情偶寄》《笠翁十种曲》《十二楼》《无声戏》等。《闲情偶寄》是一部所谓寓"庄论"于"闲情"的"闲书",刊行于清康熙十年(1671),题名为"笠翁秘书"一种,清雍正八年(1730)收入《笠翁一家言全集》。1936年,由施蛰存主编、张静庐校点的铅印本作为"中国文学珍本丛书"第一辑第十九种出版。全书包括《词曲部》《演习部》《声容部》《居室部》《器玩部》《饮馔部》《种植部》《颐养部》等八个方面,内容驳杂,涉及面很广。其中,书中涉及有关戏剧美学的部分(《词曲部》《演习部》及《声容部》之一部分),成为我国戏剧美学史上的重要作品。《词曲部》从结构、词采、音律、宾白、科诨、格局六个方面论戏曲文学,《演习部》从选剧、变调、授曲、教白、脱套五个方面论戏曲表演。主要观点有以下几点。

第一,他看到了戏曲文学在人民群众中的影响和强大的感染力,认为戏曲是"劝使为善,诫使为恶,其道无由,故设此种文词"。

第二,他重视作品的结构。李渔提出了立主脑的问题,他说:"古人作文一篇,定有一篇之主脑。主脑非他,即作者立言之本意也。"并提出一本戏要有一主脑人物、一主脑事件,以中心线索为戏剧矛盾的基础。他批评当时一些传奇,说:"后人作传奇,但知为一人而作,不知为一事而作。尽此一人所行之事,逐节铺陈,有如散金碎玉,以作零出则可,谓之全本,则为断线之珠,无梁之屋。"这是一般传奇的通病,他从此出发,提出"减头绪""密针线"的主张,使作品脉络清楚,结构严谨,以突出主体。

可贵的是他将主题思想和结构联系起来论述,因为材料组织要想巧妙,离开主题思想是很难得到正确的解释的。他在关目的安排方面也有一些值得称道的见解。他反对蹈袭前人,提出"脱窠臼",主张选材要"奇",而又"不当索诸闻见之外",要求作者从"家常日用之事"中去发掘戏曲题材。他认为生活中有许多"前人未见之事",也有许多前人"摹写未尽之情"。

第三,他要求戏曲语言要浅显。他说:"传奇不比文章。文章作与读书人看,故不怪深。戏文作与读书人与不读书人同看,故贵浅不贵深。"并且认为"自古来圣贤所传之经传亦只浅而不深""能从浅处见才,方是文章高手"。他还特别重视宾白的创作,曾说:"尝谓曲之有白,就文字论之,则犹经文之于传注;就物理论之,则如栋梁之于榱桷;就人身论之,则如肢体之于血脉。非但不可相无，且觉稍有不称，即因此贱彼，竟作无用观者。故知宾白一道，当与曲文等视……"

他反对语言的"迂腐""艰深""晦涩""粗俗""填塞"，要求语言"尖新""洁净"和有"机趣"，主张少用方言。他还要求准确，提出语言要符合人物个性的主张。他说："填词义理无穷，说何人，肖何人，议某事，切某事。"又说："言者，心之声也。欲代此一人立言，先宜代此一人立心。若非梦往神游，何谓设身处地？无论立心端正者，我当设身处地，代生端正之想；即遇立心邪辟者，我亦当舍经从权，暂为邪辟之思。务使心曲隐微，随口唾出，说一人，肖一人。勿使雷同，弗使浮泛。若《水浒传》之叙事，吴道子之写生，斯称此道中之绝技。"

第四，在音律方面，他主张"恪守词韵""凛遵曲谱"，但针对时弊，有所批评。他很不同意当时喜用集曲犯调，生扭数字作曲名的风气。他说："只求文字好，音律正，即牌名旧杀，终觉新奇可喜；如以极新极美之名，而填以庸腐乖张之曲，谁其好之？善恶在实，不在名也。"

第五，关于科诨，他提出"戒淫亵""忌俗恶""重关系""贵自然"。主张科诨合于生旦净丑的身份，自然包孕事理之中。

第六，对戏剧的真实性问题和典型化问题进行了相当深入的论述。他主张，传奇必须符合"人情物理"，力戒"荒唐怪异"，强调"凡说人情物理者，千古相传；凡涉荒唐怪异者，当日即朽"。"传奇妙在入情"，要选择那些"离合悲欢，皆为人情所必至"，因而更具有强烈感染力的剧本。他主张对生活原型进行集中概括，"欲劝人为孝，则举一孝子出名，但有一行可纪，则不必尽有其事，凡属孝亲所应有者，悉取而加之。亦犹纣之不善，不如是之甚也，一居下流，天下之恶皆归焉。其余表忠表节，与种种劝人为善之剧，率同于此"。这也就是我们今天常说的典型化。

总之，李渔继承明人的成就并结合舞台实际，比较全面而系统地总结了填词和演习方面的理论，充分表现了中国戏剧美学的特质。

第十四节　叶燮《原诗》

叶燮(1627—1703)，字星期，号己畦，吴江(今属江苏省苏州市吴江区)人。清代诗论家。因晚年定居江苏吴江之横山，世称横山先生。主要著作为诗论专著《原诗》。《原诗》是继刘勰《文心雕龙》、严羽《沧浪诗话》之后，又一部具有严密理论体系的诗话著作。《原诗》主要版本有：二弃草堂本、梦篆楼本、《清诗话》本及人民文学出版社排印的霍松林校注本。其主要写作观点有以下几点。

第一，"本原"论集中讨论了诗歌艺术与现实生活的关系。首先提出"感触起兴""克肖自然"的原则。"原夫作诗者之肇端而有事乎此也，必先有所触以兴起其意，而复措诸辞、属为句，敷之而成章。当其有所触而兴起也，其意其辞其句，劈空而起，皆自无而有，随在取之于心。"(内篇上)"盖天地有自然之文章，随我之所触而发宣之，必有克肖其自然者，为至文以立极。"(内篇下)这是说，现实生活中的一"触"，是文学创作的第一推动力。而所谓

"克肖自然"的艺术原则,指的是客观现实生活决定了诗人的主观创作。其次,是诗外功夫,也就是"格物"。如"欲其诗之工而可传,则非就诗以求诗者也"(内篇下),"吾故告善学诗者,必先从事于格物"(外篇上)。文学所反映的"自然"或"物",不仅指自然现象,更重要的是指人类的社会生活。再次,是风人之旨,不平则鸣。他曾以《诗》三百篇为例,说明它们多半是"思妇劳人"的情感结晶。如"情偶至而感,有所感而鸣,斯以为风人之旨"(内篇下)。所谓"风人之旨",也就是"发愤之所作"。如"忧则人必愤,愤则思发,不能发于作为,则必发于言语"。作家的所"感",并不是消极机械地模仿"自然",也不是虚饰的无病呻吟,而是力求针对时弊,不平则鸣,积极而能动地反映现实,以完成影响社会的"风人之旨"。

第二,"正变"论主要讨论文学发展变化的方法论。源流正变,揭示了诗歌的历史发展;因革沿创,则研究了诗歌发展中的继承与创新关系。他首先强调的是"变",认为文学的发展是因时递变,日新月异。如"盖自有天地以来,古今世运气数,递变迁以相禅。……此理也,亦势也,无事无物不然,宁独诗之一道,胶固而不变乎?",他提出了"时有变而诗因之"的文学发展观,肯定文学是随着时代而发展,正变相继,长盛不衰,"未有一日不相继相禅而或息"(内篇上)。

第三,创作论。这是《原诗》的中心。他认为创作前必先端正态度,所以说:"诗是心声,不可违心而出。"(外篇上)诗人要有真情实感,具有创新精神。所谓创新,就是强调作家必须言人"欲言而不能言,或能言而不敢言"(内篇下)。而为了完成作家的这一神圣任务,就必须进一步探索创作规律。他把创作概括为四个过程:基础、取材、匠心、文辞。其中基础最重要:"诗之基,其人之胸襟是也。"(内篇下)。其次"取材",强调积累创作素材时的艰苦艺术劳动。又次"匠心",即构思立意、布局谋篇、波澜变化等。最后"文辞",强调语言艺术的重要。他还研究了创作的主客观条件及其原理。他说:"曰理、曰事、曰情,此三者足以穷尽万有之变态……此举在物者而为言……曰才、曰胆、曰识、曰力,此四言者所以穷尽此心之神明……此举在我者而为言……以在我之四,衡在物之三,合而为作者之文章。"(内篇下)创作是主客观的统一,缺一则不成文章。创作的主观条件才、胆、识、力,并非师心自任,而是受客观的理、事、情的制约,可以通过后天的学习与锻炼来培养。

第四,有关创作思维的研究,是《原诗》创作论中的精华。他说:"诗之至处,妙在含蓄无垠,思致微渺,其寄托在可言不可言之间,其指归在可解不可解之会,言在此而意在彼,泯端倪而离形象,绝议论而穷思维,引人于冥漠恍惚之境,所以为至也。""要之,作诗者,实写理、事、情。可以言言,可以解解,即为俗儒之作。惟不可名言之理,不可施见之事,不可径达之情,则幽渺以为理,想象以为事,惝恍以为情,方为理至、事至、情至之语。"(内篇下)在我国文学批评史上,《原诗》第一次把"形象"与"思维"结合讨论。

第十五节 刘熙载《艺概》

刘熙载(1813—1881),字伯简,号融斋,晚号寤崖子。江苏兴化人。清道光十九年(1839)中举,道光二十四年(1844)进士,官拜翰林院庶吉士,后改授编修。清同治三年

(1864)补国子监司业、广东提学使,不久请假返回故乡,从此离开官场。晚年寓居上海,担任龙门书院主讲,长达14年之久。他始终保持着一个学者的本色,闭门读书、写作。正像俞樾在《左春坊左中允刘君墓碑》所说的:"自六经、子、史外,凡天文、算术、字学、韵学及仙释家言,靡不通晓。而尤以躬行为重。"刘熙载于经学、音韵学、算学有较深入的研究,旁及文艺,被称为"东方黑格尔"。《艺概》刊于清同治十二年(1873),为作者晚年所作。刘熙载认为,"艺"的范围包括了文学、艺术及其他社会科学著作在内,但以文学为主要部分;所谓"概"指要点的意思。《艺概》共分《文概》《诗概》《赋概》《词曲概》《书概》《经义概》六部,每一部分都包含了两大方面:一是对此种文艺类型的历史发展过程的概要分析,二是对此种文艺类型的创作理论与表现特点的分析。史以论为依据,论以史为内容。其主要理论价值有以下几个方面。

第一,他强调文学从根本上说是表现人的感情的,然而人的感情又要借助于天地自然之物象来体现。想象的构成可以是模仿自然而产生的,也可以由作家虚构而产生。不论何种体裁的文学作品,皆离不开情感(情中有理)与意象的结合,无论文境、诗境、语境,均是如此。他在《诗概》中开门见山地提出:"《诗纬·含神雾》曰:'诗者,天地之心。'《文中子》曰:'诗者,民之性情也。'此可见诗为天人之合。"这"天人之合",实际上即指人与自然的结合、感情与物象的统一。他提出"诗或寓义于情而义愈至,或寓情于景而情愈深"。

第二,明确提出了矛盾统一的辩证美学观。他说:"《国语》言'物一无文',后人更当知物无一则无文。盖一乃文之真宰,必有一在其中,斯能用夫不一者也。"这里所说的"一"与"不一"的关系,也就是我国传统所说的"一"与"万"的关系。艺术形象必须是一个完整的整体,但它同时又是多种不同因素、对立因素的和谐统一。"一"与"不一"不能偏废,否则就不能构成真正的艺术美。运用这种观点看待文学的本质,则提出了"天人之合",物我统一的观点;运用它分析浪漫主义文学的特征,则得出了寓真实于玄诞的结论;运用它研究继承与创新的关系,则指出了用古与变古相结合的必要性;运用它考察艺术意境的特征,则突出了其结实与空灵相结合,亦即实与虚相结合的表现方法;运用它来考察文学的风格,则强调阳刚与阴柔的相互调剂,也就是所谓骨与韵的相互补充;运用它来论述文学的艺术表现技巧,则提倡工与不工的统一、放得开与收得回的统一、文与质的统一、自然与人工的统一(即"立天定人"与"由人变天"的统一);等等。

第三,对六概皆以体类分,每一概中对此种体类之特征、创作要领及不同于别种体类之主要特点,均一一作了细致的论述。

刘熙载的《艺概》是中国近代文学史上一部优秀的理论著作。它的广博和慧深为后代许多学者所推崇,使得它成为一部古典美学的经典之作,而刘熙载也成为中国古典美学的最后一位思想家。

第十六节　林纾《春觉斋论文》

林纾(1852—1924),原名群玉、秉辉,字琴南,号畏庐,别署冷红生,晚称蠡叟、长安卖画翁、践卓翁、六桥补柳翁、春觉斋主人,福建闽县(今福建省福州市)人,中国近代文学家、翻译家、书画家,福建工程学院前身"苍霞精舍"的重要创办人。其著《春觉斋论文》,有都门印书局1916年铅印本、人民文学出版社1959年排印本。该著共分述旨、流别论、应知八则、论文十六忌、用笔八则五章。

"述旨"章着重论述古文内容与形式问题。他认为文章之优劣得失,首先是内容决定的。强调"文者运理之机轴,理者储文之材料"。理,即文章的道理、中心、宗旨;文,即指语言、文字、词采等。文,只能是为了运理,而只有有了理,文也才有所依附寄托。所以要重内容,是为了保持文章的真实性,若是光追求语言文字的夸饰华丽,就失去了真意真情。文章优劣好坏的标准也在这里。

"流别论"论述各种文体的特色,也谈到了某些文体的演变。骚赋颂赞,铭箴哀辞,记传论说,昭策檄移,章表赠序等等,都有评述。他反对只从形式上模仿,亦步亦趋,东施效颦,故作悠扬语,认为形势是可以变化的。

"应知八则"从意境、识度、气势、声调、筋脉、风趣、情韵、神味等八个方面进行了评述。作者十分强调意境,说"意境者,文之母也,一切奇正之格皆出于是间",而意境"首先要立意,方能造境",要"远出俗气",要"心胸朗彻,名理充备"。在论述神味时,说"论文而及于神味,文之能事毕矣"。所谓文章神味,是指耐人寻味,掩卷后余思无穷。但首先要达到"味者不悖于理,不佛于情"。他认为筋脉的"伏应断续",不但要注意前后呼应,而且要注意变化灵活。在谈到文章气势的重要性时,一方面说文章气势要旺,一方面又强调要懂得蓄势,认为"深于文者,必敛气而蓄势"。同时也强调作文前要通盘考虑,做到气"宜吐宜茹,宜伸宜缩,于心了了""文中虽未见气势,胸中已具有气势",即胸有成竹。他所谈的"情韵"近于"风格",他说"必有性情,然后始有风度""凡情之深者,流韵始远",除读书明理外,要"深之以阅历",即要有深厚的生活底子,他提醒读者,"身之不修而欲修其词,心之不和而欲和其身"是绝对办不到的。他认为,要提高识度,一定要下一番功夫,只有理解力高,眼高,才能提高识别能力,才能得古文之菁华而去其糟粕,才能对作文有所补益。

"文章十六忌",即忌直率、剽袭、庸絮、虚枵、险怪、凡猥、肤博、轻儇、偏执、狂谬、陈腐、涂饰、繁碎、糅杂、率拘、熟烂等。作者对这十六种文章的弊病进行具体分析,针对性很强。作者先列出了弊病的表现形式,认为这些弊病的根源主要是忽视内容,还有一些弊病的根源是盲目模仿古人,另外八股时文也是造成弊病的一大祸害。作者在指出病源时,也指明了治病之法。如学古文,一再强调必须"镕化为液,储之胸中""为文当肖自己,不当求肖古人"。

"用笔八则",谈起笔、伏笔、顿笔、顶笔、插笔、省笔、绕笔、收笔等八个问题,主要就文章结构正面论述如何处理好开头、结尾、穿插、接榫、呼应等表现手法。他认为结构要完整,行文要多变化。文章起笔要严洁,如至名山,"未到菁华荟萃处,已有一股秀气先来扑人";文章线索必须"阳断而阴连",要似暗若明,线索太明,就会一览无遗,打伏笔时似不经意,而到文章兴会淋漓时,"回眸顾盼""伏笔皆现"。谈顿笔,实际上谈要注意蓄势,有低潮才有高潮,顿笔是抑,有抑才有扬,抑是为了更好的扬,所以说顿出须"言外有意,笔外有神"。停顿后如何顶接,作者强调不能平平而接,而删除闲话,突然而起,似与上文无关,有时宜后者反先,宜直者反曲,吃紧处,甚而故作停顿,要出人意料,"令人有不测之感"。插笔要自然无嵌附、挖补之弊。如叙到吃紧处来一插笔,既舒缓一下文势,又能使行文眉清目秀。绕笔更是明确强调必须灵活曲折,耐人寻味,有移步换形之妙。收笔即结尾,他强调:"为人重晚节,行文看结穴。"

第十七节　王国维《人间词话》

王国维(1877—1927),字静安、伯隅,初号礼堂,晚号观堂,又号永观,谥忠悫。汉族,浙江省海宁州(今浙江省嘉兴市海宁)人。王国维是中国近、现代相交时期一位享有国际声誉的著名学者。早年追求新学,接受资产阶级改良主义思想,把西方哲学、美学思想与中国古典哲学、美学相融合,研究哲学与美学,形成了独特的美学思想体系,继而攻词曲戏剧,后又治史学、古文字学、考古学。郭沫若称他为新史学的开山。他自辟户牖,成就卓越,贡献突出,在教育、哲学、文学、戏曲、美学、史学、古文学等方面均有深诣和创新,为中华民族文化宝库留下了广博精深的学术遗产。《人间词话》是王国维把西方文学理论跟中国文学理论结合的论词专著,是近代文学理论研究的杰出成绩。《人间词话》最早发表在1908年的《国粹学报》上,共六十四则,分三期登完。1927年,赵万里从《人间词话》的原稿中辑录他没有刊布的四十四则,称《人间词话删稿》。1938年,徐调孚先生从他的著作中辑录词话得二十九则,称为《人间词话附录》,把三者合称《人间词话》,由上海开明书店刊行,人民出版社1960年版,即用此本。

其主要成就是提出境界说。"词以境界为最上。有境界则自成高格,自有名句。"(一)"有造境,有写境,此理想与写实二派之所由分。然二者颇难分别。因大诗人所造之境,必合乎自然,所写之境,亦必邻于理想故也。"(二)"有有我之境,有无我之境。'泪眼问花花不语,乱红飞过秋千去。''可堪孤馆闭春寒,杜鹃声里斜阳暮。'有我之境也。'采菊东篱下,悠然见南山。''寒波淡淡起,白鸟悠悠下。'无我之境也。有我之境,以我观物,故物皆著我之色彩。无我之境,以物观物,故不知何者为我,何者为物。"(三)"无我之境,人惟于静中得之。有我之境,于由动之静时得之。故一优美,一宏壮也。"(四)"境非独谓景物也。喜怒哀乐,亦人心中之一境界。故能写真景物、真感情者,谓之有境界,否则谓之无境界。"(五)该书以境界说为中心,构成了一个比较完整的理论体系。境界说包括境界的基本含义、创作过程、形态种类和艺术表现诸方面。主张做到"以景寓情""意与境浑""意境两忘,物我一体",既写景又抒情,将景与情有机统一起来。王国维在《人间词话》中还说到治学经验——古今之成大事业,大学问者,必经过三种之境界:第一,"昨夜西风凋碧树,独上西

楼,望尽天涯路";第二,"衣带渐宽终不悔,为伊消得人憔悴";第三,"众里寻他千百度,蓦然回首,那人却在灯火阑珊处"。

《人间词话》是王国维文学批评著作中最为人所重视的一部作品,是接受了西洋美学思潮的洗礼后,以崭新的眼光对中国旧文学所作的评论。他脱弃西方理论之局限,力求运用自己的思想见解,尝试将某些思想中的重要概念融入中国固有的传统批评中。它集中体现了王国维的文学、美学思想。

我国古代文学理论资料浩如烟海、汗牛充栋,其中不但有许多极其精彩深刻的见解,显示出了中国古代杰出理论家对文学规律的把握,而且也体现了我们中华民族的审美情趣、审美习惯,以至思维方式和表达方法及特点。为什么很多热衷创作的人喜爱阅读古人写的那些评论著作?它们的具体生动、亲切自然、言简意赅、平易近人是否都值得我们学习?事实上,无论是思想观点,还是学风文风,我们都能从中寻出若干可以视为"根"的东西来汲取营养。鉴古知今,继往开来。认真琢磨这些理论著作和一些零星见解,对进一步研究写作大有裨益。

课后,同学们可进一步阅读吴文治主编,黄山书社于1987年2月出版的《中国古代文学理论名著题解》。

1. 阅读以上专著,结合个体体验,就文论、诗话、词话、戏曲理论、小说理论等与同学组织专题研讨会,各自发表感悟。

2. 先秦的写作理论包孕在诗歌和文章的写作论述中,多为零散的经验概括和心得体会。阅读先秦的《左传》《礼记》《论语》《庄子》《荀子》《墨子》《孟子》《道德经》等著作,从中整理先秦的写作理论。

3. 以道论文、以禅说诗是隋、唐、五代、宋、金、元时期写作研究的两大理论特色和思维特征,请查阅这段时期相关资料,撰写一份阅读报告。

4. 课外阅读以下著作:

(1) 任昉的《文章缘起》

(2) 皎然的《诗式》

(3) 张为的《诗人主客图》

(4) 苏轼的《东坡诗话》

(5) 陈师道的《后山诗话》

(6) 尤袤的《全唐诗话》

(7) 李涂的《文章精义》

(8) 元好问的《论诗三十首》

(9) 杨载的《诗法家数》

(10) 张炎的《词源》

(11) 陶宗仪的《辍耕录》

（12）周德清的《中原音韵》

（13）徐祯卿的《谈艺录》

（14）谢榛的《四溟诗话》

（15）何良俊的《曲论》

（16）魏良辅的《曲律》

（17）胡应麟的《诗薮》

（18）朱彝尊的《词综·发凡》

（19）沈雄的《古今词话》

（20）薛雪的《一瓢诗话》

（21）刘大櫆的《论文偶记》

（22）袁牧的《随园诗话》

（23）赵翼的《瓯北诗话》

（24）梁启超的《饮冰室诗话》

第三章　写作素养

素质,是人在质的方面的物质要素和精神要素的总和,包括人的先天素质、生理素质、心理素质、政治素质、文化素质等项;修养,指人在政治思想、道德品质和知识技能等方面经过长期学习和实践所达到的水平。写作素养,是指写作主体从事写作或创作必须具备的素质和修养,即主观条件,包括智能因素与非智能因素及世界观等,具体涉及思想、生活、知识、阅读、意志、情感、兴趣、个性、气质等。了解写作素养,利于开展有针对性的写作训练活动。

第一节　生活实践素养

一、生活实践素养概述

生活实践素养,指建立在生活阅历基础上的人的生活实践能力和对生活的认识能力。它包括两个方面的内容:一是写作主体所具有的人生阅历和实践经验;二是写作主体所具有的将外在的社会生活内化为自己的心理体验,从自己的阅历和别人的生活中汲取、获得独特的体味、有益的滋养与借鉴的意识及能力。

生活实践素养,固然包括了见多识广,但更为本质的是认识深刻,感受真切。经历和见闻属于广度方面的问题,而认识和感悟则属于深度与密度方面的问题。茅盾在论创作时,特别强调广度、深度和密度的三位一体化,他说:"广博与深入,并不对立,而是相辅相成的。很难想象,一个埋头在生活一角,而对一角以外的生活全无所知的作者,怎样能够写出典型环境中的典型人物,使作品所反映的生活具有普遍性。我们所要表现的,必须是具有普遍意义的社会生活,能使广大读者感到身入其境,发生强烈的共鸣;但我们所虚构的故事和人物不可能不是具体环境中的故事和人物。而所以能达到这样的程度,就在于作者既有广博的生活知识,又有深入的生活经验。"《关于培养新生力量》在强调广度和深度相辅相成的基础上,茅盾进一步说明了密度问题:"一个生活有密度的人,也许他见的世面亦不怎样多,也许经历的世故亦不怎么深,然而无碍于他的生活之密度。如果说'世界上更不会存在没有广度和深度的密度生活',那么,二十左右的青年学生难道就不会有能'贴近人民'的么?自然,见世面大(广度),阅历深(深度),能够增加一个人对于别人的体贴,——愈近人情

(密度)，但是密度之初不有待于广度深度而始得，也是无可怀疑的事。"（《论所谓生活的三度》）我们要形成良好的生活实践素养，就要关注生活，热爱生活，潜心探究生活，做生活中的有心人。

初学写作者，要丰富自己的生活，扩大生活面。扩大生活面，既包括生活实践，也包括读书学习；既包括物质生活，也包括精神生活。唐宋八大家之一的苏辙对此有切身感受："辙生十有九年矣，其居家所与游者，不过其邻里乡党之人，所见不过数百里之间，无高山大野可登览以自广；百氏之书虽无所不读，然皆古人之陈迹，不足以激发其志气。恐遂汩没，故决然舍去，求天下奇闻壮观，以知天地之广大。"（《上枢密韩太尉书》）苏辙强烈感受到，狭窄的生活限制了他的视野、生活积累、心智成长及才能发挥，他迫不及待地要冲出这种限制，到广阔的世界丰富提升自己。要丰富生活，就得熟悉生活。熟悉生活，不是走马观花、蜻蜓点水般的粗略观看，大致了解生活的表面，而是拿着放大镜、显微镜去全面深入观察，倾情感受，必要时进行详尽的研究，了解事物的本质，这种由表及里的全面感受了解，才是真正意义上的熟悉。清代学者唐彪说："天下事，未经历者，必不如曾经历者之能稍知其理也；经历一周者，必不如经历四五周者之能详悉其理也；经历四五周者，又不如终身练习其事者之熟知其理，而能圆通不滞也。故凡人一切所为，生不如熟，熟不如极熟，极熟则能变化推广，纵横高下，无乎不宜。读书作文之更贵于熟，何待言哉！"（《家塾教学法》）

二、生活实践素养对写作的影响

"问渠那得清如许？为有源头活水来。"（《观书有感》）生活是写作的源泉。文章的内容及其表达，和写作主体的生活实践储备有着密切的关系。丰富的生活实践经验，不仅给写作主体提供了大量的写作信息，还可以激发写作主体的写作欲望，充分调动写作主体的创造力和想象力，使文章写得更充实，更准确，更生动，更优美。叶圣陶说："生活就如泉源，文章犹如溪水，泉源丰盈而不枯竭，溪水自然活泼泼地流个不歇。"（《文章例话》序）毛泽东对生活是创作源泉这个问题有过精辟的论述："作为观念形态的文艺作品，都是一定的社会生活在人类头脑中的反映的产物。"并对文艺工作者提出要求："到唯一的最广大最丰富的源泉中去，观察、体验、研究、分析一切人，一切阶级，一切群众，一切生动的生活形式和斗争形式，一切文学和艺术的原始材料，然后才有可能进入创作过程。"（《在延安文艺座谈会上的讲话》）因此，写作主体要主动走进生活、体验生活、深入生活、观察生活、采访生活、感悟生活。

例如，汉代史学家、文学家司马迁出身于史官之家，自幼在古文、史书堆里长大，有丰富的书本知识，这对他后来写《史记》固然十分有利，但如果他20岁后不游历大江南北、西南边陲，听轶闻、访旧事、看遗迹、察民情，广泛接触社会实际，积累大量活的史料，即使他因"李陵之祸"而遭屈辱发愤著书，也不会达到如此高超的思想艺术水平。《刘三姐》中罗秀才等三人之所以与刘三姐对歌处于下风，除去其外在的因素，更主要的在于罗秀才等人所拥有的是书本知识，而刘三姐则具备极为丰富的生活实践经验。否则，罗秀才也不会唱出"耕田耙地我知道，牛走后来我走先"的荒唐歌句。1939年，一位从前线回来的八路军将领到鲁迅艺术学院来做报告，他讲了一个泥水匠的故事。何其芳听了以后，并没有想到去写它。沙汀对他说:"这个故事很动人,你为什么不把它写成诗呢。"经过沙汀的鼓动,何其芳终于动笔了,但写得很慢,也很吃力,有时候整半天地在附近的山头徘徊,想象那些情节的景象,体味人物的情感。每天只能写二十多行,一首诗写了二十多天才写完。当写到泥水匠妻子惨死以后,作者觉得很难表现泥水匠的感情,便又一个人在山头上跑来跑去,仿佛自己遭遇不幸一样。何其芳的这首诗《一个泥水匠的故事》写的虽不是自己的亲身经历,许多场面都是靠苦思和想象才写出来的,但正如他自己所说:"如果那时候我没有到达山西和河北的抗日民主根据地,没有在八路军里面生活几个月,没有接触过一些北方的农民,那首诗是绝对写不出来的。"可见,只有建立在一定生活实践基础上的艰苦劳作,才能得到丰硕的成果。

值得强调的是,人们获取的生活经验只有转化为内化意识和内化能力,才能成为有效的写作素材。对写作主体来说,内化意识和内化能力也是不可缺少的另一方面。从一定意义上讲,它甚至比写作主体的生活阅历和实践经验还重要,还宝贵。任何人直接的生活范围都是比较狭小的,不可能事事亲历,要较多地获得人生体会和生活经验,除了尽可能地扩大自己直接生活的范围外,更重要的是努力增强自己的内化意识和内化能力,善于把听到的、看到的和别人的、书本上的生活和实践经验,在自己心灵的舞台上演,将它们化为自己的心理体验,从中发掘出一些独特的东西来。特别是善于从那些在别人看来司空见惯、平淡无奇的生活现象中,发掘、提炼出独特、新颖和有价值的东西来,即所谓"人人眼中有,个个笔下无"。这就是内化意识和内化能力所起的作用。

第二节 思想理论素养

一、思想理论素养概述

思想理论素养,指人的以世界观为核心的认识论和方法论的总和。思想理论素养涉及写作主体的世界观、人生观、价值观、生死观、幸福观和责任感、义务感等一系列内容。它主要包括两个方面:一是作者所具有的思想理论知识的广度和高度;二是作者在思想理论上的见识。清代学者叶燮把写作主体应具备的素养归纳为四个字:才、胆、识、力。他认为"四者交相为济,苟一有所歉,则不可登作者之坛"。这四者关系中,"而要在先之以识""使无识,则三者俱无所托"(《原诗·内篇下》)。可见,见识是思想理论素养的核心,从选材立意到文章格调,写作主体的见识直接影响和制约着整个写作过程和文章的各个方面。生活实践经验相对丰富而思想理论修养不足的写作主体,写出来的文章往往缺乏理论深度和逻辑联系,经不起推敲,留给读者思考的东西不多;落在纸上,也必然露出理论素养欠缺的真实面目。

写作活动是创造精神产品的过程,精神产品的价值取决于作者的思想理论素养,只有通过长期的思想理论积累,形成丰厚的精神基础,才有可能写出有价值的作品,这是不可急功近利的,也是不可偷懒侥幸的事。因为任何好作品都要经历社会和历史的检验,其价值不以任何人的意志为转移。写作是一门老老实实的学问,所以我们必须积累深厚的思想理论素养。

二、思想理论素养对写作的影响

思想理论素养不仅为写作提供"物",更主要的是为写作提供"识",即思想武器。理论是人的灵魂,没有理论的头脑,就等于没有灵魂。一个人写作,其思想理论知识直接为写作提供思想、观点等内容,是写作活动的指导。缺乏思想理论知识,写出的文章难免平庸、浅薄。所以,无论进行何种文体写作,都应该掌握一些进步的、正确的、科学的思想理论知识,并在实践中转化为自己的思想理论见识。这样,思想就有敏感性,思维就有穿透性,就能写出有较高价值的文章。鲁迅早在20世纪20年代就指出:"我以为根本问题是在作者可是一个'革命人',倘是的,则无论写的是什么事件,用的是什么材料,即都是'革命文学'。从喷泉里出来的都是水,从血管里出来的都是血。"(《革命文学》)这就是说,写作主体的思想理论素养对文章的特色和价值是起决定作用的。杰出的学者、作家,大多是杰出的思想家。正如法国作家莫泊桑所说,作家的目的"决不是给我们述说一个故事,娱乐我们或者感动我们,而是要强迫我们来思索、来理解蕴含在事件中的深刻意义"(《文艺理论译丛》)。

例如,徐迟在谈到创作《地质之光》的体会时说:"枕头边上放着列宁的《唯物主义和经验批判主义》。……每天晚上都学,我学了一个月,虽然没有直接用处,但每天都看一看,每翻一次都感到亲切一点……我现在能写一点东西,主要是这理论学习方面给了我帮助。"他还说:"到写《哥德巴赫猜想》时,确实动了很多脑筋。那就是从《路易·波拿巴的雾月十八日》那里学来的。我很想借这个机会宣传宣传,凡受从事宣传工作和文学工作的人,一定要学经典著作。"(《谈谈报告文学》)歌德在谈到莎士比亚时说:"我初次看了一页他的著作之后,就使我终身折服;当我读完他的第一个剧本时,我好像一个生来盲目的人,由于神手一指而突然获见天光。""我不知道究竟是谁第一个想起把政治历史大事搬上舞台……我怀疑是否创始此事的荣誉应该归于莎士比亚;至少他使这类戏剧达到迄今为止看来还是极致的高度,很少人的目力能望到这样高,也更难希望有人能眺望得更远或者超越这个高度。""我们说莎士比亚是最伟大的诗人之一,同时我们也承认,不容易找到一个跟他一样感受着世界的人,不容易找到一个说出他的内心感觉,并且比他更高度地引导读者意识到世界的人。"(《莎士比亚评论汇编》)这种"引导读者意识到世界"的能力,是莎士比亚理论水平的最完美的体现。又如使用同样的题材,清代小说家俞万春的《荡寇志》鲜人问津,而施耐庵的《水浒传》代代传阅,其关键因素恐怕就在于作家思想水平的天壤差异。

第三节 文化知识素养

一、文化知识素养概述

文化知识素养,指写作主体所具有的系统性、专业性文化与知识的素质和修养。它包括两个方面的内容:一是写作主体所具有的文化知识的广度和深度;二是写作主体的文化气质和文化品位。文化知识为写作提供"为文之物";文化气质和文化品位则潜在地制约着写作主体的文化意趣、文化层次、文化风格,对写作发生内在影响。从写作的角度看,文化知识有下述三种类型。

（一）一般知识

一般知识,指普通的、常见的、零散的各种知识。例如,科学原理、科学定义、科学,历史典故、历史常识、历史事件,文化名人、文化常识、名诗名言、公理、俗语、谚语、格言,有关民族、国家、天文、地理、自然、人文方面的常见知识,有关科学、艺术、文学方面的普通常识等等。我们平常说的广泛采集、广泛阅读,指的就是对这些一般知识的掌握。写作的丰富性、涵盖面,主要是由一般知识决定的。从事写作,涉猎的知识面不能过窄。鲁迅说过:"先前的文学青年,往往厌恶数学,理化,史地,生物学,以为这些都无足重轻,后来变成连常识也没有,研究文学固然不明白,自己做起文章来也胡涂,所以我希望你们不要放开科学,一味钻在文学里。"(《致颜黎民》)"爱看书的青年,大可以看看本分以外的书……即使和本业毫不相干的,也要泛览。譬如学理科的,偏看看文学书,学文学的,偏看看科学书,看看别个在那里研究的,究竟是怎么一回事。这样子,对于别人、别事,可以有更深的了解。"(《读书杂谈》)鲁迅所强调的广泛涉猎,显然是指一般知识的采集。

（二）专业知识

专业知识,指一定范围内相对稳定的系统化的知识。由于学术研究的高度发展,当代学科的数量空前扩展,学科的质量不断提高,专业化趋势越来越明显。有关统计表明,当今全世界的学科已达3 000多种。一个学科内又可分出好多专业。对于从事专业写作的人来说,自然要熟悉和掌握本专业的知识体系。学术论文、科研报告、学科专著,都属于专业写作。当然,专业写作还需要学习相关专业知识。例如,前人民日报社社长邓拓写的杂文《一块瓦片》,仅一千多字,但运笔纵横,旁征博引,涉及的知识非常广博:从《古史考》中的"夏世昆吾氏作屋瓦"谈起,讲到历代帝王贵族宫殿中所用的琉璃瓦、铁瓦、铜瓦,甚至用银子、金子制瓦。"王居以金为甓,厨覆银瓦"(《唐书·南蛮传》)、"月冷江清近猎时,玉阶金瓦雪溅溅"(《宫词》),正是这种生活的写照。而在残酷的阶级压迫下,劳动人民只能用石瓦、竹瓦,有的甚至"上无片瓦,下无立锥"(《喻世明言》)。全文共引用14种有关"瓦"的史料,追踪溯源,博采众家,使一篇短小文章映现出广博的知识天地。文化知识素养是决定作者写得多、写得快、写得好的重要因素之一。

（三）理论知识

理论知识,指概括性强、抽象度高的知识体系。理论知识不是分散的、零碎的知识,不是个别性、具体性的知识,而是系统的、有普遍意义的知识。理论知识中往往包含了一般知识和专业知识。人们将大量的一般知识经过归纳、抽象,得出普遍性结论,就成为理论知识。理论造诣会对写作产生影响。理论修养高,就有整体的思维力和敏锐的洞察力。不但学术性文章需要理论知识,纪实性文章也往往需要相关的理论知识。例如,美国记者威·劳伦斯为了报道日本长崎原子弹爆炸事件,专门去了解原子弹的理论,因为有扎实的理论作基础,他的报道获得普利策奖。徐迟为了写数学家陈景润的事迹,便钻研相关数学理论,终于写出了《哥德巴赫猜想》这篇有名的报告文学。

二、文化知识素养对写作的影响

写作是一种智能劳动,必然需要多方面的文化知识储备。丰厚的文化知识是任何类型文章写作所必备的基础。科技文章、科普小品、产品说明书等,都是有关文化知识的直接体现;学术论文、学术专著,反映的是专业化、系统化的文化知识;财务文书、考古文书、医务文书等,表现出某一行业的文化知识;杂文、评论、随笔、散文等文体,则间接地包含有关社会科学或自然科学的知识。学写作,开始于语言文字知识的学习;文章表达,借助于文字符号系统,从认字到组词,从造句到谋篇,都是语言知识的学习;语法知识、逻辑知识、修辞知识等,都属于语言文字知识的范畴。

知识的积累带来的是视野的扩大,具体到写作上来说就是思路的开阔、词汇的丰富、表达技巧的提高。知识贫乏,写作时必然视野狭窄,思路闭塞,运笔生涩。每一个学习写作的人都有这样的体会:自己的写作能力是随着知识的增加而逐步提高的,知识积累越丰富,写作才思越敏捷,运笔越顺畅。因此,清代学者万斯同说:"必尽读天下之书,尽通古今之事,然后可以放笔为文。苟其不然,则胸中不能无碍。胸中不能无碍,则笔下安能有神。"(《与钱汉臣书》)郭沫若则讲得更具体形象:"有志于文学的人应该有多方面的知识,应该就象蜜蜂一样要采集各种各样的花汁花粉以酿成蜜。"(《战士如何学习与创作》)冰心也强调:"文学家要多研究哲学社会学。我们现在承认文学是可以立身的,然而此外至少要专攻一两种的学问,作他文学的辅助,——按理说,文学家要会描写各种人的生活,他自己也是要'三教九流,无所不通'的……文学是要取材于人生的;要描写人生,就必须深知人的生活,也必须研究人的生活的意义,做他著作的标准。"(《文学家的造就》)事实上,不仅仅是文学,公文、论文等文体的写作也要求作者具有相当丰富的学养知识。作家、记者、宣传工作者等应该是很有知识、很有学问的文化人。缺乏文化知识素养的人,当不好作家、记者、宣传工作者、出版者,更不会成为著名的作家、记者、宣传家、出版家等。

第四节 情感意志素养

一、情感素养

(一)情感素养概述

《礼记·礼运》说:"何谓人情?喜怒哀惧爱恶欲,七者弗学而能。"用科学的语言说:情感是人对客观外物与自己的关系进行感性评判时的心理感受。情感总是和需要连接在一起的,当需要得到满足的时候,就会产生积极向上的情感,如愉快、满意、喜爱等;当需要得不到满足的时候,就会产生消极的情感,如厌恶、愤怒、憎恨等。所以,情感不是客观事物在人类头脑中的直接影像,而是人与社会需要相联系的一种心理反应。情感是文学的灵魂与生命,也是一切文章的重要内容,更是形成作者的写作风格和使文章产生美感并具有感染力的重要因素。

南朝文学理论家刘勰说:"人禀七情,应物斯感,感物吟志,莫非自然。"(《文心雕龙·明诗》)他意识到人有各种感情,这些感情一旦遇到外界相应物质的触动就会发生并表现出来,但对情感生于何处却没提及。秦末汉初学者毛亨说:"情动于中而形于言。"(《诗大序》)也只是笼统地说情是从体内发生的,但到底生于何处也没有准确地说清楚。现代脑科学对大脑的运思系统及大脑机制作了较深入的研究,发现大脑的高级神经由于外部信息的刺激,能引起生物化学和生物电的反应,导致信息的传入、加工、储备和指令传输而产生效应运动。这充分证明,大脑只是接收、分析、判断、传导及下达命令让有关人体组织发出相应的反应,而它本身并不能产生情感。但情感的产生又离不开大脑,所以对情感产生的正确理解应该是:情感的形成既有心理基础(大脑),也有社会基础(客观外物即社会生活);情感的形式是主观的,情感的内容是来源于客观的。

(二)情感素养对写作的影响

写作的动念往往出自某种强烈情感的驱使,然后发而为文。当人被外界事物所深深感动,就会产生一种强烈的创作冲动,这时大脑记忆的表象便顿时浮上心头,形成一种极其敏锐、活跃的创作心境,推动着写作主体进入创作过程,对作品加以构思和布局。在这个过程中,情感促使写作主体张开想象的翅膀,迸发灵感,使创作达到最佳状态。古今中外诸多名家对情感在写作中的实际影响多有论述。例如,毛亨在《毛诗序》中说诗"发乎情,止乎礼"。南朝诗论家钟嵘在《诗品》序中说:"气之动物,物之感人,故摇荡性情,形诸舞咏。"叶圣陶说:"它给我们极大的恩惠,使我们这世界各部互相关联而且固结不解地组织起来;使我们深入生活的核心,不再去计较那些为什么而生活的问题。它是粘力,也是热力。"(《作文论》)

文学创作需要情感支配。例如,屈原有"哀民生之多艰"的高尚情怀,才写出《离骚》等不朽诗篇;杜甫若无关心民生疾苦的意识,怎会发出"呜呼!何时眼前突兀见此屋,吾庐独破受冻死亦足!"(《茅屋为秋风所破歌》)的感叹。需要强调的是,创作需要情感,但在主体情感处于高潮时一般写不出作品。鲁迅《记念刘和珍君》中说:"长歌当哭,是必须在痛定之后的。"他并没有在"三·一八"事件后,立即写出文章,而是在事后的追忆中写出。这正证明了这个道理,同时也验证了古人"至哀不文"的论断。狄德罗也说过类似的话:"你是否趁你的朋友或爱人刚死的时候就作诗哀悼呢?不,谁趁这种时候去发挥诗才,谁就会倒霉!只有等到强烈的哀痛已过去,……当事人才想到幸福遭到折损,才能估计损失,记忆才和想象结合起来,去回味和放大已经感到的悲痛。……如果眼睛还在流泪,笔就会从手里落下,当事人就会受情感驱遣,写不下去了。"(谈演员)这是为什么呢?因为当人的感情处于极度亢奋状态,其他的心理功能就会受到抑制,主体意志容易失去控制,缺乏理性的思考。这时,形象的组合、题材的开拓、主题的拓展、结构和审美形式的追求会受到影响甚至遏制。所以,有经验的写作主体总是避开极度激越的感情,等感情渐趋平静时才动笔写作。

二、意志素养

(一) 意志素养概述

意志是根据既定的目标,自觉地努力克服困难,从而实现目的的一种心理素质。意志素养是写作主体为了实现预定的写作目的,克服困难,不断地调节支配自己行为的素养。它是写作成功的保证。意志与认识、情感有密切的关系。认识是意志活动的前提,情感对克服困难、达到预定目的的意志活动起着积极或消极的作用。而在认识和情感体验过程中也会有意志的参与,起控制和调节的作用。

(二) 意志素养对写作的影响

写作是人类精神活动中最情感化的一个领域。真诚地表达质朴的情感,固然是应遵守的一个基本原则,是主体素养的重要内容,也是作品价值的重要根据。但写作作为一种独立的、富有创造性的精神劳动,又是异常艰苦的。情感对克服困难、达到预定目的起着积极或消极的作用,而意志表现为对写作行动的支配和调节作用,包括发动和抑制两个方面。前者表现为促使写作主体从事带有目的性的必要的写作行为,后者表现为制止与预定写作目的相矛盾的愿望和行动。写作是一种特殊的精神劳动,它的强度和精度都是超常的,意志则能增加写作热情、信心、决心与毅力。当极大的困难抑制着兴趣、情绪等非智力因素,从而危及智能因素的充分调动时,写作主体的意志就起着关键作用,它能制止同预定目的不相符合的愿望和行动。意志的作用还在于使写作主体积极地追求创新,突破前人和自己已表现过的领域。

例如,苏联著名作家奥斯特洛夫斯基,艰苦的革命斗争生活使他全身瘫痪,双目失明,1933年,他却以惊人的毅力,终于在病榻上完成了长篇小说《钢铁是怎样炼成的》的创作,书中塑造的主人公保尔·柯察金成为了一代青年学习的楷模。曹雪芹写《红楼梦》,"披阅十载,增删五次";列夫·托尔斯泰写《复活》,前后修改达十一年之久;歌德写《浮士德》,几乎耗尽了他整个生命。即便是短章小诗,贾岛也有过"两句三年得,一吟双泪流"的感叹。实践证明,写作主体要将写作行为坚持下去,需要靠意志来支配自己的行动。意志坚强的写作主体可以控制消极情绪,在艰难困苦中顽强拼搏,写出佳作。

第五节 审美活动素养

一、审美活动素养概述

审美活动素养,指感觉、知觉、想象、情感、思维等心理功能在审美对象的刺激下交织活动的心理状态。对形象的直觉性、主体愉悦的心理状态、贯穿审美过程始终的情感体验及主观能动性的发挥等,是审美的基本特征。审美活动是人类特有的一种心理功能,一种美的欣赏和情感体验活动,是人掌握世界、创造文化的一种特殊方式。苏联美学家尤·鲍列夫在他的著作《美学》中甚至认为:"审美活动——这是在全人类意义上的人的任何活动。"

在他看来,只要是真正的"人"的活动,那就或多或少含有审美因素。写作主体依据自己的美感体验,按照美的规律来从事精神生产,以创造审美价值为自己的根本任务。

文章是作者按照美的规律创造的结果。从写作内容看,文章总是直接或间接地体现着作者审美意图。议论文对真理的弘扬、对正义的呼唤,实质上是对美的传播;说明文虽然客观地反映有关事物,但其间往往包含着美的属性和美的价值;新闻中的人物和事件,同样能够体现美的成分和内涵;科普小品中凝聚着美的情趣与风味;随笔、杂感等文体,融情理于一体,能给人美的感染和美的享受;至于文学文体中的诗歌、散文、小说、戏剧等,则是形象美、情感美、意境美的直接反映,以审美为其本位价值。从写作形式看,文章是人类艺术地把握对象世界的结果。符号化的文本形式,是"美的规律"的体现。文学文体有自身的表现艺术,实用文章也有自身的表现艺术。尽管实用文章不像文学那样追求表现手法、修辞手法和结构技巧,但它也要突出自身的形式美。例如,结构匀称,条理分明,语言通畅、和谐,标题醒目、好看,文字书写清楚、大方等。可见,文章的审美属性是通过内容和形式两个方面体现出来的。

二、审美活动素养对写作的作用

审美活动素养对写作有非常重要的作用,学者姚国建认为主要表现在以下几个方面。

首先,对文学写作的决定作用。文学文体是审美的文体,文学有教育、认识和审美三大作用。文学主要是通过审美作用,寓教于乐,才能发挥它的整体作用。没有美的魅力,文学作品便不存在。具体来说,小说突出表现为人物形象美、正面人物蕴含的人类理想美和反面人物塑造过程的艺术技巧美,诗歌突出表现为意境美,散文突出表现为情趣美。文学以美的魅力吸引读者,使读者在情感上被征服,陶醉其中。审美是情感化的活动,我们知道,情感的力量是非常强大的。以情感人,是文学作品的特色。

其次,无论哪种文体的写作,写作主体的美的心态非常重要。灵感状态是最和谐的美的状态,它表现为思维的有序化。语言的美来自和谐有序的思维,结构和技巧的美也来自和谐有序的思维,按照美的规律才能创造,这是一种从无序向有序形成的过程。读者阅读好的作品,通过语言美也可以感受作者思维的有序性和美的心态。语言文字使作者美的情感、和谐有序的思维成为永恒。

最后,写作主体审美素养越高,越能代表人类的社会化。审美是社会的行为,是社会化的标志,审美能力和审美素养与人的社会化程度成正比。人类历史的长河主流是向着真善美的方向,一代又一代人在写作的审美创造中继承和推动着历史的发展,作家集中了人类已有的美的创造,给予了人类新的美的创造,使人类文化和文明得以传承和发展。

总之,写作本质上是一种信息的传递,任何信息传递都要依靠信息源和信息载体,写作的信息源和信息载体都有赖于写作主体的生活实践素养、思想理论素养、文化知识素养、情感意志素养及审美活动素养。写作的这五种素养是一个有机的整体,其中,生活实践素养是写作的源泉,思想理论素养是写作的主导,文化知识素养、情感意志素养和审美活动素养则是达成写作的桥梁。写作活动是作者素养整体系统的表现和实践行为。

1. 课后上网搜看电影《刘三姐》。请阅读以下几组山歌，从生活实践素养方面分析刘三姐战胜三秀才的缘由。

陶秀才：一个乳秀未干的丫头，竟敢唐突莫公。

刘三姐：好笑秀才酸气多，快回书房读子曰。之乎者也学会了，才好摇头晃脑壳。

陶秀才：今天莫老爷请来的都是当今名士，你们不可无礼。

刘三姐：隔山唱歌山答应，隔水唱歌水回声。今日歌场初会面，三位先生贵姓名。

陶秀才：百花争春我为先，

李秀才：兄红我白两相连，

罗秀才：旁人唱戏我挨打，

合：名士风流天下传。

刘三姐：姓陶不见桃结果，姓李不见李花开。姓罗不见锣鼓响，蠢才也敢对歌来。

李秀才：赤膊鸡仔你莫恶，你歌哪有我歌多。不信你往船上看，船头船尾都是歌。

刘三姐：不懂唱歌你莫来，看你也是一蠢才。山歌都是心中出，哪有船装水载来。

李秀才：小小黄雀才出窝，谅你山歌有几多。哪天我从桥上过，开口一唱歌成河。

刘三姐：你歌哪有我歌多，我有十万八千箩。只因那年涨大水，山歌塞断九条河。

陶秀才：不知羞，井底青蛙想出头？见过几多天和地，见过几多大水流。

刘三姐：你住口，我是江心大石头，见惯几多风与浪，撞破几多大船头。

罗秀才：一个油桶斤十七，连油带桶二斤一。若是你能猜得中，我把香油送给你。

刘三姐：你娘养你这样乖，拿个空桶给我猜。送你回家去装酒，几时想喝几时筛。

李秀才：见你打鱼受奔波，常年四季打赤脚。不如嫁到莫家去，穿金戴银住楼阁。

刘三姐：你爱莫家钱财多，穿金戴银住楼阁。何不劝你亲妹子，嫁到莫家作小婆。

陶秀才：你发狂，开口敢骂读书郎。惹得圣人生了气，从此天下无文章。

刘三姐：笑死人，劝你莫进圣人门。若还碰见孔夫子，留神板子打手心。

李秀才：真粗鲁，皆因不读圣贤书。不读四书不知礼，劝你先学人之初。

刘三姐：莫要再提圣贤书，怕你越读越糊涂。五谷杂粮都不种，饿死你这人之初。

陶秀才：你莫嚣，你是朽木不可雕。常言万般皆下品，自古唯有读书高。

刘三姐：笑死人，白面书生假斯文。问你几月是谷雨，问你几月是春分。

众乡亲：富人只会吃白米，手脚几曾沾过泥？问你几时撒谷种，问你几时秧出齐？四季节令你不懂，春种秋收你不知，一块大田交给你，怎样耙来怎样犁？

罗秀才：听我言，家有千顷好良田。耕田耙地我知道，牛走后来我走先。

陶秀才：劝你休要惹祸灾，莫家有势又有财，官家见他让三分，阎王见他要下拜，你若顺了莫公意，莫公自有好安排，在家让你日不晒，出门三步有人抬。

刘三姐：莫夸财主家豪富，财主心肠比蛇毒。塘边洗手鱼也死，路过青山树也枯。

……

2. 对照阅读施耐庵的《水浒传》和俞万春的《荡寇志》,请以"思想理论与文章立意的关联性研究——《水浒传》与《荡寇志》主题差异性评析"为话题,写一篇3000字左右的分析文章。

3. 情感是一种最为奇妙的因素,在任何类别的创造性活动中都起着隐而不见的深层作用。人的个性品质与情感倾向直接影响着他对现实世界的认知层次和感悟深度。在你的生活中,总有一些短时间内让你激情满怀的人,也总有一些长时间让你刻骨铭心的事。请有目的地选择能让你产生强烈创作情绪的人或事,写一篇散文。

4. 请分析曹雪芹的《红楼梦》中所包含的知识种类,并据此来阐释知识素养对文学创作的重要性。

5. 罗丹说得好:"生活中不是缺少美,而是缺少发现美的眼睛。"你是否拥有一双善于发现美的眼睛呢?请以自己写过的作文为例加以阐述。

第四章　写作能力

能力指人完成某种活动的本领，包括完成某种活动所必备的个性心理特征和具体方式。它是影响活动效果的基本因素。能力是人们在掌握知识、技能过程中逐步培养和发展起来的；在智能结构不断调整的过程中，它是基本的、能动的方面，是创造的力量。写作能力是一种特殊能力，主要包括观察力、感受力、想象力、联想力、思维力、表现力、鉴赏力等。

第一节　观察力

一、观察力概述

观察力，指人通过全部感官（主要是眼睛）感知生活、体验生活、认识生活并觉察事物特征的能力。它不仅限于以视觉接受信息，还包含其他感觉器官对外来刺激的反应能力，是一种全身心的体察。文章写作要真实地表现主观世界，也要真实地反映客观世界。而要想真实地反映客观世界，就必须从观察入手。法国启蒙时期著名思想家、百科全书式学者孟德斯鸠也说："我以观察为主，白天所见、所闻、所注意的一切，晚上一一记录下来，什么都引起我的兴趣，什么都使我惊讶。"（《波斯人信札》）

写作中的观察与普通观察是有区别的。普通观察是人类对外部世界物理及化学属性的基本认知，是人类的一种普遍行为，通常具有随机性、局部性、零散性、功利性等基本特征。例如，人们听到青蛙的叫声，大脑会根据主观经验做出判断——这是青蛙的叫声。这是青蛙的个别属性直接作用于人的听觉器官以后，人的大脑所做出的反应，属于普通观察。而写作活动中的观察是具有特殊意义的感知活动，是写作行为过程中不可或缺的重要环节。例如，同样是对于青蛙的叫声，写作主体就会有目的、系统地对青蛙的发声器官进行深入察看，认清其生物学上的意义，乃至对农业生产、人们生活等社会方面的影响——"稻花香里说丰年，听取蛙声一片"（《西江月·夜行黄沙道中》）。作者由蛙声联想到农业的丰收，自然地表现了青蛙对农业生产的重要意义，这样的表达效果要归功于作家的认真观察、主动体验。

二、观察力对写作的影响

老舍曾谈到观察体验对写作的重要性时说:"我生在北平,那里的人事,风景,味道,和卖酸梅汤杏儿茶的吆喝的声音,我全熟悉……积了十几年对洋车夫的生活的观察,我才写出《骆驼祥子》啊。"(《三年写作自述》)何纯等学者认为,观察力对写作的影响主要体现在以下几个方面。

(一)观察是引发写作活动的直接动力

由于观察是直接面对客观事物的认识活动,它获得的是来自事物最直观可感的信息,也正是因为这种第一手信息的直观和丰富,才能激活写作主体的思维,触发写作主体切身的生活感受,使其处于一种难以抑制的兴奋之中,产生不吐不快的强烈的写作欲望。晋代文学家陆机说:"遵四时以叹逝,瞻万物而思纷。"(《文赋》)南朝诗论家钟嵘说:"气之动物,物之感人,故摇荡性情,形诸舞咏。"(《诗品·序》)南朝文学理论家刘勰说:"物色相召,人谁获安?""情以物迁,辞以情发。"(《文心雕龙·物色》)这里所说的"物",也就是观察得来的事物外在表象。这种直观可感的表象,感召着写作主体的心灵,使写作主体的心灵随之摇荡,不得安宁。写作主体因此也就产生了独特而强烈的感情,也就有了倾诉感情的需要。可见,创作欲望的产生,来自观察,来自社会实践。

例如,《红楼梦》中林黛玉在观赏春景时,看到繁华落尽,满地残红,感受到生命的短暂易逝,触动了她寄人篱下的感慨,不由得悲从中来,产生了强烈的创作冲动,吟出了流传后世的绝唱《葬花吟》:"花谢花飞花满天,红消香断有谁怜?游丝软系飘春榭,落絮轻沾扑绣帘。闺中女儿惜春暮,愁绪满怀无释处。手把花锄出绣帘,忍踏落花来复去。柳丝榆荚自芳菲,不管桃飘与李飞。桃李明年能再发,明年闺中知有谁?……"

(二)观察是深入把握写作客体的前提和基础

俄国作家列夫·托尔斯泰说过:"对于敏感聪明的人来说,写作艺术之所以好,并不在于知道要写什么,而是在于知道不需要什么。"(《作家谈写作》)观察的过程就是一个贴近客观事物,认识事物本来面目的过程。它能提供丰富而具体的写作客体信息。这些信息也许一开始只是片段的、枝节的,但当它积累到一定程度,写作主体就可能在此基础上,由浅入深,由表及里,不断发现各种孤立现象之间的客观联系,不断接近事物的真相和本质。如果缺乏深入细致的观察,就难以发现那些隐藏在事物表面现象之下的本质。

例如,唐代诗人刘禹锡的《乌衣巷》:"朱雀桥边野草花,乌衣巷口夕阳斜。旧时王谢堂前燕,飞入寻常百姓家。"当刘禹锡观察到朱雀桥边的野花、乌衣巷口的夕阳和上下翻飞的燕子时,这些表象也许并没有生命,当刘禹锡由这些具体可感的事物进而联想到朱雀桥和乌衣巷当年的繁华、燕子筑巢人家当年的富贵时,人事变换的历史滋味就被输入这些表象之中。如果没有这些由观察得到的直观形象,写作主体的联想和想象就难以产生,思考就无法进行,读者的共鸣也就不会产生,写作活动也就失去了坚实的基础。

(三)观察是获取主体情感的"客观关联物"的必要途径

写作除了反映客观事物的本来面貌,还需要宣泄表现写作主体的主观意图和情感态度。这中间必须有一些中介来承载和传递。观察得来的直观的客观物象正好可以担当这个角色。这些观察得来的物象，犹如英国诗人和批评家 T. S. 艾略特所说的"客观关联物"（《哈姆雷特及其问题》），可以形象而客观地表现和反映写作主体的情感态度。他说："以艺术的形式表现情绪的唯一途径，就是找寻某个客观关联物；换言之，就是寻找一组物、一种情境、一连串事件……"（《外国语言文学论丛》）王国维说："昔人论词，有景语、情语之别，不知一切景语皆情语也。"（《人间词话》）通过观察和描写出来的各种景物，在文章中往往都蕴含了写作主体的情感态度和意图。

例如，孙犁曾说："《山地回忆》里的女孩子，是很多山地女孩子的化身。当然，我在写她们的时候，用的多是彩笔，热情地把她们推向阳光照射之下，春风吹拂之中。在那可贵的艰苦岁月里，我和人民建立起来的感情，确是如此。我的职责，就是如实而又高昂浓重地把这种感情渲染出来。"（《关于〈山地回忆〉的回忆》）因此，观察获取了客观关联物后，再融入自己的情感体验，才能创作出符合读者审美要求的作品。

三、观察力的培养

初学写作者，应有意识地从以下几方面培养自己的观察力：

（一）观察要细致

观察要细致，指观察要集中注意力，善于捕捉事物的细节。朱自清说，观察要"拆开来看，拆穿来看。""于一言一动之微，一沙一石之细，都不轻轻放过"（《山野掇拾》）。那种心思散漫，注意力不集中，只是走马观花似的张望，漫不经心的浏览，只能对事物留下一个模糊印象，不可能对事物作细致、准确的把握。法国作家莫泊桑说过：必须详细地观察你所要表达的东西，时间要长，而且要全神贯注，才能从其中发现迄今还没有看到与说过的那个方面。观察的细微深入，常常能使我们获得事物的"突出之点"，即与他物的"不同之点"，而发现了事物的特点，便具备了写作的基础。

例如，唐代诗人杜甫的诗句"细雨鱼儿出，微风燕子斜"（《水槛遣心二首》），把细雨微风天气下的鱼儿、燕子的神态写得活灵活现，这得益于杜甫细致的观察。周涛散文《黄蜂筑巢》描写黄蜂在霜降时即将死去的情景："我听见了这声音，不忍把这只蜂扫进尘土和枯叶里，便用扫帚挑起它，轻轻放到窗台上，它像一个打秋千的小孩一样紧紧抓住扫帚尖，然后落在一片宁静的秋天里。"作者细致地把握住黄蜂"紧紧抓住扫帚尖"的形态，也是细致观察的结果。

（二）观察要捕捉特征

只有把握了事物特征，才能更好地认识事物，写出事物的个性特征。在写作实践中，许多作家都是善于发现和捕捉事物特征的。例如，丰子恺在《白鹅》中写道："我亲自抱了这雪白的大鸟回家，放在院子内。它伸长了头颈，左顾右盼，我一看这姿态，想道：'好一个高傲的动物！'"这是对白鹅的整体观察、综合印象，抓住了白鹅最突出的特征。接下来，写作主体又写了鹅的叫声、鹅的步态、鹅的吃饭等，这是对白鹅的局部观察，由这些局部的观察再次印证写作主体对白鹅的整体印象。

如何捕捉事物的特征呢？最有效的方法是借助比较来捕捉事物的特征。俗话说："不怕不识货，就怕货比货。"观察时进行比较，就容易把事物的本质特征显示出来。例如，同样是雪景,鲁迅就观察到南方的雪景和北方的雪景不同。他在小说《在酒楼上》中写道:"我这时又忽地想到这里积雪的滋润,着物不去,晶莹有光,不比朔雪的粉一般干,大风一吹,便飞得满空如烟雾。"在散文《雪》中,他又对南北方的雪作了精细的比较:"江南的雪,可是滋润美艳之至了;那是还在隐约着的青春的消息,是极壮健的处子的皮肤。雪野中有血红的宝珠山茶,白中隐青的单瓣梅花,深黄的磬口的蜡梅花;雪下面还有冷绿的杂草。""但是,朔方的雪花在纷飞之后,却永远如粉,如沙,它们决不粘连,撒在屋上,地上,枯草上……在晴天之下,旋风忽来,便蓬勃地奋飞,在日光中灿灿地生光,如包藏火焰的大雾,旋转而且升腾,弥漫太空,使太空旋转而且升腾地闪烁。"此外,对事物进行多角度的观察,也是捕捉事物特征的途径之一。客观世界和现实生活犹如一座山,有峰有壑,有石有泉,有树有草,如果只从一个角度观察,或者只从正面观察,所得的印象不免单调。"横看成岭侧成峰,远近高低各不同"(《题西林壁》),视角转换之后,一些平凡的、司空见惯的事物就很容易被我们发现新意。

(三)观察要开放五官

真正的观察,要综合发挥人的感官功能的作用,也就是要让眼、耳、鼻、舌、身五种感官全都开放,做到以眼观之,以耳听之,以鼻嗅之,以舌品之,以身(肤)触之。五官生五觉,五觉生文章。王蒙说:"我认为写作的时候,不但要求助于自己的头脑,而且要求助于自己的心灵,而且要求助于自己的皮肤、眼睛、耳朵、鼻子、舌头和每一根末梢神经。例如你写到冬天,写到寒冷,如果只是情节发展的需要或是展示人物性格的需要使你决定去写寒冷,而不去动员你的皮肤去感受这记忆中的或假设中的冷,如果你的皮肤不起鸡皮疙瘩,如果你的毛孔不收缩,如果你的脊背上不冒凉气,你能写得好这个冷吗? 如果你的眼睛不敏锐,你能写出这大千世界的万紫千红吗? 如果你的耳朵不灵,你能写出这生活的旋律和节奏吗? 如果你的心灵结着厚茧,你能写出叫人哭、叫人笑、叫人拍案、叫人顿足的故事来吗?"(《倾听着生活的声息》)

例如,同样写"春",古诗就有"春风又绿江南岸""红杏枝头春意闹""吹面不寒杨柳风""踏花归来马蹄香""暖风熏得游人醉"等诗句,它们分别从视觉、听觉、触觉、嗅觉、味觉等角度去表现对春天的体察,给人以生动新鲜的感受。老舍在《在烈日和暴雨下》一文中的景物描写:"街上的柳树,像病了似的,叶子挂着层灰土在枝上打着卷;枝条一动也懒得动的,无精打采地低垂着。马路上一个水点也没有,干巴巴的发着些白光。便道上尘土飞起多高,与天上的灰气联接起来,结成一片毒恶的灰沙阵,烫着行人的脸。处处干燥,处处烫手,处处憋闷,整个的老城像烧透的砖窑,使人喘不出气。狗趴在地上吐出红舌头,骡马的鼻孔张得特别大,小贩们不敢吆喝,柏油路化开;甚至于铺户门前的铜牌也好像要被晒化。街上异常的清静,只有铜铁铺里发出使人焦躁的一些单调的叮叮当当。"这一段充分调动了视觉、听觉、嗅觉、触觉等感官来进行观察,抓住了以柳树为代表的植物"无精打采"、马路"发着白光""处处烫手"、小贩们不敢吆喝等特征,成功地把无声无形的热展示在读者面前。

(四)观察要与情感体验相结合

写作主体的观察,主要是艺术观察。南朝文学理论家刘勰说:"登山则情满于山,观海则意溢于海。"(《文心雕龙·神思》)这就要求观察者在观察外物的同时,要激活自己的情感,并将自己的情感投射到客观外物上,以便对客观外物产生个性化的独特体验。在这种体验中,客观物象经过写作主体生命的融入、情感的灌注会异变成为极具表现功能的艺术形象,使观察到的事物由原来死气沉沉的东西,变成了活生生的生命体。

例如,一般人眼里的柳树总是绿柳、碧柳,在诗人徐志摩看来却成了"夕阳中的新娘"。而一棵平常的枣树,在鲁迅的眼中则成了"坚定的直刺天空"的战士!当一个生物学家在他的实验室内侍弄着花时,不会动感情,也不会有情感上的收获。但是当俄国作家列夫·托尔斯泰有一次看到牛蒡花想起了生命的意义,他就"体验"着花了。他这样记载自己的体验:"昨日我在翻犁过的黑土休耕地上走着。放眼望去,但见连绵不断的黑土,看不见一根青草。啊!一兜鞑靼花(牛蒡)长在尘土飞扬的灰色大道旁。它有三个枝丫:一枝被折断,上头吊着一朵沾满泥浆的小白花;另一枝也被折断,溅满污泥,断茎压在泥里;第三枝耷拉一旁,也因落满尘土而发黑,但它依旧顽强地活下去,枝叶间开了一朵小花,火红耀眼。我想起了哈吉·穆拉特。想写他。这朵小花捍卫自己的生命直到最后一息,孤零零地在这辽阔的田野上,好好歹歹一个劲地捍卫住了自己的生命。"(《列夫·托尔斯泰论创作》)列夫·托尔斯泰如此细致地观察花,不是因为他要认知这朵花的客观属性,而是因为他发现了花与生命之间的内在联系;他的兴趣不是生物学的,而是美学的、哲学的。他对花倾注了自己的情感,发现花的顽强不屈,这样一来,他的观察也就超越了花本身,他的收获是关于他所要描写的一个坚强之人的生命意义的思考。在这个过程中,列夫·托尔斯泰从情感出发,并以新的意义生成作为结束。

(五)观察要与思考相结合

观察是认识的基础,它不仅是单纯的感官心理活动,也应有理性思维加入。它既获取,又超越直观印象。这时的观察,已经包含了对感官所捕捉的信息进行分析归纳的思考。观察时要开动脑筋,激活自己的记忆、联想、想象和多种创造性思维能力,不断对观察对象进行由此及彼、由表及里、由现象到本质、由个别到一般的深入思考。观察与思考结合,不仅能促使观察力的提高,同时也能把感性认识上升到理性认识,从熟悉的生活里发现有意义、有价值的东西,探索出可供写作的题材。

例如,毕淑敏的《致"跑了的一代"》,就是透过SARS来到北京时许多大学生翻墙而跑的现象,发现当代大学生缺乏应有的理性和良知,缺乏应有的责任和担当,引起了作家高度的关注和深切的思考。因为大学生是国家的希望、民族的未来,当灾难来临,如此一跑了之,怎能肩负民族的重任?"你们跑了,就把传染的危险扩散到了更广大的地区。再说切断传染途径,你们这一跑,就像滚动的钢珠,把传播途径链接上了。""SARS来了,你们跑了。这是没有硝烟的战场,你们在敌人第一次集团冲锋的时候,就从倒下的伤员身边蹿过,掉头一溜小跑,给留下的人们一个张皇的背影,让他们在坚持奋斗的间隙失望地叹息。""SARS来了,你们跑了。放弃了责任,也放弃了一个让自己成长和坚强的机会。犹如蝌蚪放弃溪水,雏鹰躲避了风暴。"这样的观察与思考,由表及里,触及了事件的本质,也引发了作家写下这篇"逆耳忠言",向新一代大学生发出理性的呼唤和热情的期待。

值得提醒的是,无论什么样的写作主体,若想有效积累写作素材,除了需要善于观察外,还需要善于记载自己所观察到的事物,常言"好记性不如烂笔头"。茅盾在指导青年作者时说过:我们在开始写作的时候或以前,就应当时时刻刻身边有一支铅笔和一本草簿;无论到哪里,你要竖起耳朵,睁开眼睛,像哨兵似的警觉,把你所见所闻随时记下来,你要找你生活圈子以外的人做朋友,和他们多谈,记住他们的谈话,记下你随时随地对他们的观察所得。(《创作的准备》)如今,智能手机的广泛使用,更是有利于我们随时随地记录观察的事物。

第二节 感受力

一、感受力概述

感受力,指人由于受到外界各种现象的刺激所产生的一种与客体刺激相应的心理反应能力。它不仅是主体由外向内的摄取能力,还是内在的心理加工能力。从心理学角度看,感受包括感觉和知觉。感觉是客观事物直接作用于感官时,人脑对事物的个别属性的反映,例如,事物的形状、颜色、光泽、质地、大小、气味、轻重、软硬、音响、节奏等。感觉是人的感官接受外界信息的功能,它是人们认识世界的开始。知觉则是反映事物的总体属性,以及各个属性之间的相互关系。它以感觉为前提,又与感觉相联系、不可分割。

感受力离不开观察力,但又不同于观察力。观察主要是物态反映,侧重于反映客体的具体形象和本质;感受主要是心态活动,侧重于表现主体的心理状态。换句话说,观察所要反映的是"物",感受所要表现的"情"。例如,"花红",反映的是物态,是观察;"花美",表现的是心态,是感受。又如,"碧云天,黄花地,西风紧,北雁南飞"(《西厢记》),展示的是晚秋景色的一幅画面,是观察;而"晓来谁染霜林醉,总是离人泪"(《西厢记》),则表现的是秋天里人的内心世界中的一种情怀,是感受。

不过,感受与观察又有相互联系、相互渗透的一面。无论观察或感受,都需要写作主体具有开放的五官——这是进行写作活动不可缺少的生理条件。观察要以此为基础,把注意力向客观事物延伸;感受也要以此为基础,把注意力向主观感情进发。它们不仅起始点相同,而且主观感受往往都需要以客观观察为前提。观察越全面细致,感受就越丰富深刻。感受与观察常常融合在一起。例如,"寒塘渡鹤影,冷月葬花魂"(《红楼梦》)这句诗,就把观察所得的形象和感受寄寓的情怀融合在一起了。

二、感受力对写作的影响

清代学者王夫之说过,一个缺少感受力的诗人写出的作品,"虽极缕绘之工,皆匠气也""裁剪整齐,而生意索然,亦匠笔耳"(《姜斋诗话》)。王蒙更是强调:"作家的能力首先是感受生活和表现生活的能力。"(《当你拿起笔……》)雁翼对感受在作家创作中的重要作用作了深刻的阐述:"我很看重'感受'这两个字,它比较恰当地说明了作家接受客观事物不是冷静的,而是动感情的。就是说,作家大脑这片土地,是通过感情来接受社会现实生活的'耕种'的。因此,我不爱用'积累生活'这个词,而喜欢用'积累感受'这句话。"他还特别指出了一条重要的写作体验:"一个从事文学创作的人,他可能接触了、了解了许许多多生活材料,但只有那些对他感受最深的才有用。记在记录本上的材料,如果没有在他的大脑中留下感受,往往没有用处,就是要用,也往往需要用别的'类似'的感受去'复活'它才行。"(《生活感受与创作》)姚国建等学者认为,感受力对写作的影响主要体现在以下几个方面。

(一)激发写作冲动

古人云:"心有所动,方能行之于文。""情动于衷而形于言。"(《毛诗序》)写作的动机和愿望,只有在得到充分感受的前提下,才能被唤醒和激活。感受触发写作动机,往往是从强烈地打动写作主体心灵的某一个"点"上开始的。一片风景、一个形象、一句话语、一首歌曲、一则新闻、一段故事等,都可能引发人的某种感受,迅速使写作主体进入一个"精骛八极,心游万仞"(《文赋》)的想象世界。这时,平时积累、储藏在记忆深处的与该感受相关联的对象便会纷至沓来,连绵不断地涌上笔端,成为写作中常说的"灵感"现象。所谓"愤怒出诗人"就形象地说明了感受能激发创作冲动。

例如,法国作家雨果小说中所散发的人文主义情怀主要源于其年轻时的一次强烈的刺激。他曾在巴黎广场上目睹一位姑娘因所谓的"仆役盗窃罪"而遭火刑的惨景:一个男子从那姑娘背后走上刑台,把那姑娘背上的带子解开,让她的背一直袒露到腰部,拿起烧红的烙铁往赤裸的肩头上一放,深深地往下按……雨果晚年回忆说:"在我的耳朵里,虽然隔了四十年之久,仍然响着那被暴行折磨的女人的惨痛的呼喊。这是在我的心灵上永远不能磨灭的呼喊。"(《艺坛趣闻录》)这种刻骨铭心的感受,促使作家完成了《巴黎圣母院》的创作。

(二)催生艺术形象

写作的过程也是孕育形象、发现形象、创造艺术形象的过程,而艺术形象的创造,又是与感受密不可分的。无论是长期积累的深刻感受,还是由某种强烈刺激引发的瞬间感受,都能直接诱发和催生出艺术形象。可以说,艺术形象是主观感受与客观外物相互作用、相互交融的产物。写作主体感受的强烈与深刻,直接影响着艺术形象的独创性、审美性和表现力。

例如,清代文学家曹雪芹,在少年时期因目睹生活在自己身边的个个女子的悲剧命运,产生切身感受,心灵深处激起强烈的感情。在这种感情的推动下,他在"绳床蓬牖""举家食粥"的苦境中,不辞"十年辛苦",塑造了宝玉与黛玉等众多栩栩如生的人物形象,写成了流芳千古的《红楼梦》。梁斌在《漫谈〈红旗谱〉的创作》一文中说:"有的读者问我,你为什么不写工人?这是由于生活的限制,我熟悉农民,熟悉农村生活,我爱农民,对农民有一种特殊的亲切之感。于是我竭力想表现他们,想要创造高大的农民形象,这是我写这部书的主题思想之由来。"因为作者长期生长在农村,接触过许许多多的农民,有着深厚的农村生活感受,自然催生出了朱老忠、严志和等栩栩如生的艺术形象。

(三)丰富作品内涵

感受的积累运用到写作中,将大大丰富作品的内涵。一些初学的写作主体常常感到无事可记,无话可说,即使勉强写来,也感到内容单薄,难以展开。这常常与写作主体生活阅历不丰富,缺少感受的积累有着密切的关联。

例如,巴金之所以能写出小说《家》,与他对自己的家庭生活有着二十多年切身体验、积累了丰富的人生感受密不可分。他说过:"书中人物都是我所爱过和我所恨过的。许多场面都是我亲眼见过或者亲身经历过的。的确,我写《家》的时候,我仿佛在跟一些人一同受苦,一同在魔爪下面挣扎。我陪着那些可爱的年轻生命欢笑,也陪着他们哀哭。我一个字一个字地写下去,我好像在挖开我的记忆的坟墓,我又看见了曾经使我的心灵激动过的一切。"(《巴金文集》第14卷)写长篇小说是这样,写散文、写诗也是如此,多种感受的汇聚将丰富作品的内涵,扩大作品的容量。贾平凹的《读书示小妹十八岁生日书》这封信情真意切,发自肺腑,字里行间融进了作者多种人生感受,处处渗透着作者对妹妹的关爱之情和殷切希望,大大丰富了信的内涵,使得这封信的内容已超越了普通的生日书,具有普遍的感化作用、教育作用和鼓励作用,读之能给人以启迪,引起强烈的共鸣。

三、感受力的培养

初学写作者,应重点从以下几方面培养自己的感受力。

(一) 保持敏锐的思想触角

感受体验能力如一把刀,只有在石上经常磨才能锋利。潜心投入生活,才会发现生活的真谛,而后将自己的感受提炼升华,成为有新意的作品。所谓"春江水暖鸭先知""落一叶而知天下秋"就是指这种敏锐的感受触角。如果一个人的感受力不灵敏,十分迟钝,像一块敲不出火花的顽石,他就无法获得丰富深刻的生活体验与人生感悟,也就无法步入写作的殿堂。

例如,同样写蝉,虞世南"居高声自远,非是藉秋风"(《蝉》)是清高人语,写出了作者居高自傲的得意感;骆宾王"露重飞难进,风多响易沉"(《在狱咏蝉》)是患难人语,写出了作者身陷囹圄的重压感;李商隐"本以高难饱,徒劳恨费声"(《蝉》)是牢骚人语,写出了作者怀才不遇的失意感。所有这些都体现出对蝉的不同的感受,被后人誉为"咏蝉三绝"。再如,一只白蝴蝶飞到久违的城市阳台,一般人毫不稀罕,但有敏锐感受力的米兰立刻感到"惊愕""意外",继而联想到花的命运与祖国命运的沉浮,看到城市走向美的征兆,写出《蝴蝶飞来》;一只小鸟在园中被人用枪击落,一般人也许不会被触动,但谢冕内心震撼,骤然感到"文明在衰落,道德在沦丧,美在毁坏",写了《作家要有勇气写美》;王英琦去寻访圆明园,问了许多人都不曾打听到具体地址,她为历史的耻辱被轻易忘却而悲哀,强烈的思潮冲击心头,抒写出《圆明园在哪里?》。

(二) 融入丰富的思想感情

感受触发了感情,感情又强化了感受,二者相得益彰,密不可分。南朝文学理论家刘勰说:"繁采寡情,味之必厌。"(《文心雕龙·情系》)其意是指,即使对生活关心,但不倾注感情也不行。王国维说:"以我观物,故物皆着我之色彩。"(《人间词话》)强调的也是感受事物要融入感情。作为写作中的感受,常常需要写作主体将普通的感觉、感受上升为艺术的感觉、感受,时刻让自己的心灵接受外界刺激,达到刘勰所说的"物色之动,心亦摇焉"(《文心雕龙·物色》),就能进入文学创作。

例如,自然界最常见的下雨现象。我们每个人都有感觉:下雨了,首先是冰凉的雨点打在脸上,我们会有触觉;雨点打在瓦上沙沙响,我们的听觉能知道;雨下成一条条线能够看见,这是视觉;下雨后我们能闻到潮湿的气息,这又是嗅觉。有了这些感觉并不就能写文章,还需融入自己的情感和思考——对雨的喜爱厌恶,由雨而引起的思绪和联想,这样就上升到艺术感受体验,就能写出好文章。例如,子川的散文《雨天的情绪》就是写雨天感受的。"我却是喜欢雨,尤其雨季中那些毛绒绒的雨。雨天容易使人细腻,这样的时候,最适宜写一点随笔之类的文字。雨天的光线柔和,光反差比较小,摄影成像效果较佳。倘能拍摄出微雨的动感,画面氤氲一派朦胧,尤有水墨画一般的意韵。仲春时节,若置身旷野,极目舒望,烟雨迷蒙处,乳黄黄的柳穗,水绿绿的青苗,不是画境胜似的画境,使得人心柔软,意气平和。当此际,纵有再多的烦恼,再不平复的心境,亦被洗静抚平。"

由此可见,一个生活中的有心人,一个有艺术感受力的人,总是善于从大千世界的平凡和不平凡事物中,捕捉到新颖鲜活的题材,感受到某些独特深刻的东西,从而进入创作的佳境。

(三)理性认识的渗透升华

感受使我们形成了对事物的新鲜独特的感知,形成了写作的胚胎。但仅仅停留在这一步还不够,还需要理性地融入渗透,使之上升至"感悟"阶段(感觉—感受—感悟,可视为感知事物、认识世界的全过程)。魏巍曾深有体会地说:"总之,写作《东方》,是伟大的斗争引发了我。我在现实生活里面受到感动,又在感动中不断加深了理性认识,这就是写作这本书的推动力量。"(《我是怎样写〈东方〉的》)

例如,唐代诗人王之涣《登鹳雀楼》一诗之所以千古流传,尽人皆知,就在于诗人书写了自我登临高处由外而内的观察所见、情感体验及哲思发现。登高远眺,"白日依山尽,黄河入海流",景象壮阔,气势磅礴,充满了无穷的力量和永不枯竭的生命力。"欲穷千里目,更上一层楼",不仅表现了向上进取的精神、高瞻远瞩的胸襟,也表现了要取得更好成绩就须更加努力地自励和互勉的道理,更是第一次以艺术形式生动形象地道出了他人不曾道出的共同体悟——站得高才能看得远这一哲理。没有理性认识的升华,此诗势必苍白无力,格调不高。张爱玲的《天才梦》结尾一段:"生活的艺术,有一部分我不是不能领略。我懂得怎么看'七月巧云',听苏格兰兵吹bagpipe,享受微风中的藤椅,吃盐水花生,欣赏雨夜的霓虹灯,从双层公共汽车上伸出手摘树巅的绿叶。在没有人与人交接的场合,我充满了生命的欢悦。可是我一天不能克服这种咬啮性的小烦恼,生命是一袭华美的袍,爬满了蚤子。"结尾这段是作者孤独而独特的人生感悟,是对文章主旨的升华。"生命是一袭华美的袍,爬满了蚤子"是她对生命的美丽与世界的丑陋、生活的艰辛做出的个性化概括。她用一个精辟的比喻,表达了自己对世事深刻的洞察和对人性独到的见解。

总之,感受力与写作有着密切的关系,尤其是记叙类文学作品的写作,更是离不开对生活的感受。感受力可以说是写作主体最宝贵的特质之一。感受力的强弱,是衡量一个人有无写作能力的重要表现之一。写作主体要与读者对象在心理上契合,感情上共鸣,就要深入到对方的内心世界里去,爱他们所爱,憎他们所憎,具有同一心态,才能获取有感受深度的材料,写出真切感人的文章。

第三节 想象力

一、想象力概述

想象力,指人在记忆表象的基础上创造新形象的能力。想象力的强弱,有一部分是与生俱来的,但更主要的是依靠后天有意识的培养与训练。艺术想象力对于文艺创作极为重要,起着开拓思路、触发妙思、孕育创新、强化感情、增强形象魅力等作用。它是作家艺术才能的基本因素,是作家从事创作的最重要的本领。德国哲学家黑格尔说:"最杰出的艺术本领就是想象。"(《美学》)法国哲学家狄德罗说:"想象,这是一种特质。没有它,人既不能成为诗人,也不能成为哲学家、有思想的人、一个有理性的生物、一个真正的人。"(《论戏剧艺术》)无论是哲学家进行思想,科学家进行研究,还是文学家进行创作,写作者进行议论文、说明文和应用文的撰写等,都离不开想象。

写作都是有目的的,写作中运用的想象主要是有意想象。有意想象带有一定的目的和明显的自觉性,是为创造某种形象而展开的想象。有意想象按想象内容的新颖性、独立性和创造性的不同,主要分为两类。一是再造想象。即根据语言文字、图形或别人对某一事物的描述,在人脑中所形成的具体形象。叶圣陶曾谈到阅读王维"大漠孤烟直,长河落日圆"这两句诗,说要"在想象中睁开眼睛来,看这十个字所构成的图画"。这幅图画简单得很,景物只选四样:大漠、长河、孤烟、落日,描绘出北方旷远荒凉的景象。给"孤烟"加上一个"直"字,见得没有一丝风,当然也没有风声,于是便来了个静寂的印象。给"落日"加上个"圆"字,圆圆的一轮"落日"不声不响地衬托在"长河"的背后,这又是多么静寂的世界啊! 一个"直",一个"圆",从画图方面说起来,都是简单的线条,和那旷远荒凉的大漠、长河、孤烟、落日正相配合,构成通体的一致。像这样驱遣着想象来看,这幅图画就呈现在眼前了。(《语文教育论集》)例如,当我们读到"天苍苍,野茫茫,风吹草低见牛羊""两个黄鹂鸣翠柳,一行白鹭上青天""雨中黄叶树,灯下白头人"等诗句时,我们的头脑中就会呈现出相应的图景,这就是再造想象的作用。二是创造想象,即不以现成的描述为依据,而是根据原有的记忆表象进行改造和加工,独立创造新形象的心理过程。和再造想象相比,创造想象由于对原有的记忆表象进行了分解、变异和重组,在组合的新形象中,更多地渗透了作者的主观意图,因而使所创造的形象超越了原有的具体表现,具有鲜明的独立性、新颖性,给人以耳目一新的感觉。创造想象与写作的关系极为密切,在古今中外浩如烟海的文学作品中,那些个性鲜明的典型形象,那些跌宕起伏的故事情节,那些神奇瑰丽的审美意象,那些美妙动人的艺术境界,都是创造想象的艺术结晶。离开了创造想象,就不可能有光彩夺目的《红楼梦》,不可能有千奇百怪的《西游记》,不可能有神奇瑰丽的《封神榜》,不可能有气势磅礴的《三国演义》,不可能有光怪陆离的《聊斋志异》。创造想象还有一种特殊类型,那就是幻想。幻想主要表现在神话、童话、诗歌和科学幻想小说之中。写作中幻想的表象的分解与组合,和创造想象中表象的分解与组合基本相似,只不过比创造想象更夸张、更变形。我国古代的《精卫填海》《夸父逐日》《后羿射日》，以及近代风行全球的《哈利·波特》《超人》等作品就是力证。

二、想象力对写作的影响

写作实践证明：想象力是写作主体从事创作的最重要的本领，它能把社会和自然、天上和人间、过去和现在、存在和虚幻、理想和现实、神奇和平凡、咫尺和天涯、已有和未有结合起来，起着开拓思路、触发妙思、孕育创新、强化感情、深化主题、丰富形象、增强文章艺术感染力等作用。姚国建等学者认为，想象力对写作的影响主要体现在以下几个方面。

（一）构思需要想象力

构思的过程是一种不断发现、不断创造的过程。它包括对客观生活进行艺术感受和主题提炼，酝酿艺术形象，以及寻找巧妙的布局和恰当的艺术手法等。可以说，构思的好坏直接决定着作品的优劣，而在整个构思过程中，想象力起到非常重要的作用。

例如，刘再复的《读沧海》，把"沧海"当作"书籍"来读，标题就充满了想象，令人耳目一新。尽管大海是一个博大的自然景象，但作者凭借它来抒情寄意。如果作者不能挣脱大海实境的束缚，可能就难以在作品中容纳丰富的情思。可喜的是，作者展开了神奇的想象，一开篇就独辟蹊径，把大海想象成"展示在天与地之间的书籍，远古与今天的启示录，我心中不朽的大自然的经典"。于是，作者紧扣着出发点，一路想去："读着浪花，读着波光，读着迷蒙的烟涛，读着从天外滚滚而来的蓝色的文字，发出雷一样响声的白色的标点。我敞开胸襟，呼吸着海香很浓的风，开始领略书本里汹涌的内容，澎湃的情思，伟大而深邃的哲理。"由于书籍是人类文明的载体，把大海想象成书籍、启示录、经典，这就能借助海的博大意象，超越海的实境局限，使作者的思绪在现实和想象之间纵横驰骋，进入一个无垠广阔的艺术空间："我打开海蓝色的封面，我进入了书中的境界。隐约地，我听到了太阳清脆的铃声，海底朦胧的音乐。乐声中，眼前出现了神奇的海景，我看到了安徒生童话里天鹅洁白的舞姿，看到了罗马大将安东尼和埃及女王克莉奥特佩拉在海战中爱与恨交融的戏剧，看到了灵魂复苏的精卫鸟化作大群的银鸥在寻找当年投入海中的树枝，看到了徐悲鸿的马群在这蓝色的大草原上仰天长啸，看到了舒伯特的琴键像星星在浪尖上跳动……"作者展开想象的巨翅，一边翱翔，一边体验，一边追问，一边思索，把自己对历史、对人生、对生活、对生命的一系列感受和思考都融入了大海的波光浪影中，从而多角度、多层次地抒写了自己读沧海的感受和沉思，极大地丰富了作品的思想内容，使这篇抒情散文呈现出境界开阔、思想深邃、抒情酣畅的艺术特色。

（二）拓展思路需要想象力

写作主体确定了写作的题材，就要思考如何对这个题材进行艺术加工，从哪一个角度去开掘这个题材的内涵，怎么才能找到合适的结构，选取何种最佳的表现手法等，以便最大限度地发掘题材的社会内涵和美学价值。在这个过程中，想象可以不断拓展思路，创造新的艺术境界，取得最佳的艺术效果。诗歌中意象的创造和意境的开拓，小说故事情节的发展，散文中境界的转换，戏剧中的矛盾冲突及转化等都离不开想象力。

例如，唐代诗人李商隐的《夜雨寄北》："君问归期未有期，巴山夜雨涨秋池。何当共剪西窗烛,却话巴山夜雨时。"诗的前两句是写实况,第一句写诗人当时置身于巴山夜雨之中,一夜无眠,满怀愁绪与淅淅沥沥的夜雨交织,涨满秋池,弥漫于巴山的夜空。诗人融情入景,借景抒情,表现了浓重的羁旅之愁与难以归家之苦。然而,诗人的思路并没有停留在此,也没有过多地强化漂泊之忧、难归之愁、离别之苦,而是在一片迷蒙的巴山夜雨中展开想象的翅膀,冲破眼前的实境,飞入了一个美好的虚境。在这个虚境中,诗人想象着自己回到了故乡,和妻子重聚,一起剪烛谈心,诉说此刻巴山夜雨中的忧郁、惆怅与孤寂。这样,诗人的想象就拓展了诗的思路,开辟了诗的新境,让重聚的欢乐反衬今夜的离别凄苦,让今夜的凄苦成为将来重聚时剪烛谈心的内容,这就更加衬托出团聚的时光是多么温馨和甜蜜。

(三)塑造人物需要想象力

文学作品总离不开写人,塑造典型的人物形象。在文学作品(尤其是小说)中,多数人物形象是写作主体依据现实生活中的各类人物,经过分析、综合、加工,从而创造出的具有典型性的形象,是想象艺术的结晶。

正如鲁迅所说,他笔下的人物"没有专用过一个人。往往嘴在浙江,脸在北京,衣服在山西,是一个拼凑起来的角色"(《我怎么做起小说来》)。例如,《狂人日记》中的狂人形象,其原型就是鲁迅的表弟阮久荪。这位表弟发疯后跑到北京,时时怀疑有人跟踪他,坐在客栈,一听风吹草动,便吓得魂不附体。鲁迅留他在会馆,他天未亮就来敲门窗,说今天要被抓住杀头,声音十分凄凉。鲁迅受到这个原型的启发,结合他对中国封建社会历史的研究,运用想象创造了狂人的形象。通过狂人超常规的叙事视觉、疯狂的思维和话语形式,他无情地揭露了中国封建社会"吃人"的本质。鲁迅笔下的阿Q是以打工为生、当过小偷的阿桂,专门给人舂米、勤劳度日的阿有,以及没落潦倒、跪倒在厨房老妈子膝下求爱的凤桐少爷等为原型综合创造出来的。

(四)写作手法离不开想象力

写作中各种艺术手法、技巧的运用,都与想象力有着密切的联系。诸如比喻、夸张、拟人、象征、通感等,这些手法的运用都需要丰富的想象。

例如,李白的"白发三千丈,缘愁似个长"(《秋浦歌》),杜甫的"霜皮溜雨四十围,黛色参天二千尺"(《古柏行》),毛泽东的"五岭逶迤腾细浪,乌蒙磅礴走泥丸"(《七律·长征》),谢清泉所写的民歌"稻堆堆得圆又圆,社员堆稻上了天。撕片白云揩揩汗,凑上太阳吸袋烟"(《堆稻》)等,这些夸张的诗句,都是想象艺术的结晶。鲁迅的"单是周围的短短的泥墙根一带,就有无限趣味。油蛉在这里低唱,蟋蟀们在这里弹琴"(《从百草园到三味书屋》),把油蛉、蟋蟀等有生命的事物当作人来写,是想象。艾青的"正义被绑着示众,真理被蒙上眼睛,连元帅也被陷害,总理也死而含冤"(《在浪尖上》)。把正义、真理等抽象概念当作人来描写,也是借助想象来完成的。鲁彦在《听潮》中写道:"海在我们脚下沉吟着,诗人一般。那声音仿佛是朦胧的月光和玫瑰的晨雾那样温柔;又像是情人的蜜语那样芳醇;低低的,轻轻的,像微风拂过琴弦;像落花飘零在水上。"将听觉感受转移成视觉感受,仿佛是月光、晨雾;再转移成味觉的感受"像情人蜜语那样芳醇"、触觉感受"像微风拂过琴弦";最后又转移成视觉感受"像落花飘零在水上"。经过几次感觉的挪移,写出了海的温柔宁静,给人以如诗似画的感受。这些用的都是通感的艺术手法,也是想象。总之,比喻、夸张、拟人、通感等手法的运用,常常离不开作者的想象力。

三、想象力的培养

初学写作者可从以下几个方面进行想象力的培养。

(一)丰富的材料储备是基础

一个人想象力的强弱,与他脑中所贮存的记忆表象的数量和质量有密切关系。头脑中贮存的表象丰富深刻,想象力就开阔透彻。可以说,想象是扩大了的或重新加以组合了的记忆,是人的感官所得到的材料和记忆所保存的材料的创造性的重新组合。意大利美学家维柯说:"想象不过是扩大的或复合的记忆。"(《新科学》)写作主体要提高想象力,应以深厚的生活积累为基础,以广泛的阅读为推力。生活是材料的源泉,离开生活便丧失了想象的源动力;而博学则是贮存材料的重要渠道。刘勰说得好:"积学以储宝,酌理以富才,研阅以穷照。"(《文心雕龙》)指出了想象训练的必然途径。"积学以储宝"是指读书储备知识,"酌理以富才"是指了解事物之理就能发挥才能和想象,"研阅以穷照"是指以丰富的阅历来洞察事物。这些都强调想象的基础是知识、阅历和思考。如果把想象力比作一朵花,那么它的根基还需根植于土壤;如果把想象力比作一条鱼,那么它必须在水中才能活跃游动。这"土壤"和"水"就是写作主体的知识和经验,有了这个基础,写作主体才能进入想象的世界。

例如,艾伦·坡如果没有丰富的阅历,史蒂芬逊如果没有在欧洲及南太平洋诸岛上游历时搜集的大量的海盗故事传说,他们就难以轻而易举地虚构出小说的情节。同样,叶文玲如果不是读过大量的民间传说、神话故事,那么,面前的一堵石墙只会是挡住自己视线的一道障碍。因此,要培养和提高想象力,就须积累丰富的材料,并善于随时把自己的所见所闻所思所想所感所悟记录下来。

(二)饱满的热情是动力

在实践生活中,人们往往在情绪激动时闪烁出智慧的火花。心理学家研究表明,人在情绪低落时的想象力只有平常的二分之一,甚至更少,这时人们主观上根本就不愿去多想。写作主体在深厚的生活积累中贮存起来的表象,只有在激情的触发下才能鲜活起来。可见,强烈的激情是写作主体想象的动力,它犹如热能,可以让想象中的事物按照情感的需要变成各种形态,能使想象中的事物成为情化物。在激情的驱使下,写作主体常常会忘却自己的存在,或将虚幻的想象境界视为真实的存在,或将自己幻化成为想象境界中的某一人、某一物。

对于这点,文学艺术家们都有切身体会。诗人只有在心潮汹涌、感情激烈时才更容易驰骋他的想象,写出感人肺腑的诗篇。作家在总结写作体会时常常说,不是我的作品感动了读者,而是作品的情景首先感动了我自己。例如,有言福楼拜曾对同乡的女作家包士盖女士再三说过:"包法利夫人,就是我!——照我的写!"(《1857年前的福楼拜》)总之,要想获得想象力,写作主体就要有饱满的激情,要重视情感的积累,加强自己的情绪记忆。

(三)敢于创新是关键

创造想象是改变记忆表象、创造新形象的心理过程。在这个过程中,创造主体要敢于

突破惯常的心理,突破固有经验的束缚,才能有效地展开想象。满足于已有的知识和经验,因循守旧,不敢对事物做出异乎寻常的改造和组合,甚至扭曲和变异,就难以产生神奇美妙的艺术想象。在想象过程中,写作主体要克服个人已有的心理模式及知识、经验、观察和学识上的局限,敢于打破事物之间固有的时间关系、空间关系、条件关系等,把各种毫不相干的、分散的、不相连贯的表象连接到一起,从而创造出崭新的艺术形象,组成陌生化的艺术境界,增强艺术的表现效果。

例如,宋代诗人刘克庄的诗句:"洛阳三月花如锦,多少工夫织得成。"(《莺梭》)本来,黄莺与洛阳三月遍地开花并无直接关系,但诗人通过想象,发现飞来飞去的黄莺正如飞动的"梭子",正在欢快而忙碌地编织着洛阳锦缎般的大地。这一想象,直接打破了人们的惯常心理及事物之间原有的关系,使黄莺和洛阳遍地花开产生新的直接联系,读之使人感到生机盎然,妙趣横生。

第四节 联想力

一、联想力概述

联想力,指人依据事物之间的某种关系,由一事物想到另一事物的能力。我们平时思考问题、写文章时的触类旁通、举一反三、浮想联翩等现象,都是联想活动的具体体现。联想与想象既有联系又有区别。联想是想象的基础,是想象的开端;想象是在联想基础上的再创造,是一种更高层次的认识活动。其区别在于:联想是根据事物互相联系这一客观规律,由一事物想到另一事物的心理过程;而想象则是在原有的感性形象的基础上,创造新形象的心理过程。联想是手段,不是目的。在写作中,联想可以提供想象的材料,丰富想象的内容,促进想象的发展,使想象顺利实现;而想象则具有鲜明的目的性,合理的想象总是要为塑造形象、表现主题、增强艺术表现力服务的。由于事物之间存在各种不同的关系,联想也有不同的方式和类型,姚建国等学者认为常见的有以下几种。

(一)接近联想

接近联想,指两种或两种以上的事物在时间上或空间上比较接近,人们依据自己的经验,很容易在大脑中形成联系,由此物像到彼物像。

例如,五代词人李煜的《浪淘沙令·帘外雨潺潺》:"流水落花春去也,天上人间。"是落花与春去在时间上的接近而引发的联想。五代词人牛希济在描写离情别绪的《生查子》写道:"语已多,情未了,回首犹重道。记得绿罗裙,处处怜芳草。"后两句是说,自此以后,由于时刻想念那条绿色的罗裙(指代人),看到路边的青草也会倍觉亲切和怜爱。这是由于罗裙和青草在颜色上接近而引起的联想。唐代诗人崔护的《题都城南庄》:"去年今日此门中,人面桃花相映红。人面不知何处去,桃花依旧笑春风。"就是由于时间、空间接近而产生的联想。宋代诗人陆游的《沈园》:"城上斜阳画角哀,沈园非复旧池台。伤心桥下春波绿,曾是惊鸿照影来。"诗人由重游沈园的此时此地,联想到初游沈园的彼时彼景,时空交叉叠合在一起,真实地表现出诗人内心的复杂情感。现代作家朱自清在《荷塘月色》中,由清华园荷塘想起六朝女子荡着小舟、唱着艳歌采莲的事,就是因为荷塘与采莲在空间上接近而引起的。

(二) 相似联想

相似联想,指两种事物在性质或特征上有某种相似或相近,人们由一事物想到另一事物。相似联想抓住事物间的相似点,反映事物之间的共性,是事物间暂时联系的概括化表现。写作中常见的比喻、象征、拟人等手法的运用,形象化的议论说理、说明事理等,从心理基础上看都是相似联想。

例如,《水调歌头·明月几时有》:"人有悲欢离合,月有阴晴圆缺,此事古难全。但愿人长久,千里共婵娟。"苏轼由月亮的圆缺联想到亲人的聚散,在月与人之间找到了相似之处,产生了联想,创造出诗句。曹雪芹《红楼梦》中的"花谢花飞花满天,红消香断有谁怜?"(《葬花吟》)林黛玉由此联想到自己飘零的身世,于是发出"一朝春尽红颜老,花落人亡两不知"(《葬花吟》)的哀叹。产生相似效应的相似点可以是人、物、色彩、音响、形态、神态、气质、情韵等;可以是单一的,也可以是串联的。取其形似,指事物的一般性表象的相似,例如,唐代诗人韩愈的"江作青罗带,山如碧玉簪"(《送桂州严大夫同用南字》);取其神似,指事物的内在精神和人物的思想感情方面的一致,例如,南宋词人蒋捷的"流光容易把人抛,红了樱桃,绿了芭蕉"(《一剪梅·舟过吴江》),由樱桃之红与芭蕉之绿联想到流光易逝,以色泽及其变化表现时间,这种相似联想具有神似的魅力。运用相似联想,要敢破陈法,不拘死法,努力找到事物之间新鲜、生动、贴切的相似点。

(三) 对比联想

对比联想,又称相反联想、反向联想,指由某一事物想到与它在性质、特点上相反的事物。客观事物总是相比较而存在的,有黑则有白,有美则有丑,有善则有恶,有富则有穷,有强则有弱,有真则有假。由黑暗想到光明,由冬天想到夏天,就是对比联想。在对比中,事物各自的特点会更加突出。把两件相互对立的事物联系起来,往往更容易揭示事物的本质,也更能产生震撼人心的艺术力量。

例如,杜甫的"朱门酒肉臭,路有冻死骨"(《自京赴奉先县咏怀五百字》),就是通过对比联想,深刻地揭示了旧时代贫富不均、两极分化所造成的尖锐对立。同时,这两幅画面所形成的强烈对比,也给读者带来强烈的震撼,使读者对当时残酷的社会现实产生鲜明深刻的感受。匈牙利诗人裴多菲的《我愿意是急流》,也用到对比联想:"我愿意是废墟,/在峻峭的山岩上,/这静默的毁灭/并不使我懊丧……/只要我的爱人/是青青的常春藤,/沿着我荒凉的额,/亲密地攀援上升。//我愿意是草屋,/在深深的山谷底,/草屋的顶上/饱受风雨的打击……/只要我的爱人/是可爱的火焰,/在我的炉子里,/愉快地缓缓闪现。"在意象的对比中,诗人表达的对爱情的忠贞尤为感人。对比联想在小说、剧本写作中也是常用的思维方式。美与丑、爱与恨、冷漠与热情、肉体与灵魂等方面的对比,出现在《巴黎圣母院》《变形记》中,也出现在《天龙八部》中,可以说,对比联想对于写作者开拓思维有着重要的作用。

（四）关系联想

关系联想，指由事物之间的某种关系而形成的联想，如部分与整体、总与属、并列、因果等，可通称关系联想。

例如，公刘的诗《运杨柳的骆驼》："大路上走过来一队骆驼，/骆驼骆驼背上驮的什么？/青绿青绿的是杨柳条儿吗？/千枝万枝要把春天插遍沙漠。/明年骆驼再从这条大路经过，/一路之上把柳絮杨花抖落，/没有风沙，也没有苦涩，/人们会相信：跟着它走准能把春天追着。"诗人由眼前的生活实景——骆驼运树苗、植树治沙，联想到明年的情景——风沙被制服，到处是柳絮杨花，并使人进一步相信"跟着它走准能把春天追着"。这就包含一种前因后果的关系。所谓伤春悲秋的文字，多数源于关系联想。在意识流小说中，作家注重表现人物的意识活动本身，开掘人的深层意识，剖析人类隐蔽的灵魂和内心世界。意识流的写法看似是动态性、无逻辑性、非理性的，实际上与作家进行关系联想的丰富灵动性有关。在杂文随笔类作品里，更是少不了关系联想。

（五）象征联想

象征联想，指把某种概念、思想、感情与特定的具体形象联系起来的心理过程。象征联想与相似联想不同，相似联想是建立在两种事物相似的基础上的，而象征联想的两物可能相似，也可能根本找不到相似点，它们之间只是由于某种条件或特殊的关系，因而被联想到一起。象征联想，能把某种抽象的思想、感情、哲理等具象化、直观化、凝练化，使文章形象生动，含蓄蕴藉，引人深思。

例如，流沙河的《白杨》："她，一柄绿光闪闪的长剑，孤零零地立在平原，高指蓝天。也许，一场暴风会把她连根拔去。但，纵然死了吧，她的腰也不肯向谁弯一弯！"就是通过象征联想，把一种坚贞、正直、崇高的人格定格在白杨的具体形象上。孙犁在《荷花淀》中写道："那一望无际的密密层层的大荷叶，迎着阳光舒展开，就像铜墙铁壁一样。粉色荷花箭高高地挺出来，是监视白洋淀的哨兵吧！"则是通过象征联想，借物写人，托物言志，暗示那些昔日粉妆的女人们也成了保卫白洋淀的战士，也暗示了抗日军民团结、坚强、勇敢的精神。

值得注意的是，以上几种联想方式可以单独运用，也可以综合运用。

二、联想力对写作的影响

有一条广告语："人类失去联想，世界将会怎样？"答案是：不可想象。可见，写作主体若失去联想力，后果多么严重。联想力对写作的影响主要体现在以下几个方面。

（一）丰富写作材料，推动构思进展

初学写作的人感到最为痛苦的事是在写作过程中，常常会感到文思枯竭，即内容单薄乏力，无法推进，其根源在于缺乏联想。联想力有助于解决写作材料单薄问题，因为由此事物联想到彼事物，可以丰富写作素材。联想还可以拓宽写作的思路，由一个表象联想到另一个表象，由可见的事物联想到不可见的事物，使思路畅通。写作主体有了良好的联想力，写作思路一打开，就能神驰遐想，浮想翩翩。记事，能揭示出事物的本质；写人，能开掘出人物的思想境界；状物，能把事物描绘得更加生动形象；说理，能说得更加透彻精辟，从而使文章的主题思想更有深度。

例如,一个朋友告诉老舍一个车夫三次买车失车的故事之后,激发了他的写作动机。老舍展开了一系列联想:"我先细想车夫有多少种,好给他一个确定的地位。把他的地位确定了,我便可以把其余的各种车夫顺手儿叙述出来;以他为主,以他们为宾,既有中心人物,又有他的社会环境,他就可以活起来了。"接着,他又由车夫联想到车主和乘客:"车夫们而外,我又去想,祥子应该租赁哪一车主的车,和拉过什么样的人。这样,我便把他的车夫社会扩大了,而把比他的地位高的人也能介绍进来。"由人联想起事:"人既以祥子为主,事情当然也以拉车为主。只要我教一切的人都和车发生关系,我便能把祥子拴住,像把小羊拴在草地上的柳树下那样。"由人的职业又联想到人的全部生活,不仅想"刮风天,车夫怎样?下雨天,车夫怎样?",还想到"一个车夫也应当和别人一样的有那些吃喝而外的问题。他也必定有志愿,有性欲,有家庭和儿女。对这些问题,他怎样解决呢?他是否能解决呢?这样一想,我所听来的简单的故事便马上变成了一个社会那么大"(《我怎样写〈骆驼祥子〉》)。一个故事犹如一块石子投入老舍的脑海之中,激起一圈又一圈的涟漪,最后在联想的推动之下成了名著《骆驼祥子》。

(二)充实艺术手法,深化文章主旨

比喻、象征、拟人、衬托、对照等艺术手法的具体运用,都要借助联想力才能有效实现。而融合了艺术手法的联想,则更能深化文章的主旨。

例如,杜甫的《自京赴奉先县咏怀五百字》,诗人写在兵荒马乱、天寒地冻的情况下,自己跋山涉水去探望家室的过程。他不但写出了旅行的情景,也写出了在旅途中的联想和感慨。在途经骊山时,他联想起了唐玄宗和杨贵妃骄奢淫逸的生活。他指出:"彤庭所分帛,本自寒女出。鞭挞其夫家,聚敛贡城阙。"这是控诉统治者享乐挥霍的罪恶。诗歌继而联想到隆冬酷寒之时,皇室贵戚豪华生活的另一个场面:"中堂有神仙,烟雾蒙玉质。煖客貂鼠裘,悲管逐清瑟。劝客驼蹄羹,霜橙压香橘。"而就在这"卫霍氏"的墙外,却是另外一个天地:"朱门酒肉臭,路有冻死骨。"诗人联想到社会种种不平的情景,不由悲愤地抒发"荣枯咫尺异,惆怅难再述"的激情来。这个场景在全诗只是一个侧面,但其运用联想手法,进而进行强烈的鲜明对比,表达了深刻的思想内容。即使是非艺术化的联想,如果运用得当,也能深化文章内涵。巴金的散文《灯》,作者以深夜燃着的灯在默默地散布一点点的光和热,给人带来光明和温暖为触发点,展开联想:由眼前的灯,想到了欧洲古代传说——哈里希岛上的长夜孤灯,虽然不曾唤回那个航海远去的弟弟,可是不少捕鱼人得到了它的帮助;同时又想到了希腊古代传说中女教士希洛点燃的火炬;还想到了一位投河遇救的友人看到了陌生人家的灯光,由此改变了他的生活态度,由绝望、悲观变得热爱生命。无论是生活中的灯光,还是人生意义上的灯光,它们在本质上是相同的,即给人以温暖、光明、力量和希望。

三、联想力的培养

陈亚丽等学者认为,联想力可从以下几方面进行培养。

(一)重视储备丰富的表象

表象的积累如同水流,愈深沉,愈广阔,才愈能更好地托起联想的航船。如果把联想比作梭,即使是一把"神梭",如果没有众多表象的五彩缤纷的丝线,也织不成任何漂亮的工艺品。因此,我们应该通过观察、感受,积累极为丰富的记忆表象,并善于随时把这些积淀的表象调动起来,才有可能产生丰富绮丽的联想。我们或畅游江河,或攀登山峦,或独步园林,或踏入曲径……所见所闻,总不会使我们无动于衷吧?那拍岸的惊涛,那飞泻的瀑布,固然可以使你浮想联翩,一片落叶、几颗卵石,难道不可以使我们产生些许情思?哪怕只是一个很小的物件,如一本旧相册、一片夹在书中的红叶、一对凌空而过的飞雁、一只闪亮的萤火虫等,都可以在我们心头唤起生动的回忆和美好的遐想。可见,具有丰富的表象储备,对产生联想是有非同小可的作用的。

(二)善于寻找内在联系

联想的实质就是寻找事物之间的关系点。拥有了丰富的表象,接下来就要善于找出表象之间的相似、相近、相反或类同的内在联系或外在联系。不善于找到这些联系点,那就很难放开联想的脚步,展开由此及彼的联想。找出这些联系点,就像在表象与表象之间架起了一座桥梁。

联想和想象各具风采,在运用中又往往是结合在一起的,不能截然分开。李健吾在《雨中登泰山》中所描写的泰山上的景物,之所以能给人留下深刻的印象,原因之一就是作家展开了联想和想象的翅膀,对泰山千姿百态的松树、奇形怪状的山石和变幻莫测的云海做了细致而传神的描写。作家看到松树扎根在悬崖绝壁的隙缝中,枝干屈曲盘旋,就联想到了盘龙柱,以奇特的想象、比喻和拟人的手法,形象地描绘松树的形态,"身子扭得像盘龙柱子";看到松树"在半空展开枝叶",就联想到天空中的物象,于是想象泰山之松"像是和狂风乌云争夺天日""又像是和清风白云游戏";同时还赋予松树以人的思想感情,给予松树以人的性格情趣。由此观之,联想和想象在写作中犹如一对孪生姊妹。

第五节 思 维 力

一、思维力概述

思维,是客观事物在人脑中间接的、概括的反映,是以概念、判断、推理等形式反映客观世界的能动过程。思维力就是人脑反映客观事物并且能够达到某种结构构成的信息加工能力,它是智力的核心。写作能力既是一种文字表达能力,更是一种借助于文字进行思维的能力。那么,写作中常用的思维有哪些呢?

(一)形象思维

形象思维,又称艺术思维。它主要是借助事物的具体形象和表象、联想所进行的思维。其特点就是不把生活概念化、抽象化,而是通过具体的形象、画面、场景、细节来展现生活的多姿多彩,暗示写作主体对生活的感悟、理解和审美体验。从创作过程来看,形象思维贯穿于文学创作的全过程。从观察生活、体验生活、选择形象,到艺术形象、艺术境界的创造、修改和加工,处处离不开形象思维。我们日常的形象思维只是被动地复现表象,而创造性的形象思维却是将表象进行重组、改造和加工,创造出新的形象。文学创作主要运用创造性形象思维。它有两个主要特点。第一,始终饱含着强烈的感情。形象思维在情感的支配下,才显得异常灵敏和活跃,才能激活大量的记忆表象,丰富形象资源,催化形象的超常组合,增强形象的创造性和新颖性。第二,始终伴随着想象。形象思维在想象力的推动下,才不断地得以生发、重组、运动和展开。想象既使形象思维充满创造的活力,又能不断地提高形象思维创造的艺术质量。

例如,黄河浪在《故乡的榕树》中的描写:"我怀念从故乡的后山流下来,流过榕树旁的清澈的小溪,溪水中彩色的鹅卵石,到溪畔洗衣和汲水的少女,在水面嘎嘎嘎地追逐欢笑的鸭子;我怀念榕树下洁白的石桥,桥头兀立的刻字的石碑,桥栏杆上被人抚摸光滑了的小石狮子。"作者对故乡的美好记忆,就是通过许多具体生动、色彩鲜明、有静有动的形象再现的。

(二)抽象思维

抽象思维,又称逻辑思维。它是以概念、判断、推理为形式,以分析、综合、抽象、概括为基本过程的一种思维方式。它以抽象性、间接性为特点,虽然也要从感性认识出发,却必须舍弃客观事物的个别、表象、偶然方面,通过科学的抽象,揭示出一般、本质、必然,飞跃到理性认识,形成一定的理念。对于文学创作而言,抽象思维的作用体现在以下几个方面:第一,参与生活的感受,形成对生活的深刻的洞察和感悟;第二,加深对形象的理解,有利于形象的组合与创造;第三,制约情节的安排和意境的创造;第四,引导细节的筛选和表现手法的采用;第五,协调情与理的有机融合,创造一种以情动人、以理服人的表达效果。

例如,余光中的散文《朋友四型》,就运用了抽象思维。作家对各种各样的朋友进行了归类,概括为四种类型。第一型,高级而有趣;第二型,高级而无趣;第三型,低级而有趣;第四型,低级而无趣。余光中的这种分析,是依据他的人生经验、文化品位、审美情趣和个人爱好来确定的,读后给人很大的启发。可以说,没有抽象思维的介入,不运用分析法,不能从感性认识上升到理性认识,这样的题目是很难写出好文章的。

(三)逆向思维

逆向思维,指对司空见惯的已成定论的事物或观点,反过来想一想的思维活动,其结果往往与习惯性思维相反。在写作中,写作主体运用逆向思维,对人们习以为常的观点和现象进行反思,往往能获得新的感受、独到的见解,发掘新的立意。

例如,毛泽东的词《卜算子·咏梅》,就是读陆游咏梅词,反其意而用之所得。词牌和题材不变,但其意完全相反:他把陆游词中梅花消极忍受、孤芳自赏的形象("零落成泥碾作尘,只有香如故"),变为一个积极乐观、斗志昂扬的形象("待到山花烂漫时,她在丛中笑")。值得指出的是,逆向思维的运用,要具体问题具体对待,因为并不是一切都能逆之成理的。例如,"虚心使人进步,骄傲使人落后""得道者多助,失道者寡助""明枪易躲,暗箭难防""事实胜于雄辩""兼听则明,偏信则暗"等,逆向就不能成理。逆向思维说到底,是为了更辩证、更全面地认识客观事物,并不是为了逆向而逆向。逆向思维有条件地应用到写作中,可以更新对事物的认识,使文章的立意别出心裁、新人耳目,但在写作实践中,要防止逆向思维错用或滥用。

（四）比较思维

比较思维，是确定对象之间的共同点和差异点的一种思维方式，是进行逻辑加工的初步方法。比较思维在写作中运用较广。无论是文学写作、新闻写作，还是一般的议论文、说明文、学术论文及各种实用文体的写作，都离不开比较思维。比较思维有助于写作主体开拓思路，深化对事物的认识，获得新的感悟、新的发现。但是，任何比较都有局限性，都有其严格的适用范围，不能无条件地滥用。正如列宁所说："任何比较只是拿所比较的事物或概念的一个方面或几个方面来相比，而暂时地和有条件地撇开其他方面。"（《列宁选集》）

例如，冰心写到自己对海的挚爱时，特意将海与山做了一番比较："海是动的，山是静的。海是活泼的，山是呆板的。昼长人静的时候，天气又热，凝神望着青山，一片黑郁郁的连绵不动，如同病牛一般。而海呢，你看她没有一刻静止！从天边微波粼粼的直卷到岸边，触着崖石，更欣然地溅跃了起来，开了灿然万朵的银花！"作者甚至说道："假如我犯了天条，赐我自杀，我也愿投海，不愿坠崖。"（《说几句爱海的孩气的话》）通过比较，冰心发现了海的优势，抒写了自己对海的独特感受，表达了自己对海的偏爱。

（五）发散思维

发散思维，又叫辐射思维、扩散思维、多向思维、开放思维，指大脑在思维时呈现的一种扩散状态的思维模式。发散思维在写作中的作用体现在许多方面。例如，从多种角度去观察和感受客观事物，使我们获得了对事物的整体印象和多层次感受；尽可能从不同方面去广泛选材，使文章内容丰富，绚丽多姿；从多方位去观察写作素材，开掘素材的内涵，提炼多种主题，为最终选择最佳主旨打下基础。运用发散思维在构思谋篇时，可以最大限度地构思出多种人物形象、结构方式、表现手法、开头方式、结尾方式。为塑造典型的人物形象寻求最佳的结构方式、最合适的表现手法、最理想的开头结尾，发散思维的运用可以做好充分准备，留下较大的选择余地；在作品的修改加工阶段，甚至每一种修辞手法的运用，每个句子和词语的推敲、选定，都需要发散思维的参与，才能获得最佳的表达效果。在议论文的写作中，运用发散思维，能找出更多的议论角度，在更大的范围进行比较，最终选择新颖、深刻、有价值的论点进行写作。

例如，俄国作家列夫·托尔斯泰为最后确定《复活》女主人公玛丝洛娃的形象，反复设计了许多方案，仅肖像描写就推敲了二十多次。有时写成"平直的眉毛下有一双秀丽的眼睛"，有时又改成"长着一张使男人见了不得不回头看一下的富有迷惑力的脸"，等等。最后才写成："女人整个脸上现出长期幽禁的人们脸上那种特别惨白的颜色，使人联想到地窖里马铃薯的嫩芽……"这样写，既形象逼真，又把女主人公在狱中的生活反映出来了。

（六）求同思维

求同思维，又叫辐合思维、聚合思维、集中思维，是一种寻求唯一正确答案的思维。求同思维在写作中的作用同样体现在诸多方面，并且处处与发散思维结合运用。例如，在选材阶段，先通过发散思维获得大量素材，再运用求同思维选取最典型、最新颖的素材作为写作内容；在立意阶段，先通过发散思维，尽可能对素材进行多角度、多层次的观照和开掘，最大限度地扩大立意范围，寻求多种多样的立意，然后再运用求同思维进行分析、比较、判断，确定一种最佳立意。此外，在酝酿构思、谋划结构、寻求表现手法、确定基调、选择开头方式,乃至文章的修改、加工阶段,都需要通过求同思维,选择最佳的写作方案,取得最理想的写作效果。

例如,谢大光的散文《落花枝头》,写落花本来有多种角度、多种构思,但作者把思维集中到落花与老干部退休、让出位置给年轻人之间的某种类似点上,从而巧妙构思,借此形象地表达了富有时代气息的主题:"落花静静地躺在大地的怀抱,那么坦然,那么安宁……看到萌生的果实代替了它原来的位置,依然显示着生命的美好,它放心了,落而无憾……秋风秋雨中,它将自己和朴实的大地融为一体,又在准备滋养明年的花了。"写作主体由花及人,巧妙联想:"我们的国家如同这缀着晨露的石榴树,花果同枝,生机蓬勃。每个人都应该是一朵花,该开时,尽心竭力地开,该落时,坦坦荡荡地落。无论是翘立枝头,还是俯身泥土,都不忘培育新生的使命。这样,我们的事业就会新陈代谢,永葆青春的活力。"

以上是写作中常用的六种思维方式,但实际上它们之间并没有绝对分明的界限。在具体的写作过程中,它们相互渗透,相互关联,相互诱发,相互推动,共同发挥着作用。此外,还要强调的是,以上思维分类并不是按照同一标准来分的,而是根据写作活动中出现频率较高和思维侧重点不同来选定的。

二、思维力对写作的影响

整个写作过程都有思维活动参加,写作水平和思维力水平有着直接的关系。1987年荷兰提尔堡国际写作专题讨论会指出:在写作与思维之间存在着共生关系。不想不能写——任何写作都是思维的活动,没有思考就无所谓写作;不想无法写——思维是与写作每一个阶段的活动同步进行的,写作的一切环节都离不开思维;不想无从写——写作是把思维活动的内容与成果以书面形式记录下来。思维力对写作的影响主要体现在以下两个方面。

(一) 思维贯穿于写作过程

写作的本质是思维。思维是写作的前提条件,又是运笔行文的先导,写作的全部过程都与思维密不可分。写作主体从观察事物、摄取外界信息或检索、搜集、阅读材料开始,思维就已渗透其中;进入构思谋篇阶段,思维更是异常活跃,高度集中,从立意到谋篇、布局,都依靠思维的积极推动;到表达阶段,即思维的形式化阶段,包括表述和修改,都需要思维的积极调控,才能取得最佳的效果。总之,写作的整个过程都离不开写作主体的思维活动。例如,宋代文人苏轼曾诙谐地对朋友说,世上最容易的事情要算是忍笑了,唯有读王祈大夫的诗不笑为难。为何?原来王祈作诗考虑不周到,在构思时常常忽视对整体的设计,因而弄得顾此失彼,叫人忍俊不禁。一次,王祈找到苏轼,说是近年作得一首好诗,想请苏轼指教指教。于是,王祈得意地朗诵起来:"叶垂千口剑,干耸万条枪。"苏轼一听,几乎失口笑出声来。他说:"你的比喻倒是极好的,可惜叶子太少而竹竿太多啦!你想想,十条竹竿才有一片叶子!"王祈一想,的确是,这样的竹林哪里会有呢? 王祈的错误在于创作时只顾考虑竹叶、竹竿之间整体的内在联系。这样,他那种比例失调的竹林无论怎样,在读者心目中也毫无美感可言。所以,创作诗文一定要有较强的思维力,创作时既要强调考虑整体结构,也要注意描写对象的内在联系与和谐协调。

（二）成功的写作需要运用多种思维

写作思维的运行状态是多元多维的，思维形式的多样性有助于写作主体的创作。如果写作主体运用单一的思维方式，是不能成功地完成好创作的。例如，写作主体对人物形象的塑造，离不开具体的人物形象和人物活动场面，而要围绕着人物形象和人物活动场面进行艺术加工和概括，自然离不开形象思维；如果要将人物形象塑造得丰满，则必然要用次要人物来衬托主要人物，而这则要用到比较思维和求同思维；如果要使人物形象新奇，让读者耳目一新，则可能要用到逆向思维。当然，写作中所选用的思维方式，要根据写作需要来定。需要强调的是，在写作活动中，各种思维方式都不是孤立地运用，而是相互联系、共同起作用的，特别是发散思维与求同思维、形象思维与抽象思维、逆向思维与比较思维等，常常交互使用。茅盾说过："至于塑造典型环境中的典型人物，人物性格细节的描写，社会环境和作品主角活动场所的具体描写等，则主要是形象思维在起作用，但伴随着，也有逻辑思维。"（《漫谈文艺创作》）当然，在写作思维运行过程中，总是以一种思维方式为主并与其他思维方式相结合，从而达到有机统一。

三、思维力的培养

如何培养写作中的思维力呢？

（一）重视厚积薄发

俯而读，仰而思。阅读是培养思维力的一个重要途径。阅读获得的知识与信息能为思维提供极丰富的原材料，而且，通过阅读我们可以学习别人是怎样思考的，从而在思维过程、思维方法等方面得到启发。此外，在日常生活中，我们要善于观察生活、体验生活，并及时将所观所想记录下来，素材多了，思维力自然会得到拓展。

（二）善于推陈出新

每当看到、听到或者接触到一件事情、一种事物时，应当尽可能地运用新观点、新方法、新结论去分析它们。具体方法为：把所有感知到的对象依据一定的标准"聚合"起来后，首先，对感知材料形成总体轮廓认识，从感觉上发现十分突出的特点；其次，要从感觉到的共性问题中肢解分析，形成若干分析群，进而抽象出本质特征；再次，要对抽象出来的事物本质进行概括性描述；最后，形成具有指导意义的理性成果。

（三）注重集思广益

思维力的训练要靠人与人之间的相互启发，因此，组织一个团队进行思维训练是最佳途径。借助思维，大家彼此交流，集中众人的智慧，广泛吸收有益意见，从而实现思维能力的提高。因为，当一些富有个性的人聚集在一起，由于各人的起点、观察问题角度不同，研究方式、分析问题水平也不同，容易产生种种不同观点和解决问题的办法。通过比较、对照、切磋，会有意无意地学习到对方思考问题的方法，从而使自己的思维能力得到潜移默化的改进。

第六节 表现力

一、表现力概述

写作意义上的表现力,指写作主体运用语言和某种形式、手法,将思维的结果外化为文章、作品的能力。有人认为表现力就是驾驭语言文字的能力,这说明表现力的落脚点主要在语言文字上,因为观察力、感受力、想象力、联想力、思维力、鉴赏力等都有赖于相应的语言文字表述才能显现。一般来说,写作主体的表现力以语言修养为基础,主要是指写作主体语汇积累的丰富程度、语言运用的熟练程度、语体表达技巧的高下工拙,涉及敏锐而准确的语感、形式感、艺术通感等。表现力强的写作主体,能将寻常的词汇、语句进行选择、组合、调遣和运用,使表达不仅能"吐纳珠玉之声""卷舒风云之色"(《文心雕龙·神思》),还能"笼天地于形内,挫万物于笔端"(《文赋》)。

二、表现力对写作的影响

写作主体表现力强主要表现在:一是能用有限但足够的语言信息,激起读者无限的想象和回忆;二是能用抽象的语词构成感性的形象;三是能掌握语言精确度的艺术,这种精确度不仅表现在语词的中心意义上,亦表现在语言的联想、引申、暗示意义上;四是能恰如其分地运用各种不同的表达技巧,并创造性地运用新的表现手法。表现力强的作者,其所创作的作品必然别开生面,与众不同。

例如,巴黎有个盲人站在地铁出口乞求施舍,他挂在胸前的纸盒上写着这样几个字:"可怜可怜我这个双目失明的瞎子吧!"

盲人听见人群默默地从身旁经过,却没有一个人施舍。他无可奈何地拦住了一个旅客:"先生,可怜可怜我这个双目失明的瞎子吧。"这个人停住了:"对不起,我没带钱。我是一个作家,也许我的笔能为您做点什么。"瞎子听到了铅笔书写的沙沙声。

不久,下一班地铁旅客出站了。他的纸盒里立即响起了叮叮当当的投掷声。

"先生,请您告诉我我的纸盒上写的是什么。"

过路人颤声地告诉他:"外面已经是春天了,可是我再也见不到它!"

盲人捂着自己的眼睛失声地痛哭起来。

这个作家运用诗的语言,以"情"为关注点,将盲人的痛苦鲜明而强烈地表现出来,打动了旅客的心扉。这就是语言表现力强的体现。

三、表现力的培养

蔚天骄等学者认为,写作中的表现力可从以下几方面进行培养。

(一)掌握本民族语言的使用规则

就现代汉语而言,应该通晓字、词、词组、句子、语法、修辞等知识。特别是现代汉语中

同音字、同义词、反义词、近义词、一字多音、一词多义、古字今用等现象很多,掌握起来有一定的难度,还有大量的成语、俗语、俚语、歇后语、避讳语等,都需要在实践中用心体会,积累语言使用的经验。例如,汉语中特有的"把"字句现象,在口语表达时一般用"把"字("下面我把有关情况跟大家通报一下""一定要把这个问题解决好"),而在书面表达时,"把"字常常换成"将"字("现将有关情况通报如下""请认真查处,并将处理结果及时上报")。类似这些知识,都可以阅读典范文章,研读相关著作,从中学习掌握。

(二)掌握一定的职业用语、行业用语,熟悉专业表达习惯等

例如,贾祖璋写的《花儿为什么这样红》中有段文字:"'花儿为什么这样红?'首先有它的物质基础。不论是红花还是红叶,它们的细胞液里都含有由葡萄糖变成的花青素。当它是酸性的时候,呈现红色,酸性愈强,颜色愈红。当它是碱性的时候,呈现蓝色,碱性较强,成为蓝黑色,如墨菊、黑牡丹等是。而当它是中性的时候,则是紫色。万紫千红,红蓝交辉,都是花青素在不同的酸碱反应中所显示出来的。"这段文字条理清晰地回答了开头提出的问题,连接紧密。第二句直接回答第一句,第三句是对第二句的解释。后面的句子又是对第三句的解释,最后一句带有总结性质,文脉的贯通与物理学上的语义流畅相得益彰。又如,"沉没成本"是经济学中的一个概念,不熟悉经济学的读者对这种专业化的问题通常难以透彻理解。怎样让读者理解这个概念呢?马洪波在《沉没成本与人生态度》中是这样解释的:"当一项业已发生的成本,无论如何努力也无法收回的时候,这种成本就构成了沉没成本。举个例子来说,你花了10块钱买了一张今晚的电影票,准备晚上去电影院看电影,不想临出门时天空突然下起了大雨。这时你该怎么办?如果你执意要去看这场电影,你不仅要来回打车,增加额外的支出,而且还可能面临着被大雨淋透、发烧感冒的风险,这样还要发生吃药打针的费用。在这时,也许你的明智选择是不再去看这场电影。"作者通过举例子的方法,较为形象清楚地解释了该专业术语的概念。

(三)善于向生活学习语言,向民间学习语言

生活中的语言往往很鲜活,个性突出,地域色彩浓,与人物身份非常符合。诺贝尔文学奖获得者莫言说:"我的知识基本上是用耳朵听来的。就像诸多作家都有一个会讲故事的老祖母一样,就像诸多作家都从老祖母讲述的故事里汲取了最初的文学灵感一样,我也有一个很会讲故事的祖母,我也从我的祖母的故事里汲取了文学的营养。"(《用耳朵阅读》)例如,沈从文在《鸭窠围的夜》中写道:"把鞋脱了还不即睡,便镶到水手身旁去看牌,一直看到半夜……""镶"字的运用,神形毕肖,历来为人所称道,其实这就是沅澧一带人人会说的土话。"要个说法"本是陕西农村的家常口语,电影《秋菊打官司》上映后,居然成了使用频率很高的公共用语。民间的语言具有很强的生命力和表现力,毛泽东曾教导我们,要从人民大众的口头语言中去汲取"活的语言"。

(四)熟悉并合理使用时代性语言

随着时代的发展,生活中出现了很多流行化的语言元素和表达符号,对这些新的元素符号要正确对待,去粗存精,甄别使用。例如,现代出现很多词性活用、随意搭配、生造词汇的现象,有些已经被大多数人认可和接受,有些只是在一定的范围内(如校园内、网络中)流行。"酷毙了!""帅呆了!""我见过N多次了。""你云南了吗?""你的想法很中国。""她看上去很女人。"这样的表达方式现在已经见怪不怪了。而在某些"时尚"的写作中，一些只可意会无法诵读的符号越来越多，有时候各专业术语被随随便便地运用其中，不乏幽默，但也颠覆了传统的语言表述习惯。大量同音、谐音字词不管是否合理都随意地互相替代，甚至错别字也带有时髦的标签。从某种角度，说它具有反写作的文化特征也不为过。

总之，准确、简练、生动、通俗等应该是表现力的集中体现和不变的追求。对于初学写作主体来说，表现力的具体内容主要是记叙、描写、议论、抒情、说明等能力。记叙时语言要简明，描写时语言要形象，议论时语言要精准，抒情时语言要丰富，说明时语言要严谨等。有关表现力的具体技法，将在中篇的技法篇中详细阐述。

第七节 鉴 赏 力

一、鉴赏力概述

鉴赏力，指对审美对象进行充分体验和认识的能力。体验，指鉴赏者对作品阅读、收听、收视而逐渐获得对于作品蕴含的思想感情和艺术气氛感同身受的体会、身临其境的体察；认识，指鉴赏者运用自己的生活经验和文化知识，对作品的形象特征、美学价值及思想内涵的理解、领会和评判。

感受力、想象力、理解力及情感、兴趣、动机等是鉴赏力产生的前提，深层审美心理是鉴赏力获得的基础，而长期的社会实践，尤其是审美实践活动是鉴赏力生成与发展的根本途径。它作为一种审美再创造活动的能力，既受鉴赏者的思想水平、生活经历、文化修养、审美趣味、个性特点等主观条件的制约，又受到审美对象及审美环境等客观条件的制约。

二、鉴赏力对写作的影响

古罗马诗人、批评家贺拉斯说："要写作成功，判断力是开端和源泉。"(《诗艺》)这句话通常被后代视为经典性的概括，是古典主义作家的信条，其最基本的内涵是：诗要写得好，首先要知道什么是应该写和可以写，什么是不应该写和不可以写的，以及怎样才能写得恰如其分。也就是说，一个称职的作家，首先应该能够对艺术所要表现的对象和内容做出正确的判断和思考。这种判断和思考就是写作主体鉴赏力的体现。写作主体要提升自己的鉴赏力，关键是明白好文章的标准究竟是什么，否则，就很有可能热衷于迎合读者，哗众取宠、媚俗和媚雅。写诗是这样，进行其他创作也是如此。写作主体鉴赏力的提高，对其写作能力的发展有潜在影响。鉴赏力强的写作主体，其写作起点高，审视自己的作品也周密，评价别人作品的水准也高。当一个人拥有鉴赏力，就意味着他已经习惯反思在生活、工作中遇到的事情，尝试着解释且寻找答案。他能够对绘画、电影、文学作品、音乐、戏剧等做出自己的判断，而不会追随别人的思维来看待事物。他清楚地知道自己喜欢什么，不喜欢什么，为什么喜欢，为什么不喜欢。而且，闲暇之余，他会努力培养自己的兴趣，提高艺术情趣。

一个在生活中对花毫无艺术鉴赏力的人，怎能让他想起花的象征意义？只有对花具备较高的鉴赏力的写作主体,才有可能在他的作品中看出各种花的象征意义:以梅花象征刚强不屈,以菊花象征不畏风霜,以荷花象征清白高洁,以兰花象征高尚人格,以牡丹象征富贵,以红豆象征相思,以杜鹃象征怀乡,以水仙象征风流俊逸,以百合花象征团结友爱,等等。

三、鉴赏力的培养

作为一种审美再创造活动的能力,鉴赏力的培养途径主要有以下几种。

(一) 积极参加审美活动

对于鉴赏力还不够高的人来说,首先要通过对美的鉴赏来掌握正确的审美标准,更好地发现美、认识美、理解美、创造美,从而在审美享受中逐步增强辨别美与丑的能力,以形成良好的艺术情趣和鉴赏力。

(二) 积极欣赏佳作

德国作家歌德说过:"鉴赏力不是靠欣赏中等作品,而是要靠欣赏最好的作品才能培育成的。所以,我只让你看最好的作品,等你在最好的作品中打下稳固的基础,你就有了衡量其他作品的标准。"(《歌德谈话录》)无论是文学名著,还是绘画、建筑、影视、音乐、戏剧等非文学佳作,鉴赏者都要养成多看、多读、多欣赏的良好习惯。

(三) 培养反思习惯

欣赏文艺作品要善于反思。如果只是简单笼统地表示"好"或"不好",这说明自己还仅仅处于被动的接受阶段,并没有鉴赏的意味。在欣赏时,如果还能深入地想想:我为什么会被打动?作者的创作有没有完全表达所要表达的感情、意义?通过文字去接触作者的所见所感,才能真正接近鉴赏的范围。

(四) 具有独立的判断力

具有独立的判断力,才能具备真正的鉴赏力。如果放弃了个人判断的权利,不知道什么是自己所爱、自己所恶,那么何来鉴赏呢?因此,要尽量摆脱千篇一律的公式,用自己的经验、情感、生活理念去寻求对美的解读。这可以说是判断力的细化。不要指望艺术鉴赏有标准答案,不要指望有固定的模式来求得对作品的正解,也不要受任何所谓"专家言论"的左右。

总之,写作能力见仁见智,包罗万象,比如还包含审美力、注意力、记忆力、内省力、理解力、洞察力、同感力、创作力等,以上仅仅是写作主体写作能力结构中最基本的构成能力。提高写作主体的写作水平,要从提高其写作能力入手。但写作是一种复杂的脑力劳动,完成写作活动需要多种能力共同起作用,所以写作能力不是单一的能力,而是综合的能力,是由多种能力组合而成的,各种能力在其中起的作用大小不一,它们之间的关系错综而复杂。对一个从事写作的人来说,写作能力结构越完善,他的写作水平就越高。

 阅读与探究

1. 观察力训练

(1) 阅读下面这段文字,谈谈它在观察方面有哪些独到之处?

这时,一名头已半秃的老人蹒跚地向广场走来。他向小贩买了一包鸽食,走向鸽群。馋嘴的鸽子,纷纷地扑到他身上去,有的攀上他的肩膀,有的立在他的手臂上。他以枯瘦多皱的手抓了一把金黄色的干玉蜀黍粒放进自己嘴里去,正当我微感愕然之际,却见他轻轻地把一只鸽子揽进怀抱里,然后,以母鸟哺育幼鸟的方式,把玉蜀黍粒由他的唇传送到鸽子尖细的喙里。他眼皮松弛的眸子里,蕴含着柔和的笑意,将坠而未坠的夕阳那艳丽当中含着寂寥的余晖撒满了他一身,蔚成了一幅异常动人的图画——画中的人和鸟,正亲密地以一种超越语言的方式进行交流,叫人不由自主地想到爱,想到和平。至于暴力和血腥,在这一刻,纯然是陌生的名词。我悄悄地用相机把这个感人的景象拍了下来。

——摘自尤今《老人和鸽子》

(2) 思考为什么谢道韫的比喻能得到谢安和苏轼的认同?

一年大雪天,东晋谢安在家中对小辈们讲解诗文,他让孩子们认真观察后,说出这飘舞的雪花像什么。大侄子谢朗先回答:"撒盐空中差可拟。"侄女谢道韫稍待片刻,脱口而出:"未若柳絮因风起。"谢安听后,朝侄女点了点头,表示赞许。宋代苏轼读到这则故事,也深有感叹,用"柳絮才高不道盐"(《谢人见和前篇二首》)夸谢道韫有才。

(3) 找一棵你喜欢的树,在不同的时间、从不同的角度、以不同的方法去观察它。

清晨霞光中的树,夕阳西下时的树;阳光中的树,月光下的树;风雨中树的动态,风和日丽时树的静态;远距离眺望的树,近距离凝视的树;从阳面看到的树,从阴面看到的树;树干、树枝、树叶、树的色彩、树的光影;人与树的对话与交流,进入树的情感世界;等等。

2. 感受力训练

(1) 阅读下面材料,从写作的角度分析其感受的特点,然后以《雪停了》为题写一段感受。

落了许久的雨,天忽然晴了。心理上就觉得似乎捡回了一批失落的财宝,天的蓝宝石和山的绿翡翠在一夜之间又重现在晨窗中了。阳光倾注在山谷中,如同一盅稀薄的葡萄汁。

我起来,走下台阶,独自微笑着、欢喜着。四下一个人也没有,我就觉得自己也没有了。天地间只有一团喜悦、一腔温柔、一片勃勃然的生气,我走向田畦,就以为自己是一株恬然的菜花。我举袂迎风,就觉得自己是一缕宛转的气流。我抬头望天,却又把自己误以为明灿的阳光。我的心从来没有这样宽广过,恍惚中忆起一节经文:"上帝叫日头照好人,也照歹人。"我第一次那样深切地体会到造物的深心,我就忽然热爱起一切有生命和无生命的东西来了。我那样渴切地想对每一个人说声早安。

——摘自张晓风《画晴》

(2) 刷抖音已成为重要的全民娱乐与消遣方式。但对正处于求知重要阶段的大学生

来说,刷抖音明显在消耗着大学生的美妙时光。请根据自己刷抖音的感受,写一篇文章,文体不限。

(3)感受并描述"风"。运用视觉、听觉、触觉、嗅觉等去感受风,并把所看到的、听到的、触到的、嗅到的"风"描述出来。

3. 想象力训练

任选一题写一篇想象作文。要求在情节上与原文有较强的内在关联。

(1)荆轲刺秦成功之后。
(2)项羽打败了刘邦。
(3)武松被虎吃掉之后。
(4)关公在华容道上擒获了曹操。
(5)宋江未被朝廷招安。

4. 联想力训练

(1)以五人为一个小组进行联想训练。小组集体提出一个表象(可以是人物、事物、景物,也可以是颜色、作品或其他)。思考片刻后,第一个同学根据联想的要领说出自己想到了什么;第一个同学完成后,第二个同学再根据第一个同学的联想谈谈自己在其基础上又想到了什么;后面的同学依此类推。待五人完成后,再由一人执笔,根据前面五位同学的联想,写一篇文章。

(2)以月亮、星星、云、老鹰、风筝、小草、路灯、莲花等为对象,展开想象和联想,然后任选一两种,写一篇500字左右的短文。

5. 思维力训练

(1)从纯真、潇洒、开朗、活泼、阴沉、嫉妒、幸运等话题中任选一个,运用形象思维,写一片段作文。

(2)请以"铁肩担道义,妙手著文章"为题,运用抽象思维,写一片段作文。

(3)请以"眼见为实"为话题,运用比较思维,写一片段作文。

(4)阅读下列成语,请运用逆向思维,确立与之相反或有所补正的观点。

对牛弹琴 班门弄斧 开卷有益 知足常乐 近朱者赤,近墨者黑

(5)阅读下面材料,运用发散思维,从不同的角度概括出三个或三个以上的观点。

斗牛的尾巴

宋代有一位收藏家,收藏了一幅戴嵩的《斗牛图》,因怕这幅名画受潮,常拿出来晾晒。有一次,他正歪着脑袋欣赏,一个牧童看了,脸上露出不屑的神气,指出画得不对。收藏家有些气恼,问:"你懂画吗?"牧童说:"我虽不懂画,但牛我可是看得多了,两牛相斗时,力气用在牛角上,尾巴夹在两腿中间,在画上的两头牛,斗得很激烈,尾巴却翘得高高的,与实际情况不符,显然是画错了。"

收藏家听了牧童的话,觉得有道理,从此不再炫耀《斗牛图》。

(6)课后阅读《祥林嫂》《骆驼祥子》《孔乙己》三篇文章,采用求同思维方式,从祥林嫂、骆驼祥子、孔乙己等人物身上概括出他们共同的性格特征。

6. 阅读下列两首诗,任选一首,写一篇鉴赏文章。

约客
赵师秀
黄梅时节家家雨,青草池塘处处蛙。
有约不来过夜半,闲敲棋子落灯花。

春晴
王驾
雨前初见花间蕊,雨后全无叶底花。
蜂蝶纷纷过墙去,却疑春色在邻家。

7. 阅读下面的文章,谈谈自己的认识。

写作中的体验
王朝闻

体验在实际生活里,作为一种感知能力,是无所不在的。为了便于说明这一点,我看不妨暂时把艺术当作生活来认识。小说《金瓶梅》第三十二回,在酒席上和妓女韩玉钏儿逗趣的应伯爵,听对方说要唱曲儿给他听,他说:"我的姐姐,谁对你说来?正可着我心坎儿。常言道:'养儿不要屙金溺银,只要见景生情。'倒还是丽春院娃娃,到明日不愁没饭吃……"这位帮闲说话逗趣,看来不只体验了对方韩玉钏儿的心境,也体验了席上听他说话者的心境。他所引用的"见景生情",正是人们的有所体验。长于耍贫嘴的应伯爵,不只在引用这两句"常言"时有所体验,而且这个帮闲为人的一贯性,就是有"见景生情"的长处。我还觉得,这个角色那"见景生情"的心理状态,包含着他对自己的得意之情的自我体验,所生之情有些新的内容。至于作为小说读者的我,对应伯爵说话动机的体验,不只成为理解这个角色的内心状态的必要条件,而且因此觉得,读小说的体验是一种精神享受和律师探讨讼词有相似的认真。小说不只给我提供了体验的依据,而且使我欣赏自己对角色内心的体验的再体验。是否可以认为,体验活动,好像是螺旋形地一环又一环地发展上升的。

在特定情势之下,审美体验增添审美兴趣,审美兴趣促进审美体验。双方那互相作用、循环往复的结果,至少足以提高和丰富主体的审美敏感。20世纪50年代我看见比利时的一幅油画《女仆的早餐》,画中那个吃不下饭的女仆的忧郁神志,像我小时候由女仆的表情引起我对她的内心活动的体验那样。我的体验对于不能直接观察出来的这个妇女的内心状态,当然把握不定。但是这一点并不削弱我那有所体验的兴趣。在1958年《意味深长的沉默》一文里,我提出了一系列问题:"这个端庄的女子,为什么那么悒郁呢?是沉重的劳动使她丧失了食欲吗?是因为等待她去承担的苦役使她感到厌烦吗?是因为不明白自己为什么不幸的原因而烦恼,或者是不明白怎样对抗折磨她的社会势力而感到疑惑吗?是因为青春在不幸的生活里迅速地消失而感到不平吗?是在强迫自己回答自己回答不了的,例如关于生活的意义,怎样由自己来掌握自己的命运等等重大问题吗?"我对这些问题没有作过任何带确定性的解答,只说:"观众很难猜测,不好随便下判断。"老实说,至今我仍然不能确切回答上述问题。但是因为有这种体验活动,有助于我1983年在比利时看见莫尼埃的雕刻《痛苦》时,敏感到这一雕刻所体现的丧子的母亲那悲痛中有愤懑之情的历史原因。

作为主体的感知对象,任何事物都有外在形态和内在形态的差别。仅凭眼睛去看和用耳朵去听,不可能深入掌握对象的内在形态。只有当各种感官互相配合而且诉诸心灵活动,对于事物的内在形态才可能获得比较可靠和比较深入的感知。比如,当场访问一个先进生产者,如果你问他对于造成奇迹时的心理状况——自己的内心活动如何,他常常说不出你所想要知道的所以然来。也许,因为他(或她)自己对那先进活动并未作过带总结性的思索,所以说不出一个道道儿。不论具体困难何在,如果你要了解对象的内心状态,必须以体验为深入对方内心的条件,不能只靠直接的观察。面临感知对象的人以及动物,包括面对动物园的游客,眼神机警的猴子,如果企图理解他或它此刻正在想些什么,对主体来说好像是变戏法者掩盖在黑布里的东西那样难于捉摸。主体要是没有相应的合理的想象、推测和体验,休想觉察对象的内心秘密。体验和联想、想象一样,是主体认识客体的一种心理机能。如果说感觉、直觉、印象、记忆这些心理现象主要是指主体在主动地接受客观对象给予他的刺激的反应,那么,体验和联想、想象、揣测、判断等心理现象一样,则主要是指主体在主动地掌握客观对象的刺激和影响。这种掌握是带试探意味的思维方式,目的接近古代军事家所说的"知己知彼,百战不殆"。这话所说的知彼的重要性何尝只限于军事斗争,包括艺术家的审美活动表明,往往只有把己方和彼方加以比较,才可能正确认识自己,因此,认知主体怎样进行体验,是理解审美关系的重要方面——带关键性的心理内容。

法国小说家福楼拜的《包法利夫人》,写到那个青年律师练习生赖昂,怎样向他感兴趣的包法利夫人谈到自己读书的乐趣时,对他自己所理解的乐趣作了生动的描述:"你的思想和小说打成一片,不是玩味细节,就是探索奇遇的轮廓。思想化入人物,就像是你的心在他们的服装里面跳动一样。"如果我们要把这几句话当作科学性的界定当然还嫌它不够完备,但这种经验性的描述却值得当作对于体验这一概念的内涵的理解来读。这番话有丰富性,"探索奇遇"的审美需要表现这个角色的兴趣特征。这些话的一般意思,用我们通俗的话来解释,就是读者暂时把自己当作他所接触的对象,尽可能设身处地,以他为我,推己及人,进入人物特定的心理状态,自己好像特定角色那样,生活在对方内心世界之中。当然,这个近似追求腥味儿的苍蝇的年轻人,这些话是故意说来取悦于对方,说给他感兴趣的女友包法利夫人听的,因而包括对"奇遇"一词的强调,这种叙述不可能没有特定的倾向性。也许,正因为他对于他所要说服的对象包法利夫人的内心状态有着相应的体验,他才作了这些颇带调情意味、性挑逗的叙述。不论作为小说读者的我对人物赖昂这些话的感受是否合乎实际,我能觉得他这些话带性诱惑的原因,在于我自己对他的心怎样在"别人服装里跳动"有所体验。

我在《审美谈》第一章第一节里,从小说《金瓶梅》里摘引了潘金莲和武松几句有关武大评价的对话。我已说明,摘引这些对话的目的是要论证论文作者要争取像小说作者与读者的关系那样,"与读者合作共同来下判断"。当然,这种合作是建立在作者与读者双方各自的体验活动之上的。潘金莲说:"自从嫁得你哥哥,吃他忒善了,被人欺负,才到这里来,若是叔叔这般雄壮,谁敢道个不字。"武松回答说:"家兄从来本分,不似武松撒泼。"潘金莲说:"怎的颠倒说?常言道:'人无刚强,安身不长。'奴家平生性快,看不上那'三打不回头,四打和身转'的。"武松说:"家兄不惹祸,免得嫂嫂忧心。"这段对话表明,体验虽然和判断互相联系,判断往往是体验的结果,但体验自身也意味着在试图作出判断。处于体验中的判断,显得是很有弹性而不是僵直的;有时因主体的注意力的变化而变化。所以,作者要求读者重什么,自己对于对方不宜作出太确定的规定,以免妨碍读者选择什么着重体验的自由。我现在再度把叔嫂二人这几句对话摘引出来,请读者体验他俩——特别是嫂嫂的话里的话和话外的话的心理内容,也就是设身处地地掌握人物说这些话的复杂动机,从而在实践上掌握体验在审美活动中的重要作用。

(选自《审美心态》第七章,题目为编者加,部分内容有删改)

第五章 写作过程

写作过程,指写作主体经过复杂的精神劳动写成一篇(部)作品的全过程。这一过程是一个由物到意又由意到文的系统的、完整的、复杂的动态转化过程。一般由感知阶段、构思阶段、行文阶段、修改阶段四个部分组成。在这个系统过程中,贯穿着写作主体的感觉、知觉、记忆、想象、联想、情感、意志等心理活动。明晰写作过程,写作时方能做到有的放矢,事半功倍。

第一节 感知阶段

感知是写作的第一阶段,即生活经验积累阶段。它是写作过程的初级阶段。

一、感知的含义

感知是感觉和知觉的统称。感知是客观事物直接作用于人的感觉器官而产生的反映。其中,感觉是对事物个别属性的印象,而知觉则是对事物整体的印象。无数客观外界的现象,通过人的感官反映到头脑之中,产生感受或感性认识。这种感性材料的积累,到了一定的程度,便产生飞跃,变成理性认识即思维。这一由客观外物升华为写作主体认识的过程,人们称之为感性飞跃。一般说来,感知不进入创作构思阶段。但在形象外化即行文和修改阶段,还需要通过感知来评估外化的效果是否较为准确地体现了艺术构思的成果。写作感知是写作活动之始,又贯穿在写作的全过程。

写作主体的感知认识,是写作行为这一动态发展进程的起点。思,因感而起;情,因感而生;文,因感而发。在写作感知阶段,写作主体找到了主体心灵与客观外物沟通的渠道。写作主体对外物独特的感知体验、独特的发现和认识制约着写作行为过程的轨迹,并表现出与一般感知不同的特殊性。

二、感知的特性

(一)差异性

感知的差异性与一个人的文化素养、思想情感、兴趣爱好及所处的社会环境等密切相关,这些因素影响着写作信息的积累、写作思路的构建、语言文字的选取及表情达意方式的选择等。古今中外大家笔下的相同事物之所以千姿百态、风格迥异，无不与写作感知的差异性相关。一般的感知不可能产生写作的独特效果，只有超越了人之常规的感知，追求到了个性化的感知，才能写出好的文章。德语诗人莱内·马利亚·里尔克说："假如你觉得自己的日常生活很贫乏，不要去指责生活，应该指责你自己。应该指责自己还缺少诗人的气质，因此还不能利用生活中的瑰宝。"（《致一位青年诗人的信》）

例如，同样是写雪，峻青在《党员登记表》中写道："风卷着雪花，狂暴地扫荡着山野、村庄……把冷森森的雪花，撒进人家的屋子里……"作者用"冷森森"一词表达对暴风雪的厌恶。季宇在《雪花，静静地飘》中则表达了对雪的喜爱："那飞舞的雪花，一朵，又一朵，像是漫天的蒲公英，又像是无数幼小而不可名状的生命，在苍茫的夜空中颤动、沉浮、荡漾，神情是那样怡然，变幻是那样神奇。……温暖的春雪没有一丝寒意，悠然的雪花反而给这早春的夜晚带来一种诗意的宁静。"

（二）选择性

受写作意识的影响，当客观外物在主体感官所涉及的范围内产生对应关系时，主体对感知对象或接纳或排拒，即写作感知具有选择性。如"见仁见智""见其所见而不见其所不见"是感知的接纳；"熟视无睹""视而不见"是感知的排拒。选择往往受到主体需要的影响。长于视觉感知者，关注于千姿；长于听觉感知者，敏感于百音；长于形象思维者，钟情于形象；长于抽象思维者，偏好理论；等等。

例如，余华说在小说《活着》中，要写出福贵将儿子有庆埋在树下后对月光下小路的特殊感觉，一直找不到合适的情感体验方式。他以前在《世事如烟》里曾形容过"月光下的道路像一条苍白的河流"，但用在一个刚刚死了儿子的父亲身上，未免太轻飘飘了。直到有一天，余华看到了盐，眼睛一亮，选择了盐作为描述对象，就写下了"月光照在那条路上，像是洒满了盐"。盐对福贵来说，他每天都在吃，这符合农民的审美视觉，同时盐在伤口上的感觉，也是人物此时的心理感受。

（三）审美性

写作的差异性和选择性，归根结底是由写作感知的审美性决定的。写作感知不同于一般的感性知觉。它往往排除对事物的功利性考虑，不是机械地进行知识的判断，科学的归纳，而是在对事物各种属性的观察中，注重选择事物丰富的形象特征，注重体验客观事物在心灵上引起的反响和感应，以整个身心去拥抱、去感受、去体悟事物，对外界的刺激做出相应的情绪情感反应。这种在主体和客体之间所形成的无功利的、形象的和情感的关系状态，即是感知的审美性。写作感知是一种积极主动的心理活动，它以情感体验为中心，将事物的外在形式与自身的情感活动相契合，以我观物，以情观物，最终将丰富的外部世界与深邃的内部世界融为一体，创造一个五彩缤纷的审美世界。

例如，当人们看到潺潺流淌的小溪，会感到欢快和生机；看到奔腾激荡的大江，会感到雄浑和磅礴；而看到浩瀚无垠的大海，则会感到胸怀的博大和开阔。这里，主体以感知客体的审美特性为目标，当对象的全部感性与丰富性被感官所充分接受，写作感知就会力求透过形式和表现，达到对事物情感和内涵的把握，表现出主体在感知选择上的审美评价，感知方式上的审美体验及感知目的上的审美诉求。

三、感知的功能

（一）获取写作素材

写作主体在动笔写文章之前，需要做的准备工作很多，但最重要的工作是积累素材。素材是写作的物质基础。素材积累得越多，就越有利于选取出文章中典型、生动的材料，而写作素材必须通过写作主体的感知才能获得。如果写作主体对生活及写作对象不去感知、不去体验，他的愿望只能是水中月、镜中花，最终成为空中楼阁。俗语说得好："巧妇难为无米之炊。"这里所说的积累是平时的日积月累，而不是专指写作时的定向采集。

例如，夏衍为了写《包身工》，足足两个月，每天半夜三点多动身，走十几里路，赶到日本人开的东洋纱厂，乔装深入到包身工里面去感知。美国《华盛顿邮报》两名年轻记者卡尔·彼恩斯坦和鲍勃·伍德沃克调查"水门事件"，亲自采访的有名有姓的人就有440个，至于不愿透露姓名的人物专访，以及群众采访，人数更是无法统计了。这样经过大量的感知，记者获取了丰富的写作素材，成就了自己的作品。

（二）引发写作动机

一般情况下，每个人做事均有一个动因，这个动因驱使他去行动。写作动因即源于写作主体对素材的感知。当写作主体对写作对象进行感知，情感得到激发不能自制时，便会产生一种强大的写作冲动，激励写作主体非写不可。

例如，峻青在回忆小说《黎明的河边》的创作时，曾十分动情地描绘他的思绪："《黎明的河边》，是以我亲身经历过的一件相类似的事实为基础写成的……那一次，是我们五六个人，夜间通过敌占区，部队上派了一个通讯员去送我们。拂晓的时候，遭遇了敌人。通讯员挥着手叫我们赶快撤退，他一个人留下来伏在一条长满了青草的沟沿上阻击敌人，掩护我们。以后，我们安全地撤退出来，他却牺牲了。他就死在那一条长满了青草的沟沿上。到死，他还是紧握着枪杆，面向着敌人。到死，我们也不知道他姓什么，叫什么。这件事情，使得我感动极了……每一回忆起来，就像发生在昨天那样的清晰，那样的使我心跳。"新中国成立后，作家特地到了当年战斗过的地方，打听这位英雄的名字和事迹，但杳无音信，只看见果林中一个不大的坟墓，上面长满了青草。当年，随着英雄的遗体一起种下的桃树，已经开满了粉红色的花朵，坟前一块无字碑，无声地印记着历史上那悲壮的一幕。作家呆呆地站在坟前，眼泪簌簌地直流，长久都说不出话来。当天，他就住在果园主人的小屋里，连夜创作了短篇小说《黎明的河边》。

四、感知的方式

常用的感知方式主要有以下三种：

（一）观察

观察是人们在写作活动中有计划地认识某一个对象的知觉过程和认识过程。它是一种有明确目的的有意知觉形式，是人们获得写作材料的重要途径。观察的过程中，并不限于知觉，而常同积极的思维相结合，具有很大的个人积极性和能动性。要使观察有成效，除需有正确的观点作为指导外，还需有明确具体的观察目的、关于所观察对象的一定预备知识、对客观事物的分析和综合能力,以及记录和整理材料的具体方法等。观察的过程必须敏锐、持久、细致,善于发现和识别对象的细节和特征。

例如,英国生物学家达尔文积二十年之功,在观察日记的基础上完成了《物种起源》,他自己曾说:"我没有突出的理解力,也没有过人的机智,只是在觉察那些稍纵即逝的事物并对其进行精细观察的能力上,我可能在众人之上。"(《达尔文生平及其书信集》)挪威戏剧家易卜生在《诗人的任务》中强调:"做一个诗人实质是观察,但是请注意,他的观察要达到这样一种程度:观众现在所看到、所了解到的全部是诗人早就观察到的。"易卜生为了收集写作素材,常常带着写作上的难题,装扮成旅客坐在车船等候室,用假装看报作掩护,偷偷地观察旅客的举动,倾听旅客的谈话,以此获取一些创作素材。

(二) 调查采访

毛泽东在《反对本本主义》中强调:"没有调查就没有发言权。"所谓调查就是带着某种任务,重实事、实物、实情,进行实地了解和考察。它是人们认识事物的重要手段之一,也是间接获得写作素材的一个重要途径。观察所得的第一手材料固然可贵,但写作主体不可能对万事万物都目见耳闻、亲身经历,调查采访的收获可弥补观察的局限,它所获得的虽然不是自己的观察结果,但他人的观察结果也等于是延伸了自己的感知触角。

调查采访的基本思路是:以目标为导向,设计调查提纲;以问题为中心,注意谈话方式;以数字为依据,健全统计环节。在调查过程中,调查人可以看,也可以听被调查者自述个人的种种情况和认识,或转述他人的种种经历和认识。调查中所获取的材料,既有第一手的资料(所见、所闻、所感),也有被调查人转述的第二手材料(难免渗入转述者的主观色彩,要注意鉴别)。调查时要谦虚谨慎,实事求是,讲究方法,切忌先入为主。

(三) 感受

观察与调查采访获得的只是原始材料,假如没有经过处理,还是芜杂和散乱的。因为每个材料往往不是单纯的,而是各种类型、性质的材料掺杂、交织在一起的。基本真实的材料里可能含有需要挤掉的水分,而虚假的材料里也许会给我们提供某些有益的启示。写作主体获得的原始材料,只有经过写作主体的深刻感受,才能促进主体和客体的融合。

例如,福楼拜在创作长篇小说《包法利夫人》时,当他写到包法利夫人服毒自杀,竟控制不住自己的感情坐在地上痛哭起来。此时一位朋友进来感到十分诧异,问是怎么回事。福楼拜说他写的《包法利夫人》中的主人公包法利夫人要死了。朋友说:您笔下的人物的命运由您决定,写她不死,不就得了?福楼拜说:我救不了她的命。故事情节发展到现在这局面,包法利夫人非死不可了。这就是作家超出功利、道德的评价而产生深刻感受、作出审美选择时,便使主客体趋于一体了。假如福楼拜对自己获得的材料没有共鸣,缺乏深刻的感受,则无法达到这种境界。

第二节 构思阶段

构思是写作的第二阶段,即对材料的理性整理阶段。它是写作过程的中级阶段。

一、构思的含义

构思是写作主体在感知的基础上,在大脑里勾画草图,从内涵到体式对写作进行全面的预构,即梳理思路、描画轮廓、建构框架,并策划可操作的程序。用一句话概括,就是设计完整的写作程式。因此,又被人称作"心中的文章"。如果说感知阶段解决了"写什么"的话,那么从构思开始,就是解决"怎样写"的问题。当然,写作主体在感知事物时,其构思就已经开始了。全面设计中有一个集中的、占主导地位的时期,这就是构思的阶段。构思在写作过程中具有举足轻重的作用,是决定文章、作品成败的关键。叶圣陶说:"写作不仅是拿起笔来写在纸上那一段时间内的事情。如前面所说,意思的发生,需要的提出,都在动笔之前。认定中心,审查材料,也在动笔之前。提起笔来写在纸上,不过完成这工作的一段步骤罢了。有些人认为写作的工作在提起笔来的时候才开始,这显然是错误的……"(《叶圣陶语文教育论集》)

二、构思的特性

构思主要有以下三个特征:

(一)宽泛性

构思过程是写作的酝酿和设计阶段,这个阶段大体是由浮想到深思再到收束。构思之初,应当浮想联翩——想得很多很多。思维不受时空限制,不受成见约束,甚至可以不着边际地胡思乱想——"寂然凝虑,思接千载;悄然动容,视通万里"(《文心雕龙·神思》),即调动所有的情绪、记忆、想象、思维去加工材料,打开思路,多角度、全方位地思考,为深思创造充分有利的条件。

(二)梳理性

浮想阶段的思维活动毕竟是肤浅而杂乱的,要形成具体鲜明的艺术形象或认识事物的本质规律,有待于层层深入地思索。古人说:"凡作文发意,第一番来者,陈言也,扫去不用;第二番来者,正语也,停止不可用;第三番来者,精意也,方可用之。"(陈绎曾《文说》,引戴师初语)这讲的是深思中的梳理。对于思维的深入,列宁说:"人的思想由现象到本质,由所谓初级本质到二级本质,不断深化,以至无穷。"(《黑格尔〈哲学史讲演录〉一书摘要》)指出了认识的层次性和思维过程的层递性。也有学者把思维的深化过程表述为从客体的无限到主体认识的有限、从认识的无向到立意的有向、从思维的无序到表述的有序、从思想的无形到载体的有形。思维到了有限、有向、有序和有形,就基本上完成了构思的过程,写作提纲或者腹稿也就呼之欲出了。

（三）自律性

写作主体构思的心理流从部分趋向整体时，有时带有自律运动的特点，或摆脱写作主体主观意识的控制，或抛开预定计划的束缚。许多作家刚开始构思时编写了提纲，但后来的构思很少照着提纲按部就班地进行，甚至把提纲的计划全部打乱，作品中的人物或者生活中的事件会"带着作者向前走"。

例如，俄国作家契诃夫晚年写了短篇小说《新娘》。作品中，一个同情革命的姑娘娜嘉最终成为一个革命者。《新娘》完成后，契诃夫请他的作家朋友魏列萨耶夫看一下，提提意见。魏列萨耶夫读后，提出了中肯的意见："安东·巴甫洛维奇，女孩子们不是这样去参加革命的。像您的娜嘉那样的姑娘是不会参加革命的。"契诃夫听了以后，立即意识到自己违反了创作规律。作为作者，他虽然同情革命，却并不理解革命，也不熟悉如何革命。想到这里，他紧握朋友的手连声感谢，之后，他改动了《新娘》，女主人公娜嘉虽然憧憬美好的生活，但并没有参加革命。究其写作思路变化的原因：一种可能是由于作者深入生活，深入思考，改变了初衷；另一种可能是由于写作的内在规律发挥了调节的功能，它更正了写作意图中违背规律的地方，对写作起了"自律"的作用。

三、构思的过程

写作中的构思，就生理机制而言，是人脑整体性作用下的数万亿个细胞积极参与的复杂的思维活动；就进程而言，是生活心灵化（客体主体化）和心灵生活化（主体客观化）的方向相反又内在统一的两种转化活动。董小玉等学者认为，写作的构思过程一般表现在以下几个方面。

（一）由模糊向清晰推进

由于写作主体在构思中对材料认识的多义性、多角度性和不确定性，初期的构思状态往往是动态多变、复杂模糊的。在仔细深入地思考之前，写作主体对于构思进程、状况等都缺乏有力的把握，构思活动随时可能发生改变、转向、断流或深入。当写作主体对思维内容的掌握和梳理逐步加强，写作思维（思路）就会按照一定的方向、朝着一定的目标行进，并受到一定的目标制约和前景吸引。这目标和前景，或是可以通过判断推理得出的结论；或是预想能够展示的具有一定意义的形象和图画；或是二者得兼，珠联璧合，相辅相成，达到认识的飞跃。这时，在目标的指引下，写作构思就会逐渐由模糊转向清晰，由多向动态转向定向专注，思维方向趋于明确，思维内容趋于明朗，思维结果趋于明了。

（二）由具象向抽象推进

构思受写作主体认识、情感和意志的支配。写作构思的进程，符合人类思维发展的一般规律，即由具象思维到抽象思维的过程。从构思的发端来看，它一般由具体的事物引发，如一个会心的微笑、一片迷人的景色、一件令人悲伤的事、一段富有哲理的话等。由此展开的思维活动也首先围绕感性世界进行，或情绪涌动，或心潮起伏，如南朝文学理论家刘勰所言："夫神思方运，万涂竞萌，规矩虚位，刻镂无形。登山则情满于山，观海则意溢于海，我才之多少，将与风云而并驱矣。"（《文心雕龙·神思》）

在经过了触发、静思、入迷三种思维状态后，写作主体对事物的认识会逐渐全面深入，再运用联想、想象、引申、排列、取舍等手段,使写作构思由繁杂到单纯,由具象到抽象,由肤浅到深刻,最后向理性王国迈进。写作构思只有从具象过渡到抽象,才能提升思维活动的品质。

(三) 由整体向局部推进

从具体作品来看,写作构思是由整体向局部推进,由对文章架构、主旨的整体思考,落实到对文章段落篇章的局部思考的过程。

1. 整体构思

整体构思是写作主体创作精神产品时,在宏观上所进行的思考与把握。它常常表现为构思的连续性、综合性、完整性和立体化,并受整一和均匀规律的制约。刘勰说:"草创鸿笔,先标三准:履端于始,则设情以位体;举正于中,则酌事以取类;归馀于终,则撮辞以举要。"(《文心雕龙·熔裁》)整体构思沿以下三条线索交叉推进。

(1) 认识线——立意定体

"意"处在动态变化之中,一般有表、浅、深三个层次。古人对写作的立意有"陈言""正语""精意"之说。"陈言"和"正语",属于"表""浅"层的"意",深入思考下去,才能找到"深"层的"精意"。立意过程的关键是"意"的探索与深化,需要去粗取精、去伪存真、由此及彼、由表及里地逐层推进。定位,指的是构思中为内容选定模式的过程,它不仅具有"合模"的趋向,而且具有动态可塑性。

(2) 信息线——选材取事

即对信息进行提取、加工、排列、组合、归类。大体方法有两种。一是内视法,即用心灵的眼睛洞察内化了的各种信息,思考它们之间的关系,并试图使之系列化、条理化,以期形成一定的认识。二是外视法,即内视结果的提示性(备忘)外化。具体方法有三种:一是集纳卡片法,指把外部信息和内部信息,以及通过构思进行信息交换、融合得来的新信息,分门别类地集纳于不同的卡片或空白纸上的方法;二是信息分类法,指把从生活中得来或围绕某一问题进行思索所得的信息,分为主要、次要和背景三类信息,再进行综合比较,寻找三类信息中有内在联系的相关项目;三是启发式记录法,指把不同的外在信息结合主观感受,以笔记的形式记录下来,作为启发构思、结构作品的方法。

(3) 布局线——构架谋篇

布局是整篇的合理构架、精密安排,是一连串巧妙地导向结局的匠心组合。构架谋篇的过程具体表现为"定基调—理线索—搭骨架"。基调不仅是一种情绪和情感,同时也是一种语言调子。定基调一定要找准角度,即下手的部位、落点。构思的线索具有客观存在性和主观认识性,只有被写作主体发现和认识的线索,才有可能成为文章的布局线。此外,文章骨架必须与体裁相称,做到合体、实在、灵通,文学作品的框架最富变化,实用文的构架格局则多有程式。

2. 局部构思

局部是事物整体的一个部分、一个方面、一个阶段。虽对全局有所影响,但不能贯穿全局,可视为局部构思,其主要内容有三点。

(1) 思考层段

层、段是文章结构意义上的概念,它在构思过程中表现为思维的阶段性,信息流中的层次性和连贯性。构思中,"段"是最基本的思考单元,"层"是较大的思考单元,层与段转折推进的地方是思考的重点。

(2) 推敲枝节

层段思考是纵向线索的局部构思,推敲枝节是横向平面的局部构思。文体不同,推敲枝节的侧重点也不同。记叙文体侧重细节,推敲枝节要从生活中撷取细节并注重心灵感化;实用文体注重材料,推敲枝节要对材料进行反复的对照衡量;抒情文体立足情感,推敲枝节要关注启动感受,生发情思。

(3) 生成句子

当构思由整体到局部、由大到小向前推进后,最终要进行句子的生成,这样才能使构思向行文转化。由于构思对象不同,表达方式有异,生成句子时的心态和境界也不一样。为寻找表情达意的恰当词语,在构思心理过程中需要反复斟酌,思想只有表现在唯一的不可替代的语言里,才能收获准确生动的效果。

四、构思的方式

由于写作主体习惯不同,构思的方式往往也各不相同。从写作实践看,主要有以下两种方式。

(一) 拟腹稿

有的写作主体习惯采用腹稿构思,就是对写作涉及的一系列关键环节,如选材、立意、结构、标题及采用何种表现方法、如何开头、如何结尾、如何突出重点、如何打动读者等,都在心中反复酝酿,达到呼之欲出的程度,再挥毫而就。人们常用"十月怀胎,一朝分娩"来形容这种构思方式。正如俄国文学评论家别林斯基所说:"一部艺术作品必须在艺术家执笔之前先在他的灵魂里酝酿成熟;对于他来说,写作已经是次要的劳作了。他必须首先看到许多人物出现在自己的面前,他的剧本或者小说就是由这些人物的相互关系所形成的。"(《外国理论家作家论形象思维》)其实,这种拟腹稿的方式,就是在谋划未形之于文字的详细写作提纲。拟腹稿的好处是,随时可对作品的整体或局部进行调整。但它的不足之处是,腹稿成熟之后,若不尽快进行写作,时间长了会遗忘某些内容;对于较复杂的作品,如长篇小说、学术论文等,仅靠腹稿难以保证内容的严谨和内在的统一性。

(二) 列提纲

列提纲,就是以纲、目的形式把文章构思过程用文字记录下来。提纲是文章的蓝图。列提纲的过程,就是将构思逐步清晰化、条理化的过程。列提纲可以使作者对问题思考得更为周密细致,可以避免写作中出现较大的失误,以确保文章的写作质量。提纲的酝酿,要经过一个由粗到细、由朦胧到明确的过程。一个好的提纲,也要经过反复斟酌和修改才能完成。提纲的写作因人而异,没有定格。一般而言,可分为简明提纲和详细提纲两种。简明提纲只列大纲,写明内容要点,作出大的部分和层次划分;详细提纲则要求将大纲、细目一一列出,如文章的标题、主题、材料、结构、开头、结尾、过渡、照应、前后的连贯、写作手法的运用、引文、关键段落、深邃哲理等。

五、构思的创新

文贵创新,这是写作的一个审美要求,也是古今文论家们十分强调的训诫。晋代文学家陆机曾经用形象的语言来比喻诗文的创新,他说:"谢朝华于已披,启夕秀于未振。"(《文赋》)意思是,早晨已开的花(指古人用过的意和辞),不用;傍晚未开的花(指古人未用过的意和辞),要用。陆机为什么这样要求呢?清代文学家李渔说得好:"新也者,天下事物之美称也。而文章一道,较之他物,尤加倍焉。"(《闲情偶寄》)如何创新呢?清代文学家许印芳做了很好的注脚:"凡我见闻所及,有与古今人雷同者,人有佳语,即当搁笔,或另构思,切忌拾人牙慧;人无佳语,我当运以精心,出以果力,眼光所注之处,吐糟粕而吸菁华,略形貌而取神骨,此淘洗之功也。"("淘洗之功"指剔除芜繁、力求简洁的功夫)(《与李生论诗书跋》)。构思的创新在于"变",胡欣等学者认为,具体表现在以下四个方面。

(一)变换思维方式

人们经常以自己的知识经验去看待问题,习惯于线性思维,这样往往只看到问题的一面,忽略了问题的另一面。如果改变一下思维方式,就不会人云亦云。

例如,写新闻说某地解决教师工资的拖欠问题。如果用逆向思维,则认为这不是新闻,教师工资本该照发,只有"拖欠"才是新闻。再如报道领导干部深入基层解决问题,这是他的职责,也有人把这作为一条重要新闻。如山西省某报发表一篇报道:某市委书记亲自过问,六天就解决一栋居民楼一年多不通水电的问题。远在千里之外的《羊城晚报》予以转载,却在大字标题下反问一句:"事事惊动市委书记怎么得了?"这样一来,报道的主题一下子变了,比前者更有深度。这里用的是逆向思维。当然,变换思维方式不止这一种,诸如发散思维、立体思维、侧向思维、多角度思维等都可以变换使用,只要不违背事物的发展规律即可。

(二)变换表现内容

别人都在写的题材,不去写;别人写了的题材,来个翻旧变新。在同一题材类型中,表现的具体内容是完全可变换的。

例如,关于吝啬鬼的题材,写的人很多,我国清代小说家吴敬梓创造了严监生,法国小说家巴尔扎克创造了葛朗台,法国喜剧作家莫里哀创造了阿尔巴贡等,这一类贪财如命的吝啬鬼形象已成为文学典型,要在这个题材范围内做点突破,似乎很难。但是,有位民间文学作者却很聪明,他不去写吝啬鬼生前的丑行,因为这已被前人写够了。他变换内容,写这个人死了,到了阴曹地府,阎王将他下油锅,这个人连忙哀求道:"阎王爷,你不要把我下油锅,最好是放在烧红了的干锅底上,慢慢地烙。"阎王问:"你这又何苦来着?"他马上回答:"省下那一锅油吧,叫我家老大人担回去点灯用。"故事所用笔墨不多,读来却新鲜有趣。

(三)变换写作手法

一定的手法是为一定的文体所用。但是事物是发展变化的,又是复杂的。如果总是按固有的方法去反映事物,就难以推陈出新。古人讲"文无定法",就是不拘守某一种手法,要善于创造和变换表现手法。

例如,王蒙早期的成名作《组织部新来的青年人》,运用的是传统小说写法。后来他探索用意识流手法写小说,写出了《春之声》等名篇。现在人们谈到中国式意识流小说,不能不与王蒙的小说联系起来。在各类写作中,除了公文写作具有特殊性外,许多创作主体都在探求创新。如新闻写作,有的记者用电影蒙太奇手法写新闻,用剧本形式写消息。在文学写作中,有人用音乐形式写小说,用图画形式写诗歌等。这都是为了标新立异、创新出奇。但是,任何创新必须有现实依据,一定是来自客观存在和现实生活的启示,否则就失去了创新的意义。

(四)变换表现角度

这也是一个思维问题,运用多角度思维,寻找一个最佳的表现角度。选择不同的角度,就有不同的感觉。"横看成岭侧成峰,远近高低各不同。不识庐山真面目,只缘身在此山中。"(《题西林壁》)角度有多样性,问题是选择哪一个角度表现最佳。

例如,宋代苏洵、苏轼、苏辙父子三人同写了"鉴前世之兴衰"的《六国论》,取材范围大体相同,文章立意却各有千秋。苏洵着眼于政治形势的分析,认为"非兵不利,弊在赂秦";苏轼立足于仁义之道,指出秦亡的主要原因是秦"隳名城,杀豪杰,不养士";苏辙则着眼于战略形势,批评六国"背盟败约,自相屠灭"。作者着眼点不同,选取的角度有异,写成的文章自然有别。

第三节 行文阶段

行文是写作的第三阶段,即对构思成果物化阶段。它是写作过程的高级阶段。

一、行文的含义

行文,指写作主体将构思的成果书面化、外观化,将草图变成现实建筑。它主要是通过语言文字对构思中所孕育的雏形进行表述和传达,用词语、句子、标点、体式和语体色彩使心中的文章最终成为书面的文章。

行文活动是文章写作得以实现的必要环节。任何形式的文章都必须经过行文阶段,把写作主体的构思借助语言文字符号表达出来,这是显在的写作环节,也是操作层面的写作。有了丰富的材料和缜密的构思还不能产生文章,只有把所选材料和构思结果通过文字符号表达出来,变成一种语言文字产品,才是真正实现了文章写作。

二、行文的特性

行文的特征主要有以下两点:

(一)操作性

操作性,指行文具有较强的实践性质。实践必须借助一定的工具和方式才能完成。因此,在形式上,写作主体要运用书写工具或计算机书写、操作;在内容上,写作主体要将思维物化成文字篇章,追求行文的完美;在操作过程上,写作主体要把立体的思维转化为线性的表述,依据所掌握的技能技巧对思维内容进行创造性的编码。这个过程有点类似于能工巧匠,既按一定规矩和程序制作产品,又能突破规矩和程序创造产品,别出心裁,不因循守旧。

(二)外化性

外化不仅有转化的意思,也有外观化、外在化的含义。行文的外化特性,表现为两个方面:一是构思成果在内容上由内向外的转化,二是思维结果在形式上可见符号的生成。内容外化,既要言之有物,内容充实;又要言之有理,逻辑严密;还要言之有序,结构得体。行文表述中的人、事、物、理、情等内容,一旦外化出来,就应该准确精当,恰如其分,不能含糊不清,漏洞百出。形式外化要求结构、语言、标点等一旦成形,就要落实到字面上,外化为可见的符号,所外化的形式要完整适中,符合要求。

董小玉等学者认为,对行文的操作性可从主体行为活动的角度认识,对行文的外化特征则可以从思维转化的角度认识,操作和外化在行文过程中是相互依存的统一体。操作是行文的条件,外化是行文的结果。

三、行文的要求

要写出规范优秀的文章,在行文过程中必须遵循以下几点要求。

(一)选择恰当的表达方式

文章的基本表达方式通常分为五种:叙述、描写、抒情、议论、说明。表达方式是区分文章体裁的重要标准,任何写作都离不开表达方式,但不同类型、不同体式的文章各有侧重。如叙事类文章侧重叙述与描写,抒情类文章侧重描写与抒情;小说、戏剧侧重叙述与描写,诗歌、散文侧重描写与抒情;记叙性文章以叙述、描写为主,论说性文章以议论、说明为主。因此,在具体写作时,一定要根据文体特征选择相应的表达方式。

(二)选用准确生动的语言

写作实质上就是运用语言文字表情达意。因此,写作对语言文字的基本要求就是表达准确,在准确之上再追求生动。如果词语或语句表意不准确,含糊其词,文章就难以写好,读者也就难以理解。值得注意的是,近年来有人在写作时喜欢用所谓时髦的表达语言,甚至故意标新立异,把一个本来很简单、很明了的意思故弄玄虚,表达得晦涩难懂,让人读后似懂非懂,甚至不知所云,这实际上是一种不良文风,应该摒弃。

(三)讲究多样的写作技巧

讲究写作技巧,一方面是为了使文章更加富有表现力,另一方面则能够给读者以美的享受。不管是叙事还是说理,采用不同的技巧所产生的表达效果是不一样的。叙事时可以顺叙,可以倒叙,可以插叙;可以采用单线叙述,也可以采用双线叙述;可以双线并行,也可以虚实结合。说理时,可以论证,也可以论述;可用归纳法、演绎法,也可以用类比法、对比法。描写时,可以直接描写,也可以间接描写;可以白描,也可以细描。总之,多样的写作技巧各有各的长处,各有各的美感,写作主体必须根据自己的写作能力及文章写作的实际需要加以选用。

(四)寻找最佳的行文心境

由于个人的生活习性和写作习惯千差万别,写作的最佳时间也因人而异。但有一点要肯定,即当出现灵感火花时,不要轻易放过,要及时逮住它,把脑海中刹那间的闪光思维迅速用语言文字记录下来。现实生活中,当写作主体处于极度悲痛或极度欢乐时,是不宜进行写作的,"至哀不文"(《樗园消夏录》)。因为这时候,或因感情太浓,思维不能散发开去,往往执着于一点,忽略许多要紧的观点或形象体验;或因欠缺理智,使文路跳跃过急,失去事理逻辑性或情理逻辑性。鲁迅曾经谆谆教导文学青年,写不出来的时候不要硬写。有时笔涩,思路停滞阻隔,还不如去听听音乐,散散步,调节一下情绪;或者找几位好友海阔天空地谈谈心,或许友人一句无意的话语,就犹如春风悠然而至,吹开心扉,牵来一个瑰丽雄奇的艺术世界。

四、行文的方式

行文的方式因人而异,通用的方式主要有以下两种:

(一) 一气呵成

一般来说,短文章宜一气呵成,长篇也宜每次把一个问题或一个场面写成,以求文气贯通,情调一致。鲁迅说:"先前那样十步九回头的作文法,是很不对的,这就是在不断的不相信自己——结果一定做不成。以后应该立定格局之后,一直写下去,不管修辞,也不要回头看。等到成后,搁它几天,然后再来复看,删去若干,改换几字。在创作的途中,一面练字,真要把感兴打断的。我翻译时,倘想不到适当的字,就把这字空起来,仍旧译下去,这字待稍暇时再想。否则,能够因为一个字,停到大半天。"(《致叶紫》)这是鲁迅的经验之谈。在起草时,要顺着思路不停地写下去,不要被一词一句的推敲给打断。对语言的加工,等到初稿完成后,在修改阶段再去完成。据《新唐书》记载,"初唐四杰"之一的王勃在写文章之前,先在端砚中磨墨数升,然后蒙被躺在床上,似是睡觉,实是酝酿构思。当酝酿成熟,腹稿完成,便立即起笔,奋笔疾书,一气呵成。需要强调的是,这种行文方式的前提是写作主体事先必须有较完善的腹稿或写作提纲。

(二) 边写边改

这种方式是指写作主体在大致确定了文章的主题、标题之后,开始广开思路,边想边记,想一点记一点,不求系统完整,比较自由随意。等到想好之后,再将凌乱的要点进行梳理辨析,形成一条清晰的思路,写成提纲,然后再根据提纲逐段写下去。朱光潜常用这种方式,他说:"我个人所采用的是全用腹稿和全不用腹稿两极端的一种折中办法。在定了题目之后,我取一张纸条摆在面前,抱着那题目四方八面地想。想时全凭心理学家所谓'自由联想',不拘大小,不问次序,想得一点意思,就用三五个字的小标题写在纸条上,如此一直想下去,一直记下去,到当时所能想到的意思都记下来了为止。这种寻思的工作做完了,我于是把杂乱无章的小标题看一眼,仔细加一番衡量,把无关重要的无须说的各点一齐丢开,把应该说的选择出来,再在其中理出一个线索和次第,另取一张纸条,顺这个线索和次第用小标题写成一个纲要。这纲要写好了,文章的轮廓已具。每小标题成为一段的总纲。于是我依次第逐段写下去。写一段之先,把那一段的话大致想好,写一句之先,也把那一句的话大致想好。"(《作文与运思》)在他看来,这样做有两点好处:一是先想好提纲,文章有层次有条理,有轻重缓急的安排;二是每段并不作预设的安排,而是至写作时临时发挥,这样就能

意到笔到,文思鲜活。

行文作为写作的关键环节,其内容庞杂丰富,既有材料的选择、主题的确定、结构的选用,还有谋篇、表达、语言等各种技法,其要领具体见技法篇内容。

第四节 修改阶段

修改是写作的第四阶段,即对文章进行完善的阶段。它是写作过程的最终完成阶段。

一、修改的含义

自古以来,写作者就一直强调"文不厌改""不改不工""大匠不示人以璞",这是因为文章修改具有十分重要的意义,因而有人说"好文章是改出来的"。修改,指对文稿从内容到形式进行全面的加工、调整和修订。广义的修改,指从构思到定稿前对文章的修正,贯穿于写作活动的全过程;狭义的修改,指行文后对文章初稿的修正与润饰加工。文章最后以什么面目、样态呈现给读者取决于修改。修改的过程实际也是对文章本身的认识不断深化的过程,它是写作的最后一道工序,是文章的完善阶段,是提高文章质量的重要环节和必要步骤。

比较起来,修改文章有时候比写作起草更加艰难,更要水平。正如清代诗人袁枚所说:"改诗难于作诗,何也?作诗,兴会所至,容易成篇;改诗,则兴会已过,大局已定,有一二字于心不安,千力万气,求易不得,竟有隔一两月,于无意中得之者。刘彦和所谓'富于万篇,窘于一字',真甘苦之言。"(《随园诗话》)这是谈诗的写作与修改,其实也与文章写作修改一理相通。写作时"兴会所至"的热与快,与"兴会已过"修改时的冷与慢,是一对矛盾,只有解决好这二者的辩证关系,才能写出好文章。

二、修改的意义

古人云,"善作不如善改""文章不厌百回改"。毛泽东在谈到修改文章的意义时说:"现在的事情,问题很复杂,有些事情甚至想三四回还不够。鲁迅说'至少看两遍',至多呢?他没有说,我看重要的文章不妨看它十多遍,认真地加以删改,然后发表。文章是客观事物的反映,而事物是曲折复杂的,必须反复研究,才能反映恰当;在这里粗心大意,就是不懂得做文章的起码知识。"(《反对党八股》)清代学者唐彪提道:"盖作文如攻玉然,今日攻去石一层,而玉微见;明日又攻去石一层,而玉更见;再攻不已,石尽而玉全出矣。"(《读书作文谱》)伴随着不断修改,文章才能以准确、生动、鲜明的语言和最佳的表现形式与方法,正确地反映客观事物,才能做到美的内容与美的形式的统一。

大凡名著都在修改上下过功夫。例如,鲁迅的散文《藤野先生》不足4000字,修改竟达160多处。穆青、冯健、周原合写《县委书记的好榜样——焦裕禄》,他们常常为推敲一个字、一个标点符号,争得面红耳赤,一直改到第九稿,穆青、冯健才满意。经核实后,周原发现初稿已"无影无踪",除了基本素材、原话未改外,只剩下穆青击案叫好的那一句:"他心里装着全体人民,唯独没有他自己。"马克思著《资本论》,从拟定写作计划到草稿完成,经历了多次的酝酿和修改。第一卷写完后,还进行了一次文体风格上的修饰。他形象地说:"经过这许多产痛后,我自然享受舐净这孩子的愉快。"(《马克思恩格斯通信集·致恩格斯》)俄国作家列夫·托尔斯泰也很重视文章的修改,他写《安娜·卡列尼娜》用了五年时间,开头部分就改了12次。《复活》前后写了10年,其中玛丝洛娃的117个字的肖像描写就修改了20次。他晚年的作品《生活之路》,仅序言就修改了105次。美国作家海明威的《永别了,武器》,结尾就修改了39遍。

　　为什么文章要费力修改呢?从根本上讲,这是由写作的本质决定的。写作行为是由客观事物到人的主观认识的"意化"过程和从主观认识到书面表达的"物化"过程组成的。在"意化"过程中,最容易发生"意不称物"(《文赋》)的情况;在"物化"过程中,也容易发生"文不逮意"(《文赋》)的情况。在这双重转化过程中,人们对客观事物不是一下子就认识清楚、完整的,那么多一次修改就多一次认识;用文章表达思维,也不是一下子就能反映得当。文章的好坏,固然首先决定于作者的思想水平,但是谨慎、认真地修改,至少可以减少错误或不足。同时,文章是给读者看的,是用来影响、教育读者的,从对读者负责的角度讲,也应当不断地加以修改。

三、修改的范围

　　明代文人吴讷说:"篇中不可有冗章,章中不可有冗句,句中不可有冗字,亦不可有龃龉处。"(《文章辨体序说》)他指出了修改的两个对象,但不全面。清代文学家刘熙载指出:"文有七戒,曰:旨戒杂,气戒破,局戒乱,语戒习,字戒僻,详略戒失宜,是非戒失实。"(《艺概》)这从另一个侧面提出了文章修改的对象:主题、观点、材料、结构、语言等。那么,文章的修改主要应包括哪些内容呢?

(一) 主题的修改

　　主题是否正确、鲜明、集中、深刻,决定着文章思想价值的有无和大小。因此,修改文章首先要在修改主题上下功夫。作者应摒弃错误的观点、模糊的认识,将肤浅、平庸的认识上升为深刻、新颖的见解。主题的修改要求作者写成文章以后,从欣赏和满足中跳出来,站在辩证唯物主义的高度,对自己的立意作冷静的判断,看其是否合乎客观事物的发展规律、时代精神及社会评判标准。这种修改有时就是脱胎换骨的推倒重来,使文章具有时代的高度和思想的深度。

1. 主题是否正确

　　主题正确是指主题符合客观事物的本来面目,能揭示出事物的本质。对主题进行修改,首先要对文章错误的、片面的或不妥当的观点进行订正。

　　例如,何其芳的《〈不怕鬼的故事〉序》,原稿的论点存在片面性,只从"不怕"二字做文章。毛泽东审阅稿子时指出:"除了战略上蔑视,还要讲战术上的重视。对具体的鬼,对一个一个的鬼,要具体分析,要讲究战术,要重视。不然,就打不败它。……你可以再写几百字,写战术上重视。"根据这个意见,何其芳增加了战术上重视的内容,把战略上蔑视和战术上重视统一起来讲。这个修改,就是观点的订正,它纠正了原观点的片面性,使其符合唯物辩证法。俄国作家列夫·托尔斯泰的《安娜·卡列尼娜》,初稿题为《两段婚姻》,写了"一个不忠实的妻子以及由此而发生的全部悲剧"。托翁对初稿很不满意,后来,随着世界观的转变,他对俄国宗法统治的黑暗社会有了本质的认识,就对初稿动了"大手术",从人物原型、构思到结局都做了重大修改,有力批判了沙皇制度的暴政,写出了不朽的文学名著。

2. 主题是否鲜明集中

其一,在一篇文章中应该集中说明和解决一个问题,如果提出的问题太多,就会使文章出现多中心,而最终导致无中心。清代文学家刘熙载说:"旨戒杂。"(《艺概》)就是指中心意思不能多,立意要纯,一而贯摄。清代学者魏际端说:"文主于意,而意多乱文。"(《伯子论文》)意多,读者就会感到头绪纷乱,不得要领。其二,作者对自己提出的问题,特别是在带有倾向性的问题上,一定要有明确中肯的回答,不能含含糊糊,模棱两可。

3. 主题是否深刻

文章主题的开掘越深,越能准确地反映客观事物的本质和规律,给人以深刻的启示和教育,文章发挥的作用也就越大。因此,修改文章应当对主题反复推敲,力求改肤浅、平庸为深刻、新颖。

例如,歌剧《白毛女》取材于民间传说故事"白毛仙女",最初的主题是"破除迷信,发动群众"。后来,在周扬的指导下,鲁艺专门成立了《白毛仙女》创作班子,经过反复研讨、仔细斟酌,最后为歌剧取名为《白毛女》,主题定为"旧社会把人变成鬼,新社会把鬼变成人",从而在更高层次上歌颂了中国共产党领导的人民革命战争的力量。意大利诗人但丁的代表作《神曲》,最初的主题是为了追念他那不幸早逝的精神恋人纳亚特里奇。然而在写作的过程中,但丁的生活发生了变化,他流落他乡,接触到下层人民,对社会的认识更为深刻。因此,当整部作品历时21年完成时,它不再是爱情诗,而成为一部具有强烈现实性和鲜明政治倾向的长诗,其主题变得更为深刻。

(二) 结构的调整

好的文章,不仅要言之有物,还要言之有序。修改文章结构,要尽量使结构严谨、完整。曹禺在谈到《雷雨》的写作经验时说:"写戏应该有个大纲。我搞了五年,就是反复地在想这些人物,想各种各样的人物性格,想他们的历史,要把这样一些人物凑拢在一起,使他们发生关系,让他们在一种规定情景下碰见,而时间又不能超过二十四小时,这都使我费了好大好大的劲。因为不把这一切想好,更容易返工。写作当中常常发生非推翻你原来结构不可的事情。什么道理呢?因为写着写着把当初没想到的地方想清楚了,把人物心灵深处的东西挖出来了,情节再这么搞不行了,就不像那个人了,于是结构非改不可。所以事先要尽量想好,有个大纲,把一切想深想透。然后是不是一定要从头写起呢?那倒不一定。……这可能和打仗一样,指挥员把一切都部署好,知己知彼,稳操胜算,就可去抽烟了。剩下的不过是人物性格有时要改一改,结构多少变一变,大架子不会再动了。"(《曹禺谈〈雷雨〉》)具体来说,文章结构的修改就是要考虑全文结构是否合理,比如段落层次的衔接、各段落的详略、结构层次的逻辑性等。

例如,叶紫把小说《夜哨线》的初稿寄给鲁迅,鲁迅在《致叶紫》中提出这样的修改意见:

大约预计是要写赵得胜,以他为中心,展开他内心的和周围的事件来。然而第一段所写的赵公,并不活跃,从第二段起以下的事件,倒是紧张,生动的。于是倒映上来,更显得第一段的不行。

我看这很容易补救,只要反过来,以写事件为主,而不以赵公为主要角色,就成。那办法,是将第一段中描写及解释赵得胜的文章,再缩短一些,就是减少竭力在写他个人的痕迹,便好。不过所谓"减少",是减少字数,也就是用几句较简的话,来包括了几行的原文。

鲁迅对原稿的缺点,提出了具体的修改意见和办法,主张尽量压缩开头不生动的部分,突出后面紧张生动的故事情节,把以写人为主改成以写事件为主。这种分清轻重、突出重点的修改,是调整结构的常见情况。

结构的调整,也包括层次的变动。例如,鲁迅在1936年9月5日所写的《死》中将原稿中的二三条遗嘱调换了一下顺序,即"二、赶快收敛,埋掉,拉倒。三、不要做任何关于纪念的事情。"调整之后的结构更符合人们认知的条理和逻辑。又如,徐迟的报告文学《在湍急的涡流中》,初稿是以时间为序,从20世纪30年代写到70年代。可是初稿脱手后,作者自己看了觉得如同流水账,没有意思,于是重新构思,改成写一个晚上的活动,通过联想穿插,表现了周培源的一生,作品面目为之一新。

(三) 材料的增删

在修改中,只有对材料进行适当的增删,使材料真实、典型、新颖,才能使文章的主题或观点得到更有力的表述。如果行文材料不够翔实准确,就要进行补充更正,使之更加充分、科学、有说服力,以避免抽象空洞。南朝文学理论家刘勰说:"权衡损益,斟酌浓淡。芟繁剪秽,弛于负担。"(《文心雕龙·熔裁》)讲的就是权衡文章的删减和增添,研究文章的疏密与详略,删去烦琐,剪除多余。茅盾说:"园艺家常常把太多的蓓蕾摘去,只留下二三个,这样就得到了特别大的花朵,这个比喻,大致可以说明创作过程中剪裁的必要。"(《试谈短篇小说》)

例如,1923—1924年,鲁迅的《中国小说史略》出版。1930年,该书再次出版,内容上进行了修订。讲到《花月痕》一书的作者时,初版是这样写的:"……因知此书为魏子安作,子安名未详,福建闽县人,少负文名,尤工骈俪,长而客游四方,所交多一时名士,亦常出入狭邪中,中年以后,乃折节治程朱之学,乡里称长者,晚年事事为身后志墓计,学行益高,而于少作诗词,未忍割弃,于是撰《花月痕》收纳之(同上引《小奢摩馆脞录》)。然其故似不尽此,卷首有……"(《中国小说史略》)后来,鲁迅获得了新史料,在1930年修订时作了修改:"……因知此书为魏子安作。子安名秀仁,福建侯官人,少负文名,而年二十余始入泮,即连举丙午(一八四六)乡试,然屡应进士试不第,乃游山西、陕西、四川,终为成都芙蓉书院院长,因乱逃归,卒,年五十六(一八一九—一八七四),著作满家,而世独传其《花月痕》(《赌棋山庄文集》五)。秀仁寓山西时,为太原知府保眠琴教子,所入颇丰,且多暇,而苦无聊,乃作小说,以韦痴珠自况,保偶见之,大喜,力奖其成,遂为巨帙云(谢章铤《课余续录》一)。然所托似不止此,卷首有……"(《中国小说史略》)两相比较,就看出了史料上的补充和订正,对于《花月痕》作者的名字、简历做了补充;而于成书过程,则予以订正。鲁迅用新的史料,纠正了初版所用史料的不准确处,使著作的科学性更强,材料更为丰满和翔实,这种修改是极其重要的。穆青等人撰写的《县委书记的榜样——焦裕禄》这篇通讯的原稿,就有"哭坟"这个细节:写焦裕禄逝世以后,按照他生前的遗嘱,把他埋在沙丘上,兰考的许多社员、干部前去哭坟,场面凄切悲恸,十分感人。但作者经过反复思考,还是把这一感人材料割舍了,究其原因,是与全篇高亢、振奋的基调和精神不和。

(四) 语言的修饰

修饰语言是写作的基本功,也是修改文章的重要内容。历来的文章家对语言的修饰都十分重视。南朝文学理论家刘勰说过:"句有可削,足见其疏;字不得减,乃知其密。"(《文心雕龙·熔裁》)唐代文学家皮日休说:"百锻成字,千炼成句。"(《刘枣强碑》)文章的语言为什么需要修饰? 这是因为人们在起草时,放开手脚去写,可能会写得随意些、丰富些。修饰语言先求达意,看用词是否准确,句子是否通顺,想要表达的意思是否准确清楚完整;后求精美,在形象、生动、精美方面狠下功夫,力求"语不惊人死不休"(《江上值水如海势聊短述》)。

例如,鲁迅的散文《藤野先生》,他写第一次见到藤野先生的情形是这样修改的:

> 从此就看见许多陌生〔新〕的先生,听到许多新鲜〔新〕的讲义。解剖学是两个教授分任的。最初是骨学。其时进来的是一个黑瘦的先生,八字须〔□身材〕,戴着〔大〕眼镜,挟着一叠大大小小的书。一将书放在讲台上,便用了缓慢而很有顿挫的声调,向学生介绍自己道:
>
> "我就是叫作藤野严九郎的……"

这段话改动了好几处,有增的、有减的、有换的。第一,原文中"新的先生"和"新的讲义"都有歧义。"新的先生"是新来的先生,还是对作者来说是新近才见到的先生呢?"新的讲义"是新印刷的讲义,还是内容新鲜的讲义呢? 都不甚明确。改成"陌生的先生""新鲜的讲义",含义就十分明确了。第二,删掉"□身材",添上"八字须",即面部某一部分的特征,笔墨很集中。第三,在"介绍自己"前面增加了状语"用了缓慢而很有顿挫的声调",刻画了藤野先生诚恳、和悦的语态,鲜明地显示了人物的精神面貌。再如鲁迅《死》一文的初稿中有这样一句话:"在这时候,我才确信,我是到底相信人死无鬼,虽然在久病和高热中,也还没有动摇的。"在定稿时,他把"虽然"以下十五字删去。这样一删,句子就显得干净利落,做到了古人所说的"善删者字去而意留"(《文心雕龙·熔裁》)。因为既然有了"到底"这样表示态度坚决的词,就不必再用"虽然……"去加以强调和补充,否则就有画蛇添足之嫌了。

在中学语文教材中,有一篇名为《澜沧江边的蝴蝶会》的散文,篇幅不长。它原文长达3700多字,经过语言学家吕叔湘大刀阔斧地删除"枝蔓",才成为今日面目。让我们来看看下面一段文字的修改情况:

> 〔原稿〕到处是一片浓荫匝地,繁花似锦。到处都是一片蓬勃的生气:鸟类在永不

休止地啭鸣;在棕褐色的泥土上,各种植物好像是在拥挤着、争抢着向上生长。行走在村寨之间的小径上,就好像是行走在精心培植起来的公园林荫路上一样,只有从浓密的叶隙中间,才能偶尔看到烈日的点点金光。

[修改稿]到处是浓荫匝地,繁花似锦。走在村寨之间的小径上,就好像是走在精心修建起来的林荫路上一样,只有从浓密的树叶的缝隙里洒下来的点点金光。

比较两段文字,可以看出吕叔湘的修改是非常合理的。为了突出蝴蝶会主题,就把那些路上景色的烦冗叙述压缩。因为前有"浓郁匝地,繁花似锦",就不必再说"蓬勃的生气"、鸟类的鸣啾和植物的生长。即使在保留的内容中,也把水分挤干,"行走在"改为"走在","公园林荫路"改为"林荫路",叶隙中的阳光句中也删去了"才能偶尔看到"的多余词汇,足见语言专家的功力。

四、修改的程式

文章修改没有固定的程式,应该因文制宜,因人而异。张继缅等学者认为,总的说来主要有"增""删""改""调"四种方式。

(一) 增

"增"指的是增补,即增加、补充。不管是文章的内容还是形式,只要有残缺、疏漏的,都需要增补。少则增添一词两字,多则扩写整段整节。但增补绝不意味着单纯地拉长篇幅,其着眼点在于增强文章的准确性、完整性、深刻性和生动性。

例如,鲁迅《藤野先生》的初稿里有这样一句:"东京也无非是这样。上野的樱花烂熳的时节,望去却也像绯红的轻云,但花下也缺不了'清国留学生'的速成班……"定稿时,鲁迅在这句里增加了一些词语:"东京也无非是这样。上野的樱花烂熳的时节,望去确也像绯红的轻云,但花下也缺不了成群结队的'清国留学生'的速成班……"这里的增补是十分必要的。"花下"与"樱花烂熳"相呼应,"成群结队"点明了多数"清国留学生"们的醉生梦死,而这也正是当时正在追求救国救民道路的鲁迅离开东京的原因之一。鲁迅的杂文《死》中的七条遗嘱中,有这么一条:"孩子长大,倘无才能,可寻点小事情过活,万不可去做空头文学家或美术家。"其中的"空头"一词,原稿中没有,是作者后来同冯雪峰商量增添的。它好就好在极简明形象地揭示了那类不学无术,却拉文艺作大旗的冒牌文人的特征,同时还避免了片面性。据冯雪峰在《鲁迅先生的逝世》中回忆:鲁迅对这"空头"两个字,觉得很满意。他在原稿上添上了,躺回藤椅上后,还笑着说"这添得好。只两个字,就将这些人刻画得活灵活现了。这就是住在上海的好处,看多了这些空头人物,才能想到这两个字"。

(二) 删

"删"指的是删削,即删除、削掉。文章内容或形式上显得啰嗦、繁复、可有可无的部分都应该删削。清代学者魏际端说:"善改者不如善删,善取者不如善舍。"(《伯子论文》)清代散文家魏禧说:"东房言:'作文者,善改不如善删。'此可得学简之法。然句中删字,篇中删句,集中删篇,所易知也。善作文者,能于将作时删意,未作时删题,便省却多少笔墨。能删题,乃真简矣。"(《日录论文》)俄国作家契诃夫也说过:"写作的艺术,其实,并不是写的艺术,而是删去写得不好的东西的艺术。"(《致 A.C.格鲁津斯基》)删繁就简,意在使文字简洁,文意精深。

例如,北宋文学家欧阳修的《醉翁亭记》历来为人们推崇与喜爱,其首句"环滁皆山也"传说是受到一位樵夫的启发修改而成的。据说欧阳修作《醉翁亭记》后,曾贴在城门口给过往的行人朗读、征求意见。初稿的起句为"滁州四面皆山,东有乌龙山,西有大丰山,南有花山,北有白米山,其西南诸峰,林壑尤美"。一樵夫说:"你这开头太啰嗦了!不知太守上过琅琊山的南天门没有?站在南天门上,什么乌龙山、大丰山、花山、白米山,一转身就全部看到了,四面都是山。"欧阳修受到启发,于是将首句浓缩为"环滁皆山也"这五个字。

(三)改

"改",指的是更改,即更正、改变。文章内容或形式上的不正确、不全面、不严谨、不和谐的部分都需要更改。改动文章,需要有一丝不苟、精益求精的精神。清代学者唐彪引用了伍叔卿的一段话说:"……如文章草创已定,便从头至尾,一一检点。气有不顺处,须疏之使顺;机有不圆处,须炼之使圆;血脉有不贯处,须融之使贯;音节有不叶处,须调之使叶。如此仔细推敲,自然疵病稀少。"(《读书作文谱》)这里讲的都是对文章的局部修改,着眼于"气""机""血脉""音节"四个方面。也就是说,一篇文章即使主题是好的,但是如果存在文气不畅、起承转合不灵巧、脉络不清、读起来佶屈聱牙等问题,也应该花费心血好好修改。

例如,1936年冬陈毅写了一首七绝《赠同志》:"二十年来是与非,一生系得几安危?浩歌归去天连海,鹊噪斜阳送晚晖。"作者第二次修改时,将后两句改为"浩歌归去天无际,鹊噪斜阳任鼓吹"。而在《陈毅诗词选集》中呈现的定稿却是:"二十年来是与非,一生系得几安危?莫道浮云终蔽日,严冬过尽绽春蕾。"作者屡次改动后两句,使情、景、理融为一体,也使全诗的形象更加鲜明生动,意境更加深邃广远。

(四)调

"调"指的是调整,即调动、调节。为了提升文章质量,有时需要对文章的内容或形式进行一些必要的调整,从而使文章思路清晰、文气贯通、结构严谨。例如,鲁迅《藤野先生》第四段原稿,在段落的开头有一句介绍仙台的文字:"这地方在北边,冷得厉害,还没有中国的留学生。"接着叙述由东京到仙台的沿途情况。定稿时,鲁迅把这句话挪到了本段的末尾。这样,就使全段的层次分明,并与时间顺序相一致,顿时显得井然有序。鲁迅的杂文《死》写了七条给亲属的遗嘱,手稿上前四条原是这样的结构:"一、不得因为丧事,收任何人的一分钱——但老朋友不在此列。二、不要任何关于纪念的事情。三、赶快收敛,埋掉拉倒。四、忘记我,管自己生活——倘不,那就真是胡涂虫。"完稿时,鲁迅将二三条的次序做了调整,把"收敛"放在"纪念"之前,按照时间的先后顺序排列,这样条理更清楚,逻辑更严密,行文更合理。

一般来说,"调"有时也会与"增""删""改"结合起来进行。例如,京剧《逼上梁山》原稿共写了街哄、托孤、投靠、发迹等23场。初稿完成后,大众艺术研究社请了许多历史学家、艺术家及工农兵群众讨论座谈,并认真地进行了反复修改,如增加动乱、肉市、就操等场的情节,将原稿的一至五场和七场合为一场等。经过这样一番增、删、改以后,戏剧结构最后调整为三幕共 27 场。后来的演出效果证明,调整后结构更加严密,主题更加突出,人物也更加鲜明。

当然,"水无定势,文无定法",以上只是提供了一些常用的程式。文章如何修改因人而异,因文而别,没有一个固定的模式,每个写作主体都有充分施展创作才能的广阔天空。

五、修改的习惯

作文修改习惯因人而异。从修改的时间上看,有的人习惯热改法,有的人钟情于冷改法;从修改的方式上看,则分为求助法、读改法。

(一) 热改法

热改法,指作者完成初稿后,"趁热打铁",立即修改的方法。这时头脑中对文章的全貌比较熟悉,对原来的构思记忆犹新,因此,初稿中存在的毛病,如表述欠妥、有所遗漏、臃肿多余等,都比较容易发现。同时,在起草过程中发现或感觉到需要改动的问题,由于忙于行文未作修改,这时及时修改可以避免遗忘。

热改法的缺点是,此时作者正处于写作兴奋状态,对于需要删改的部分往往难以割爱。

(二) 冷改法

冷改法,指作者写作时先一气呵成,完成初稿,过一段时间再看,再作修改的方法。清代学者唐彪说:"当其甫做就时,疵病亦不能自见,惟过数月始能知之。若使当时即知,则亦不下笔矣。故当时能确见当改则改之,不然且置之,俟迟数月,取出一观,妍丑了然于心,改之自易,亦惟斯时改之使确耳。"(《读书作文谱》)这是有一定道理的,因为每篇文章的写作都是按照既定的思路进行的,这一思路在大脑里反复酝酿,已经形成思维和写作的定势,如果写完之后马上进行修改,就容易受原有定势的影响,总是在既定的思维路子里兜圈子,对稿件中存在的毛病,就不易发现和纠正。初稿写出来后,对时间要求不太强的文章不要轻易修改,先搁笔休息一下,待大脑中原来的成见、偏爱淡薄了,重读初稿会有新的感觉,更容易发现初稿中的幼稚粗疏之处。

冷改法的缺点是,可能会忘掉某些临时闪现的思想、认识。有时因稿件时间限制,不允许隔几天再重读修改,就无法用此法了。如果稿件不太受时间限制,则可以把热改法与冷改法结合起来,这样改出来的文稿质量会更好。

(三) 求助法

求助法,指写作者完成初稿,在听取别人的修改意见后,再经过自己的思考,进行文章修改的方法。俗语有云:"人眼是秤。""当局者迷,旁观者清。"自己写出来的文章因"私于自是,不忍于割裁"(《与元九书》),故"妍媸不能自见"(《秋星阁诗话》)。何况文章是写给别人看的,一篇文章的好与坏,并非仅靠作者自己的感觉,还需经过各层次的读者的鉴别。三国诗人曹植说:"世人著述,不能无病。俟常好人讥弹其文,有不善应时改定。"(《与杨德祖书》)北齐文学家颜之推说:"学为文章,先谋亲友,得其评裁,知可施行,然后出手;慎勿师心自任,取笑旁人也。"(《颜氏家训·文章篇》)清代诗人李沂说:"诗能自改,尚矣。但恐不能自知其病,必资师友之助。妆必待明镜者,妍媸不能自见也。"(《秋星阁诗话》)的确,在文章写作过程中,作者由于受自身的学识、阅历经验的限制,对许多问题很难了如指掌,不能准确看出文章的缺点、错误。因此,读给别人听,向他人求教,然后根据他们的意见认真修改,既能克服自己思想的片面性,又能把文章改好,使作品得到大众的认可。例如,唐代有个叫齐己的诗僧,写了一首题为《早梅》的诗,便拿去和他的朋友郑谷商量,郑谷认为诗句"前村深雪里,昨夜数枝开"中的"数枝"两字虽然点明了"早梅"的意思,但不如改为"一枝"更为确切。齐己觉得很有道理,欣然接受了这个建议。这就是有名的"一字师"典故的由来。

(四)读改法

读改法,是文章修改的传统方法。它是指作者通过诵读或默读,边读边思考,遇语意不畅或语句不通等问题,立即随手改正的方法。这是一种简单易行而又行之有效的文章修改方法。初稿写成后,朗读几遍,不管是小说、诗歌、散文还是其他文章,一经诵读,不顺口、不连贯的地方就显露出来了。修改文章只看不读,文气上的问题就很难觉察。通过诵读,可以发现那些"不上口"及音节和声调不协调的地方,也可以发现"不起劲""不自然"的地方,从而进一步推敲、琢磨,使之和谐悦耳。因而养成高声朗读自己文章的修改习惯,对于提高文章质量,增强文章美感是大有益处的。老舍曾把"多念自己的文章"作为自己写作中的一个窍门,一个成功的经验,并把它郑重地推荐给写作爱好者。他认为:"为多修改就须多念自己的文章。"(《和工人同志谈写作》)鲁迅也坚持写完后亲口朗读,边读边改。他住北京砖塔胡同时,深夜里朗读修改刚写完的小说《幸福的家庭》,使得他的邻居误以为他家半夜里还有客人,可谓是文坛趣事。

需要强调的是,以上四种修改方法,在实际操作中不是单打独斗,而应综合运用,或有所侧重。初学写作主体可以根据自身实际而选用。

1. 阅读大学生的散文作品《姐姐》,看看作者在哪些地方渗入了自己的独特感知。

一张旧旧的方桌,一盏浅浅的油灯,一本厚厚的《钢铁是怎样炼成的》。姐姐坐在我的边上,就着嫩嫩的火光做细细的针线活儿。

"萝子,啥书呀?这么厚?"

姐姐用柔柔的口气问着,唇边蕴着一丝怜爱的微笑。姐姐停下手中的针线活,探过身来,瞅了瞅书的封面。姐姐的笑容忽然隐去了,用一种我所陌生的目光静静地看我。

"为什么呢?为什么想起要学炼铁呢?咱家并不需要铁匠呀!"姐姐怨责的口气依然柔柔的。但姐姐第一次对我生了气。

我垂下了头,把脸埋得很低很低。一刹那,我的心头涌满了泪水。——姐呵,这一辈子,我是欠你的!

"这是本前苏联的世界名著,是文学作品,姐。"

我如罪人般愧赧地从嗓子里艰涩地挤出这几个字。

姐姐仍然在穿针走线,可向来是匀美的针脚第一次变得很碎很零乱……

姐姐长得很美,一种沉静的、温婉的美。在夏日的黄昏,姐姐常爱坐在屋前的桑葚树下,抱着膝想她那羞羞涩涩的心事。柔和的落日余晖透过疏疏朗朗的枝叶,纷纷扑在姐姐那流动着青春红晕的脸上。

……

姐姐在河边洗衣,远远地,就听到了在山谷里回响的捣衣声。我的胸口疼了一下:这捣衣声,怎么不像是姐姐的?记忆中的捣衣声,它是柔雅曼妙的呀!

姐姐,衣袖捋得老高,棒槌舞得呼呼地响,那根乌溜溜的长辫不见了,姐姐不再蓄长发了。姐姐吃力地弓着身子捶衣服,背上一个熟睡了的孩子。沉稳有力的捣衣声从姐姐赤着的双脚边荡开去,荡成了一颗颗如豆的叹息……

"姐……我考上了。"

我在姐姐背后怔怔地站了半晌之后,终于艰难地开了口,轻轻的话语声盖过了重重的捣衣声。姐姐,回过了头来。

姐姐笑了一下,有泪滴下,红湿了姐姐那淡淡的岁月……

(部分内容有删改)

2. 阅读下列各名家谈修改的见解,结合个人体验,谈谈你对修改的认识。

(1)鲁迅说:"我做完之后,总要看两遍,自己觉得拗口的,就增删几个字,一定要它读得顺口;没有相宜的白话,宁可引古语,希望总有人会懂,只有自己懂得或连自己也不懂的生造出来的字句,是不大用的。"

(2)老舍说:"我们写作,写完必须修改……我们必须狠心地删,不厌其烦地改!改了再改。字要改,句要改,连标点都要改,毫不留情。对自己宽大便是对读者不负责。"

(3)巴金说:"我愿意做一个'写到死,改到死'的作家。"因为"我不断地发现了它们的缺点"。

(4)吴晗说:"……第三是多修改。一篇文章写成之后,要读一遍改一遍,多读几遍多改几遍。要挑剔自己文章的毛病,发现了就改,决不可存爱惜之心。……左改右改,一直改到找不出毛病为止,必须记住一条原则,写了文章是给别人看的,目的是要使别人都能看懂,以此,只要设身处地,站在别人的地位来看这篇文章,有一点含糊的地方,晦涩的地方就改,尽最大的努力使别人容易懂,这是一个基本的也是最起码的要求,必须做到。"

(5)契诃夫说:"写作的技巧,其实并不是写作的技巧,而是……删掉写得不好的地方的技巧。"

(6)果戈理说:"……您这时便会发现,随着文笔的坚定,句子的优美和凝练,您的手也仿佛坚定起来。依我看需要这样改八遍。对一些人来说,可能需要少一点,而对另外一些人来说,则可能还要多一点。我改八遍,只有亲自动手改八遍之后,作品从艺术上来说才算是完成了,成了最精美的杰作。"

(7)海明威说:"我必须把每一章节都磨得像斗牛士的剑一般地锋利。"

(8)杨沫说:"永远不满足于自己的作品,以一个苛刻的读者的角度审视自己的作品,反复征询意见,反复修改,这也是我多半生从事写作的切身体会。我的水平不高,但我总是反复修改,认真修改,一遍完了又一遍。《青春之歌》就是不知反复修改了多少遍才成这个样子的。然而,我仍然对它不满意;出版后,又感觉到有许多可以商榷、修改之处了。"

(9) 孙犁说:"越到老年,我越相信:好文章是改出来的这句话。如果我们读书,不只读作家的发表之作,还有机会去研究他们的修改过程,对我们一定有更多的好处,可惜这方面的资料和书籍,很少很少。"

3. 阅读下列文章,琢磨修改文章的要领。

谈修改文章
何其芳

修改是写作的一个重要部分。古今中外,凡是文章写得好的人,大概都在修改上用过功夫。马克思写《资本论》,据说从计划到草稿都经过了多年的多次的修改。《资本论》第一卷写完后,他还要做一次文体上的修饰,他给恩格斯写信说:"这自然就像生小宝宝一样,在一阵剧痛以后用舌头遍舔那活宝宝,多愉快呀!"德文本出第二版,马克思又改了一遍。对于法文译文,据说马克思为了使法国的读者容易了解,又作了许多修改。在文学家方面,托尔斯泰写《战争与和平》,有的说改过五遍,有的说改过七遍。他们写那样大的作品还改了又改,我们平常写短文章就更应当多加修改了。

普通所说的修改,是在文章写成以后,其实在文章未写以前,对于立意布局的反复推敲,对于写作提纲的再三斟酌,都带有修改的性质。这种下笔以前的修改是最要紧不过了,正如盖房子首先要打好图样,作战首先要订好计划一样。要是这第一步功夫没有用够,写起来就常常会写不下去,或者勉强写下去了,结果还是要不得。这种事先的构思或写提纲,一般人都是做的,但功夫却不一定都用得够。

中国过去有"文不加点"的说法,就是说有的人写文章不涂改一个字。还有这样一个故事,说有一位文学家在写文章之前,总是把墨磨得很充足,然后钻到被子里去睡,睡了起来就挥笔写成,也是一字不改。这些说法如果是真的,我想一定是他们先就在脑子里修改了的缘故。

我们现在写文章,倒也用不着要一字一句都完全想好才下笔。现在的事物和我们对事物的看法都比古代复杂。下笔以前多思索,多酝酿,仍常常只能完成一个图样,一个计划,还是需要下笔以后边写边改来充实,来修正,还是需要写完以后根据自己的审查和别人的意见来再三修改,来最后写定。这种写作过程中和全篇写好后的修改,一般人也都是做的,但功夫也不一定用得够。

怎样才算修改的功夫用够了呢?改的遍数多并不就等于改得够。衡量够不够的标准我想有两个:一个是内容正确,一个是读者容易接受。毛主席在《反对党八股》中讲:"文章是客观事物的反映,而事物是曲折复杂的,必须反复研究,才能反映恰当;在这里粗心大意,就是不懂得做文章的起码知识。"这是从根本上说明了文章要多改的理由,同时也指出了修改的目标。客观事物不是一下子就能够认识得清楚完全,多一次修改就是多一次认识。表达我们的认识的文字和形式也不是一下子就能够选择恰当,多一次改就多一次选择。能否做到内容完全正确,自然要看我们的思想水平怎样;但如果我们采取谨慎态度去修改,自己多用脑筋,加上向别人请教,对每一个论点每一个看法都不随便放过,也就可以去掉或减少许多内容上的错误。内容正确,就具备了说服读者的基本条件,不过要读者容易接受,也还得依靠好的表现形式,还得在布局上、逻辑上、修辞上再花些功夫,才能够使文章的每一句、每一段、一直到全篇,一下子打进读者的脑筋。能否做到表现形式很完美,自然要看我们的写作水平怎样;但如果我们采取替读者着想的态度去修改,总是想着我们所写的一般读者能不能完全了解,会不会相信赞成,是不是感到枯燥沉闷,也就可以去掉或减少许多表现形式上的缺点。

一般文章最大的毛病,大概不外乎观点错误、不合事实、教条主义、空洞无物等项。并不是整篇要不得,而是局部内容或表现形式有缺点,必须加以修改的却相当多。就我所能想到的缺点列举出来,就有这些:

(1) 抽象笼统,叙事不具体,说理不清晰。

(2) 根据不足,就下断语,我要这样说就这样说,信不信由你。

(3) 强调一点,不加限制;反驳别人,易走极端;没有分寸,不够周密。

(4) 大家都知道的事情说得很多,以为只有自己知道,别人不知道。

(5) 别人不知道的事情说得很少,以为自己知道,别人也应该知道。

(6) 许多事情或问题,随便放在一起,没有中心,没有层次,逐段读时也还可以,读完以后一片模糊。

(7) 写到下句不管上句,写到后面不管前面。

(8) 信手写来,离题万里,偏又爱惜,舍不得割弃。

(9) 抄书太多,使人昏昏欲睡。

(10) 生造词语,乱用术语,疙里疙瘩,词不达意。

(11) 没有吸取口语里面的单纯易懂、生动亲切等好处,只剩下口语里面的啰唆重复、支离破碎等缺点。

(12) 没有学到外国语法的精密,却摹仿翻译文字造长句子,想把天下的事情一口气说完,一逗到底。

这是我们常见的叙事说理文章中的一些毛病。文艺作品还有别的特殊问题,这里不去说它。我们犯这些毛病,也并不完全由于我们的思想水平和写作水平真正就那样低,而常常由于我们花心思用功夫不够,尊重读者体贴读者不够。

内容要正确,表现形式要恰当,都是为了读者。好文章不仅要读者容易懂得、相信,并且要能够吸引读者,使读者读起来能够得到一种提高、一种愉快。这个境界不易达到,但我们总应该努力把文章写得讲究一点。文章也是一种重要的革命工具,发表出来要对群众负责的。因此,从未写以前到写完以后,从内容到形式,凡属可能做到的反复研究,充分修改,都大有必要。

(内容有删改)

中篇 技法篇

第六章 选材技法

材料是构建文章内容的基础,如果将材料比作文章的"血肉",那么材料过少,形销骨立,苍白无力,空洞无物,固然不好;但材料堆砌,叠床架屋,臃肿不堪,冗长乏味,也不是成功的写作。选用不当的材料,"下笔千言,离题万里",会变成旁逸斜出的累赘;而选用贴切的材料,却能够以少胜多,引人入胜。写作主体有效地选择与使用素材,是写作成功的保证。

第一节 选材概述

一、选材的含义

材料,指写作主体为了某种写作目的所搜集、积累及写在文章中表现主题的一系列事实现象和理论依据。其内容包括人、事、景、物、情、理、数据诸方面。材料是一个总称,它的具体含义在一般文章和文学作品中是有区别的。一般文章的材料,是指写入文章的一系列事实和道理。至于从文献书籍中收集来的未经加工整理的事实和道理,通称为资料。而文学作品(包括某些记叙类文章)一般将收集来的原始材料,称为素材;把写入作品中的材料,称为题材。

所谓选材,指的是写作主体按照拟定的写作目的,对所占有的材料,在鉴别的基础上进行选择的过程,是使"自在之物"变成符合自己需要的"为我之物"的过程。

二、材料的作用

材料是引发感受、形成观点、表现主题的根据与基础。没有材料,写作活动就无法产生,写作就成了无源之水、无根之木。写作必须先占有材料,这是由写作目的和认识客观事物的规律决定的。清代散文家刘大櫆说:"譬如大匠操斤,无土木材料,纵有成风尽垩手段,何处设施?"(《论文偶寄》)没有材料,大匠也无用武之地,好文章从何而来？我国古代一些文论家在论述文章的构成要素时以人作比,把主题比作人的灵魂,把结构比作人的骨骼,把语言比作人的细胞,而把材料比作人的血肉。材料在写作中的作用主要有以下几点。

(一) 触发写作激情

绝大多数写作主体的写作都起因于为一定的需要所激发起来的写作动机。写作动机是引导和制约整个写作过程的推动力,而写作动机的产生常常来源于材料的催动。《礼记·乐记》中曾说:"人心之动,物使之然也。"北宋词人苏轼曾说:"山川之秀美,风俗之朴陋,贤人君子之遗迹,与凡耳目之所接者,杂然有触于中,而发于咏叹。"(《南行前集序》)生活中存在着广泛的触发现象:妩媚春光,万象一新,往往令人精神振奋,心旷神怡。徜徉春日原野,嫩草青青,秧苗浓绿,野花如星,使人油然产生对未来的美好憧憬和生活的希望。而连绵秋雨,天低云暗,往往令人渐生惆怅之意。秋风骤起,落叶萧萧,草木凋零,多少人因而感叹年华易逝。写作实践表明,生活中的触感材料,常常以其自身的特殊性和新奇性,直接引发写作主体的创作冲动,成为写作的重要诱因。

例如,1841年1月9日夜晚,雨果在街上看到一个衣服单薄、双肩裸露的妓女冒着刺骨的寒风和飞舞的雪片,瑟瑟发抖地等着接客。这时,一个恶少走来,抓起一把雪扔在那可怜姑娘的裸肩上。那妓女愤怒地和他厮打一起。闻讯赶来的两个警察不由分说,蛮横地把这个可怜的妓女架进了警察所。雨果实在看不下去了,冒着大雪跟了进去。由于他的仗义执言,警察才放了那姑娘。这一事件激发了雨果对下层人民的同情,对统治阶级的愤慨。后来,这姑娘便成了《悲惨世界》中受尽苦难的典型人物的原型——珂赛特的母亲芳汀。

(二) 形成思想观念

写作主体创作动机的产生来自材料所显示的某种意义与写作主体某种需要的吻合。而写作主体要表达的思想,同样形成于对材料的提炼和概括。正如列宁在阅读《资本论》时所说:"《资本论》不是别的,正是'把堆积如山的实际材料总结为几点概括性的、彼此紧相联系的思想'。"(《什么是"人民之友"以及他们如何攻击社会民主党人?》)这句话告诉我们,《资本论》的观点、观念、思想等来自大量材料所蕴含的客观实在意义的科学概括。在写作中没有充分详尽的材料,就难以形成正确的观点、观念和思想。

例如,毛泽东于1927年初到湖南农村进行实地考察,取得了丰富的材料,从对这些材料的研究分析中得出农民运动"好得很"而不是"糟得很"的结论,写出了著名文章《湖南农民运动考察报告》。作家魏巍写《谁是最可爱的人》,其主题是他在收集大量实例的基础上提炼的,但在表现"我们的战士是最可爱的人"这一主题时,他又通过精选,从中挑选了三个典型的事例:松鼓峰战斗、战士马玉祥从烈火中抢救朝鲜儿童、战士们蹲防空洞的艰苦生活。通过这三方面的典型事例,充分印证了"他们确实是最可爱的人"。美国记者斯诺于1936年6月至10月深入我国西北革命根据地,进行了细致的采访和考察,掌握了大量的第一手材料,才形成了"红星照耀着中国"的观点,写出了轰动世界的《西行漫记》。

(三) 创作艺术形象

艺术形象并不是凭空创造的,而是写作主体根据自己从生活中获得的大量材料,进行艺术的选择、提炼、加工组合而成的。材料是创造艺术形象的基本要素。例如,俄国作家契诃夫的小说《套中人》塑造了一个胆小保守、顽固僵化的典型人物别里科夫。这个形象的成功创造,来源于作家受到他故乡一所学校的教员兼学生亚历山大·狄珂诺夫的启发。根据契诃夫掌握的材料,狄珂诺夫是个保守、僵化、刻板的人。三十多年来,他总是说同样的一套话,穿同样的外衣,住同样的一间屋。无论晴天、雨天,他都穿着套鞋,带着雨伞,行动总是轻手轻脚的,学生都叫他"蜈蚣"。契诃夫综合这些人物素材,加以改造和深入发掘,终于创造出别里科夫这个典型的人物形象。

艺术形象应当具有一定的思想内容和美感。风、花、雪、月、梅、兰、竹、菊,为什么会成为画家、作家吟咏的爱物,就在于它们客观上给读者提供了丰富的艺术想象空间,并且具有天然的美质。值得注意的是,艺术形象的客体往往仅是触发写作主体情感的一个媒介,而其全部内容是以写作主体原始生活积累的厚薄作为底蕴的。一朵普通的百合花,并不引人注目,就其本身来说,也无甚特殊含义,但写作主体以此触发开去,延及壮阔的历史背景和一个人物的性格、命运时,这朵百合花便非同寻常了。我们读茹志鹃的成名作《百合花》,便会有这种强烈的感觉。

三、选材的程序

庄涛等主编的《写作大辞典》提及,写作中的材料工作按照逻辑顺序一般分为四步:占有材料、鉴别材料、选择材料、使用材料。

(一) 占有材料

占有材料,指收集、储存材料。它是全部写作活动的起点。占有材料要求"多",即大量地占有各种类型的材料,包括历史和现实的材料、正面和反面的材料、具体和概括的材料。占有材料主要有两种途径:一是写作主体直接从事实中获得材料,主要靠观察、实验、体验等途径;二是写作主体间接从事实中获得材料,主要靠调查、采访、检索文献、阅读书刊、收听收看广播电视、进行网络阅读与查询等途径。占有材料的具体方法大致有:写观察日记、实验记录、剪贴资料、制作卡片、复印资料等。当然,这些都是"外储"手段,最重要的还是要将材料"内储"在大脑里。

初学写作的人,往往把搜集材料当作一项单纯的技术性的工作,常常埋怨自己缺乏材料,把成功的希望寄托在能搜集到一鸣惊人的材料上,这是一种误解。实际上,只要置身在社会生活之中,搜集可以写成几篇文章的材料并不难,难的是不容易发现自己所接触的材料所蕴含的思想意义和美学价值,对材料缺乏独特的感受和深刻的理解。

(二) 鉴别材料

鉴别材料,指比较材料的优劣,分析材料的性质,辨别材料的真伪,掂量材料的轻重,估计材料的意义。鉴别材料要"精"。占有材料从感觉开始,但这种材料只反映了事物的表面现象,正确的鉴别有助于认识材料的本质,实现由感性到理性的深化。因此,鉴别材料的过程,也就是对材料深入认识的过程,是写作主体从感性认识进入理性认识过程中很关键的一步,是为选材做好准备。

鉴别材料的具体程序分为三个环节:一是总体分析。即首先对占有的材料进行比较,确定材料的共同点和差异点,概略地找出材料所反映的内在联系性;然后在比较的基础上进行分类,按材料的共同点和差异点分成不同的类别,把纷繁复杂的材料加以条理化、系统化。二是个体研究。即对较为重要的材料进行认真分析,鉴定材料的客观实在性,弄清材料的精和粗、真和伪、新和旧、重和轻、主和次、动和静等。这是鉴定材料过程中的一个极为重要的环节。三是加工提炼。通过前两个环节的分析研究,将各种材料联系起来,经过一番加工提炼,综合成一个有机的材料整体,从而认识材料的本质和现象,必要时作出综合评价,为写作提供必要的材料依据。在整个鉴别材料的过程中,特别要注意核实甄别材料的真实性,其方法有溯本求源、细心考据、寻求物证等。

(三) 选择和使用材料

选择材料,指对鉴别后的材料进行取舍,又称"选材"。选材要求"严",材料的选择要服从主题的需要。李惠文说:"我从自己的创作实践中体会到,写作时对材料的选择,必须坚定不移地遵循着一条原则,那就是千万不能离开主题思想。"(《我的创作体会——在一次青年作者座谈会上的讲话》)与主题没有关系的材料,即使生动,也不可取。"非当所用,未尝强出。"(《石林诗话》)要围绕主题,去粗取精,选用有最高表现力的材料。这两项工作下面将作重点介绍。

第二节 材料选择原则

一、真实原则

南朝文艺理论家刘勰提出"事信而不诞"(《文心雕龙·宗经》)的观点。"事信"即材料真实可信,"不诞"即不荒诞。不能无中生有,不能张冠李戴,不能道听途说,不能敷衍塞责,不能以偏概全,不能以假乱真。真实是一切文章、作品的生命。文章只有真实地反映了客观现实,读者才能信服。苏联作家高尔基说:"文学是巨大而重要的事业,它建立在真实上,它所接触到的一切都要求真实。"(《给青年作者》)真实可靠的材料,一是指材料要符合实际,确凿无疑;二是材料本身要反映事物的本质和规律。写文章要对读者负责,对社会负责。如果涉及真人真事,还要对写作对象负责。因此,在选择材料时,坚持实事求是,反对弄虚作假,是写作中必须遵循的最基本的原则。写作中要求的真实,包括生活真实和艺术真实。

(一) 生活真实

从写作理论上看,各类文章和作品对材料真实性的要求是不同的。一般实用性很强的文章和作品,如消息、通讯、报告文学、总结、调查报告、人物传记、游记、说明文、科技著作等,写的是真人真事,就要求材料真实准确,即真人真事都必须符合生活原状,不能随意改造,不能编造杜撰,不能夸大、缩小和虚构。这叫事实真实、生活真实。按照这种真实的要求:记人,不仅是确有其人,实有其事,而且人物的籍贯、姓名、相貌特征、脾气秉性都要刻画准确;叙事,时间、地点、人物、情节、原因、结果,也都要交代准确;引文、作者、篇名、内容、标点等不能随意改动。如果材料不真实,就会出问题,给实际工作、人们生活带来麻烦,造成不良影响。

例如,朱自清在《荷塘月色》中写到"月夜蝉声",读者陈少白对此提出疑问。朱自清为了搞清这个问题,专门请教了昆虫学家刘崇乐。刘崇乐回答说平常夜晚蝉是不叫的,但有时也叫。刘先生是个谨慎的科学家,关于这个问题没有明确表态,于是朱自清回信告诉陈少白:自己请教了一些专家,说夜晚蝉是不叫的,感谢他的质疑,并表示以后再版时,会删掉有关"月夜蝉声"的句子。到了抗战初期,朱自清因为有这切己的问题在心里,特别关注并力图求证这个问题,曾两次亲耳听到月夜蝉声,1939年他写了《关于"月夜蝉声"》的短文,说:"我们往往由常有的经验作概括的推论。例如由有些夜晚蝉子不叫,推论到所有夜晚蝉子不叫。于是相信这种推论便是真理。其实只是成见。这种成见,足以使我们无视新的不同的经验,或加以歪曲的解释。我自己在这儿是个有趣的例子。"他最终确定"月夜蝉声"是真实准确的,这就消除了读者的疑问,产生了令人信服的效果。

(二)艺术真实

艺术真实是生活真实的概括集中和提高,是排除了生活真实中一些次要的、偶然的、表面的东西,正如毛泽东所说:"文艺作品中反映出来的生活却可以而且应该比普通的实际生活更高,更强烈,更有集中性,更典型,更理想,因此就更带普遍性。"(《在延安文艺座谈会上的讲话》)艺术真实虽然多半不是生活中实有的人和事,却应当是生活中可能有或应该有的人和事,当然,艺术真实也不允许脱离生活真实胡编乱造。

文学创作,特别是小说、戏剧的创作,所要求的多数是艺术的真实而不是生活的真实。因为文学作品允许想象和虚构,只要能够反映事物的内在规律和发展趋势,能够揭示生活的真实本质,生活中虽未发现但可能发生的事情,都可以写入作品中。古希腊哲学家亚里士多德所说:"诗人的职责不在于描述已发生的事,而在于描述可能发生的事,即按照或然律或必然律可能发生的事。"(《诗学》)鲁迅也说:"不必是曾有的实事,但必须是会有的实情。"(《什么是"讽刺"?》)此外,现实中虽不存在,但经过写作主体想象和虚构的人物、事件和情境,如果能真实地表现写作主体对生活和人生的沉思和探索,也可以写入作品。我国四大名著选用的材料均为艺术真实。

二、切题原则

切题,指创作时要围绕主题选择材料,使材料符合表现主题的需要。我们在积累材料的时候,要力求丰富,多多益善,就像唐代诗人韩愈所说的"俱收并蓄,待用无遗"(《进学解》)。但在选择材料写入文章时,不能抓到什么就用什么,而要仔细鉴别,做到"物能称意"。鲁迅说:"选材要严,开掘要深。"(《关于小说题材的通信》)这一个"严"字,就说明了对材料要严格把关,讲究切题。茅盾也曾对此做过形象的描绘:"选用的时候,可就要像关卡的税吏似的百般挑剔了;整整一卡车的'货',全要翻过身来,硬的要敲一敲,软的要扪一把,薄而成片的,还得对着阳光照了又照——一句话,用尽心力,总想找个把柄,便扣下来,不让过卡。"(《有意为之——谈如何收集题材》)所以,凡是能有力地表现、说明、反映主题的材料,就选留。与主题无关的材料,再生动也不应塞进文章里去——写作主体完全可以利用它另写一篇,而没有必要乱点鸳鸯谱。

例如,朱德的《母亲的回忆》,通过对母亲勤劳俭朴品质的记述和对母亲逐步觉醒过程的描写,赞扬了以母亲为代表的中国劳动人民的高贵品德。母亲是作者最熟悉的人,对母亲的材料也一定掌握颇多。但作者以他那革命家的博大胸怀,紧紧围绕着表现主题的需要,严格地挑选了两个方面的材料:一是围绕母亲的勤奋俭朴,选择了母亲对子女的"一手抚养",母亲的终日"劳碌不辍",劳动方面"聪明能干",待人接物的"任劳任怨"等材料;二是围绕母亲的逐步觉醒,选择了母亲"同情贫穷的人",母亲对"为富不仁者的反感",母亲下决心"节衣缩食",以培养出"支撑门户"的"读书人",以及母亲对"我"参加革命后的"慰勉"等材料,把中国劳动人民的高贵品德深刻有力地表现出来。

三、典型原则

典型材料就是那些能反映事物本质的、有代表性的材料。它既有普遍意义,又具有鲜明的个性特征,是个性和共性的统一。坚持选择典型材料,就像老舍所形容的那样:"宁吃仙桃一口,不吃烂杏一筐。"(《我怎样写短篇小说》)南朝文艺理论家刘勰说:"综学在博,取事贵约,校练务精,捃理须核,众美辐辏,表里发挥。"(《文心雕龙·事类》)在文章中,材料不是以量来表现,而是以质取胜的,即用典型的材料达到以少胜多的效果。材料愈是典型,就愈富于表现力,用到文章中,就能起到以一当十、以小见大的作用,使文章精粹有力,主题深刻突出,达到窥一斑而知全豹的效果,给读者留下深刻的印象。因此,无论从事何种体裁的写作,都要根据表现的需要,精心选择典型材料。

例如,秦牧的散文《社稷坛抒情》以北京一个"用五色土砌成的社稷坛"作为联想的出发点和连接点。作者由社稷坛引出劳动者在大地上创造的一切文明和劳动者生生不息的斗争,深情地赞美了古代的唯物主义思想家。他又联想到文学里许许多多关于泥土的动人故事,想到祖国的统一。他赞美农民,热爱民族文化、热爱祖国的感情层层高涨,思想步步升华。全文浮想联翩,最后聚集到一点上:做一个历史悠久的民族的子孙,尤其做一个中华儿女,是多么值得自豪和快慰的事啊!文章舍弃了那些散乱、粗糙的材料,而选取典型材料,如同将众多闪闪发光的珍珠织入美丽的锦缎,使主题集中、深刻。

四、生动原则

材料生动是指材料本身及作者对材料的表述都非常活泼,富有艺术的感染力,能够增加读者的阅读兴趣和作品的可读性。生动的材料一般具有以下特征:具象性——这类材料显示着鲜明的感性色彩,有形有色有声;带有曲折的情节与悬念——这类材料不但曲折生动,而且能够唤起期待心理,有很强的吸引力,使读者心理上产生一种"似曾相识"的亲切感。

例如,孙绍振在《猪鼠比美记》中提到猪八戒时,这样叙述道:"他是犯了'天条',被罚下凡的,是个'下放'的高级干部。都怪吴承恩思想不解放。猪八戒原来也是很神气的,在天上是天蓬元帅,不过是和王母娘娘身边的女服务员,用上海话来说'吊吊膀子',这算什么'错误'?就该把他罢官?把他仪表堂堂的将军风度丑化?他还真有一点硬气,即使这样,他也没有后悔,也没有检讨。看起来,他没有把禁欲主义那一套所谓的天条当一回事。他坚持他的自由心性。看见什么中意的女孩子,就不顾一切(包括脸皮)地去爱。即使勉强参加取经,他也首先声明:如果能成正果,自然大家有福;如果失败,我还要回到高老庄作女婿。他总是在猪耳朵里藏上二分银子,作为回家的路费。尽管如此,在取经途中,什么繁重的活都是一手承包。此等光明磊落、心胸坦荡的,又身体力行'克己复礼',又能保持一片纯真的实干家,天底下打着灯笼也难找。"这段对猪八戒的概述,非常生动、幽默、风趣,很好地说明了猪八戒的可爱之处。

五、新颖原则

材料新颖,指能反映时代气息、时代风貌、时代精神的,或一般人没有接触过的,或熟视无睹而实含有深刻意义的,令人感到新鲜别致又蕴寓深意的题材。俗话说得好:"文章最忌百家衣。"如果一篇文章使用的材料尽是人家用过了的老材料,读者读起来就味同嚼蜡,甚至会引起反感。清代诗人袁枚说:"熊掌、豹胎,食之至珍贵者也,生吞活剥,不如一蔬一笋矣。牡丹、芍药,花之至富丽者也,剪彩为之,不如野蓼山葵矣。味欲其鲜,趣欲其真,人必知此,而后可与论诗。"(《随园诗话》)新颖的材料,大致有以下三种。

(一)新近发生的事件

新近发生的事件,即新发现、新产生的、别人尚未用过的材料。例如,生活中出现的新人新事、科学上的新发明新创造、社会实践中的新经验新情况等,都是值得写入文章的新颖材料。新闻报道最讲究选用新近发生的事件,其他文章的写作也要注重新材料。

例如,鲁迅就特别擅长采用新材料。他的《灯下漫笔》,开篇即从当时的纸钞、现银谈起,说的是眼下的时事。那个"饿得垂死的每斤八文的孩子"的活材料,就引自当时刚刚出刊的《现代评论》第21期(作者钟瑚,题为《一个四川人的通信》,文曰:"男小孩只卖八枚铜板一斤,女小孩连这个价钱也卖不下。");还有他的《论"费厄泼赖"应该缓行》,引用了王金发对杀害秋瑾烈士的元凶章介眉"慈悲",终招杀身之祸等事例,在当时也都是新颖且有说服力的。

(二)鲜为人知的事件

鲜为人知的事件,即虽已发生过,但还没有或很少被引用的材料。清代诗人赵翼说:"意未经人说过,则新;书未经人用过,则新。诗家之能新,正以此耳。"(《瓯北诗话》)。

例如,汪曾祺的作品基本上是反映三四十年代的社会生活,从时间上讲是陈旧的,但对于生长在新社会的人们,对于不熟悉那个时代特殊生活范围的人们,却是新鲜的。他写的《受戒》反映的是佛门弟子明海和尚对爱情、对美好生活的向往和追求。"和尚谈恋爱",乍听起来,仿佛有点荒诞不经,但读了作品,人们会深为明海和英子纯洁、美好、高尚的情操而感动。虽然每个时代有着不同的时代精神,但美好的东西,往往能超乎时代内容而存在。

(三)对事物的新认识

对事物的新认识,即对事物产生的新的认识,同样可以作为新材料写入文章。写作中特别提倡"平中见奇""俗中见新",在平常的材料中挖掘出新意,见出写作主体的功力。

例如,王蒙的《海的颜色》,就以自己的切身感受,写出了他对海的颜色的新认识:海并不都是单纯的蓝色,在渤海湾,无论在大连、秦皇岛还是烟台,他看到的海基本上是草绿色的,阴雨天还是灰蒙蒙的;浅海处常见黄褐色;遇到大风浪时,表面是白色的浪花,往下是红褐色的海。在祖国的西沙群岛,海是深深的湛蓝色。在意大利西西里岛附近,海水则是纯净的天蓝,是晶莹的、明亮的、无瑕的、欲滴的。在摩纳哥,海也是天蓝的,但比西西里岛附近的海颜色深一些。作者对海的颜色的新感受、新认识,被作为新的材料写入文章,使人读后有一种新鲜感、具体感,有利于纠正人们对海的颜色的片面认识。

第三节 材料使用技法

在写作中,材料的使用主要讲究以下几点技法。

一、次序得当

材料进入文章中成为一个有机体,它不是随意拼凑的,只有安放在恰当的位置上,才能充分显示其作用。安排材料的次序,在不同文体中有着不同的区别。如在记叙类文章中,主要是安排先后次序,或纵式,或横式,或穿插,都应符合表现主题的需要。

例如,西汉史学家司马迁的《史记·李将军列传》,总体是纵向安排,中间穿插细节。李广作为汉代名将,一生身经70余战。作者重点选了四个战役,按先后顺序安排,中间则穿插李广的治军方法、个性爱好及生活细节。文章内容丰富,有张有弛,波澜起伏,使李将军这个人物形象得到完整而有力的表现。至于学术论著或议论文,主要是将材料统筹安排在具体的论点或分论点中,其关键是材料与观点配合紧密。如果在一个论点下使用几个材料,重点材料、典型材料应安排在显眼的位置上。

二、详略得当

怎样做到详略得当?一要看表达的需要。具有典型意义又能表现中心事件、中心主题的材料应该详写,仅仅起铺垫或衬托作用的应略写。二要看文章的体裁。材料的详略往往还受到文体因素的影响。例如,记叙类文体以记人写事为主,记叙事实的部分需要详写,议论、抒情部分则应略写;议论类文体以概念、判断、推理的逻辑方式来阐明观点,说理部分往往需要详写,所用的事例要求简洁、概括,一般是略写。三要看读者对象。读者熟悉易懂的材料不用详说,而读者感到新颖生动的材料,或理解起来比较困难的材料应该详说。

例如,鲁迅的《药》,其主题是揭示在封建黑暗势力精神奴役下人们对革命的麻木,所以,华老栓买人血馒头、刑场看客、华小栓吃人血馒头、茶客们的无知争吵等内容就详写了,而华小栓为什么得了痨病、华老栓夫妇从何处打听到人血馒头可以治痨病、华小栓最后是怎么死的等,这些材料都是略写。

三、转述得当

使用材料要求得当,应根据文章使用的不同场合,用多种方法来表达材料。如要引用某个材料,可以采取节录式,也可以采取转述式。节录时,或节录其中一段文字,或节录其中一句话,或节录几个字,具体要看文章内容的需要。节录引用,必须注明出处,文字标点要准确无误。转述式使用材料则比较灵活,无须核对原文字标点,详略也可自行安排,而且在表述过程中,往往渗入写作主体的感情色彩。

例如,毛泽东在《一个极其重要的政策》一文中,为了说明"精兵简政",采用转述式借用了两个材料:"何以对付敌人的庞大机构呢？那就有孙行者对付铁扇公主为例。铁扇公主虽然是一个厉害的妖精,孙行者却化为一个小虫钻进铁扇公主的心脏里去把她战败了。柳宗元曾经描写过的'黔驴之技',也是一个很好的教训。一个庞然大物的驴子跑进贵州去了,贵州的小老虎见了很有些害怕。但到后来,大驴子还是被小老虎吃掉了。我们八路军新四军是孙行者和小老虎,是很有办法对付这个日本妖精和日本驴子的。目前我们须得变一变,把我们的身体变得小些,但是变得更加扎实些,我们就会变成无敌的了。"毛泽东在使用黔之驴的材料时,说"一个庞然大物的驴子跑进贵州去了",而不说"黔无驴,有好事者船载以入"。这正是活用,而不能以为使用材料不准确。活用更切合当时的实际,更便于表达文章的主题。

四、灵活得当

材料的使用要做到灵活得当,可以从以下五方面进行尝试。

(一) 推陈出新

从宏观的角度来看,写作材料本身并不会过时。因此,写作主体不要随意废弃自己熟悉并且理解了的旧生活,那里也珍藏着写作的宝藏。善于推陈出新,是开拓文学表现领域的重要方面。问题在于,要是旧材料有用,则要学会故事新编,须于运用时对它加以改造,或改变角度,或巧妙地与现实结合,从而使它变成新材料,获得新生命。

例如,鲁迅的《朝花夕拾》记叙的大多是青少年时代的亲身经历,而且这些经历多数人都有过体验。但这些常人都经历过的事情在鲁迅的笔下,细细读去,却毫无过时或陈旧之感。读者十分熟悉的《从百草园到三味书屋》有段描写:"不必说碧绿的菜畦,光滑的石井栏,高大的皂荚树,紫红的桑椹;也不必说鸣蝉在树叶里长吟,肥胖的黄蜂伏在菜花上,轻捷的叫天子(云雀)忽然从草间直窜向云霄里去了。单是周围的短短的泥墙根一带,就有无限趣味,油蛉在这里低唱,蟋蟀们在这里弹琴。翻开断砖来,有时会遇见蜈蚣;还有斑蝥,倘若用手指按住它的脊梁,便会拍的一声,从后窍喷出一阵烟雾……"材料虽旧,但如诗如画的文字,勾画出一个纯真、质朴而又兴趣盎然的美妙世界,给读者的陶冶和启示是新鲜的。《朝花夕拾》感人的奥秘在于:鲁迅是站在当时反帝反封建的思想高度来写自己已经失去的旧时生活的,从而使那些青少年时代的经历焕发出灿烂的光彩。

(二) 同题活用

材料是客观的,它有着一定的稳定性。但它作为写作客体、作为表象,一旦进入写作主体的头脑,便产生了可塑性、联想性、变异性。较之原来的材料,它不仅深化了,而且产生了分化和重新组合,这是一种根本性的变革。写作主体对同一材料的感受、理解、认识不同,思维活动的轨迹更是千差万别,因此,同一事物可以引发出千万种不同的想象,100个富有个性的写作主体去写同一材料,便会有100种迥然不同的作品。

例如,朱自清和俞平伯是知交挚友,他们同游秦淮河,回来后用同一题材同一题目《桨声灯影里的秦淮河》进行创作,两人的文章均彪炳史册,而内容、格调无一雷同。同用六国败亡的史料,同是总结六国灭亡的历史经验,宋代苏氏父子三人的立论、结论和切入点也截然不同。

(三) 常事见巧

一个写作主体的高明之处,体现在善于从平常的材料中发现并学会使用其中的"巧"。常事中的"巧"是生活中一种特殊的社会现象,由于它具有独特的审美价值和认识价值,往往是写作主体苦苦寻觅的瑰宝。特别是情节类的作品,往往更需要巧合。人们常说:"无巧不成书。"有了巧合,才有故事性、戏剧性,才能令读者如痴如醉,入心入迷,从而使作品产生强烈的美感作用和教育作用。

例如,20世纪50年代初,曹靖华曾随中央慰问团到江西老苏区,后来他在著名的散文《三五年是多久》中提到了一个很有趣味的细节。红军长征出发的时候,老苏区的人们问毛主席:"你们什么时候回来?"毛主席笑着说:"三五年就回来。"三年过去了,红军没有回来;五年过去了,红军也没有回来。从1934年至1949年,3乘以5,等于15,红军回来了。三五年,原来是15年。其实,这是历史的巧合,但又很富有情趣,细细一想,还凝聚着深刻的哲理。曹老独具慧眼,发现了常事中的"巧",以此来歌颂老革命根据地人民对革命事业忠贞如一的高尚品格和高昂的革命乐观主义精神。

(四) 以小见大

苏联作家高尔基曾经指出:"应该采用微小而具有特征的事物,制成巨大的和典型的事物——这就是文学的任务。"(《论文学》)人生更多的是平凡的小事。但一滴水能反映太阳的光辉,一件小事也能体现一个人的精神境界、反映一个社会的变迁。一粒沙里见世界,半瓣花上说人情。从无比丰富的社会现象中,选取一斑一目,使之以一当十,借以反映整个世界,也是使用材料最常用的一种技巧。当然,小材料首先必须是写作主体的动情点,即写作主体对这一材料有自己独特的感受和认识,能够生发开去,融万物于笔端,使之成为全文的主心骨;其次要蕴含丰富的思想容量,砣小压千斤,便是这个道理;最后还应具备美的素质,具有艺术的可塑性。

例如,冰心的《小桔灯》把山村小姑娘、不起眼的小桔灯、小姑娘照看生病的妈妈和做灯送客这些十分普通微小的人、物、事,放在20世纪40年代抗日战争的最后阶段、国民党的陪都重庆、光明与黑暗正在进行生死搏斗这样一个时代背景中,从而开掘出"人民在受苦,也在反抗,在盼望,盼望着革命胜利的曙光"这一具有深刻思想意义的主题。

(五) 连缀整合

文章从头至尾各段或各部分,各安什么材料,安多少材料,都应从文章整体的和谐及其中心的凸显出发,做出合理的部署与整合。因为世界万事万物都是联系着的,没有真正孤立的人、事、物、情、理。再者,如果缺乏整合能力,对材料的运用就容易停留在表象,满足于肤浅的结论。异中求同,同中求异,合多为一,将一粒粒珍珠串联起来,才能成为一条美丽的项链。连缀整合是一种抽象能力,讲究思维的定向与收束,在丰富写作材料的内涵、发掘写作材料的价值方面,是不可或缺的。

例如,唐弢的《琐忆》共写了发生在作家鲁迅身上的七件小事(代人挨骂、批评自夸国大者、鼓励自惭浅薄者、替人补靴、讲故事嘲讽国民党攀美、嘲讽官吏禁止游泳、建议出官披集),这七件小事各自独立,毫不相干,但作者巧妙地将它们连缀为一个整体。前四件小事充分体现了鲁迅的平易近人、平等待人、克己为人的"俯首甘为孺子牛"的品行,而后三件事则强有力地证明了鲁迅嘲讽国民党丑行、揭露其罪恶的"横眉冷对千夫指"的精神。

总之,无论是写作中"妙思泉涌,奔赴笔下"的酣畅,还是"信手拈来,皆成华章"的挥洒,都是建立在写作主体对材料的长期搜集、选择、综合、提炼、概括,以及逐步形成相应的认识的基础之上的。没有"积之在平日",也就没有"得之在俄顷"。材料如何积累?秦牧说过,一个作家应当有三个仓库:一个直接材料的仓库装从生活中得来的材料;一个间接材料的仓库装书籍和资料中得来的材料;另一个就是日常收集的人民语言的仓库。有了这三种,写作起来就比较容易了。如果说,对材料的占有和鉴别应该像"韩信用兵,多多益善"的话,那么对材料的选择和使用则应该像"税吏把关,百般挑剔"。如此,写作的重要物质基础——材料的问题,方能迎刃而解。

1.读书和"读网"都是间接获得材料的途径,请阅读下面的文章,谈谈你的体会。

读什么样的书,是什么样的人

据7月8日公布的一项调查报告显示,美国为消遣而读书的人急剧减少。

全国艺术基金会所作的这项调查也表明,读书消遣的人参观博物馆、听音乐会的可能性比其他人多三倍;而他们参加体育比赛的可能性几乎是其他人的两倍。

换句话说,读书的人比较活跃,而不读书的人(这占到美国人口的一半多)则比较冷漠。

对于有些人,生活是新经验和知识的积累过程,而对另外一些人,成熟的过程就是智力退化的历程。这两种人有着基本的社会划分。从前一种人转变为后一种人是可怕的。

读书不像写作,不是积极地表达活动,但也绝不是一个消极的成果。它需要努力、集中精神和注意力。它启发人们的思考和情感体验,也提供思考和情感体验的成果。

而电子媒体则可能让人变得迟钝。尽管我们有好的电视节目,网上有好的文章和考验逻辑思维的电子游戏,但电子媒体基本上都会导致被动接受。一个人虽然能选择频道,但接下来信息就会按照预先处理的方式出现。

郁郁寡欢的人为什么越来越多呢?这是因为整天盯着电视和电脑屏幕带来的孤独感在作祟。相反,文字阅读把人们引向对话。一本好书可以成为一个好朋友。它不是冲着你大发议论,而是与你平等地对话。因此,在抑郁者增加的同时读书者在减少,这不是偶然的。

你读什么样的书,就是什么样的人。如果你什么也不读,那么你的头脑就会萎缩,你的理想就会因失去活力而动摇。

因此,读书的危机就是国家政治的危机。

读书本身是一种个人行为,我们必须使读书也变成一种社会行为,使读书重新融入我们的文化,并使它成为国民生活的支柱。

——原载新加坡《海峡时报》2004年7月12日

2. 阅读下面的一段故事,谈谈你的感受。

洪武九年,刑部主事茹太素上述报告五件事,写了17000字。朱元璋让人读给他听,读到6370字时,还听不到一点具体东西。他发火了,把茹太素打了一顿。第二天夜里,他又躺着让人读来听,读过16500字时,才有五件事的具体内容。五件事中,有四件是可行的,令人赶快去办。他还作了自我批评:"今朕厌听繁文而驳问忠臣,是朕之过。"他还规定上书陈言之法:"若官民有言者,许陈实事,不许繁文。"

3. 唐代诗人李商隐《咏史》诗中有两句:"历览前贤国与家,成由勤俭破由奢。"请你按照真实、典型、新颖的原则,从历史上和现实生活中寻找若干事例来说明它。

4. 叱咤风云、万人景仰的英雄,执掌乾坤、影响历史进程的领袖人物,震惊上下、举国为之动容的事件,这些确是写作材料中的精华,因为它们蕴含着极其深广的社会的、历史的内容,具有深刻而丰富的典型意义。然而,这类典型材料,在我们的日常生活中毕竟是少数。日常生活的凡人常事,应不应当作为写作的素材呢?清代著名学者李渔对此有段精辟的论述。

人谓家常日用之事,已被前人做尽,穷微极隐,纤芥无遗,非好奇也,求为平而不可得也。予曰:不然。世间奇事无多,常事为多,物理易尽,人情难尽。……性之所发,愈出愈奇,尽有前人未作之事,留之以待后人,后人猛发之心,较之胜于前辈者。……即前人已见之事,尽有摹写未尽之情,描画不全之态。若能设身处地,伐隐攻微,彼泉下之人,自能效灵于我,授以生花之笔,假以蕴绣之肠,制为杂剧,使人但赏极新极艳之词,而意忘其为极腐极陈之事者。

李渔这段话,讲的是戏剧创作,但对写作却有普遍意义。他不仅告诉我们,选择材料要着眼于凡人凡事,而且要阐述其中的根本原因,"物理易尽,人情难尽",文章感动人的莫乎于情。好平不好奇,意味着一个作者不是停留在材料客观内容的表达上,而是从中写出能够拨动人情弦的精神来。请你根据自己的写作体验,谈谈你对这段话的认识。

5. 材料取舍是否恰当,也是写作主体"识"的高低、"眼力"强弱的表现。有些文章中心思想鲜明、深刻,但所取的材料并不都是重大的,有些甚至是微小的。《我的伯父作家鲁迅先生》一文就是这样。为了练"识",练"眼力",以强化选材技法,请你以这篇文章为对象,完成以下题目:

(1) 该文选取了什么材料?请一一列出。

(2) 对所选材料,哪些详写,哪些略写?请做出比较。

(3) 说明所选材料的作用和详写、略写的道理。

6. 下面这篇以小见大、常事见巧的文章,用短短的400余字写了一件简单的送伞小事,却让作者使用得恰到好处,作品由雨及人,借雨写人,事少语精,文短意深。试作分析。

都市的雨

清早起来,决定步行上班,只因为闷得想发点汗。才到半途,天竟然下起雨来。我选择

在一座购物中心的骑楼避雨。很快地,天就迷蒙了,心情也突然感觉平和,这是多好的事。尤其在都市里长长闹闹的乌节路,竟也能拥有心静的感觉。一定是的,雨声把市声全都淹死了,都市才清爽起来。我想起童年时,常有跑到雨里的经验,淋雨是好玩的事,回去快洗个澡,躲进被窝里孵一个童话,要不听雨打树叶的声音都好。那是有闲时的心情。像今天这样的都市雨,我也见过,有跑到雨里的人群,明明不避雨,却也不是童趣。都市生活真不好玩。虽然他们衣冠楚楚,打扮俏丽,雨来就顾不及了,可能挂念着打卡机,可能惦念着簿里的那条红线,落汤鸡只好算了。等雨,足足半小时,发觉一位小姐似乎来回走,半截裙都湿了。我终于明白,她是为同事送伞到车站来的,我记得的,一共三次,这真是雨中美事。看到她的同事见伞的欢颜,你会明白,工作不怕多,只怕彼此没有默契的意思。多年来忙碌经过都市的心脏,认识都市温情,竟还是在雨里。

7. 课外请阅读周先慎的《简笔与繁笔》。

第七章　立意技法

写作主体搜集到丰富的材料之后,犹如拥有了一座富有的矿藏。如何将含金的矿砂冶炼成金子呢?这就需要写作主体掌握"炼金术",即"去粗取精,去伪存真,由此及彼,由表及里"的改造制作功夫,这就是立意技法。一篇文章的好坏首先在于立意的优劣,了解立意作用,遵循立意原则,掌握立意方法,跳出立意误区,对提炼文章的主题至关重要。

第一节　立意概述

一、立意的含义

"立意"在《现代汉语词典》中解释为(作文、绘画等)确定主题,指写作主体对客观事物的认识、评价和主要的写作意图,是处理情、志、理的主宰。意,是我国古代文论对主题的称谓,又可称主意、义、理、旨、主旨、主脑等。"五四"时期,白话文运动兴起后,"意"被"全文大意""中心思想"代替。而后,"意"的痕迹消失,人们一般采用"主题"这个称谓。

"主题"一词源于德国,最初是音乐领域的一个术语,意思是乐曲中最具特征并处于优越地位的那一个旋律,即主旋律,它表达了完整的音乐思想,是乐曲的核心。后来,这个术语被广泛用于文学艺术创作及各种文章的写作之中。日本把这个概念译成"主题",我国从日语中翻译过来,就借用了。《辞海》对主题的解释是:"文艺作品通过描绘现实生活和塑造艺术形象所表现出来的中心思想。是作品内容的主体和核心。是文艺家经过对现实生活的观察、体验、分析、研究,经过对题材的提炼而得出的思想结晶,也是文艺家对现实生活的认识、评价和理想的表现。文艺家在创作过程中如何确定形式和结构,都必须服从表达主题的需要。"主题具有阶级性和时代特点。由于作家、艺术家的立场、观点或创作意图的不同,相同的题材可以表现出不同的主题;作者的思想水平、生活经验和艺术表现手法也会直接影响主题的深度和广度。

二、立意的作用

"千古文章意为高",立意决定着文章或作品的质量高低、价值大小、作用强弱。在具体写作中,立意决定材料的取舍、结构的措置、语言的遣用。

(一)决定材料的取舍

现实生活中存在的材料是原始的、零碎的、无序的,从原始材料的选取到写作题材的提炼,哪些材料有价值?哪些材料无价值?取舍的标准就是看它是否符合表现主题的需要,这充分体现了"意"对材料的制约作用。最能体现主题的材料就放在首要位置详写,对表现主题起辅助作用的可以放在次要位置略写。

例如,乐府民歌《木兰辞》的主题是突出木兰的爱父、勇敢和不求功名富贵,材料的选择就集中在木兰代父从军的原因和战后辞封拒赏还乡上,在此详述以突出主题。而对征战十年的过程,则简单带过。莫言的《卖白菜》,详写了他要卖掉本来打算留下来过年的三棵白菜的心情、卖白菜的详细过程,通过这些来表现生活的艰辛及母亲的性格;而"我"如何多算了人家一毛钱,这事是如何被揭破的,以及情节需要却与主题关系不大的七姥爷,文中则一笔带过,因为这些只是构成情节的要素,与主题关系不大。

(二)决定结构的措置

结构是文章思想内容的骨架,是中心主题表达的外部形态。主题与结构的关系是内容与形式的关系,一切形式都是为内容服务的。结构的安排须服从、服务于主题和中心的需要。正如古人所说的"以意役法""因意定法"。

例如,《为了六十一个阶级弟兄》在"一方有难,八方支援"的思想统领下,打破了单纯的以时间或空间为序的结构方式,而是以时间为经、空间为纬,采用时空交织的方式,把众多的事件和人物处理得井井有条。文章从特种药品门市部接到紧急电话开始,一下子就给人以紧迫感,抓住读者的心。为更好地展现八方相助的感人场面,文章采用小标题的形式,并且把"就在同一时间内"的标题反复用了五次,使人感到人们虽在不同地点、不同岗位,然而他们的心紧紧联系在一起,为了一个共同的目标奋斗着。这样的结构安排和技法使用,对展现文章的思想起到了很好的作用。

(三)决定语言的遣用

语言是主题思想的外衣。南朝文学家范晔说:"常谓情志所托,故当以意为主,以文传意。以意为主,则其旨必见;以文传意,则其词不流。"(《狱中与诸甥侄书》)南宋文学家陈骙也说:"辞以意为主,故文辞有缓、有急,有轻、有重,皆生于意也。"(《文则》)唐代诗人杜牧指出:"凡文以意为主,以气为辅,以辞采章句为之兵卫。""苟意不先立,止以文采词句,绕前捧后,是言愈多而理愈乱。"(《答庄充书》)金代诗人王若虚认为:"文章以意为主,字语为之役。"(《滹南诗话》)遣词造句,应该以表现主题为目的。不同的文体,由于其达意的方式不同,各有着不同的语体风格;即使同一文体,因中心与主题的不同,其详略、轻重、缓急和语调也各不相同。写作主体必须充分发挥自己驾驭语言的才能,尽可能完善地将自己的思想感情传达给读者。

总之,无论是文章的选材、结构,还是语言的遣用等,都是在"意"的统领之下进行精心的安排和恰当的取舍。只有立意确定了,写作才有了聚光点,整个作品才会贯注生气,文章的写作才能纲举目张,写作主体才会成竹在胸。古人作文讲究"以意为主"与"意在笔先",就是突出强调确立主题在写作中的意义。"以意为主"是指作文时要以文章主题(意图)的表现为核心;"意在笔先"是指写文章要先确定主题再动笔写作。当然,"意在笔先"并不排斥写作主体在写作过程中对中心和主题的不断修正和深化。

三、主题的特性

主题的特性见仁见智,常见特性主要如下。

(一) 客观性

主题的客观性有两方面的含义。一是指主题是对客观现实的反映,是现实生活的产物,不是写作主体凭空捏造的;二是指主题所体现的思想意义是对客观现实生活的概括和总结,是符合客观现实发展规律的。它不以写作主体的意志为转移,不管写作主体能否将其准确地领悟、再现出来,它都实实在在地寓于材料之中。我们称这种材料的客观实在意蕴为实在主题。

例如,贾平凹的《丑石》,其创作动机是想借丑石的象征性表达人才被埋没与被发现的规律这一主题,这源自他对生活的感受积累。贾平凹说:"在这了不起的时代里,我接触到好多各方面的人才,了解他们,熟悉他们,向他们学习,同时深深懂得了人才成长的艰难性和发现人才的艰难性。有好多人才,遗憾地常常不被人们发觉和理解,反而遭到热讽冷刺,甚至打击迫害。但他们可贵的并不懊丧和沉沦,愈是忍受着寂寞和委屈,自强不息。"(《关于〈丑石〉的通信》)可见,《丑石》的主题是作者对生活的感受,是对许多客观存在的集中概括。

(二) 主观性

主题虽然是客观现实的产物,却同时也是经过写作主体头脑加工的产物,它受制于写作主体自身的世界观、思想感情、生活经验、审美意识、理想情趣特征等,还受制于自身的文化心理结构。所谓"仁者见仁,智者见智""文如其人""创意造言",说的就是这个道理。这种主观性往往在一定程度上加强或削弱了主题的深度和广度,但写作主体自己无法摆脱这种主观性的影响。换言之,主题具有主观性是必然的,关键在于写作主体如何调整这种主观性,使它有利于主题的表现。

例如,古代重阳节有插茱萸的习俗,在唐代有三位诗人写插茱萸,但他们根据自己的生活感受,从不同的角度出发,写出了各自不同的立意,可谓新颖!杜甫:"老去悲秋强自宽,兴来今日尽君欢。羞将短发还吹帽,笑倩旁人为正冠。蓝水远从千涧落,玉山高并两峰寒。明年此会知谁健?醉把茱萸仔细看。"(《九日蓝田崔氏庄》)王维:"独在异乡为异客,每逢佳节倍思亲。遥知兄弟登高处,遍插茱萸少一人。"(《九月九日忆山东兄弟》)朱放:"欲从携手登高去,一到门前意已无。那得更将头上发,学他年少插茱萸。"(《九日与杨凝、崔淑期登江上山会有故不得往因赠之》)对这三首诗,《苕溪渔隐丛话》中这样评说:"此三人,类各有感而作,用事则一,命意不同。"三诗首中,杜甫从一年一度的重阳节插茱萸的活动看到了时间的流逝,由时间的流逝联想到人的寿命,抒发了伤离、悲秋、叹老的感情;王维则以重阳节插茱萸的活动怀念亲人,表达了节日思亲之情;朱放则慨叹自己青春已过,年老体衰,再像年轻人那样参加重阳节插茱萸的活动,已经力不从心,无能为力。

(三) 时代性

不同的时代有着不同的生活内容和社会问题,作为反映一定时代现实生活的作品,就不能不带有时代的特点,一切文章都应该是时代精神的产儿。俄国理论家普列汉诺夫说:"一个艺术家如果看不见当代最重要的社会思潮,那么,他的作品中所表达的思想实质的内在价值就会大大地降低。这些作品也就必然因此而受到损害。"(《美学论文集》)

例如,杜甫的诗歌被后人誉为"诗史",正是因为他以沉郁顿挫的笔调,抒发了当时人们的思想感情。他的《三吏》《三别》反映了人们在残酷的兵役下所遭受的痛楚,同时也歌颂了人民群众的爱国精神。郭沫若的《女神》则是"五四"时期的战斗号角,作品所表现的反抗黑暗现实、追求光明理想的精神,正是"五四"时期反帝反封建的狂飙精神的集中体现。

(四)阶级性

每一个写作主体都受本阶级世界观的影响和制约,其作品所表现的主题必然带有一定的阶级性。当然,主题的阶级性在某些单纯表现自然美和人性美的作品中、在一些实用性很强的文章中是可以表现得微乎其微的。也有一些作品所表现的阶级性呈极其隐蔽的状态,或所表现的阶级性具有其他阶级也有的思想特性而呈现出共同性。所以对于主题的阶级性问题应具体作品具体分析。

例如,同是写蜜蜂酿蜜,古代有人在《题蜂》一诗中写道:"衔脂窃粉笑蜂忙,只为微躯急聚粮。念到蜜成无己份,何如花底剩余香。"诗人站在利己主义的立场上对蜜蜂挖苦嘲笑,旨趣庸俗平淡。唐代诗人罗隐在《蜂》一诗中写道:"不论平地与山尖,无限风光尽被占。采得百花成蜜后,为谁辛苦为谁甜?"表现了对蜜蜂人道主义的怜悯和同情,并且为它不能享受劳动成果发出不平的感慨。但是作家杨朔写蜜蜂时,他就有意避开前人的思路,运用求异思维,寻找新的突破口,发现了蜜蜂的新特点,提炼出了新的主题,写了《荔枝蜜》这篇散文。作者在文中借养蜂人老梁之口道出了蜜蜂生命极短,且活着的时候辛勤采花酿蜜,死时不给人类添麻烦,"蜜蜂是很懂事的,活到限数,自己就悄悄死在外边,再也不回来了"。正是这一新发现,使杨朔深受感动,他从蜜蜂身上感悟出一种忘我的劳动精神,唱出了具有时代气息的新的赞歌:"蜜蜂是在酿蜜,又是在酿造生活;不是为自己,而是在为人类酿造最甜的生活。蜜蜂是渺小的;蜜蜂却又多么高尚啊!"文章启发读者悟出一个深刻的道理:应当像蜜蜂一样生活,对人无所求,而给予人的是极好的东西。

(五)多样性

多样性,指对于社会生活和现象的某一方面,可以提炼、挖掘出许多不同的主题,它们都依赖于某一固定的题材;也指写作主体面对广阔的社会生活,选择和提炼主题的丰富性和多样性。提倡主题的多样性,对促进文艺创作的繁荣会起到积极作用。但从阅读的角度讲,由于阅读主体文化心理结构的复杂多样,文化层次和反射机能不同,所以,不同的阅读主体对同一篇文章、作品中所蕴含主题的感受、理解、认识是不尽相同的,甚至大相径庭。

例如,《红楼梦》的主题,有人认为是爱情悲剧,有人认为是封建社会的兴衰之变和阶级斗争。正如鲁迅所说:一部《红楼梦》,"单是命意,就因读者的眼光而有种种:经学家看见《易》,道学家看见淫,才子看见缠绵,革命家看见排满,流言家看见宫闱密事……(《〈绛洞花主〉小引》)"。

(六)朦胧性

主题的朦胧性并非主题的含混不清或杂乱无章,而是写作主体有意为之的结果。为了使读者充分发挥自己的艺术想象力和鉴赏能力，写作主体往往不在作品中直接表达自己的看法，而是通过对人物、事件和环境的描写，曲折、含蓄地体现出来。还有一种情况也可以造成主题的朦胧性，即写作主体并非在表达一种思想观点，他要表达的只是一些非常复杂和微妙的感受，这种感受只可意会不可言传。

例如，美国诗人艾略特的长诗《荒原》，用干涸不毛、缺乏生机的荒原象征西方社会，在《荒原》里没有完整的叙述，而是通过迂回曲折的隐喻，影射西方现代文明的堕落和精神生活的枯竭，深刻反映了第一次世界大战后西方社会的精神危机和知识分子的幻灭绝望情绪，以及宗教信仰的淡薄而导致西方文明的衰微。

第二节　立意原则

清代文人王夫之说："意犹帅也，无帅之兵，谓之乌合"（《姜斋诗话》）。那么作文立意应遵循哪些原则呢？

一、集中

集中，指一般性的文章都只能提炼一个主题，只能表达一个中心或只能论述一个基本观点，做到一文一意，单一明确，不枝不蔓，重点突出。清代文艺家刘熙载说："凡作一篇文，其用意俱要可以一言蔽之。扩之则为千万言，约之则为一言，所谓主脑者是也。"（《艺概·经义概》）"一言蔽之"就是高度集中。清代文学家李渔提出："作文之事，贵于专一。专则生巧，散乃入愚。"（《闲情偶寄》）日本作家小林多喜二说："在一篇作品里，写'什么'必须独一无二，高度集中。"（《小说写作法》）魏巍在谈到《谁是最可爱的人》创作经验时也说："一篇东西的目的性，要简单明确。一篇短东西，能把一个意思说透，的确不是一件很容易的事。可是，动起笔来，又总爱面面俱到，想告诉人家这个，又想告诉人家那个。结果呢，问题提得不尖锐、不明确，更别说深入地解决问题。因为哪个意思也没有说透，怎么能给人以深刻的印象呢？"（《我怎样写〈谁是最可爱的人〉》）立意要集中，一文一意，不可因"多意"而"乱文"，贪多嚼不烂。例如，秦牧的散文《土地》所用的材料涉及古今中外，从2600多年前的晋公子重耳出亡的故事，谈到中国皇帝的封侯仪式，谈到华侨离乡时所带的乡井土，还谈到明代妇女的头饰，明代遗民死后用白布盖脸，湛江的寸金桥，守护小岛的解放军战士，直到兴修水利等，似乎海阔天空，无所不及。但是文章的主题提炼集中得很，那就是要人们珍惜、保卫用血汗开发的土地，为社会主义建设贡献力量。作者所用的各种材料，都是为表现这一主题服务的。

值得注意的是，文学作品的多义性不等同于多主题。多主题指一篇文章中表现的主题互不相干、分散紊乱，多义性指作品的主题呈现出理解上的多重意义。例如，《诗经·蒹葭》既可当作爱情诗来读，也可以当一首哲理诗来读（人生追求，目标若即若离，因此有无穷意味）；《红楼梦》的主题历来是见仁见智，它可以归结为既表现宝黛爱情悲剧，又表现封建大家庭的没落，以及封建社会的腐朽衰亡等多义性的主题；《阿Q正传》既可以视为对国民劣根性的剖析,又可以看成对辛亥革命不彻底的批判。主题的多义性是由于其材料意蕴丰厚、色彩纷呈,引起读者对主题的多重认识和把握。它对于展示更为丰富复杂的社会生活图景,负载丰富的感情、愿望、理想,在纵横方面无限延伸,以立体的艺术空间来反映社会现实等,有着积极的意义。

二、正确

正确,是对主题思想性、科学性及审美价值的基本要求。要做到立意正确,问题并不在于写什么内容,并不是写光明面就一定正确,写阴暗面就一定不正确,而是取决于写作主体的立场、观点和思想方法是否正确。写作主体的世界观、思想立场对文章、作品的主题正确与否有至关重要的影响。诺贝尔文学奖评审委员会公认的关于主题方面的意见是,作品要表达一种永恒的理想主义,一种勇敢、善良的人性,一种征服邪恶的永恒希望和力量。

例如,唐代诗人杜牧的《阿房宫赋》之所以为历代阅读者传诵,就在于杜牧在作品中表现出对社会发展规律的正确认识。他曾在《上知己文章启》中谈到自己写作《阿房宫赋》的缘由:"宝历大起宫室,广声色,故作《阿房宫赋》。"他以阿房宫赋的新建和焚毁为题材,用夸张手法揭露了秦朝统治者的荒淫失德,以说明兴亡之理,昭示鉴戒之意。这种思想集中体现在作品的结尾:"呜呼!灭六国者六国也,非秦也。族秦者秦也,非天下也。嗟乎!使六国各爱其人,则足以拒秦;使秦复爱六国之人,则递三世可至万世而为君,谁得而族灭也?秦人不暇自哀,而后人哀之;后人哀之而不鉴之,亦使后人而复哀后人也。"杜牧在作品中鲜明地表现了对社会发展规律的正确认识,从而使得这篇作品具有了厚重的历史感,直到今天,依然对读者产生着有益的启迪作用。

三、深刻

立意正确不一定就深刻。深刻是决定文章、作品质量的重要因素之一。主题深刻就是文章的主题能够透过现象看到本质,揭示事物之间的内在联系,反映某种规律性的东西,而不是满足于表面现象的罗列或就事论事。要提炼深刻的主题,一般来说,写人的要着力于对人物思想的发掘,找出支配人物言行举止的思想内核;写事的要着力于对实践的思想意义的探究,要在事件所呈现的多方面意义上找出最生动、最深刻的那一点;写理论文章,要着力于对事件矛盾的剖析,善于捕捉取得支配地位的主要矛盾或矛盾的主要方面,并据此做出明确的回答或判断。

例如,鲁迅的《狂人日记》,其主题的深刻性源于他对中国封建社会的历史做了深入的研究,透过现象,把握了其"吃人"的本质。他深刻地认识到中国封建文明的虚伪性、残忍性和野蛮性,且"吃人"常常被掩盖在温情脉脉的仁义道德和礼教名目之下。他在《灯下漫笔》中就指出:"所谓中国的文明者,其实不过是安排给阔人享用的人肉的筵宴;所谓中国者,其实不过是安排这人肉的筵宴的厨房。"正因为鲁迅对中国封建社会的历史有如此清醒深刻的认识,他才把他的"关系甚大,但知者尚寥寥的"的发现写进《狂人日记》,通过狂人的独特视觉和特有的心理、语言,揭示出整个封建社会历史的本质就是"吃人",把批判的矛头直接指向封建家族制度和封建礼教。其主题的深刻性足以震惊国人麻木的灵魂,擦亮中华民族的眼睛。

四、新颖

新颖，指立意有所创新，有所突破，给人一种新鲜感和未曾相识的愉悦。写作主体以新的认识、新的观点、新的角度，使读者获得新的启发、新的教益。独创之意，应无所旁依，不步后尘，不落窠臼，不是人人笔下皆有的东西，真正是词必己出，意自心来。清代文学家李渔说："'人惟求旧，物惟求新'。新也者，天下事物之美称也。而文章一道，较之它物，尤加倍焉。"（《闲情偶寄》）峻青说过："好的文章之所以动人、感染人，我看主要在于立意新、有独创性，写出一点新的东西，提出一种新的思想，以清新的风味给读者以新的感受与启发。"（《散文的立意》）

例如，中国古代文人对于秋天都有"悲秋"传统，如先秦文人宋玉《九辩》之"悲哉，秋之为气也"，三国诗人曹丕《燕歌行》之"秋风萧瑟天气凉，草木摇落露为霜"，唐代诗人杜甫《登高》之"万里悲秋常作客，百年多病独登台"等。而唐代诗人刘禹锡的《秋词》一反传统观念："自古逢秋悲寂寥，我言秋日胜春朝。晴空一鹤排云上，便引诗情到碧霄。"颂秋赞秋，表现了诗人对自由境界的无限向往，满纸欢欣鼓舞，让人一见难忘。主题要新颖，就要打破陈旧的思路套式，出于世人意外，别出新意。求异思维是打破套式的重要方法。例如，宋代文人王安石的《读孟尝君传》，一反常人之见，鲜明提出："孟尝君特鸡鸣狗盗之雄耳，岂足以言得士?"主题独树一帜，新颖独特。文学刊物《中国作家》曾以"我和北京胡同"为题，邀请了季羡林、王蒙、杨沫、陈建功、王朔等一批文坛名家著文，11篇散文观点各异，各有千秋。有的文章体现出了对胡同生活的深情挚意；有的文章记述了自己对胡同的理解和经历的变故；有的文章对拆除胡同，告别过去，走向未来的历史发展做出了肯定；有的文章看到胡同文化的丑陋一面，抨击悲天悯人的文化闲汉那种廉价温馨的回忆……总之，有作者创新的精神、认识生活的慧眼，有作者独到的见解、创造性的思维，便会有新颖的主题。

五、高远

高远，指立意思之深、情之醇、理之奥、趣之妙、美之奇。用现在的话说就是：用强烈的爱憎感情打动人，用思想的灵光、美丽的情思启迪人。宋代诗人姜夔说："出自意外，曰意高妙。"（《白石道人说诗》）胸襟阔、立志高、见地高，则命意自高。唐代诗人王昌龄说："凡作诗之体，意是格，声是律，意高则格高，声辨则律清。格律全，然后始有调。用意于古人之上，则天地之境，洞焉可观。"（《诗格》）宋代诗人范温说："老坡作文，工于命意，必超然独立于众人之上。……皆于世人意外别出眼目，其平日取舍文章多以此为法。"（《潜溪诗眼》）要达到这个标准，写作主体就要以人生观、世界观、价值观为引导，辨是非美丑，加强修养。清代诗人徐增说："人高则诗亦高，人俗则诗亦俗，一字不可掩饰。"（《而庵诗话》）文如其人，文章如一面镜子，能照出人的灵魂。高远的立意永远是夺人耳目的法宝。

例如，写送别的诗歌自古至今不计其数，但唐代王勃的《送杜少府之任蜀州》特别为人所称道，原因就在于这首诗突破了一般送别诗缠绵伤感的立意窠臼，情调激昂，风格豪迈，阐释了对离别的深刻哲理认识，抒发了独特的情感体验，尤其让人拍案称奇的是诗中点明旨意的那两句:"海内存知己,天涯若比邻。"——只要四海之内还有知己,远离天涯也如同近邻。多么情真意切而又思致不凡啊!诗人高尚的志趣远远超出流俗的常情,诗人广阔的胸襟真的可以囊括浩瀚的世界!《送杜少府之任蜀州》以其高远的立意使一切送别诗黯然失色,1 000多年过去了,这首诗已成为脍炙人口的经典名篇。鲁迅先生谈《药》的创作意图时说:"《药》描写群众的愚昧和革命者的悲哀;或者说,因群众的愚昧而来的革命者的悲哀;更直接地说,革命者为愚昧的群众奋斗而牺牲了,愚昧的群众并不知道这牺牲为的是谁,却还要因了愚昧的见解,以为这牺牲可以享用,增加群众中的某一私人的福利。"这里的"群众",包括华家、众多茶客、夏四奶奶。正是这些人物的愚昧,才导致了"革命者的悲哀"。因为,吃人血馒头是享用,茶客们把夏瑜的死拿来咀嚼品味,也是享用。那么,"革命者的悲哀"就不是夏瑜的悲哀,而是作品里弥漫的广义的"革命者"的悲哀,立意极为高远。

第三节 立意方法

主题的提炼主要有以下四种方法。

一、意蕴筛选法

意蕴筛选,指写作主体先对材料进行"去粗取精,去伪存真,由此及彼,由表及里"的思考,从不同角度提出多种意蕴,然后再经过比较鉴别,去粗存精,优胜劣汰,确立其中的最佳方案为本作品的主题。这是常用的,也是最实用的立意方法。它可以在动笔前就形成,也可以边修改边确立。这种立意技法受到写作主体世界观、理论修养、文化功底的限制。理论修养好的写作主体自然能够利用优选法选出满意的答案;而文化功底不足的写作主体就想不出较多较好的立意角度,即使想出来了,也不一定选得对,所谓最佳答案未必最佳。

例如,《文汇报》1996年3月30日第九版"文汇特刊"发表了署名为赵畅的文章《"大腕"何以不参赛》,说的是全国首届"侯宝林金像奖"相声电视大赛反响平平,没有产生预期的轰动效应,其中很重要的一个原因是竟然没有一个大腕参与,像姜昆、冯巩、牛群等平时十分活跃的相声演员都不见踪影。大腕为何不参赛?这篇新闻评论的立意应该瞄准什么?可以先列出几种备选方案。

方案一:大腕们怕群雄逐鹿,难有胜算,评不上砸了自己的牌子。因此提倡大腕也要有竞争意识,要经得起比赛的检验,不能因爱面子而放弃比赛,要有成名之后不怕跌倒的心理素质,敢于自我挑战、自我超越。

方案二:大腕们如果都去参赛了,评委席上坐的要么是老前辈,观念保守,要么是门外汉,不懂装懂,而且媚众,评判起来就有失水准。这样去参赛,不获奖倒不要紧,最怕的是良莠不分,受到羞辱。因此要提倡比赛的专业化和严肃性,保证比赛的质量。

方案三:大腕们怕评委受人情关系牵制,评判中出现人为的偏向,这样自己就会被"艺术腐败"所谋杀。因此要提倡比赛的公正性。

方案四：大腕们为了扶植新秀，甘做人梯，把机会让给年轻人，让更多的"小字辈"脱颖而出，成长为新的大腕。因此，提倡比赛要推动艺术更新，要有培养接班人的意识。

比较而言，方案三众所周知，缺乏新意，弃之不选为好。方案二提到的评委不一定就是老前辈或者门外汉，如果是相声艺术评论家，他们的评判应该是具有艺术水准的。因此这个方案并非无懈可击，最好也不选。方案一与方案四相比，方案四有新意，也很感人，不过这些相声大腕平时十分活跃，丝毫没有退居第二线的意思，即使为了培养新人，也不会自我满足，尤其对于艺术家来说，应该永葆艺术青春，不断挑战自我；而方案一强调的是做人要精神挺拔。两相比较，还是方案一对读者更有启发性。如此筛选一番，最后的立意便能确立。

二、反弹琵琶法

反弹琵琶是指逆向思维在写作中的运用。反弹就是反其意而用之，对常见的材料进行逆向思维，推出一个出人意料的新主题。科学的反弹可以另辟蹊径，推陈出新，可使写作主体的思维品质上升到较高层次，给人一种创新的感觉。例如，宋代文学家王安石读《史记·孟尝君列传》后，一反世俗之见，不是像历来的人们那样，称道孟尝君的门客众多，人才济济，礼贤下士，而是采用逆向思维，指出不能把鸡鸣狗盗之徒看作国家栋梁之士，孟尝君也不过是"鸡鸣狗盗之雄耳"，充分表现了他冲破传统观念的独创精神。全文仅80多个字，却写得抑扬顿挫，主旨之独特，令人叹服。又如，古人常发出"夕阳无限好，只是近黄昏"（《登乐游原》）的叹息，而叶剑英元帅写道："老夫喜作黄昏颂，满目青山夕照明。"（《八十书怀》）这些例子堪称逆向思维的典范。

当然，运用这种反弹琵琶法"做翻案文章"，"很容易学，很有效，但也是个很大的陷阱"（《从文人之文到学者之文》），弄不好会将个人的成见当作传统的宣言，将漏洞百出的偏激之辞当作片面的深刻，逞才使气，哗众取宠。写作中采用逆向思维立意应当审慎，不可意气用事，故意剑走偏锋。应在一定的语言环境或特定的社会背景中进行，只有严格遵循客观规律，准确把握事物的本质，才能避免从一个极端走向另一个极端。如果把反弹误为乱弹，立论偏颇，就会画虎不成反类犬，贻笑大方。再者，反弹不具普遍性，不是任何事物或观点都能逆向求异。那些违反科学道理，有悖于人们共识和伤害人感情的反弹，都是不可取的。如"螳臂当车"这一成语，贬抑螳螂已成共识，你若想褒扬它，想借此改变人们的传统观念，人们将难以赞同。

三、联想立意法

联想的本意是分析此与彼的关系，通过由此及彼，生发出一定的感想，提炼出一个哲理，升华出一种思想。利用联想立意，由于联想的双方都是活生生的形象化的东西，因而生动性和感染力就内含其中了。在采用联想立意时，不能牵强附会，生拉硬扯。采用联想立意法，需要丰富的表象储备。见多识广是联想的先决条件，如果不善于找出表象之间的相似、相近、相反等内在联系和外在联系,就产生不了联想,无法进行联想立意。

例如,《人民日报》曾刊载记者涂国政写的新闻评论《防治思想"沙化"》。作者由我国土地沙化治理取得阶段性成就,联想到人的思想也存在沙化的考验。所谓思想沙化,就是人的思想养分流失,价值取向失衡,道德标准错位,导致精神颓废、理想崩溃,甚至走上腐化堕落的道路。文中指出在改革开放和社会主义市场经济的条件下,受社会上一些不健康、消极东西的腐蚀、侵害,有些人经受不住冲击和诱惑,导致精神世界的水土流失,造成思想沙化,并提出了防治思想沙化的方法。该新闻评论荣获2005年度《解放军报》优秀理论文章。北宋哲学家周敦颐从莲花的"出淤泥而不染,濯清涟而不妖,中通外直,不蔓不枝,香远益清,亭亭净植"的形象中,发现了它与君子美德间的相似之处,通过感受理解而建立起同形同构,形(外在的)与魂(神、理、内在的)联系在一起,确定了歌颂坚贞的气节、鄙弃追名逐利的世俗的主旨,写出了《爱莲说》。许地山从花生的"把果实埋在地底,等待成熟,才容人挖出来",不炫耀自己的特征,找到了花生与人的质朴谦逊的美德之间的联系,写下了名篇《落花生》。

四、材料顿悟法

顿悟,是人们认识事物过程中质的飞跃,它的产生需要有一个量的积累过程。写作上的顿悟,虽然带有极大的偶然性,但它终究不是上天的恩赐和神明的指点,也不是超人的天赋和天才的本能,而是一种自我境况的突破和自身能力的超常发挥。它是从苦思开始的,勤奋的劳动态度、严肃的科学精神、丰富的实践经验、深厚的知识积累、良好的文学修养、高超的艺术技巧等,才是获得顿悟的前提。

例如,梁衡1986年发表的散文《觅渡,觅渡,渡何处》,是运用顿悟立意的极好事例。他是这样总结的:"为写《觅渡》,前后六年我三到常州秋白故居。我第一次到秋白故居时,碰到一群红领巾正在帮助打扫卫生,我问孩子们是哪个学校的?他们答:'觅渡小学的。'这个名字很有诗意,又有点怪。陪同解释当年在故居也就是现在的纪念馆前曾有一条河,叫觅渡河,一刹那,我脑海里闪出了文章的主题,也确定了文章的标题。觅渡河,这是一个上天赐与的载体,一棵难得的梧桐树,一个天生的文学'意象'。文学创作就是这样,有时候缺思想,有时候缺故事,有一次高尔基给他朋友写信说:请给我寄一个故事来吧。对短小的散文来说寻找一个好的意象就显得更为珍贵。觅渡河边发生的故事,一语双关,天衣无缝地诠释了瞿秋白一生寻找人生渡口,而没有结果的悲剧。"(《名记者清华演讲录》)鲁迅在《至许寿裳》中说,他写《狂人日记》是"偶阅《通鉴》,乃悟中国人尚是食人民族,因成此篇的";毛泽东的《送瘟神》(七律二首)是他读了1958年6月30日《人民日报》,得知江西省余江县(今江西省鹰潭市余江区)消灭了血吸虫,"浮想联翩,夜不能寐",才"欣然命笔"的。可见,顿悟是一切精神创造活动中常见的心理现象。触发灵感思维,也是一种确立主题的重要途径。

第四节　立意误区

初学写作者在立意时常陷入以下几种误区。

一、只见局部，不见整体

作文是一个整体，立意时切忌以偏概全，千万不能只抓住材料中的片言只语或部分内容作为立意的依据。对材料深意的把握，必须从整体上感知，不能只截取片段或词句，忽视前因后果。例如：

> 有一个晚上，古希腊哲学家泰勒斯见星空晴朗，便在草地上观察星星。他仰头看着天空，一边慢慢地走着。不料前面有个深坑，一脚踩空，人便像石头般掉了下去，待他明白过来，身子已经泡在水里了，水虽仅淹及胸部，离路面却有二三米，出不来上不去，只有高呼救命。
>
> 泰勒斯被路人救出了水坑，他抚摸着摔痛了的身体，对那路人说："明天会下雨！"那路人笑着摇摇头走了，将泰勒斯的预言当作笑话讲给别人听。第二天，果真下了雨，人们对泰勒斯十分钦佩。有的人却不以为意，他们说："泰勒斯知道天上的事情，却看不见脚下的东西。"
>
> 两千年后，德国的哲学家黑格尔听到了泰勒斯的这个故事，说了一句名言：只有那些永远躺在坑底从不仰望高空的人，才不会掉进坑里！

泰勒斯掉进坑里，有人便将它等同于跌倒，于是立意为战胜困难（挫折、失败），努力奋斗。其实，掉进坑里何尝是困难？只不过是泰勒斯在探寻真理的过程中忽略了生活小节，犯了好笑却无伤大雅的错误。还有人只由泰勒斯仰望星空生发，立意为追求高远的目标；或者同意那些嘲笑泰勒斯的人的观点，立意为注重细节，这都是没有整体把握材料。从整体而论，泰勒斯因为观察星空而掉到坑里，这体现了他投身事业的专注、痴迷的精神，他正因此而有所成——他的预言是准确的，这是一种值得肯定的行为。所以材料应立意为专注（痴迷、投入）出真知、大行不顾细谨，也可以从评论者的角度，立意为对那些专注于事业的天才予以尊重，不要苛求小节。

二、停留表面，就事论事

仅仅分析材料本身，不能从材料中跳出来，由此及彼，联系社会现实，文章就不可能有一定的广度和深度，立意就不高。

例如，以材料"水"进行立意。如果只从水的本身展开思考，大多写作主体都会从"水——生命之源""珍惜水资源""爱护环境，防止污染"等角度去立意，这些思路比较狭窄，也很难写出好文章。因此，我们需要拓展思路，展开联想，运用发散思维，挖掘出一些新立意：① 汇集涓涓细流，终成汪洋大海；② 不放任自流，才能勇往直前；③ 水能载舟，亦能覆舟;④ 流水不腐,户枢不蠹;⑤ 积累越多,力量越大;⑥ 无论升得多高,也要投回大地母亲的怀抱;⑦ 水滴离开集体,就意味着干涸;⑧ 水滴石穿,持之以恒;⑨ 君子之交淡如水;⑩ 飞瀑之下必有深潭;⑪ 水管喷泉里出来的总是水,血管里流出的总是血;⑫ 纵然千回百折,也要奔向前方;⑬ 人往高处走,水往低处流;⑭ 一个人不能两次踏入同一条河流;⑮ 为有源头活水来……这些都不是只写水,而是将水与别的事物建立关联,如此,写作思路就会变得异常开阔。

三、虚情假意,为文造情

文本思想应当是写作主体真情实感的产物。无论是文本中所表述的某种思想认识,还是文本中所表现的某种情感体验,都只有真正出自写作主体的思考与感受时,才具有真切具体的精神内涵,而这正是实现写作主体与读者精神交流的必要条件。无法想象一个言不由衷或是虚情假意的写作主体写的东西能够真实地打动读者;相反,一个向读者敞开心扉、倾吐心声的写作主体,才有可能永远地为读者所接受。这种写作上的差异,就是刘勰所说的"为情而造文"与"为文而造情"的区别。正因为如此,中国传统写作理论历来强调"修辞立其诚",这成为衡量写作成败的一项基本原则。

例如,南朝梁代文人何逊写过一篇文笔优美的骈文小品《为衡山侯与妇书》:"昔人遨游洛汭,会遇阳台,神仙仿佛,有如今别。虽帐前微笑,涉想犹存;而幄里余香,从风且歇。掩屏为疾,引领成劳。镜想分鸾,琴悲《别鹤》。心如膏火,独夜自煎;思等流波,终朝不息。始知萋萋萱草,忘忧之言不实;团团轻扇,合欢之用为虚。路迩人遐,音尘寂绝。一日三秋,不足为喻。聊陈往翰,宁写款怀;迟枉琼瑶,慰其杼轴。"如果仅就文章字面本身而论,不可谓不是妙笔。文章写夫妻离别相思之情状,既浓烈又不直白,典故的恰当使用、睹物思人的描写,都与要表达的情感相切合。结构的安排则更是步步推进,层层加码,直至"一日三秋,不足为喻",让思念之情的表达达到无以复加的程度。至于韵散结合的四六骈体句式,将韵文与散文各自的表达特点融为一体,带给人一种独特的语言美感。但是,读过文章之后,我们所获得的不过是一场语言游戏的感觉。这种结果其实是在看到它的篇名时就已经注定了的。所谓"为文而造情",此文当属典型案例。

四、立意偏颇,材料悬离

有些初学写作的人不深入分析材料,不深挖材料蕴含的实质,就匆匆确立一个笼统观点,看似与材料有某种关系,但这种联系不是必然的,不是水乳交融的。

例如,清代周容写道:"庚寅冬,予自小港欲入蛟川城,命小奚以木简束书从。时西日沉山,晚烟萦树,望城二里许,因问渡者尚可得南门开否。渡者熟视小奚,应曰:'徐行之,尚开也;速进则阖。'予愠为戏。趋行及半,小奚仆,束断书崩,啼未即起。理书就束,而前门已牡下矣。"(《小港渡者》)如果从此材料中提炼出"责任重于泰山"或"不听老人言,吃亏在眼前"的主题,无疑是偏颇的,正确的立意应该是"欲速则不达"。

清代散文家魏禧认为:"为文之道,欲卓然自立于天下,在于积理而练识。……练识如练金,金白练则杂气尽而精光发。善为文者,有所不必命之题,有不屑言之理,譬犹治水者沮洳去则波流大,蒸火者秽杂除而光明盛也。是故至醇而不流于弱,至清而不流于薄也。"(《答施愚山侍读书》)在魏禧看来,使写作富于创造性,能够"卓然自立于天下"的关键是:一是善于积累,即要在平时注意阅历与学识的积累。这样就能使自己的认识活动建立在广博的基础上。二是要善于练识,即思想的提炼。写作主体应当不满足于一般的、肤浅的感受和认识,而应当除去芜杂,使精光自发,表现出某种过人的识力,这就是他所说的"善为文者,有所不必命之题,有不屑言之理"。魏禧认为能够做到这一点,才能写作真正的奇文;相反,仅仅追求辞采的炳炳烺烺,则其所谓奇,不过是一种表面现象而已。故此,他强调:"识不高于庸众,事理不足关系天下国家之故,则虽有奇文与《左》、《史》、韩、欧阳并立无二,亦可无作。"(《宗子发文集序》)魏禧的这种立意见解仍值得今天的写作者重视。

1. 阅读下列材料,从中提炼主题。

(1) 一对孪生小姑娘走进玫瑰园,不多久,其中一个小姑娘跑来对她的母亲说:

"妈妈,这里是坏地方!"

"为什么呢,我的孩子?"

"因为这里的每朵花下面都有刺。"

不一会儿,另一个小姑娘跑来对母亲说:

"妈妈,这里是个好地方!"

"说说看,为什么呢?"

"因为这里的每丛刺上都有花。"

听了孩子的话,母亲陷入了沉思。

(2) 一个青年急匆匆地去赶船,跑到码头一看,只见船离码头大约七八米远,情急之下,他不顾安危,纵身一跳,跳上了船。满船的旅客感到非常惊讶,船长摇摇头,不解地对这位青年说:"小伙子,你急什么呀!船马上就要靠岸了。"

(3) 河溪里的石子色彩迥异,大小不同,可是,它们几乎全是光洁圆滑的卵石。河溪里,除了圆滑的卵石,只有石子粉身碎骨而成的细砂,见不到棱角分明的铮铮铁石。

然而在落到河溪流水中以前,它们绝不会这么一般形状,一样圆滑。

山中的石头,原本是一个个有棱有角的灵魂,一个个有血性的生命,一群群有性格的伟岸丈夫,正因为如此,它们才构成雄壮的大山,凝成挺拔的峰峦,而备受人们敬佩。

可是,一旦它们跌落山溪,几经滚动,便都成了圆滑的卵石。

石头是坚硬的。

水是柔软的。

坚硬的石头却让柔软的水变成圆滑的卵石,是为了不让水将自己碾磨成粉末吗?是为了讨好石子收集者吗?

(4) 一头毛驴被主人牵着,来到了桥头,透过一道道宽宽的石板缝,可以看见桥下湍急的流水。毛驴被这可怕的景象吓住了,任凭主人怎么催赶就是不敢前行。主人走上桥往前拉它,它就拖着身体向后撤;主人用树枝狠狠地抽打它的臀部,它就立起前腿,昂首长嘶,好像在抱怨说:"为什么非要我走这么危险的路呢?"主人只得住手。

　　主人又想出一个办法,他牵着驴下桥,直奔一块庄稼地而去。毛驴看见绿油油的庄稼,很顺从地往前走。这时,主人脱下褂子蒙住了毛驴的眼睛,在原地兜了一圈,就径直奔桥头而去。毛驴就这样一步步被牵过了"危险"的境地却茫然不知。它还幻想着正一步步走向庄稼地呢。就这样,毛驴顺利地过了桥。

　　(5) 轻轻地把一片落叶拾起,轻轻地不留下一丝叹息。那是只金色的小船,载满秋天的回忆。落叶夹进书册,花朵却遗失在夜里,一抹淡淡的秋霜,叫心灵懂得了分离。分离就分离吧,逝去的悄悄逝去,秋天用红硕的语言叮咛,生命永远有新的含义。再不必追悔往事,更无须怨恨自己,轻轻地把一片落叶拾起,轻轻地不留下一丝叹息。

　　(6) 从前,有个年轻的农夫要与情人约会。可是他的性子急,来得太早,他无心享受明媚的阳光,欣赏美丽的花朵,焦躁不安,便一头倒在大树上唉声叹气。忽然,他面前出现了一个小矮人。小矮人对他说:"我知道你为什么闷闷不乐。来,你拿着纽扣,向右一转,你就能跳过时间,要多远就有多远。"这正合了农夫的心意。他捏着纽扣,试着一转,哈,情人已经来到眼前。他想,要是现在举行婚礼就好了。他又转了一下,隆重的婚礼举行了。他迫不及待地不断地转动纽扣,于是他有了房子,儿女成群……日月如梭,随着他脑子里的愿望一一实现,生命也从他的身边疾驰而过。可他还没来得及思索这一生的经历,品尝生活的滋味,他已老态龙钟,衰卧病榻。回首往事,他不胜追悔自己的性急失算。眼下已是风烛残年,他方才醒悟。他多想将时间往回转一点点啊。可是,转过去就再也转不回来了。

　　(7) 小天鹅听见一个老人在叫卖"一根羽毛换两个虫子"。就忍痛拔下一根羽毛换了两个虫子,美餐了一顿。第二天,妈妈带着小天鹅飞翔于天空,妈妈说:"等你羽毛丰满了就可以飞得更高更远,得到你所需要的一切。"小天鹅虽点头,但心中仍惦记着虫子的美味。第三天,它一狠心拔下了三根羽毛换了六个虫子,吃得非常高兴。以后它成了老人的常客,不久,小天鹅发现自己飞翔的本领远不如从前,但由于吃虫子的欲望,他继续拔毛换虫。直到有一天它再也飞不起来了……小天鹅的羽毛没有了,老人也不见了,最后它悲惨地含恨而死。

　　(8) 1987 年 1 月,75 名诺贝尔奖获得者会于巴黎。有人问其中一位获奖者:"你在哪所大学、哪个实验室学到了你认为最重要的东西?"这位白发苍苍的学者回答说:"在幼儿园。""在幼儿园你学到了什么呢?"学者又答道:"把自己的东西分一半给小伙伴们,不是自己的东西不要拿,东西要放整齐,吃饭前要洗手,做错了事要表示歉意,午饭后要休息,要仔细观察周围大自然。从根本上讲,我学的全部东西就是这些。"

　　(9) 齐有善相狗者,其邻假以买取鼠之狗,期年乃得之。曰:"良狗也,其志在獐鹿,不在鼠。欲其取鼠也,则桎之。"其邻桎其后足,狗乃取鼠。

　　(10) 有人问三个砌砖的工人:"你们在干什么?"第一个说:"砌砖。"第二个说:"赚钱。"第三个说:"我正在建造世间最有特色的房子。"后来,前两个工人一生都是普通的砌砖工人,而第三个却成了有名的建筑师。

2. 阅读下列文章,加深对主题技法的理解。

主题的表现

克鲁普斯卡亚在一篇回忆录中写道:"选择主题、论述主题、文字的修饰,这就是伊里奇注意的三个方面。"可见,主题的表现是同主题的选择同等重要的。

主题的表现问题,涉及篇章结构、文体风格和语言的运用等,非常复杂。这里只谈其中的一个小问题,就是"以小见大"。

宋朝学者沈括所著的《梦溪笔谈》中,有一段批评大画家李成的话。李成画上亭馆及楼塔之类,都是仰面飞檐,突出地表现亭馆、楼塔的一个角落。别人问他为什么要这么画。他说,画画就像人站在平地上望高塔,自下望上,当然只能看见塔的一角。沈括认为李成这个说法是错误的。他写道:"大都山水之法,盖以大观小,如人观假山耳。"如果跟真山一样,以下望上,只应该看见一道山,怎么能一层一层全看得见呢? 他最后得出结论:"李君盖不知以大观小之法。"

从作画想到写文章。从新闻写作的角度来看,我觉得似乎应该把李成主张的"以小观大"之法同沈括主张的"以大观小"之法辩证结合起来,而且应该把"以小观大""以下望上"作为一种主要的表现手法。

……

在战争年代,像《西瓜兄弟》这样的以小见大的新闻通讯是很多的,例如张明写的《桌上的表》,汤洛写的《毛主席万岁》,黎明写的《十人桥》,冠西写的《"老红"——勃朗宁机关枪》等。近几年来,在农村报道当中,这类以小见大的新闻通讯也逐渐多起来了。例如新华社安徽分社的《探亲记》,河南分社的《餐桌上的变化》等,稿子不太长,却给人留下了深刻的印象。

两年来,我经常琢磨,为什么读者比较喜欢"以小见大"的表现手法,喜欢看小中见大的新闻呢? 恐怕主要有以下几个原因:

第一,"以小见大"的表现手法,同人们认识客观事物的程序相吻合,稿中宣扬的主题思想容易为读者所理解。毛主席在《实践论》中精辟地论述了人们的认识过程。"以小见大"的表现手法,首先从生活中的一些常见的小事情讲起,从具体上升到一般,从感性认识上升到理性认识,读者读起稿子来,有思考回味的余地,觉得比较自然。

第二,真实的东西大都是具体的,具体的东西往往是生动的。"以小见大"的表现手法大都是通过具体的事情来表现主题。当我们读这些新闻作品的时候,好像走进了作品所描写的生活环境中,仿佛"目有所见,耳有所闻,心有所感",这正是"以小见大"的作品能吸引人、感动人、令人信服的重要原因。

第三,短小精悍,不拘一格,新鲜活泼,没有"八股味",这也是受到读者喜欢的一个原因。

"以小见大",篇幅不长,但是难度较大。怎样才能掌握"以小见大"的表现手法呢? 根据初步摸索,我觉得应该注意以下几点。

(1) 多注意一些极平凡的,但是生动的,来自生活的,被生活检验过的小事情。

在生活中,有许多看起来极平凡的小事情,却能够说明本质。要尽量学会运用这些极平凡的小事情去表现主题思想。……秦牧同志在《艺海拾贝》一书中说过这样一段话："'平中之奇',原是随处都存在的。对生活不熟悉的时候,只能看到'平',深入熟悉的时候,就自然会看到'平中之奇'了。"新闻记者,应该努力掌握抓住"平中之奇"的本领。

(2)既要"小处落墨",又要"大处着眼",要把"小"和"大"有机地联系起来。

对于这个问题,清朝学者赵执信在他所著的《谈龙录》一书中有一段记载,给了我很大的启发。这段话的大意是:有一天,赵执信和他的朋友洪升一起到王士禛家里议论诗歌创作问题。洪升说:"诗如龙然,首尾爪角鳞鬣,一不具,非龙也。"他的意思是强调事物的完整性,他认为写诗就像画龙一样,必须有头有尾,鳞爪俱全,不然,就不是活生生的龙,也不会是好的诗篇。王士禛反对洪升的这一主张。他说"诗如神龙,见其首不见其尾,或云中露一爪一鳞而已,安得全体?"意思是说,写诗就像画神龙一样,云雾之中,画上一鳞半爪就可以了,何必见全龙呢? 如果首尾俱见,那就成了绘画或雕塑,就不成其为诗了。赵执信认为两位朋友的议论都有片面性,他认为"一鳞半爪"和"全龙"是不可分的;心目中有了首尾完好的全龙,才有可能通过云雾中的一鳞半爪来反映"全龙";离开了"全龙",孤立地去画"龙鳞"和"龙爪",是再现不出活生生的"全龙"的神态的。

我觉得,赵执信的观点很有道理。它生动地说明了"小"和"大"之间对立统一的关系。在运用"以小见大"的表现手法时,既要善于"于细微处见精神",又要"大处着眼,全局在胸"。尽管笔下书写的只是一个西瓜、一句口号、一个粮囤,然而我们心中所想的、眼光所射及的,却是愈广阔愈好,愈深厚愈好。

(摘选自南振中《谈主题》一文,内容有删改)

第八章　结构技法

从传统的写作观来看,文章是内容与形式的统一体。材料、主题等属于内容的要素,结构、语言等属于形式的要素。文章的内容决定形式,但形式又反作用于内容。当写作主体在现实生活中撷取材料,确定了主题之后,接着要考虑的是如何组织和安排这些材料,使文章成为结构合理、线索清晰、针线绵密、首尾圆合的有机整体,达到艺术上的完整和谐。

第一节　结构概述

一、结构的含义

结构,是指文章的组织形式和内部构造,又称布局、格局、谋篇等。它主要是解决言之有序的问题。《写作大辞典》对文章结构的解释是:结构指文章或作品的内部构造和组织方式。包括人物、时间、环境的设置及相互关系的处理,判断推理的内在联系,层次与段落的划分,过渡与照应的安排,开头与结尾的设计,节奏与疏密的配置,抒情与议论的穿插,虚实详略的分布,章节回目的确定,结构方式的选择与作品在总体上文脉的交错和贯通等。结构就名词方面的含义说,是文章的结构、间架及层次顺序;就动词方面的含义说,是对文章层次、结构的组织和安排。结构本身有一个复杂的系统。就大的方面而言,包括表层结构与深层结构;表层结构包括外在结构和内在结构;内在结构又包括宏观结构和微观结构。对这个系统的深入研究,有益于掌握结构的本质。结构要求严谨、自然、完整、统一(匀称)。

二、结构的作用

清代文学家李渔说:"结构二字,则在引商刻羽之先,拈韵抽毫之始。如造物之赋形,当其精血初凝,胞胎未就,先为制定全形,使点血而具五官百骸之势。倘先无成局,而由顶及踵,逐段滋生,则人之一身,当有无数断续之痕,而血气为之中阻矣。"(《闲情偶寄》)这就是说,结构使五官百骸相关,血肉相连,文章有了全形,文章的灵魂(主题)也就得到了活生生的体现。南朝文艺理论家刘勰对此也做了较为全面的论述:"何谓附会?谓总文理,统首尾,定与夺,合涯际,弥纶一篇,使杂而不越者也。若筑室之须基构,裁衣之待缝缉矣。"(《文心雕龙·附会》)"附会"就是附辞会义,指文章内容、形式安排;"总文理"即内容安排

要有条理;"统首尾"即首尾圆合;"定与夺"指对材料的取舍;"合涯际"即各章节之间的联系要紧密。若能做到以上各点,整篇文章不仅内容丰富,而且井然有序,成为有机的整体。结构确定了,方能做到"袖手于前,始能疾书于后。"(《李笠翁曲话》)

第二节 结构要素及技法

结构要素,也称结构的内容或结构的诸环节。文章的结构包括以下几个方面。

一、标题

(一) 标题概述

标题又称题目,是文章或作品的有机组成部分。俗话说:"秧好一半谷,题好一半文。"标题是文章的眼睛,其作用主要表现在:或直接揭示主题;或提出问题,引导读者深思,以理解主题;或形象地概括文章的内容思想,指出文章的内容、范围,一定程度地暗示主题,引起读者的兴趣。

标题的类型可谓千姿百态,但不外乎是以人、事、物、景、情、理、语等来命名的。以鲁迅的作品为例,有以人命名的,如《孔乙己》;有以事命名的,如《一件小事》;有以景命名的,如《白光》;有以物命名的,如《长明灯》;有以情命名的,如《伤逝》;有以理论命名的,如《"友邦惊诧"论》;有以语(一句话)命名的,如《辱骂和恐吓决不是战斗》。

(二) 拟题的原则

1. 贴切

贴切即标题与文章的主题、体裁、风格等相协调。如果题文不符,题大于文或题小于文,就写不出好文章。例如,作家曹靖华的《小米的回忆》,写了三件事都与小米有关:第一件是童年时代对小米的记忆;第二件是"我"到上海后探望鲁迅时曾带过一袋小米;第三件是抗战时期周总理和董老曾从延安给在重庆工作的同志带来小米。这三件事都紧紧围绕着"小米"进行回忆叙述,标题与内容和谐一致,主题也十分明确。

2. 简洁

简洁即用最少的文字概括全文的内容,做到言简意赅,画龙点睛。秦牧说过:好的题目,总是概括性很强,饶有深意,引人深思,能激发人们的阅读兴趣。例如,鲁迅小说的题名都是言短意深的,他的三本小说集,共收入了33篇小说,多数为两三个字的标题,有的只用一个字,如《药》。当然,有的文章因表达的需要,标题必须长一些,如新闻报道、学术论文和应用类文章的标题,太简单就不能说明问题。

3. 新颖

新颖即新颖别致,不同凡响,独具匠心,发人深思,富有个性,不落俗套。这是作文拟题的高标准要求。例如,胡西淳的《你就是一道风景》,题目出语不凡,作者告诉我们:不要过分地在意别人,不要自卑自弃自我迷失,要认识到自己独有的美丽,要自信自珍自我独立。立意深刻,见解独到。

（三）拟题方法

1. 修辞法

修辞法,指运用适当的修辞手法为文章拟题的方法。常见的修辞拟题法有以下几种。

（1）比喻法

即运用比喻,对事物的特征进行描绘或渲染,使事物生动、具体,给人鲜明的印象,同时也可使深奥的道理浅显易懂。例如,《落叶是疲倦的蝴蝶》《个性是一面旗帜》《托起明天的太阳》《打开知识宝库的钥匙》《我发现女孩也可以做"太阳"》《家,我们成长的避风港》《诚信——人生的通行证》《我渴望老师的"阳光"》等。

（2）比拟法

即运用比拟,使题目具有思想的跳跃性,能使读者展开想象的翅膀,捕捉它的意境,体味它的深意,对所表现的事物产生鲜明的印象。例如,《洲际导弹自述》《二十一世纪的呼唤》《小草在歌唱》《月亮新衣》《风与云的对话》《小树又快活了》《诚信喊"冤"》《飞翔的信念》《种植春天》等。

（3）引用法

即引用古今名言、诗词、谚语、成语、俗语、术语、歌词和科技方面名词,或改写或仿写,以借助原文的魅力,吸引读者,创出新意。这种拟题,常显得典雅大方,亦庄亦谐,妙趣横生。例如,《西出阳关有英杰——西昌散记》《宛如平常一首歌——著名作家梁晓声教子》《谢谢你,给我的温柔》《诚信归去来》《人在异乡不为客》《稻花香里说丰年》等。

（4）对比法

即运用对比,使客观存在的对立统一关系表达得更集中、更鲜明。例如,《红与黑》《战争与和平》《高女人和她的矮丈夫》《小教师,大课堂》《躺着读书,站着做人》《自尊？自辱？》《海纳百川,我纳千言》等。

（5）对偶法

即运用对偶,使形式上整齐匀称、节奏感强;内容上凝练集中,概括力强。例如,《朋友最真,友情最贵》《读智慧之书,做有用之才》《人生有古稀,事业总美丽》《饮露秋风,跃彩夏月》等。

（6）疑问法

即运用设问或反问,提出问题,提醒注意,引导思考。例如,《错？对！》《生活的真谛是什么？》《中国人失掉自信力了吗？》《谁是最可爱的人？》《牢骚太多真的不好吗？》《成才全靠父母吗？》等。

（7）仿词法

即运用仿词,表现讽刺或诙谐、幽默的味道,常能深刻有力地突出事物的本质,显示新鲜而又风趣的表达活力。例如,《杞人忧"地"》《缘何前"腐"后继》《在职读书,有可厚非》《招"才"才能进"宝"》《我家有个男保姆》等。

（8）顶针法

即运用顶针,议事说理,准确严谨;状物叙事,条理清晰;抒情写意,格调清晰。例如,《读书乐,乐读书》《活读书,书读活》《读书好,好读书》《流则通,通则兴》等。

（9）谐音法

即运用谐音，可以调节语言风格，使之委婉曲折，从而产生含蓄的美感和幽默效果。例如，《"累"为谁流》，巧妙地把劳累的"累"谐音为"眼泪"的"泪"，使得文题更加有内蕴。又如，《"溜""留"之间》，抓住"溜"与"留"的矛盾，将遇到困难如何对待的两种可能作了恰当的概括。

（10）呼告法

即运用呼告，表达自己的思想感情，或讽刺或歌颂。例如，《别了，司徒雷登》《再见了，脏乱差》《周总理，你在哪里？》《大堰河——我的保姆》《祖国，我回来了》《朋友，珍重》《给生活加点糖吧！》《让暴风雨来得更猛烈些吧！》《努力吧，朋友！》等。

（11）双关法

即运用双关，使语言幽默、生动活泼。它包括谐音双关和语义双关两种。例如，《圆与缘》，由"圆与圆"的相交想到"缘与缘"的交错，从而感叹茫茫人海中那份来之不易的缘，引出"悟缘""惜缘"的观点。又如《我最需要一剂良药》《我学会了走路》等。

（12）排比法

即运用排比，增强语势、加深感情、清晰线条、丰富内容。例如，《昨天·今天·明天》《自卑·自负·自强》《兴趣点·迁移点·成功点——引导学生学习的三个"点"》等。

（13）反语法

即运用反语，往往具有讽刺辛辣、幽默有趣的修辞效果。例如，《我发现了家中的"贼"》《莫学这样的"聪明"》《我有一个"傻"妈妈》等。

另外，还可以运用反复、夸张、借代、层递、回环、通感等修辞手法进行拟题。

2. 符号法

符号法指用一些数字、公式、标点等来为文章拟题的方法。给文题加上恰当的符号，既能起到简洁、生动、醒目的作用，又能帮助读者理解题意，增强文题的表现力，起到文字难以替代的作用。例如，《勤劳×高科技＝致富》《给予＝快乐》《1＋1＞2——谈合作的重要性》《7－1＝0》《记忆≠智慧》等。

3. 悬念法

悬念法指拟题时让文题违背常情，制造悬念的方法。它主要挖掘生活语言，利用相似词语的颠倒、错位、谐音、形近等特点产生的独特魅力，使标题靓丽起来。例如，《秋天里的春天》《没有异想，哪来天开？》《我渴望每天晚上都停电》《三个臭皮匠，怎敌诸葛亮》等。

4. 想象法

想象法指让思维自由飞翔，拟出新颖标题的方法。运用这种拟题法，既可以培养自己的想象力、创新力，又能使创作的文章富有新意，让读者耳目一新。例如，《假如阳光是绿色的》《如果生活中没有了水》《假如风有颜色》《我坐在云朵上》《我有了一双翅膀》等。

5. 口语拟题法

口语拟题法，指采用口语，用亲切自然的形象和语气拟题，使人读起来轻松舒畅，充满生活气息。例如，《叔叔，请您喝茶》《小孩，不哭》《我跟我爹是同学》《他为啥会这样》等。

（四）拟题的忌讳

1. 忌脱离主题

忌脱离主题，指题目应紧扣文章内容或主题，既要理解材料的意思，又要吃透材料的精神，把握材料的主旨。这样，拟出的题目才能扣住题意，切合主旨。例如，俄国作家列夫·托尔斯泰说：一个人就好比一个分数，他的实际才能就好比分子，而他对自己的评价就好比分母；分母愈大，则分数的值就愈小。对此，有人这样拟题：《谦虚使人进步，骄傲使人落后》《摆好分子分母的关系》《夸大自我的恶果》等。这些题都没有紧扣材料的原意。这段材料的比喻义是对那些盲目自满的人提出忠告：过高估计自己就等于贬低自己！只有紧扣这个主题来拟题，才是正确的。

2. 忌文不对题

忌文不对题，指内容和题目应相符合，切忌文不对题。例如，有人写了一篇通讯，标题为《这种悲剧应该避免——几位有才华的人忽视交通规则死于非命》。看此标题，读者一定会以为是这几位有才华的人由于自己忽视交通规则才造成死亡的。可看了内容，实情是：一辆卡车和一辆拖拉机为争道抢行，才把人轧死的。可见，有才华的人并非交通事故的责任者，可副标题把"有才华的人"列为忽视交通规则的人，真是冤枉。如果把副标题改为《几位有才华的人由于交通事故死于非命》，那就不会造成文不对题了。

3. 忌大而不当

忌大而不当，指标题范围尽量要小，不要过于宽泛。标题过大，则主题难以集中明确，不利于创作时从小处着眼，深化主题，也不便于把握文章的重点。如果主标题实在要大，必须采用副标题的方式加以限制。例如，有人写了一篇谈论语言美的文章，可题目用了《谈美》这样一个大标题。有篇文章，只是谈论燃烧的生活，可作者偏偏加上《谈生活》这样一个大标题。这两个命题，表面上看扣住了材料，事实上却大而不当。

4. 忌题意不明

忌题意不明，指切忌让人读不懂标题与材料的联系。标题一般讲究含蓄，但含蓄不等于模糊，不等于表意不明。例如，有一则材料讲的是老师在学习上如何严格要求他的学生，使很多学生考上了名牌大学。可是有人这样命题：《有这样一位老师》。这是个典型的含义不清的标题，可使用《严师出高徒》《"严"老师》之类的标题，这样题意才会明确。

5. 忌语言啰嗦

忌语言啰嗦，指标题不能过长，不凝练。写文章要锤炼语言，拟标题也是这样。标题使用词语或短语，一般不要超过八个字，过长则显得松散。例如，有一位爷爷告诉孙子第二人称用"你们"，不可用"您们"，可他自己却犯了这样的错误而被孙子指出。针对这则材料，有人拟题为《从爷爷写错别字看当今社会风气不良的原因》，可以说这个标题扣住了材料，但使人感到拖沓冗长，若改为《"你们"和"您们"》《可悲的"您们"》等，就会显得凝重、有力又恰当。

以上介绍的方法多有交叉重复之处，有的标题符合多种方法。在实际写作中，无论采用哪种拟题法，切忌一味地追求别致，而使题目怪异或庸俗化。拟题要因人而异、因主题而异、因文体而异、因文风而异，要用适合自己的个性化的表述。当然，要想拟个好题，除了平

时加强拟题训练外,还应多浏览报刊,多留意报刊上的文章标题,体味、比较,定会受益良多。

二、开头

(一)开头概述

开头,古人称为起笔。元代文学家陶宗仪说:"作乐府亦有法,曰凤头、猪肚、豹尾六字是也。"(《南村缀耕录》)所谓凤头,是指文章要有一个漂亮的开头。明代诗人谢榛则认为:"起句当如爆竹,骤响易彻。"(《四溟诗话》)这是以声响作比,来说明开头的表现效果及其作用,非常生动形象。苏联作家高尔基说过:"最难的是开头,也就是第一句。就像在音乐中一样,第一句可以给整篇作品定一个调子,通常要费很长时间去寻找它。"(《高尔基论文学》)

具体来说,开头的作用主要表现在两个方面:一是从写作主体的角度来看,好的开头就像登上高山而能饱览万物,站在源头而能畅行千里。当然,这种好的开头绝非凭空杜撰而成,它作为文本内容整体的一个有机组成部分,只能是写作主体对全文构思趋于成熟的产物。正如叶圣陶所说:"作者在一个字也不曾写之前,整篇文章已经活现在胸中了。这时候,该用什么方法开头,开头该用什么样的话,也就派定注就,再不必特地用什么搜寻的功夫。"(《开头和结尾》)二是从阅读者的角度来看,好的开头具有先声夺人、引人入胜的吸引力,并且能够引导读者把握要领,产生强烈的阅读欲望。正如清代文学家李渔所说:"开卷之初,当以奇句夺目,使之一见而惊,不敢弃去。"(《闲情偶寄》)

(二)开头的原则

1. 扣题

扣题指开头必须与全文的主要内容、中心思想紧密相连,为突出中心服务,成为文章的有机组成部分。这是衡量开头好坏的首要标准。

例如,贾平凹的《我的小桃树》:"我常想给我的小桃树写点文章,却没写出一个字来。只是自个儿忏悔,又自个儿安慰,说:我是该给它写点什么了。"开头便紧扣题旨,说明了自己要为小桃树写篇文章的缘由。老舍《在烈日和暴雨下》的开头:"六月十五那天,天热得发了狂!"直接交代事情发生的时间、节令、气候,为下文的展开提供了背景、环境等。何其芳《谈修改文章》的开头:"修改是写作的一个重要部分。古今中外,凡是文章写得好的人,大概都在修改上用过功夫。"直接明确修改的重要性。

2. 精彩

精彩指文章的开头应漂亮美丽如"凤头",响亮惊人如"爆竹",含蓄清丽如"处女于前",峭拔突兀"有崚嶒之势"。

例如,黎巴嫩作家纪伯伦《母亲颂》的开头:"人的嘴唇所能发出的最甜美的字眼,就是'母亲',最美好的呼喊,就是'妈妈'。这是一个简单而又意味深长的字眼,充满了希望、爱、抚慰和人的心灵中所有亲昵、甜蜜和美好的感情。在人生中,母亲乃是一切。在悲伤时,她是慰藉;在沮丧时,她是希望;在软弱时,她是力量;她是同情、怜悯、慈爱、宽宥的源泉。谁要是失去了母亲,就失去了他的头所依托的胸膛,失去了为他祝福的手,失去了保护他的眼睛……"开头文采飞扬,作者巧用排比和比喻,读起来朗朗上口,韵味十足。而且从大处落笔,气势磅礴、直率刚健的语言风格,显示出了深厚的语言功底,让人为之一震,能激发读者强烈的阅读兴趣。

3. 简洁

简洁指用最精练的语言,把题旨点出来,不啰嗦,不兜圈,没有废话,干净利索。例如:"我的故乡在江南,我爱故乡的杨梅。"(《我爱故乡的杨梅》)"在首都北京的天安门前,有一片开阔的广场,磅礴坦荡,这便是闻名中外的天安门广场。"(《天安门广场》)"三味书屋是几十年前的一个书塾,现在是绍兴鲁迅纪念馆的一部分。"(《三味书屋》)

(三)开头的方法

常用的开头方法有以下六种。

1. 开门见山法

开门见山法指文章一开始就直接入题,导向主要内容,不转弯抹角,不旁逸斜出。这种方法干脆利落,入题快捷。从写作的角度,它能确保将主要篇幅用于文章的主体部分;从阅读的角度,它会使读者免于陷入迂回曲折的阅读迷雾。宋代文学家李涂说:"文字起句发意最好。"(《文章精义》)在今天的信息时代,时间弥足珍贵,看文章的人都希望尽快地明白文章写的是什么。这种方式运用较多,在实际写作中主要有以下四种形态。

(1)点明写作对象

即在开头便点明本文的主要写作对象。例如,巴金《怀念萧珊》的开头:"今天是萧珊逝世的六周年纪念日。六年前的光景还非常鲜明地出现在我的眼前。"这就直接点明了回忆的对象是自己的妻子萧珊,笔端流露出深切的怀念之情。梁衡《晋祠》的开头:"从山西省太原市西行四十里,有一座悬瓮山。在山下的参天古木中,林立的一百多座殿堂楼阁和亭台桥榭。悠久的历史文物同优美的自然风景浑然融为一体,这就是著名的晋祠。"则是直接点明本文的写作对象是晋祠。

(2)照应标题

即在文章开头便直接照应标题。例如,宋代文人苏轼《喜雨亭记》的开头:"亭以雨名,志喜也。古者有喜,则以名物,示不忘也。周公得禾,以名其书;汉武得鼎,以名其年;叔孙获狄,以名其子。其喜之大小不齐,其示不忘一也。"该文直接点题,解释喜雨亭命名的原因,并引周公得禾、汉武得鼎、叔孙获狄三件古事为证,简洁明了,干净利落,为下文的展开、生发奠定了基础。朱自清《背影》的开头:"我与父亲不相见已二年余了,我最不能忘记的是他的背影。"这个开头照应了标题,强调了写作的重点。

(3)点明题旨

即在文章开头便直接将本文的主题、中心说出来。议论文大多要在开头点明题旨。例如,秦朝丞相李斯《谏逐客书》的开头:"臣闻吏议逐客,窃以为过矣。"直接提出论点,正文部分据此而展开论述。毛泽东《反对党八股》的开头:"现在来分析一下党八股的坏处在什么地方。我们也仿照八股文章的笔法来一个'八股',以毒攻毒,就叫做八大罪状吧。"直接亮明本文的中心是反对党八股。吴晗《谈骨气》的开头:"我们中国人是有骨气的。"第一句话便直接提出了文章的论点。

（4）交代写作缘由或写作背景

即在文章开头直接交代本文的写作缘由或背景。例如，鲁迅《为了忘却的记念》的开头："我早已想写一点文字，来纪念几个青年的作家。这并非为了别的，只因为两年以来，悲愤总时时来袭击我的心，至今没有停止，我很想借此算是竦身一摇，将悲哀摆脱，给自己轻松一下，照直说，就是我倒要将他们忘却了。"孙绍振《说不尽的狗》的开头："歌德曾作著名的散文《说不尽的莎士比亚》，竟然引发我的灵感，作《说不尽的狗》。"史铁生《我与地坛》的开头："我在好几篇小说中都提到过一座废弃的古园，实际就是地坛。许多年前旅游业还没有开展，园子荒芜冷落得如同一片野地，很少被人记起。"这三个范例的开头，均直接交代了写作背景，说明了写作动机，使读者一开始便明白了作者的良苦用心。

开门见山法是一种应用广泛的开头方法。在具体写法上，可根据不同的文体、不同的写作目的作不同处理。但要注意的是它不等于随意开头，它需要在全局在胸的基础上，提炼出能总揽全篇的句子，还要为后文留下充分的铺展空间。

2. 悬念设置法

悬念设置法指根据文章表达的需要，起首提出疑问，或是设置一个让读者产生阅读兴趣的悬念，再在后文阐释，慢慢解开疑团。开头设置悬念，可以是情节方面的，可以是感情方面的，也可以是人物方面的，还可以是观点方面的。它能一下子抓住读者的心，激发人们的思考，起到引人入胜的效果。

例如，宗璞《紫藤萝瀑布》的开头："我不由得停住了脚步。"看似不起眼的一句话，却能让人思绪万千：作者先前肯定是在散步，什么样的奇景能让他把脚步留住？什么样的瑰丽能把他的心挽住？什么样的仙境能让他留下永久惊叹？读者的心一下子就被抓住了。张洁《拣麦穗》的开头："在农村长大的姑娘，谁不熟悉拣麦穗的事呢？我要说的，却是几十年前拣麦穗的那段往事。"什么样的往事呢？这个悬念自然起到吊人胃口的作用了。萧乾《枣核》的开头："动身访美之前，一位旧时同窗写来封航空信，再三托付我为他带几颗生枣核。东西倒不占分量，可是用途却很蹊跷。"这个开头就容易引起读者的注意和揣摩，读完全文，读者才明白枣核的用途，是那位美籍华人可以借此睹物思乡，表达他对故乡的思念。

3. 写景烘托法

画家画月，如果孤零零地画出个月亮，就会显得格外单调，甚至会神采匮乏。如果在月亮周围勾上几缕云彩，以云托月，情况就会大不一样，月亮就会格外有神。这种技法，就是烘托。在文章的开头借助景象描写，可以融入作者特有的情感，达到独特的表达效果，便于引出下文。具体有以下几种情况。

（1）描写景象，确定基调

例如，苏叶《烟雨暗千家》的开头："江南的清明时节，雨水是这样的多！我是喜欢听雨的，也都有些烦了。天阴得像烟熏黑了的老房子，垂垂可触，推一把就会倾倒的样子。真待要伸手了，却又触摸不着。这湿寒的春阴，自然是漠漠无边，拳打不开的。就连雷声也不爽脆，不知郁闷着一些什么心事。"雨景的描写，为全文确定了一种沉重压抑的基调，自然引出了下面的情节——作者冒雨走访了一位在内斗中被迫致死的著名学者的故居。

(2) 描写景象，构成象征

例如，瞿秋白《暴风雨之前》的开头："宇宙都变态了！一阵阵的浓云；天色是奇怪的黑暗，如果它还是青的，那简直是鬼脸似的靛青的颜色。是烟雾，是灰沙，还是云翳把太阳蒙住了？为什么太阳会是这么惨白的脸色？还露出了恶鬼似的雪白的十几根牙齿？"这个景象的描写，融入了作者强烈的感情色彩，象征着当时社会的极度黑暗，到处充满了恐怖的气氛。这样的开头，也为全文的整体象征做好了铺垫。

(3) 描写景象，烘托心情

例如，鲁迅《药》的开头："秋天的后半夜，月亮下去了，太阳还没有出，只剩下一片乌蓝的天；除了夜游的东西，什么都睡着。华老栓忽然坐起身，擦着火柴，点上遍身油腻的灯盏，茶馆的两间屋子里，便弥满了青白的光。"这个开头，交代了时间、地点，描写了环境，烘托出华老栓悲凉的心境。

4. 序引题记法

序引题记法指在文章题目之后、正文之前写上几句含义隽永的话作为引子或序言的方法。序，即小序；引，即引子。小序和引子实际都是题记的一种，它们的作用是相似的。或牵引内容，或揭示主旨，或交代写作缘起，或渲染气氛。一个精彩的题记，或生动形象，或富含哲理，能使文章锦上添花。好的题记要做到小、巧、趣、精、新。写题记时，要注意题记的文字与全文的内在关联。题记的文字可以是名人名言，也可以是富有哲理的句子，还可以是自己拟的警句。文字应该简短、鲜活而富有诗意。

例如，高考满分作文《我们的信念，我们的选择》的题记："我们可以不伟大，但我们庄严；我们可以不永恒，但我们真诚；我们可以不完美，但我们努力。"作者选用了毕淑敏《精神的三间小屋》中的一段话稍作改造，作为题记，很好地诠释了文章的主题思想。《翅膀，落在天上的叶子》的题记："叶子，是不会飞翔的翅膀；翅膀，是落在天上的叶子。"这个题记采用比喻的方法来揭示翅膀和叶子的关系。翅膀和叶子怎么可以画上等号呢？这个疑问犹如一个谜团，一下子勾起阅读者的好奇心。只有读完全文，才知道这是一篇"丑小鸭变成小天鹅"童话故事的翻版，作者用落叶代替丑小鸭，写它的无悔选择，写它的执着梦想，写它的美好心灵，新颖独到，让人耳目一新。

5. 事件引入法

事件引入法指在文章开头叙述一件事件，借助事件来引出正文，或描述，或议论，或抒情。使用这种开头法切忌叙述事件过长，喧宾夺主，要明确其重要目的是引出正文。

例如，龚姗姗《美的断想》的开头："电影《巴黎圣母院》中有这样一个镜头——敲钟人卡西摩多因劫持爱斯美拉塔而惨遭鞭笞，被抛弃在广场上。爱斯美拉塔不计前嫌，上前喂他水喝。卡西摩多没有诅咒命运的不公，没有痛斥社会的黑暗，而是对近在咫尺的美丽的吉卜赛姑娘艰难地吐出一个字：'美。'"由人们熟悉的电影镜头自然切入，借助这一镜头震撼人心的力量，引人入胜。胡仁明《拥有宽容》的开头："唐人李翱的《李文公集》中有这样一则寓言：两人分乘国马和骏马并驾而行，骏马咬破国马长鬃之颈，使其流血不止，国马却仍驱行如故。骏马回到家中却浑身颤抖，草水不沾，待国马一番安慰——用鼻子亲近、同槽共食之后，骏马才恢复如初。"由故事引出文章要谈论的"宽容"主题，正文再由马及人，分析了拥有宽容的意义,联系现实,澄清人们的错误认识,鲜明地指出"有容乃大,能让为高"。

6. 巧用修辞法

修辞手法有许多,在文章开头中最常用的主要有以下几种。

（1）比喻法

即开头设喻,以引起读者对文章内容的兴趣。比喻法多用于议论文的开头,它能使文章发端新颖,增强文章的吸引力和表达效果。既然是设喻,就得注意所言之他物与本题有一定的相似之处,不能牵强附会。

例如,唐代文学家韩愈《马说》的开头:"世有伯乐,然后有千里马。"以伯乐与千里马的故事为喻引出中心论点。李乐薇《我的空中楼阁》的开头:"山如眉黛,小屋恰似眉梢的痣一点。"恰当的比喻,把小屋的美丽形象地展现出来了。张晓风《花拆》的开头:"花蕾是蛹,是一种未经展示未经破茧的浓缩的美。花蕾是正月的灯谜,未猜中前可以有一千个谜底。花蕾是胎儿,似乎混沌无知,却有时喜欢用强烈的胎动来证实自己。"连续用了三个暗喻来描写花蕾的美和顽强的生命力。

（2）引用法

即在开头引用警句、名言、诗句或俗语、谚语等,可以达到吸引读者,突出中心的作用。

引用对于不同文章的作用也不尽相同:或引用名言警句,点明中心;或引用人物语言,突出人物性格;或引用诗歌,唤起读者共鸣;或引用俗语谚语,说明事理。在议论文中,常见的方法是引用名言导出话题。

例如,冰心《每逢佳节》的开头:"唐诗人王维的《九月九日忆山东兄弟》这首诗,一千多年来脍炙人口,每逢佳节,在异乡的游子,谁不在心里低回地背诵着:'独在异乡为异客,每逢佳节倍思亲。遥知兄弟登高处,遍插茱萸少一人。'"入题新颖、感情真挚,点明了思念海外亲人的题旨。杨娟《母亲的心灵深处》的开头:"以前,每每读到冰心的'母亲啊,你是荷叶,我是红莲,心中的雨点来了,除了你有谁是我无遮拦天空的荫蔽',我都摇头——那是别人的母亲,我的母亲不爱我。"巧妙引用冰心的诗句开篇,欲扬先抑,语言平白如话,娓娓道来,很自然地引出下文。

（3）排比法

即在开头使用排比法,能造成文章的磅礴气势,开始便产生夺人心魄的审美效果。使用排比法要注意句子之间的内在联系,不可将毫无逻辑关系的句子整合在一起。

例如,陈荣力《流浪的二胡》的开头:"有一个精灵,漂泊如三春之水,清冷似冬夜之月;有一个精灵,惆怅如初夏细雨,幽怨似深秋桂子;有一个精灵,它注定了永远都在流浪——二胡,江南,流浪的二胡。"阅读这样的文字,让人感觉到文中的二胡已经不单单是一种演奏工具,也是一个人、一块土地、一个民族的感情缩影。排比句的运用不仅直接点题,也为文章增添了亮色。

（4）拟人法

即在开头中将人虚化为物,或将物拟写为人。借物来抒发人的情感,这是一种富有创意、吸人眼球的开头方法。使用这种方法要注意符合生活逻辑,不可牵强附会。

例如,舒婷《渡向彼岸》的开头:"阳光想要取悦你的时候,又轻又软,像异性贴紧你后颈的嘴唇。天空也很合作地释放些蓬松的花絮,为摄影机的镜头锁定了表情。"作者将阳光与天空都拟人化了,创造了一种新奇的表达效果。星星在《地球就诊记》中的开头:"太阳公公开了一家诊所——太阳诊所,刚刚准备就绪,就来了一个病人。"太阳公公开诊所?奇怪的事!为谁看病?原来是地球病了。趣味化的拟人开头,让读者进入了一个童话世界。

(5) 对比法

即在开头把一种事物同其他事物作比较,或者将两个或几个对立的事物加以比较,以突出所要写的对象的特点,增强文章的表达效果。但要注意的是,不管使用纵比还是横比,都必须根据写作目的的需要,恰当地选择对比的对象。

例如,闻一多《"五四"断想》的开头:"旧的悠悠死去,新的悠悠出生,不慌不忙,一个跟一个,——这是演化。新的已经来到,旧的还不肯去,新的急了,把旧的挤掉,——这是革命。"通过新与旧的对比,充分揭示了新的必将替代旧的,直接点明了五四运动的实质。

以上五种修辞开头法使用频率较高,效果也好。除此之外,有的文章也会使用设问、对偶、呼告等方法,在此不一一介绍。

(四)开头的忌讳

1. 拐弯抹角,离题千里

指落笔时,不直接点题,总爱兜圈子。或率性而写,盲目叙述;或大讲形式,空发议论;或乱写景物,无故抒情;或自造麻烦,引出众多的人物或复杂的事件等。不着边际,空发议论,下笔千言,离题万里,绕了好大个圈子,才说到正题上来。有人把它比作大头娃娃。

2. 突然提出,没头没脑

有些文章开头,缺乏应有的交代,显得突如其来,没头没脑,不知所云。如写读后感,有的文章在不作任何交代的情况下就开始抒发见解。写材料作文一开头就说"读了这个材料,我有深刻的体会……"材料内容只字不提就这样写,太突然了。

3. 陈词滥调,格式老套

指开头写来写去就是这么几句话,缺乏创新。有些文章开头总是从形式写起,言必称"在××的领导下""在××的支持和关怀下""在××的帮助下",有的文章开头总是"光阴似箭、日月如梭",成了令人生厌的陈词老套。

4. 堆砌文辞,弄巧成拙

有的文章,开头想先声夺人,想不出好的办法,于是就把格言、名言警句等优美文辞一股脑儿地搬出来,以为这样就算是个好的开头,其实这种做法带有很大的盲目性。堆砌的开头,表面看写得很好,但实质上表达思想感情不明白、不清楚、不真实,反而会弄巧成拙,影响表达效果。

5. 无病呻吟,银枪蜡头

有的文章的开头,特别是议论文的开头,不管与中心、主题有无关系,议论还没有展开,问题还没有说清,就"啊""呀"不断,感慨万端。这种凭空抒情,只能叫无病呻吟。有的文章开头故弄玄虚,耍花枪,兜圈子,有意让人捉摸不透,不愿将意思直截了当地写出来。这种故弄玄虚的银枪蜡头的作法,恰恰是写作的弊病。

三、结尾

(一) 结尾概述

结尾是文章的结束部分,古人称为收笔、结穴。元代文学家陶宗仪说:"作乐府亦有法,曰凤头、猪肚、豹尾是也。"(《南村辍耕录》)所谓豹尾,是指文章要有一个有力的结尾。明代诗人谢榛则认为:"结局当如撞钟,清音有余。"(《四溟诗话》)这是以声响作比,来说明结尾的表现效果及其作用,非常生动形象。

俗话说:"编筐编篓,重在收口。"近代文学家林纾说:"为人重晚节,行文看结穴。"(《春觉斋论文》)结尾之所以重要,就在于它关系到文章结构是否完整。清代文学家李渔说:"终篇之际,当以媚语摄魂,使之执卷留连,若难遽别。"(《闲情偶寄》)叶圣陶说,结尾应当"使读者好像嚼橄榄,已经咽了下去而嘴里还有余味;又好像听音乐,已经到了末拍而耳朵里还有余音,那才是好的结尾"(《开头与结尾》)。善始善终,则首尾圆和,"附会之体,固亦无以加于此矣"(《文心雕龙·附会》);虎头蛇尾,前重后轻,"则遗势郁湮,余风不畅"(《文心雕龙·附会》)。结尾还关系到文章能否给读者留下深刻的印象。好的结尾,能使读者"执卷留恋,若难遽别"(《闲情偶寄》);匆匆收尾,则令人兴味索然,势必削弱文章的艺术魅力。古人视收尾和开头同等重要,故有豹尾论、响亮论、余味论、秋波论、媚语论等。

(二) 结尾的原则

根据现代写作学的研究,结尾的原则有三点。

1. 总结全文,揭示主题

一般情况下,结尾的主要功能是总结全文,揭示主题,让读者在阅读前文的基础上得到整体感受,明确文章主旨,得到美的启迪。例如,鲁迅《一件小事》的结尾:"独有这一件小事,却总是浮在我眼前,有时反更分明,教我惭愧,催我自新,并且增长我的勇气和希望。"至此,读者不难明白作者为什么事隔多年,还要追忆这件小事了。魏巍《谁是最可爱的人》一文的结尾兼用议论与抒情的方式,并点题:"你一定会深深地爱我们的战士——他们确实是我们最可爱的人!"

2. 意在言外,发人深思

古人说好的结尾,有如咀嚼干果,品尝香茗,令人回味再三,读者能够在言外之意、弦外之音中感受文章的魅力。例如,鲁迅《故乡》的结尾:"我想:希望是本无所谓有,无所谓无的。这正如地上的路,其实地上本没有路;走的人多了,也便成了路。"这段话含蓄、深刻,一语双关,耐人寻味,启发人们为创造新生活勇敢地开辟道路,使全文的思想感情得到升华,体现了鲁迅的战斗精神。小学语文课文《金色的鱼钩》的结尾:"擦干了眼泪,我把老班长留下的鱼钩小心地包起来,放在贴身的衣兜里。我想:等革命胜利以后,一定要把它送到革命烈士纪念馆去,让我们的子子孙孙都来瞻仰它。在这个长满了红锈的鱼钩上,闪烁着灿烂的金色的光芒!"与其说是不忘金色的鱼钩,倒不如说是不忘革命烈士。

3. 生动有力,干净利索

结尾有"豹尾"之称,这就要求结尾生动有力,干净利索。例如,郭沫若《白鹭》的结尾:"白鹭实在是一首诗,一首韵在骨子里的散文诗。"这一不寻常的比喻,生动地突出了白鹭的平凡而美好、朴素而高洁的特点，赞颂了白鹭的美。茅盾《白杨礼赞》的结尾就大声疾呼："让那些看不起民众、贱视民众、顽固的倒退的人们去赞美那贵族化的楠木（那也是直挺秀颀的），去鄙视这极常见、极易生长的白杨吧，但是我要高声赞美白杨树！"作家直抒胸臆，干净利索地表达了自己强烈的爱与憎。

（三）结尾的方法

1. 卒章显志法

卒章显志法指在文章结束时，把主题思想明确地表现出来；或者在全文即将煞尾时，把写作意旨交代清楚，所以人们也常称这种结尾方法为篇末点题、收篇点题。其特点是，先是娓娓地叙述，似乎事情就这样平平淡淡地结束了，实则蓄势。直到结尾最后一句话，写作主题才露底。而这个底一经露出，文章便来了个出人意料的转折，在平稳中发生突变，恰如奇峰突起，平地惊雷，振聋发聩，使读者眼前一亮，豁然开朗，引人深思。

例如，唐代文人杜牧《阿房宫赋》的结尾："呜呼！灭六国者，六国也，非秦也；族秦者，秦也，非天下也！嗟夫！使六国各爱其人，则足以拒秦；使秦复爱六国之人，则递三世可至万世而为君，谁得而族灭也？秦人不暇自哀而后人哀之，后人哀之而不鉴之，亦使后人而复哀后人也！"诗人在文章中以大量的文字，铺叙了阿房宫的宏伟和奇丽；后宫佳丽，斗妍争宠；六国珍宝，堆积如山。可是，诗人用意不在前文，而在收篇。好像平潮中冲出了巨浪一样，文章的主题豁然明朗：封建统治者骄奢淫逸，肆意剥削和压迫人们，最终逃不脱灭亡的可悲下场。收篇点题之妙，由此可见。

2. 风波再起法

风波再起法指文章前面一波三折，曲而有致，而在结尾波澜再起，以引发读者的再度思考。

例如，法国作家莫泊桑《项链》的结尾："我那串可是假的呀，顶多也就值五百法郎！"当玛蒂尔德听到真相后，劳作了整个青春的她会有什么反应呢？小说的结尾无疑又再度掀起了波澜，也给读者留下丰富的想象空间。"枕着妈妈买的书睡觉时，我突然觉得，妈妈不再是围着我和爸爸转，而是开始在为自己打算，让自己充实。看来，本该是更年期的妈妈，又悄悄回到了青年时代，能和我一起感受青春，再度花样年华了……"（高考作文《青春从40岁开始》）文章以"凤头、猪肚、豹尾"为话题写人到中年的"更年期的妈妈"，重新"又悄悄回到了青年时代"的微妙变化，从一个侧面歌颂了改革开放给人们带来的幸福生活。文末提到的母亲"和我一起感受青春，再度花样年华了……"，省略号的使用进一步引发读者的情感波动，给了读者广阔的思考天地。

3. 宕开启迪法

宕开启迪法指文章在正文部分已经完成任务，或刻画了形象，或阐明了观点，或营造了意境等，但结尾在文章的理趣上进一步深化，生发开去，更令人回味无穷。使用此法，切忌游离主题之外。

例如，鲁迅《故乡》的结尾："我在朦胧中，眼前展开一片海边碧绿的沙地来，上面深蓝的天空中挂着一轮金黄的圆月。我想：希望是本无所谓有，无所谓无的。这正如地上的路，其实地上本没有路；走的人多了，也便成了路。"这段文字写得十分含蓄，蕴涵着深刻的人生哲理,只有细细去品味,才能悟到真谛。生活的道路从无到有,极不平坦,而开辟一条人生的幸福之路,必须靠自己锲而不舍的努力和斗争。李霁野在《试谈人生》中分析了人生应该避免的早熟、早衰、早亡三种现象,对怎样生活提出了自己的看法,文末宕开一笔:"有人将人生比作古希腊的火炬竞走,是颇有意味的比喻。我们从黑暗中来,一闪就回到黑暗中去。我们的责任是从以前的人接过火炬,再将它传给后来者。使火炬不熄灭,或更进一步增加它的光,便是人生的意义和价值。"作者由"有人将人生比作古希腊的火炬竞走"生发开来,形象、生动地阐发了人生的意义和价值在于薪火相传,承前启后。

4. 呐喊呼告法

呐喊呼告法指写作主体根据内容的要求,融汇主观感情因素,在结尾处向读者发出某种呼告,进一步启示读者警醒、思考,或号召读者行动。此种结尾感情色彩浓烈且亲切,多用于议论性文体中,其他文体如散文、报告文学也常用。应注意的是,一般情况下要先总结全文,再发出呼告。

例如,唐代文学家韩愈《祭十二郎文》的结尾:"呜呼!汝病吾不知时,汝殁吾不知日;生不能相养以共居,殁不能抚汝以尽哀,敛不凭其棺,窆不临其穴。吾行负神明而使汝夭,不孝不慈,而不得与汝相养以生、相守以死;一在天之涯,一在地之角,生而影不与吾形相依,死而魂不与吾梦相接,吾实为之,其又何尤!彼苍者天,曷其有极!自今以往,吾其无意于人世矣!当求数顷之田于伊、颍之上,以待余年,教吾子与汝子,幸其成;长吾女与汝女,待其嫁,如此而已。呜呼!言有穷而情不可终,汝其知也耶?其不知也耶?呜呼哀哉,尚飨!"结尾采用呐喊呼告形式,有歉疚,有悔恨,有自责,有倾诉,撕心裂肺,悲痛惨烈,字里行间都是发自肺腑的骨肉亲情,如泣如诉,如痴如愚。读至此,人们似能看见作者涕泪纵横的神情,似能听到作者痛苦的声音。鲁迅《狂人日记》的结尾:"救救孩子!"这个结尾不但格式新颖,而且表现了狂人的性格发展。更为重要的是,它还充分体现了作者对封建社会及其伦理道德的深切痛恨,对被欺压人民的热忱关怀和对后代的殷切希望。

5. 呼应篇首法

呼应篇首法指篇末的文字与篇首的文字遥相呼应,互为一体。它能使文章严密、完整,文气贯通。写作主体常采用这种方式结尾,有时只起呼应作用,有时也起到强调、深化作用,以增强读者对文章的总体印象。

例如,唐代文学家柳宗元的《送薛存义序》:"吾贱且辱,不得与考绩幽明之说;于其往也,故赏以酒肉而重之以辞。"这是柳宗元送别同乡薛存义时,写下的一篇赠序的结尾,与篇首文字遥相呼应。开头作者说:"河东薛存义将行,柳子载肉于俎,崇酒于觞,追而送之江之浒。"全篇以设宴送别相呼应,使得篇章贯穿一气。茅盾在《白杨礼赞》的开头写道:"白杨树实在是不平凡的,我赞美白杨树!"在文章结尾处作者写道:"让那些看不起民众,贱视民众,顽固倒退的人们去赞美那贵族化的楠木(那也是直挺秀颀的),去鄙视这极常见,极易生长的白杨吧,但是我要高声赞美白杨树!"这个结尾照应了开头,进一步强化了对白杨树的赞美,同时再次点明了文章的主旨。

6. 评价言志法

评价言志法,这类结尾方式,主要体现写作主体的主观态度。古代一些著名文章,写作主体的叙事、记人、抒情,虽然有思想线索的贯穿,但一般不太明显。采用评价言志式的结尾,就能抒发写作主体内心的强烈情感,表达对所叙事件或人物的评价。

例如,汉代史学家司马迁《史记·李将军列传》的结尾:"《传》曰:'其身正,不令而行;其身不正,虽令不从。'其李将军之谓也?余睹李将军悛悛如鄙人,口不能道辞。及死之日,天下知与不知,皆为尽哀。彼其忠实心诚信于士大夫也!谚曰:'桃李不言,下自成蹊。'此言虽小,可以谕大也。"这段结尾,体现了司马迁对忠勇、诚恳、质朴、信实的李广的惋惜、同情和赞扬。"口不能道辞"的李将军,为汉朝建立了不朽的功勋,但始终没有受封,最后却被迫自杀。品德高尚的人,人们是不会忘记他的。就像不会说话的桃李一样,仍然会受到人们的喜欢、敬仰。

7. 景物描写法

景物描写法指用景物描写收束全文,是散文写作的常用笔法。这种写法的主要特点是:第一,有画面,即有一定时空、疏密、色彩、造型的景物描绘;第二,有情感,写景状物,都是有的放矢,融注着人的感情,所以流向笔端的景物描写不会苍白无力;第三,有意境,结尾中的景物描写,或是为了寄托一种思绪,或是为了象征一种情态,或是为了表达某种含义,或是为了凸现一种情境,它们各有不同的意境,而绝不是为了描写而描写。一般来讲,景物描写结尾法有以下五种不同的表达方式。

(1)扫描式

即进行一种"场面"很大的景物描写。写作主体或俯视,或仰视,或平视,或环视,将尽收眼底的景物细致地描绘出来,给人以身临其境之感。例如,"言罢,女神吮吸了泪珠,踏着七色彩云,哼着轻绵绵的歌谣,顿时消失得无影无踪"(高考作文《雨珠·露珠·泪珠》)。

(2)点面式

即进行有点有面、点面结合的景物描写。画面中的景物,中心突出而又相互映衬,富有立体感和层次感,既有风姿又显神韵。例如:"奶奶到另一个世界了,叶子静静地栖落在秋天的门槛上,有什么,能受得住这一叶秋呢……"(高考作文《何堪一叶秋》)。

(3)人物式

即画面之中既有景物的设置,也有人物的活动,人、景合一,人、物相对,通过人物对周围景物的感受,创造一种意境和表达一种含义。例如:"天边的晚霞一片绚烂,长安城早已没有了踪影。风,拂过我的脸颊,这风是从北边吹来的,它带来草原对我的呼唤。我笑了,那是快乐的笑,幸福的笑,因为我懂得了,忧伤能变为快乐,苦难也能变为幸福——全看你怎么想!"(高考作文《昭君行》)

(4)虚实式

即描写的是实实在在的画面,表达的却是虚化了的含义。这里的写景,可以是"全景镜头",可以是"景物特写",也可以是"人景合一"的构图,在这表面的景物下面,蕴含的是更深一层的内容。例如:"我再也无法遇到那么朴实善良的人了,但我心中那棵小树也在长大,像坟前那棵一样。许多年以后,必定有人跑来一看,呀,好大一棵树!那是我一辈子的祝福。我做人,也要做她那样的人!"(高考作文《好大一棵树》)

（5）象征式

即用所描写的景物来表现某种特殊的意义。它用于以象征手法写作的散文,是全文的一个有机组成部分。例如,巴金《灯》的结尾"在这人间,灯光是不会灭的——我想着,想着,不觉对着山那边微笑了"。山中的灯不能说不是景物,但在本文中它更多地具有一种象征意义——革命圣地延安。吴伯箫《猎户》的结尾:"谈着谈着,不觉已是晌午。天晴了。很好的太阳。"晴的天、好的太阳又何尝不是猎户美好生活的象征呢?

8. 余音绕梁法

余音绕梁法指写作主体不把意思说完,在结尾处有情有味地用一两句话作结,留下一些东西,让读者去咀嚼回味,如食橄榄,其味无穷,从而得到更为深长的审美享受。其类型有四种。

（1）余思韵

即在结尾处运用点化生花之笔,留下一些可启发读者思考的文字。例如,李广田《生死之间》的结尾:"生死之间! 我们是生呢,还是死? 还是在生死之间? 而且,应该怎么办呢? 我等待回答。"作者在等待回答,其实读者又何尝不是在等待思考呢? 元代剧作家王实甫的《西厢记》,有的版本结尾最后"长亭送别",崔小姐送张生进京赶考,到此打住。张生考中没有? 娶了崔小姐没有? 不告而终,如撞钟,余音袅袅。

（2）余情韵

即在结尾处运用抒情的笔墨,留下一些感情的余波,让它们继续荡漾着读者的心胸。例如,宋代文学家范仲淹《严先生祠堂记》的结尾:"仲淹来守是邦,始构堂而奠焉。乃复为其后者四家,以奉祠事。"又从而歌曰:"云水苍苍,江水泱泱,先生之风,山高水长!"史铁生《我与地坛》的结尾:"多年来我头一次意识到,这园中不单是处处都有过我的车辙,有过我的车辙的地方也都有过母亲的脚印。"情犹未尽,含蓄动人,感动的余波落在读者心里。

（3）余形韵

即在结尾处运用渲染的手法,留下一些形象和意境,其目的是让读者在继续受到感染的同时进行深入的思考。例如,沈善增《雨蒙蒙》一文,全文写了三个镜头:游廊中学生温课、华伞下姑娘读书、凉亭里三男解题。文章却不继续以这三个镜头作结,而是从题外借来一个形象:"阳光从云罅中撒下来,我看见一片片雨珠滚动的绿叶上,泛着点点金光,不禁想到秋天金色的田野……"这个结尾象征了文中三个镜头的美好前景——硕果累累,含蓄而意味深长。

（4）综合型

即上面三种类型的综合运用。例如,俄国作家柯罗连科《火光》:"可是生活之河却仍然在那阴森森的两岸之间流着,而火光也依旧非常遥远。因此,必须加劲划桨……然而,火光啊……毕竟……毕竟就在前头! ……"这里就既有形象的显现,又有感情的抒发,还有思想的启迪。

（四）结尾的忌讳

文章的结尾,无论采用何种方式,都要避免犯以下"四忌"。

1. 忌画蛇添足

忌画蛇添足,指全文已结束,本可耐人寻味,但写作主体仍不放心,偏要啰嗦几句,添上一些无关紧要的东西,这种情况要避免。文章讲究辞尽意不尽,而不是意尽辞不尽。例如:"同学们,相信微笑,相信明天,相信自己,那么你的未来将是一片辉煌,将会永远充满阳光。最后送给生活中正在为自己的理想,为自己的未来而做着不懈努力的人们一句话:'长风破浪会有时,直挂云帆济沧海。'"(应考作文《微笑着面对生活》)"最后"后面的话多此一举。既离题太远,又不为中心服务。

2. 忌游离主题

忌游离主题,指不与题目、中心或中心事件相照应,"顾左右而言他",这种情况要避免。例如,学生习作《"爱国卫生日"见闻》的结尾:"六点钟,班主任宣布大家可以返校。我约刘明明去新华书店看看,二楼是小说图书门市,摆满了古今中外的小说读本。我想要一套中国古典小说集。返校时,天快黑了。"这样的结尾,不仅多余,而且根本不与题意发生关系。

3. 忌空喊口号

忌空喊口号,指在结尾处为表明自己的立场、态度,大喊着与文章内容无关的空洞的口号,这种情况要避免。空喊口号,看上去慷慨激昂,其实苍白无力,大煞主题。例如,应考作文《千万别说放弃》:"今后的路还长,今后的路怎样走,这要靠自己。但是有一点我要告诉大家,今后遇到什么事,我们都不要说放弃,放弃不是最好的办法。""我要告诉大家"一副居高临下的模样,自说自话;"放弃不是最好的办法"过于武断片面,更是大煞风景。

4. 忌虎头蛇尾

忌虎头蛇尾,指文章应要表达的内容没有写完而行文却结束了,这种情况要避免。草草收兵的结尾,势必影响全篇的表达效果。例如,应考作文《爱莲说》:"看来,莲的魅力还真大啊!莲的魅力还不止这些呢,那就让我们去观赏莲,了解莲吧!"本应对莲的魅力进行提炼、歌颂或引申,但这种结尾却是虎头蛇尾,让人觉得空洞乏力。

四、段落与层次

(一) 段落与层次概述

段落,就是自然段。它是从文字表现形式上体现文本内容表达过程中的停歇与转换的一种标志,这种标志就是换行。段落主要是表现文本内容外在秩序的结构概念。段落安排得适当,既可以使文本内容表现得眉目清晰,也可以使阅读轻松自然。但要说明的是,这里所说的段落,不包括那些具有"换行"标志而不宜视作自然段的情况。如写作主体用以表达某种着重意味的独语段、用来连接上下文的过渡段、为了醒目或减少段落长度而单独安排的引语段、为显示对话关系分行排列的对话段等,都只能看作一种分行,不能认为是分段。

层次,也称结构段、意义段,用以区别段落(自然段)。它是指文本内容各主要部分的划分和表达次序的安排。层次安排合理、清晰,文本内容就会表现得脉络分明、气势贯通。可以说,层次安排是结构安排中最重要的工作,它的意义在于从整体上确定全文的逻辑关系。写作前先拟一个提纲,解决层次安排问题,使写作主体对全文的整体布局成竹在胸,再去进行各个局部的精雕细刻,就能在一定程度上避免混乱。

层次与段落的关系,在大多数情况下是层次大于段落,一个层次包含几个段落。在一些篇幅短小的文本中层次等于段落,也就是说一个层次采用一个段落的形式来表现。在少数情况下,层次有可能小于段落,如一些只有一个自然段的短文,其中就可能包含几个层次。不论从哪种情况来理解,层次都是表示文本内容内在逻辑关系的结构概念,是仅次于篇的结构单位。一篇文章是由若干层次组成的,而不是由若干段落组成的。强调这一点的目的,是要求写作主体树立在动笔之前,先在宏观上清晰地把握全文逻辑关系的意识。

(二) 段落的构成方式

根据段落里句子和句子之间的基本联系方式,常见的段落构成方式可分为:总分式、并列式、承接式、递进式、解说式、转折式、因果式等。

1. 总分式段落

总分式段落,指段落中句子之间是以先总后分的关系构成的。例如,黄建华《词典论》中有这样一个段落:"就目前所见,利用词典进行语言研究有两种做法:一是借助几种不同时期不同版本的词典并运用其他有关书证,对某些词语进行分析、考证、辨伪的工作;在我国,有关这方面的文章较为常见。二是就某一家辞典的先后不同版本进行比较,或就某一类型词典的有关部分进行对比,从中理出某个时期的语言发展(尤其是词汇演变)趋势或考察某种语言现象。国内尚未见此类研究文章,这里稍举例说明一下。"全段四句,第一句总提两种方法,第二、三句分别阐述方法一、方法二,第四句引出下文。总分式段落常常安排为篇、章、节的起始段。

2. 并列式段落

并列式段落,指段落中句子之间是以平行的关系构成的。例如,茅以升《中国石拱桥》中有一段:"永定河上的卢沟桥,修建于公元一一八九到一一九二年间。桥长二百六十五米,由十一个半圆形的石拱组成,每个石拱长度不一,自十六米到二十一点六米。桥宽约八米,路面平坦,几乎与河面平行。每两个石拱之间有石砌桥墩,把十一个石拱联成一个整体。"这类段式呈现横式结构,段中几句话分别叙述几件事、几种情况,或分别论述一事物的几个方面,构段很少使用关联词语。

3. 承接式段落

承接式段落,指段落中句子之间是以前句引出后句、后句紧承前句的关系构成的。例如,刘绍棠的《我是一个土著》第四自然段:"屈指算来,我从一九三六年落生到一九四六年,在我的运河家乡度过了整个童年时代,其间只有一九四五年春,日寇对北运河东岸进行疯狂大扫荡,我和家里一些人逃到通州住了四个月,还在北京住了几天。从一九四六年到一九五五年,我在通州和北京上高小、中学和大学,而每年三个月的寒暑假,都回家乡。一九五六年我被批准专业创作,又回乡担任了大型高级农业社的党总支副书记。一九五七年夏到一九五八年春,我回北京参加反右运动。从一九五八年春到一九六二年春,我先在本村,后到京郊农村的铁路工地和水利工地接受劳动改造。一九六二年春到一九六六年夏,我在北京等待安排工作,过了四年完整的城市生活,没有回过农村。一九六六年夏到一九七九年,我'大乱入乡',回到本村当社员,苟全性命于乱世,熬过了十年大浩劫。从一九八〇年三月起,我又在本村觅屋常驻,与乡亲乡土保持密切联系。"这段文字共八句,以时间先后排列,衔接紧密。承接式段落是按时间先后或者事情发生、发展的顺序组成段落。其句子间的关系,不管从时间看,还是从事情看,都是纵向的关系。

4. 递进式段落

递进式段落,指段落中句子之间是以递进关系构成的。例如,从维熙《我的文学初步》一文的第二自然段:"该怎么说呢?我想这要追溯到我的童年。童年,不但对于每个人来说,都是一个色彩缤纷的梦;而且对于艺术家来说,它是艺术萌发的一个摇篮。"这段回答"怎么迈开文学创作第一步"的文字,从追溯童年进而议论童年不但是"梦",而且是"艺术萌发的一个摇篮",意思加重了、推进了,显示了递进关系。递进式段落语句之间常用表示递进关系的"而且""并且""况且""何况""甚至"等关联词衔接。

5. 解说式段落

解说式段落,指段落中分句之间是以后句对前句进行解释说明的关系构成的。例如,地质学家李四光《人类的出现》中的一段:"从新人阶段起,现代各主要人种开始分化出来。例如上述在我国发现的山顶洞人具有黄种人的特征,是蒙古人种的祖先;在法国发现的克罗马努人具有白种人的特征,是现代欧洲白种人的祖先。"说明文和议论文中,常用此式组段,对事物或观点进行解释、申述、证明、阐发。

6. 转折式段落

转折式段落,指段落中句子之间是以转折关系构成的。例如,从维熙《创作与生活》一文尾段:"一个作家,常常是不愿意举自己的作品为例的,这是以防别人误解你有失躬谦;但谈别人的作品,总是隔靴搔痒,不如剖析自己作品得失来得更直接,更亲切,从而对青年朋友有所启发。"这种段落一般由两层意思构成,后层意思转到与前层相对或相反的意思上,行文常用表示转折关系的"但""但是""可是""却""然而""只是""不过"等关联词衔接。

7. 因果式段落

因果式段落,指段落中句子之间是以因果关系构成的。例如,李国文的开头段:"……去年《小说月刊》创刊,约写一篇谈《月食》的文章,搜索枯肠写了三千字,觉得比写小说还难,写完后连自己也不相信那是我的创作经验。因此,不免有点以小人之心,度君子之腹。别人写的创作经验这类文章,恐怕也不那么可信,不能像青霉素那样,一打就灵。"这种段落,可组成前因后果关系,也可组成前果后因关系,常用"因为""所以""由于""以至"等关联词衔接。

第三节 结构基本要求

一、符合思维活动规律

结构安排要符合思维活动规律,指结构安排应当遵循人们认知事物的普遍的思维形式,应该反映并且符合事物存在的普遍规律。只有这样,才能有效实现写作主体与阅读者之间的精神交流。

例如,在记叙类文体的写作中,最基本的结构方式表现的逻辑发展关系为"序幕—开端—发展—高潮—结局—尾声(转化)"。尽管不同的写作主体对这条逻辑线索上的不同环节有不同详略的处理,或采用倒叙、平叙等手法来造成某种特定的表达效果,但不可能从根本上改变这种顺序性质。这是因为,客观事物的发展本身就是以这样一种内在逻辑结构形式而普遍存在的,由此而形成的人们的思维形式,也必然符合事物发展过程和规律。因此,当文本结构安排也反映了这种基本性质时,才能够引导阅读者有效地认识和把握文本内容。议论类文体写作的基本结构方式,更是十分鲜明地体现了人们对客观事物的一般认识过程和基本方式,那就是"提出问题—分析问题—解决问题"。这种结构方式作为人们认识活动思维规律的一种体现,自然成为写作主体与阅读者进行精神交流的一种有效途径。至于说明类文体写作的基本结构方式,之所以通常都具有鲜明的空间、时间或逻辑的条理性,根本原因就在于被说明的实体事物或抽象事理本身就具有这种条理性,故而人们认识这些事物或事理的思维活动也必然具有这种条理性。这样,当文本结构安排也体现出这种条理性时,就会因为与阅读者的思维规律相符合而便于阅读者有效把握文本内容。

二、服从文本内容表现需要

结构安排最直接、最根本的目的,在于使文本思想内容获得尽可能好的表达效果。正因为如此,结构安排上的一切考虑,诸如线索与脉络、层次与段落、过渡与照应、开头与结尾,以及内容表现过程中的详略主次和形式安排方面的张弛快慢等,无不要服从、服务于思想内容表现的需要。所以,结构安排是否有利于文本思想内容的表现,应当成为评价文本结构优劣的重要尺度。

例如,《红楼梦》第九十八回写林黛玉之死:"当时黛玉气绝,正是宝玉娶宝钗的这个时辰。紫鹃等都大哭起来。李纨、探春想他素日的可疼,今日更加可怜,也便伤心痛哭。因潇湘馆离新房子甚远,所以那边并没听见。一时大家痛哭了一阵,只听得远远一阵音乐之声,侧耳一听,却又没了。探春、李纨走出院外再听时,惟有竹稍风动,月影移墙,好不凄凉冷淡!"显然,作者同情黛玉的可悲结局和宝黛爱情的毁灭,痛恨以贾母为代表的封建势力的残酷无情。但小说的写作规范不允许作者站出来直接对黛玉的悲剧结局发表议论。于是,作者将这种思想情感隐入精心布置的以喜衬悲的结构安排之中,达到王夫之所谓"倍增其哀乐"(《姜斋诗话》)的强化效果,让读者自己去体验作者内心愤怒与哀痛相交织的、翻江倒海般的思想感情。鲁迅在《祝福》中也明显地借鉴了这种结构方式,在小说的开头和结尾,大力渲染鲁镇迎接新年的热闹气氛,就在这一片喜气洋洋的背景映衬下,祥林嫂却因饥寒交迫而悄然倒下。这种以喜衬悲的布局安排,使作品揭露封建制度、封建礼教吃人本质的思想得到了更鲜明、强烈的揭示。

三、具有一定的审美效果

作为人的精神创造活动的产物,成功的写作成果对写作主体和阅读者来说都会产生一定的审美效果。这里暂且不论以审美创造为本质特征的文学写作,仅就一般写作而言,写作的审美效果更多地来源于文本的形式美。一般来说,构成文本形式美的因素包括结构安排和语言表达两个方面。这里只谈结构安排中的审美效果。文本的结构安排是否能够达到一定的审美要求,从而产生一定的审美效果,对于能否有效实现写作主体与阅读者之间的精神交流具有不容忽视的制约作用。因此,我们也将"具有一定的审美效果"确定为结构安排所应当遵循的一条基本准则,它包括形式匀称、周严缜密、错综变化三个方面的内容。

(一)形式匀称

形式匀称,指文章各部分比例协调、均衡。结构安排的中心问题是处理好文章各部分之间的关系。匀称既是文章形式美的一种体现,也是结构合理性的一种需求。

对文本结构安排的匀称性要求,首先体现在文本各个环节的比例要适量匀称,不要出现头重脚轻、畸大畸小等情况。比如,一般来讲,文本的开头部分要能以精彩之笔迅速将读者引入正文,结尾部分则要能以含蓄之笔既使文本戛然而止、不拖拉,又要让读者有回味思索的余兴。因此,相对全文篇幅而言,开头和结尾所占的篇幅应当小一些,而把主要篇幅留给中间部分,即文本的主体部分。对此,中国传统写作理论提出的"凤头、猪肚、豹尾"之说,就鲜明地体现出了对文本结构的匀称性要求。其次,文本结构安排的匀称性要求还体现在结构安排与内容表达的需要相互和谐、融为一体,既不让内容迁就结构,也不使结构迁就内容,而是达到两者的自然和谐,"行于所当行,止于不可不止"(《文说》),行文中绝无斧凿、拼凑之痕迹。这是写作中很难达到的高妙境界,也正是我们应当努力去实现的目标。

(二)周严缜密

曹雪芹曾在《红楼梦》第四十二回借薛宝钗之口说:"这园子却是象画儿一般,山石树木,楼阁房屋,远近疏密,也不多,也不少,恰恰的是这样。你若照样儿往纸上一画,是必不能讨好的。这要看纸的地步远近,该多该少,分主分宾,该添的要添,该藏该减的要藏要减,该露的要露,这一起了稿子,再端详斟酌,方成一幅图样。"这里说的虽然是绘画的谋篇构图问题,但也不妨将其看作是曹雪芹关于文本结构安排的经验之谈。显然,在曹雪芹看来,简单地摹写是必不能讨好的,只有充分发挥人的精神创造才能,在正确把握自然规律的基础上,经过缜密的构思谋划,才能使文本结构安排得浑然一体。

对结构安排的周严缜密的要求,首先体现在结构安排中依次展开的各个环节之间必须具有逻辑上的连贯性。不论其所表现的内容如何纷繁复杂、曲折变幻,始终都要一以贯之地体现写作主体思路的清晰脉络,否则线索一断,各个环节成了断线的珠子,就谈不上结构的周严缜密,而所谓错综变化也会变得毫无意义。其次结构中各个环节之间的承接转换关系必须安排细密,令人无懈可击。正如清代文学家李渔所说:"编戏有如缝衣,其初则以完全者剪碎,其后又以剪碎者凑成。剪碎易,凑成难。凑成之工,全在针线紧密;一节偶疏,全篇之破绽出矣。"(《闲情偶寄》)的确,写作主体如果仅仅只是根据文本内容表达的要求,合理地划分出全文的层次和段落安排,而不善于采用缜密的逻辑线索将这些层次及段落的"碎片"或隐或显地"缝"起来,全文仍然会像一盘散沙一样,形成不了整体感。

(三)错综变化

凡是美的事物都具有一个共同的特点,那就是其结构形态具有错综变化的特色。那些形态呆板、结构滞涩的东西,是不可能带给人美感的。文本结构当然也不例外,故而明代书画大师董其昌说:"文章最忌排行,贵在错综其势。"(《画禅室随笔》)所谓"错综其势",就是要求文本结构富于变化,生动活泼,切不可千篇一律。

文本的结构安排要富于变化,首先是指写作主体要突出个性化特征,在不违背一般原则和基本要求的前提下,真正从自己独特的构思角度出发,使结构安排体现出写作主体个性化的构思特点。这样就能使结构安排各具特色,富于变化。其次,写作主体还应当重视和掌握使行文"错综其势"的一些结构艺术手法。例如,在如何使文势的发展具有曲折变幻之美,如何使内容的表现具有虚实变幻之美,如何使行文的节奏具有张弛变幻之美等方面,都有一些特定的结构安排的艺术手法。如果我们善于运用,就能够有效地使文本结构产生错综变化的审美效果。

1. 课后阅读十篇经典文学作品,品析其标题、开头与结尾的妙处,并与班上同学进行交流。
2. 根据给出的主题,运用所学的拟题、开头和结尾方法,写出标题、开头和结尾。
   (1) 己所不欲,勿施于人。
   (2) 关爱他人就是关爱自己。
   (3) 变无用为有用。
   (4) 物尽其才,人尽其用。
   (5) 反腐倡廉,立国之本。
   (6) "一带一路",更需要诚信维护。
   (7) 社会需要和谐,人类需要和平。
   (8) 爱民者,人皆爱之;憎民者,人皆憎之。
   (9) 人惟求旧,物惟求新。
   (10) 人能变鬼,鬼能变人。
3. 从下列话题中任选一个,撰写详细的写作提纲,要求有清晰的层次结构。
   责任、习惯、宽容、真与假、偶像、阳光、等待、机遇、个性、科学

第九章 谋篇技法

严格地说,谋篇属于结构安排范畴。但实际写作中,谋篇不能简单地理解为结构的纵式、横式和纵横交叉式。一篇文章、一部著作,虽然大体轮廓是上述模式,但具体到如何安排结构,如何做到结构巧妙,就涉及技法运用,这就要学习谋篇技法了。

第一节 定 线

一、定线概述

(一) 定线的含义

线索是指文章或作品中把全部材料贯穿成一个有机整体的脉络,是写作主体组织材料的思路在文章里的反映。定线法,古人谓之彩线串珠法,即确定一条或几条串联各种材料、贯穿各部分内容的清晰线索的方法。它像链条一样,串联起文章中的全部人、事、景、物、情、意等。它是写作主体写作思路的体现,也是文章结构的重要内容。

(二) 定线的作用

秦牧说,要"用一根思想的红线串起生活的珍珠,珍珠才不会遍地乱滚,这才成为整齐的珠串"(《散文创作谈》)。定线主要起具体组织材料的作用,把表现主题的各种材料连成一体。它不仅贯穿于情节发展的过程中,将有关场面连缀成情节整体;也贯穿于文章非情节因素之中,把情节因素与非情节因素连在一起,起着结构全文的作用。它是使文章结构有序化的重要手段。

(三) 定线的形式

从定线的数量多少而论,定线可以是单线条,这在篇幅较小的文章中常见,如鲁迅的《祝福》就是以祥林嫂这个人物为单线条贯穿全文的。也可以是多线条,这在篇幅较大的文章、小说中常见。例如,姚雪垠的《李自成》就使用三条线索:李自成的起义军与明王朝的矛盾、起义军内部矛盾、明王朝与清军的矛盾,这三组矛盾形成三条线索,相互交织,并以第一条线索为主,构成史诗规模。

从定线的主次地位而言,定线分为主线和副线。主线是指文章或作品中安排主要材料贯穿全篇的主要线索,又称主脉。文章不论篇幅大小、内容繁简,都只有一条主线。这条主线必须清晰、鲜明、突出,必须贯穿于文章始终,起组织全篇材料和统领各副线的作用。副线是指文章或作品中安排次要材料的发展脉络。它在总体上受主线的制约,并紧紧围绕主线展开,分别从不同的侧面和角度丰富主线的内容,为突出主线服务。一部作品的副线可以是明线,也可以是暗线;可以安排一条,也可以安排多条。

从定线的表现形态而言,定线有明线和暗线。明线是指由文章或作品中的人物活动或事件发展所直接呈现出来的线索,一部作品的明线可以是一条也可以是几条,可以是主线也可以是副线。暗线是指文章或作品中未直接描绘的人物和事件发展所呈现出来的线索,它多数情况下是副线,有时也可以是主线。一般情况下,一部作品的暗线只有一条,和明线一起构成有机统一的情节整体,为刻画人物性格、深化作品主题服务。例如,鲁迅的《药》,以人血馒头为中心,华老栓买馒头和华小栓吃馒头是主线、明线,而潜在的革命者夏瑜被杀头则为副线、暗线。

二、定线的方法

(一) 以人物为线索

以人物为线索,指以人物的种种行为活动的轨迹组织文章。这是一种最常见的定线方式。用这种线索写出的文章往往真实感较强,给人身临其境的感觉。当然,这个定线人可以是事件的直接参与人,也可以是毫无关系的人,但必须是见证人,因为他是写作主体特意安排的一条眼线,是连缀故事情节的必要人物。

例如,鲁迅的《孔乙己》以酒店小伙计"我"为线索展开故事情节。"我"——咸亨酒店的小伙计,是孔乙己悲惨遭遇的见证人。作者写断腿之前孔乙己在酒店,酒客揭短,奚落他没有"进学";孔乙己教小孩识字,分茴香豆给小孩吃;人们背地议论孔乙己和断腿原因,断腿之后的末次喝酒等。这些都是"我"的所见所闻,"我"始终在咸亨酒店这个舞台上活动。全文通过"我"的眼光来叙述反映"上大人孔乙己"的惨淡一生。

(二) 以事件为线索

以事件为线索,这是一种初学写作主体较容易把握的定线方式。事件是组织情节、串联情节的重要凭借,但该事件要能引起人强烈的情感体验。以事件为线索的文章要求把事件的起因、经过、结果交代清楚。这样,人们才能弄清事情的来龙去脉,并进而理解文章蕴含的意义,同时,叙事过程中涉及的人、景、物,也都应紧扣中心事件展开适当的描写。

例如,《红楼梦》中"葫芦僧乱判葫芦案"一回,贾雨村审案的事件是文章的线索,故事开端写贾雨村复职就任准备审理命案,故事的发展与高潮写在审案的过程中,门子叙旧、献符、叙案、献策,结局写贾雨村徇情枉法胡乱判案。文章主旨意蕴通过审案得以揭示,中心事件贯穿整个情节。

(三) 以物件为线索

不少文章或作品离不开物件,物件有时在文中能起到象征或点明中心思想的作用。此时的物便是文章的主轴,它左右着故事内容,连缀着情节。这类文章便是以物件为线索。

例如,冰心的散文《小桔灯》中,小桔灯就是组材构篇的线索。作品按照小桔灯诞生的年代、小桔灯主人的遭遇、小桔灯的来历、小桔灯给"我"的感受、小桔灯引起的思念的顺序步步推进,文章的主旨通过小桔灯这一不起眼的小物件,得以充分体现。法国作家莫泊桑的小说《项链》中,全文以项链为线索,按借项链、找项链、赔项链的顺序展开故事,刻画了主人公玛蒂尔德的形象。

(四) 以感情为线索

文章是表达作者情感的,有不少文章以人物的某种感情或感情变化为线索。以某种感情变化串联起材料组成文章,完成主题的表达,此种情况常见于诗歌和抒情散文。

例如,贾平凹的《丑石》是以对丑石感情的前后变化为线索的。作品一开始极力写其丑,写其无用,甚至讨厌它、诅咒它、嫌弃它,认为它真是丑到不能再丑的丑石了。可是后来有一天,来了一位天文学家,发现了这块石头,眼光立刻就拉直了。人们这才发现它是一块补过天,在天上发过热、闪过光的陨石。于是,立刻深深地感到它那种不屈于误解、寂寞的、深沉的伟大。作家就在这种由嫌弃到敬佩的感情巨变中,巧妙地寄寓了他深沉的人生感悟。

(五) 以景物为线索

以景物为线索,指把描写的景物作为贯穿于文章始末的线索。以写景为题材的文章多采用这种定线方法。

例如,鲁彦的散文《听潮》,描绘了三幅图画。先描大海沉睡图,作者抓住具体的意象:波浪轻吻岩石,月光劈开云汀,海在脚下沉吟,渲染了海的温柔静穆之美;次绘海潮初涨图:波浪汩汩吐气像铃子、铙钹、钟鼓奏鸣,像人刚睡醒在转侧,打呵欠,这些突出了大海充满生气之美;再摹大海怒潮图:海水汹涌,雷鸣般怒吼,各种声音掺杂,似千军万马,显示了雄伟壮阔之美。全文以景象的变化构成独特完整的形象。

(六) 以时间为线索

以时间为线索,指主要依时间的推移来组织文章,大多用于叙述人物经历或事件发生、发展的过程。记叙类文章多采用这种定线方法。以时间为线索的文章,在写作时要尽量避免流水账式的描述,要注意插叙、倒叙及补叙手法的交叉运用。

例如,巴金的《繁星》以时间为线索,讲述了"从前""三年前""如今"三个不同时段在三个不同地方观赏繁星的情景与感受。第一自然段,讲"我"从前在家乡庭院纳凉时看天上密密麻麻的星星。第二自然段,讲"我"三年前在南京住所的菜园看繁星,觉得光明无处不在。第三自然段,讲"我"如今在海上看繁星,觉得自己像小孩睡在母亲的怀里。时间在变,地点在变,但"我"对繁星的喜爱不变。

(七) 以空间为线索

以空间为线索,是一种主要依空间方位的变换来组织材料的方法,大多用于叙述事物的空间分布,如地貌、城乡建设、建筑等,说明事物的形态、构造,常见于游记或说明文。

例如,通讯《人民英雄永垂不朽——瞻仰首都人民英雄纪念碑》。它先写碑的坐落位置,再写碑形、结构,后写碑座四周的十块浮雕。写浮雕时,从东而南,从南而西,从西而北(正面),依次写来。全文按照瞻仰人民英雄纪念碑的路线,即空间方位的变换来安排材料。

(八) 以逻辑为线索

以逻辑为线索,指依据逻辑关系来组织文章,多用于说明文或议论文中。一般要遵循事物的发展规律来安排线索,如从表面到本质、层层推进,提出问题、分析问题、解决问题等。

例如,先秦思想家庄子的《庖丁解牛》,第一段写庖丁解牛的动作,第二段写文惠君赞庖丁解牛,第三段写庖丁谈解牛,第四段写庖丁悟养生之道。没有第一段的庖丁解牛动作,就不会有第二段的文惠君赞解牛的话。而第三段文惠君听完庖丁的一席话如梦初醒,所以才有第四段悟养生的话。这四段文字环环相扣,珠联璧合。

第二节 文 眼

一、文眼概述

(一) 文眼的含义

文眼,指"文中藏眼""片言居要"(《文赋》),是文章中那些最有表现力、最能帮助读者理解作品主题思想或脉络层次的关键词句。它往往是写作主体着力刻画和描摹的中心点、观察的出发点、选材的侧重点、内容的核心点、结构的衔接点、情感的升华点、思想的闪光点、主题的凝聚点。文眼像一个人的心灵窗户——眼睛,凝聚着全部精神,从中可以理解文章内在的奥秘,是一篇作品艺术构思的焦点。

(二) 文眼的作用

清代文学家刘熙载说:"余谓眼乃神光所聚,故有通体之眼,有数句之眼,前前后后无不待眼光照映。若舍章法而专求字句,纵争奇竞巧,岂能开阖变化,一动万随耶?"(《艺概》)文眼能使文章各部分材料与主题连接起来,做到"外文绮交,内义脉注,跗萼相衔,首尾一体"(《文心雕龙·章句》),在结构上起着牵动制约全篇的艺术作用。

文眼有时显示主题。例如,吴晗《谈骨气》的开头一句:"我们中国人是有骨气的。"唐弢《同志的信任》最后一句:"鲁迅先生不是中国共产党党员,可是,在所有共产党员的心目中,他永远是一个能以生命相托付的、最可信任的同志。"文眼有时并不显示主题。例如,朱自清《荷塘月色》的文眼"这几天心里颇不宁静"就不是主题。

文眼有时同时又是线索。例如,郁达夫《仙霞纪险》的"险"、朱自清《威尼斯》的"别致"、俄国作家契诃夫《一个官员之死》中的官员"打喷嚏"等,既是文眼,又是线索。当然,线索又等于文眼,线索是脉络的显示,贯穿全文;文眼是脉络的焦点,突显在一点(重点)上。

文眼作为结构技法,与伏笔和照应有相同之处,都使结构紧凑严密,浑然一体。但它们有明显区别:伏笔和照应侧重于外部形式和情节上的呼应,概念相当宽泛;文眼则是从主题拓开的脉络,有画龙点睛之功,收精传神之效。

二、文眼安设的位置

清代文学家刘熙载说,文眼"揭全文之旨,或在篇首,或在篇中,或在篇末。在篇首,则后必顾之;在篇末,则前必注之;在篇中,则前注之,后顾之"(《艺概》)。文眼的安设,最忌雕琢伪饰，应力求平易和谐，自然得体。文眼设得好，能增强艺术效果，但不一定每文必设文眼。如果追求形式，妨碍内容的表达，那就舍本逐末了。文眼安设的位置一般有以下四种情况。

（一）标题设眼

标题设眼，指在文章的标题部分安设文眼。例如，秦牧的《土地》，其题目就是文眼。作者说古论今，贯通中外，"思接千载，不足状其远；视通万里，何能喻其大"。但所有的材料，都由"土地"这一文眼贯穿起来，生发开去，显得井井有条，形散神聚，真是"众理虽繁，而无倒置之乖；群言虽多，而无棼丝之乱"（《文心雕龙·附会》）。

（二）开篇设眼

开篇设眼，指在文章的开头部分安设文眼。例如，杨朔的《雪浪花》就在开篇设眼。这个文眼，就是老泰山那句意味深长的话："是叫浪花咬的。"一个"咬"字，形神兼备，引人注目。作者卒章点明主旨："老泰山恰似一个浪花，跟无数浪花集到一起，形成这个时代的大浪潮，激扬飞溅，早已把旧日的江山变了个样儿。"以物喻人，互相映照，使得全文生辉。

（三）篇中设眼

篇中设眼，指在文章正文部分安设文眼。例如，峻青的《秋色赋》在篇中安设文眼，揭示全文中心："不行春风，难得秋雨。"作者以鲜明的形象，歌颂了党的领导、政策。前文设疑问："我真不明白，为什么欧阳修作《秋声赋》时，把秋天描写得那么肃杀凄凉？"篇末作答："因为他写的不只是时令上的秋天，而且是那个时代、那个社会在自己思想上的反映。"首尾文眼遥相呼应，清楚地告诉读者：《秋色赋》写的不仅是时令上的秋天，还是社会主义赋，是社会主义新中国在作者思想上的反映。这就把题旨点染得更鲜明。

（四）篇尾设眼

篇尾设眼，指在文章结尾部分安设文眼。例如，鲁迅《社戏》的结尾写道："真的，一直到现在，我实在再没有吃到那夜似的好豆，——也不再看到那夜似的好戏了。"为什么？难道那夜的豆味道就真那么好？难道那夜的戏就真那么好看？是因为那豆是他们在最快乐的时候吃的，那戏是在最快乐的时候看的，那情那景是日后无法比拟的，所难忘的是豆中情、戏中情，是乡间少年朋友那段诚挚情谊，是他们的淳朴、善良、热情、勤劳，以及相互间的和谐亲密，是那段美好自由的生活。

三、文眼安设的形式

（一）一个词

一个词，指用一个词作为文眼。例如，宋代文学家欧阳修的《醉翁亭记》文眼是"乐"，宋代词人苏轼的《石钟山记》文眼是"笑"，宋代文学家周敦颐的《爱莲说》文眼是"爱"，秦牧的《社稷坛抒情》文眼是"五色土"，小学课文《奇妙的国际互联网》的文眼是"奇妙"。

（二）一句话

一句话，指用一句完整的话作为文眼。例如，西汉文学家贾谊的《过秦论》，文眼是"仁义不施而攻守之势异也"；北宋文学家范仲淹的《岳阳楼记》，文眼是"先天下之忧而忧，后天下之乐而乐"；北宋文学家苏洵的《六国论》，文眼是"为国者无所使为积威之所劫哉"；朱自清的《背影》,文眼是"我最不能忘记的是他的背影";杨朔的《荔枝蜜》,文眼是"蜜蜂是画家的爱物,我却总不大喜欢";冯骥才的《珍珠鸟》,文眼是"信赖,不就能创造出美好的境界吗?";茅盾的《风景谈》,文眼是"自然是伟大的,然而人类更伟大";等等。

第三节 伏 应

一、伏应概述

(一) 伏应的含义

伏应,指文章和作品中上下文之间的相互照看、呼应,也叫伏笔和照应。它是行文前后照应的重要方法。在文章的前面某处提到一个人、一件事、一种东西或一个问题,可又暂时不详说,只作一个交代,这就叫伏笔。在后文适当的地方,对于前面交代的内容再加以详述,或予以点明,这是对伏笔的照应。伏笔可设于文章开头,也可设于文章中间。一篇文章可以一次设伏,也可多次设伏。照应的距离远近,也没有固定之规。近代文学家林纾说:"伏笔苟使人知,亦不称妙。无意阅过,当是闲笔,后经点眼,才知是有用者。"(《春觉斋论文》)伏笔的要点在于暗藏不露,须经后文照应点明,读者才恍然大悟。

(二) 伏应的作用

清代文学批评家毛宗岗在研究《三国演义》的结构时说:"前能留步以应后,后能回照以应前,令人读之,真一篇如一句。"(《三国演义·读法》)清代文学家李渔谈到戏剧创作时也说:"每编一折,必须前顾数折,后顾数折。顾前者欲其照映,顾后者便于埋伏。"(《闲情偶寄》)他们说的虽是小说、戏剧创作,写一般的文章也是如此。伏应,可使文章内容完整、前呼后应、情节连贯、脉络清晰、结构严谨、针线绵密、血脉相通,更圆满地反映客观事物。

例如,鲁迅的《药》,在第一部分写到华老栓买人血馒头:"'喂!一手交钱,一手交货!'一个浑身黑色的人,站在老栓面前,眼光正像两把刀,刺得老栓缩小了一半。那人一只大手,向他摊着;一只手却撮着一个鲜红的馒头,那红的还是一点一点的往下滴。"这里所写的黑衣人是谁?老栓买人血馒头干什么?鲜红的血又是从哪里来的?作者在此暂不交代,故意留下伏笔,直到第三部分,才写刽子手康大叔在茶馆里把事实和盘托出,使真相大白。这样前伏后应,使文章结构严谨,天衣无缝。

二、伏应的方法

(一) 首尾呼应

首尾呼应,指文章的开头和结尾相照应。

例如,朱自清的《荷塘月色》,开头写"我"去荷塘散步,这时"妻在屋里拍着闰儿,迷迷糊糊地哼着眠歌。我悄悄地披了大衫,带上门出去"。结尾写"我"边走边想,"猛一抬头,不觉已是自己的门前;轻轻地推门进去,什么声音也没有,妻已睡熟好久了"。这样首尾呼应,记叙完整。陶铸的《松树的风格》第一自然段写道:"希望青年同志们能和松树一样,成长为具有松树的风格,也就是具有共产主义风格的人。"结尾处又写道:"我希望每个人都能像松树一样具有坚强的意志和崇高的品质;我希望每个人都成为具有共产主义风格的人。"这样的首尾照应,既使文章结构严谨,又突出了主题。

(二) 前后呼应

前后呼应,指文章中的前伏或交代与后文相照应。清代文学批评家毛宗岗说:"善圃者投种于地,待时而发;善弈者下一闲着于数十着之前,而其应在数十着之后。文章叙事之法亦犹是已。"要求为文者做到"前能留步以应后,后能回照以应前。"(《三国演义·读法》)这类照应在小说、戏剧文学中非常多,也非常典型。前面的伏笔可造成悬念、期待或暗示,后面的照应则使暗示明朗化,悬念开释,期待得以满足。

例如,鲁迅的《为了忘却的记念》开头说:"我早已想写一点文字,来纪念几个青年的作家。这并非为了别的,只因为两年以来,悲愤总时时来袭击我的心,至今没有停止,我很想借此算是竦身一摇,将悲哀摆脱,给自己轻松一下,照直说,就是我倒要将他们忘却了。"这里是一个伏笔,后文有许多地方与这段文字相照应。这些前呼后应的文字,不仅使文章结构严密无隙,而且反复咏叹,强化了感情表达。鲁迅的《纪念刘和珍君》中,开头写了:"可是我实在无话可说,我只觉得所住的并非人间。"中间又写:"我还有什么话可说呢?"结尾再写:"呜呼,我说不出话。"多处呼应,使文章结构非常紧凑。

(三) 文题呼应

文题呼应,指行文与标题相照应。文题呼应不但能帮助读者理解文章内容,而且不断提醒读者思考标题的含义、作用,使文题浑然一体。

例如,朱自清的《背影》,文中先后有四处提到背影。其中有三处具体描写了背影:一处是,父亲为"我"买橘子,穿过铁道,爬上月台,行动艰难,"我"注视着父亲的背影;另一处是,"我"看着父亲的背影远去,掉下了眼泪;再一处是,"我"接到父亲患病的消息,眼前又出现了父亲的背影。文中多次提到背影,既照应了题目,突出了中心,又真实感人地表现了父子情深。陶铸的《松树的风格》,文中多处与标题照应,如"要求于人的甚少,给予人的甚多,这就是松树的风格""自然,松树的风格中还包含着乐观主义的精神"。这些照应,使行文处处不离其宗。

第四节 过 渡

一、过渡概述

写文章时,前后两个层次之间,或上下两个段落之间,有时会出现空隙;或意思有所转折,彼此之间好像隔着一条河,这就需要采用过渡的方法。过渡,指上下文之间的衔接、转换。它好比文意之间摆渡的船只或架设的桥梁,用具有承上启下作用的段落、语句,把文章前后的段落、层次连接起来,使文章脉络清晰畅通,层次紧凑自然。

二、需要过渡的三种情况

(一) 内容转换

文章内容由一层意思转换为另一层意思时,往往需要过渡。

在记叙性文章中,当时间、空间发生转移,或事件改变时,为了使读者能跟上作者的思路,往往需要过渡。例如,鲁迅《孔乙己》的开头,第一层介绍鲁镇的社会生活、咸亨酒店的格局,第二层介绍孔乙己的生活、社会地位、思想性格。这两层之间,作家安排了一个过渡段:"我从此便整天的站在柜台里,专管我的职务。……只有孔乙己到店,才可以笑几声,所以至今还记得。"把鲁镇的生活和孔乙己的悲惨遭遇自然地衔接在一起。郁达夫《故都的秋》开始先写自己对江南秋天的感受,第三段开始用一个过渡句"不逢北国之秋,已将近十余年了",便自然地将笔墨放在写"北国之秋"上了,上下文的衔接非常紧凑。

在说理性文章中,当论述的问题发生改变时,一般也需要过渡。例如,恩格斯在《在马克思墓前的讲话》中,在论述了马克思发现人类历史发展规律的意义后,用"不仅如此"过渡,转而论述马克思发现资本主义生产方式和资产阶级社会的特殊运动规律的意义;在论述了马克思作为革命家为革命事业而奋斗的一生后,用了"正因为这样"一句过渡,转而论述各国政府、资产者对他的驱逐、诽谤。

(二) 表现方法转换

有的文章因要改变表现方法,为了让读者明晰作者的思路,也需要过渡。特别是论述问题由总到分或由分到总的开合转换之处,往往需要过渡。在进行分析前,常用"分叙如下"引出下文。在作结论之前,常用总结式的过渡句"综上所述,可知……"引出结论,自然衔接全篇。

例如,毛泽东的《中国社会各阶级的分析》,第一段总述"我们要分辨真正的敌友,不可不将中国社会各阶级的经济地位及其对于革命的态度,作一个大概的分析",下面便进行分述。在分述之前,文章安排了一个过渡段:"中国社会各阶级的情况是怎样的呢?"这个过渡段把上面的总述和下面的分述自然连接起来,并且提醒读者注意:下面将要分别对各阶级进行分析了。在对各阶级进行分析后,文章最后又用一个自然段进行总结:"综上所述,可知一切勾结帝国主义的军阀……不要让他们扰乱了我们的阵线。"在这段开头,用了"综上所述"这个词组进行过渡。它既指代上文,又开启下文,起了承上启下的作用。何其芳的《谈修改文章》,在谈到一般文章最大的毛病时,先总结为"观点错误、不合事实、教条主义、空洞无物"等项,接着用"就我所能想到的缺点列举出来,就有这些"一句过渡,列举了文章中常见的12种毛病。

(三) 表达方式转换

文章中转换表达方式时一般需要过渡。特别是叙述与议论、叙述与抒情、抒情与描述、概述与详述、倒叙与顺叙、顺叙与插叙等相交接的地方,往往需要过渡。

例如,鲁迅的《阿Q正传》有一段补叙,作者写阿Q到静修庵"革命",老尼姑告诉他"那秀才和洋鬼子"已经来"革过一命的",下一段用"那还是上午的事"一句过渡,再补叙赵秀才和钱洋鬼子到庵中"革命"的情景。峻青《黎明的河边》第一段是议论、抒情,接着用

"好,现在我就开始来讲述这个故事……"一个段落过渡,自然转入叙事。杨朔《荔枝蜜》中,作者叙述了自己参观"养蜂大厦"的情景后,用"我不禁想到"一句过渡,转入抒情、议论。于敏的《西湖即景》,在叙述了上次雨中登山,这次乘雨泛舟后,暂时中断叙事线索,插进一段对船娘柳阿巧身世的介绍。在这段开头写道:"我这个怪人引起船娘的好奇,而她的身世却也唤起我无限的同情。"这个过渡句,把顺叙与插叙巧妙地连接起来。

三、过渡的方法

(一) 词语过渡

词语过渡,指文章中上下层之间用关联词语进行逻辑关系的过渡。如进行顺向过渡时,用"因此"表示上下层的因果过渡,用"总之""由此可见"表示上下层的分总过渡,用"此外"表示上下层的补充过渡。如进行反向过渡,就用"但是""可是""相反的"表示上下层转折过渡或对立过渡。过渡词语可用于层次间、段落间的过渡,也可用于段落中小层次间的过渡。表示过渡时,过渡词一般安排在后一层的开头。

例如,通讯报道《抢财神》,在叙述了抢"财神"的经过后,末段以议论作结:"看样子,农村几千年来保留的传统耕作经验,正在被新的科学技术所代替。……广大农民在辽阔田野上发动的科学进军,必将对我国四化建设带来强大的推动力。"在这段议论开头,用了"看样子"这个词组进行过渡。它表示个人对情况的估计,也就是说,通过上面所叙述的抢"财神"的事实,大概可以推出结论。这就是由叙述转为议论的过渡。

(二) 句子过渡

句子过渡,指文章中由一个层次过渡到另一个层次时,在前后层次间用句子进行承上启下的过渡。过渡句的内容要与上下层的意思关联,可以安排在前层的末端,也可以安排在后层的开头。

例如,鲁迅的《从百草园到三味书屋》,在详述百草园的嬉戏生活后,另起一段,在段首安排了一个过渡句:"出门向东,不上半里,走过一道石桥,便是我的先生的家了。"承上启下,过渡到三味书屋的生活描述。

(三) 段落过渡

段落过渡,指文章中由一个层次过渡到另一个层次时,在前后层次间用段落进行承上启下的过渡。过渡段常用在总分关系、并列关系的层次之间,起总领过渡或承上启下作用。

例如,魏巍的《谁是最可爱的人》,开篇大段抒情议论,歌颂志愿军战士可爱;在转入文章主体部分具体记叙时,作者安排了一个过渡段:"让我还是来说一段故事吧。"自然引出对松骨峰战斗的描述。之后又安排了一个过渡段:"我们的战士,对敌人这样狠,而对朝鲜人民却是那样的仁义,充满国际主义的深厚热情。"自然又过渡到对马玉祥烈火中救儿童这一光辉事迹的记叙。

(四) 意念过渡

意念过渡,指段落或层次之间内在含义的过渡。行文没有明显的过渡词句或过渡段。过渡主要依靠前段或前层中的某些词语承接转换,导出新的段落层次。意念过渡紧扣前文某些意思,由此过渡引出新的意思或联想,想象出新的东西,使内容衔接紧密。

例如，郑振铎的《离别》，第一段写"船渐渐地离岸"所见送别场面，为之"感动"。第二段写"船慢慢地向前驶着"，接写上段"船渐渐地离岸"，引出了"沿途见了"悬着外国旗帜的军舰。第三段写"两岸上黄土和青草，……"承接上段"沿途见了……"。

第五节　兴　波

一、兴波概述

（一）兴波的含义

兴波是造成文势起伏曲折的技法总称。人的大脑中枢有一个特性：只有当人的肌体和感官有希望得到满足又暂时未能获得满足，需要大脑中枢去探索时，大脑中枢才感到充实和愉快。"文似看山不喜平"，为了满足读者在阅读文章时获得充实和愉快的需要，写作主体应避免平铺直叙、一览无余的写法，而宜采用跌宕起伏、曲折多变的文势。写作理论中，把这种造成文势起伏曲折的技巧称为兴波法。它包括顺逆、蓄势、巧合、擒纵、藏露、离合、悬念、抑扬、阻畅、张弛、断续、疏密、铺垫、误会、意外、错误、计谋、智慧等多种具体方法。

（二）兴波的作用

自古谈文章作法，无不强调"文章要有曲折，不可作直头布袋""文似看山不喜平"，若文章写得像流水账一样，直溜溜没有变化，让人一览无遗，读来必定味同嚼蜡、索然无味，毫无刺激感。富于变化的刺激原是人心理的爱好，在文学创作中当然是不可忽视的。陈望道从人的心理特征出发，阐述了文学艺术结构形式多变的必要性，他说："大抵唤起意识须变化，保持意识的觉醒状态也是须要变化的。若刺激过于齐一无变化，意识对它便将有了滞钝停息的倾向。"(《修辞学发凡》)故此，高明的作家在进行创作时，都能充分使用兴波技法，把文章写得波澜起伏，在变化中避免乏味。

二、兴波的方法

（一）顺逆法

对事物有利的发展方向，即为顺势；与顺势相反的方向，即为逆势。顺逆法，指将这两种趋势交替安排，造成文势的曲折起伏。

例如，美国诺贝尔文学奖获得者斯坦贝克的《珍珠》，写一位贫穷的印第安人奇诺获得一颗特大珍珠，从此便不得安宁：他的家一而再、再而三遭到抢劫，他赖以生存的小船被砸破，房屋被烧毁，他全家被迫逃亡，还是有人追踪不放，儿子也遭杀害。奇诺奋力与厄运抗争，争得一个又一个顺势，结果还是不断被逆势所击倒。最后，他只得将这颗给他带来无穷灾难的珍珠重新扔回大海。小说围绕保护和劫夺珍珠这一中心事件，安排顺逆，制造波澜，使作品产生出巨大的艺术魅力。

（二）蓄势法

先写顺势的直线发展，似乎文章要按照这一发展趋势结束，但当顺势发展到关键之处，突然来一个大转折,掀起高潮,以完全出乎意料的方式终篇,这就是蓄势法。蓄势法与顺逆法有相似之处,主要区别在于:顺逆法是把顺势和逆势交替错落地加以安排,使文章"一波未平,一波又起",而蓄势法则是先写出一个又一个的顺势,最后来一个逆转,涌出一个动人肺腑的高潮来。蓄势法成功的关键在于:前面的"势"要蓄得足,后面的突转要来得有力而别致。

例如,美国作家欧·亨利的《忙碌经纪人的浪漫史》,写一个为生意忙得不可开交的经纪人利用一分钟空闲,向他的秘书作闪电式的求婚。秘书先是睁大了眼睛,继而流下了眼泪,最后笑了。文章结尾处突然转折,女秘书说出了下面的话:"难道你忘记了吗?哈维,我们昨晚八点钟在街角那个小教堂里举行过婚礼啦!"这突然的使人哑然失笑的转折,使作品顿生狂涛,令读者惊奇思索。

(三)巧合法

俗话说:"无巧不成书。"写作主体让两个或两个以上的事物碰巧相遇或相合,使矛盾骤起或突然得到解决,从而产生文势的起伏曲折,这就是巧合法。

例如,法国作家莫泊桑的《海港》写青年水手杜克洛在一个变相的妓院——咖啡馆,与一位年轻美丽的姑娘尽情狂欢之后,发现他们原来是失散多年的兄妹。这个巧合使作品顿生波澜。当然必须强调的是:作品中的巧合来自生活中的巧合,而生活中存在着无意义巧合和有意义巧合。如某人的小车的牌照刚好是"12345",这是无意义巧合,如用在作品中,会产生做作之感,因此,在写作中应尽量避免。而有意义巧合则应以某种重要的认识价值为灵魂,是必然性和偶然性相统一的产物。

(四)擒纵法

擒,是抓住;纵,是放开。擒纵法,指先放纵地让事物按某种方向发展,然后出乎意料地从相反的方向将其擒住,在这纵与擒中显出文势的曲折起伏。

例如,美国作家西德尼·谢尔顿的《女强人》第一卷写杰米去南非寻找金刚石,遇见好心的综合商店老板,供给他全套装备,并用杰米所不认识的荷兰文签订了合同,言明若挖到金刚石,两人平分。杰米靠着老板的指点和资助,历尽艰辛,找到了大量金刚石,这是纵。杰米回到综合商店,把金刚石全给了老板,盼望老板履行合同,分给他应得的那一半。老板却告诉他,除了微薄的工资以外什么都得不到,这是擒。纵是为了擒,欲擒先纵,作品的艺术魅力和思想意义全在这一纵一擒中显示了出来。

(五)藏露法

藏露法指先把底藏起来,最后才出其不意地抖搂出,把文章推向高潮,造成文章的波澜。只露不藏,平铺直叙,读者便失去了探索的乐趣;只藏不露,也会使人不知所云,产生误会。所以,要有藏有露,藏得自然合理,露得新颖别致,这样才能产生强烈的艺术效果。

例如,苏联作家克拉夫琴科的《母亲的来信》,开头一句话就说"母亲来信了"。作者有意把信的内容这个底藏起来,却写接信人文卡对母亲来信感情的前后变化和他怎样盘算着给母亲寄养老费,结果却一个子儿也抽不出来。直到文末,文卡伸着懒腰,打着哈欠,扯开母亲的信,信中飘出三卢布的纸币……如果一开头就露出母亲信中的三卢布,再回头来写文卡的感情变化和自私盘算,内容未变,波澜尽失,文章就没有吸引力了。

（六）离合法

离,指放开笔墨;合,指收拢笔墨。离合法,指行文中时放时收,忽离忽合,远近交叉,变化错综,以使文势呈现波澜起伏的动态感。运用离合法关键在离,切不可离题万里,言不及义。要似离非离,时时与题旨一脉相通,这样,合文时才能水到渠成,自然贴切,使全文浑然一体,既有跳宕之势,又不失和谐之美。

例如,杨朔的《茶花赋》,作者先引出一个话题,写"我"盼望得到一幅绘有祖国新貌的画,以寄托思念之情,但接着又搁下这个话题,把笔墨转到似乎不相干的茶花上去,到文末才又把两个话题连接到一起,把祖国欣欣向荣的面貌合到含露乍开的童子面茶花上去,使文章意境深远,读起来也有起有伏。

（七）悬念法

悬念法,指在文章的开头和中间提出问题,摆出矛盾,设置疑团,以引起读者的关注,使读者产生急于知道结果的念头,而作者却先不把结果告诉读者,以吸引读者往下看。在适当的时候,解开悬念,揭示谜底,波澜顿生。悬念的运用要注意三点:第一,要有新奇性。不能让人观其头而凭经验就能知其尾。第二,要有隐约暗示性。要悬而不玄,不可故弄玄虚,让人摸不着头脑。第三,要有诱饵性。要诱导读者进入最佳探索状态。悬念切不可悬得太长久,不然,读者的神经中枢已由兴奋转向抑制,此时再来解开悬念,读者已丧失兴趣,悬念就失去了价值。

例如,《一个包厢服务员的报复》,题目就是悬念,文中写"我"出高价买了一张票欣赏惊险侦探剧《公园谋杀案》,一个包厢服务员为了取得小费,多次殷勤地向我请求服务,因为"我"全身心地关注谁是凶手,于是厌烦地将他斥退。他怎么报复呢？直到文章的最后一句话才揭晓。他伸手指着舞台,凑近我的耳朵,压低嗓门,深恶痛绝地说:"瞧,那个园丁,他就是凶手!"

（八）抑扬法

抑扬,抑是压,扬是抬。它包括两种方法:欲扬先抑,或欲抑先扬。如赞美某人某事,先抑而后扬,能使文势陡然一转,气势奕奕,光焰逼人。反过来也是一样,可以欲抑先扬,那就捧得高摔得重了。

例如,茅盾《白杨礼赞》中的一段:"它没有婆娑的姿态,没有屈曲盘旋的虬枝,也许你要说它不美丽,——如果美是专指'婆娑'或'横逸斜出'之类而言,那么白杨树算不得树中的好女子;但是它却是伟岸,正直,朴质,严肃,也不缺乏温和,更不用提它的坚强不屈与挺拔,它是树中的伟丈夫!"这里开头一句,文意急转直下,言外之意,白杨树是不美的。可是第二句,作者没有直说白杨树是不美的,而是用了副词"也许",以猜想的语气来说:"也许你要说它不美的。"文章到此,一抑一转。第三句,如果承接上文,一般说来,应该用"其实它是美的"来承接。但是作者却没有这么写,他用"如果"提出一个美的标准,再用"那么"先让一步,承认这个假定标准下的评价"算不得树中的好女子"。这又一转一抑。第四句,作者用"但是"猛然一转,再赞美白杨树的品质。这个赞美用"它……也不缺乏……更不用提它……它是……"的写法,层层递进。如此,便写得跌宕起伏,婉转动人。

除了以上八种主要的兴波方法之外,还有阻畅法、张弛法、断续法、疏密法、铺垫法、误会法、意外法、错误法、计课法、智慧法等多种方法,此不赘述。

 阅 读 与 探 究

1. 阅读下列文章或作品,找出它们的线索,并做简要分析。
(1)冯梦龙的《俞伯牙摔琴谢知音》
(2)老舍的《月牙儿》
(3)莫泊桑的《绳子》
(4)庄子的《知北游》
(5)张岱的《西湖七月半》

2. 阅读下列文章或作品,找出它们的文眼,并做简要分析。
(1)刘白羽的《长江三日》
(2)陶渊明的《饮酒》
(3)朱自清的《绿》
(4)闻一多的《一句话》
(5)苏辙的《黄州快哉亭记》

3. 阅读下列文章或作品,找出它们的伏应之笔,并做简要分析。
(1)曹禺的《日出》
(2)朱自清的《荷塘月色》
(3)司马迁的《史记·荆轲列传》
(4)罗贯中的《三国演义》
(5)鲁迅的《药》

4. 阅读下列文章或作品,找出它们的过渡之笔,并做简要分析。
(1)陈荣力的《流浪的二胡》
(2)王剑冰的《绝版的周庄》
(3)熊秉明的《看蒙娜丽莎看》
(4)东山魁夷的《唐招提寺的魅力》
(5)罗兰·巴特的《相思》
(6)余秋雨的《都江堰》

5. 阅读下列文章或作品,找出它们的兴波之笔,并做简要分析。
(1)《红楼梦》中的《林黛玉进贾府》
(2)白居易的《长恨歌》
(3)李斯的《谏逐客书》
(4)诸葛亮的《出师表》

第十章　表达方式

谋篇以后，就要进一步考虑如何表达了。怎样做到写人记事生动具体、状物绘景鲜明形象、议论抒情深刻真切、说明事物准确明白，这就需要使用恰当的表达方式。文章的表达方式，指表述特定内容所使用的特定的语言方法、手段。根据学界趋于统一的看法，它主要分为叙述、描写、议论、抒情、说明五种。

第一节　叙　述

一、叙述概述

叙述又叫记叙，它是作者对人物的经历和事件的发展变化过程以及场景、空间的转换所作的叙说和交代。从思考类型来说，叙述主要回答经过如何、怎样做的这类问题，其基本特点在于它的过程性，基本功能是以事告人。实际写作中，叙述运用较多，是写作中最基本、最常见的一种表达方式，在记叙类文体、议论类文体、说明类文体中应用十分广泛。它犹如金针银线，能把文章的各个因素天衣无缝地加以编织，使读者顺利地了解文章内容。运用叙述要根据主题的需要，叙述人称要合适，事件交代要明白，详略要得当；要处理好叙述同描写、议论、抒情、说明的关系；要巧妙地综合运用各种叙述技巧。

二、叙述人称

叙述的人称就是观察点或视点，它表示写作主体以何种身份进行叙述。通常有以下三种类型。

（一）第一人称叙述法

第一人称叙述法，指写作主体以"我（们）"的身份叙述所闻、所见，把人物经历、事件经过告诉读者的叙述方法。其长处在于叙述角度固定，便于选材、剪裁，可将散碎的材料结缀成篇；同时，缩短了文章内容与读者间的距离，增加了文章的真实感和亲切感。其短处则是不能全方位地展开叙述，即叙要受到"我（们）"所处的时间和空间的限制，凡超出"我（们）"的作为、思想、见闻的事情都无法表现，同时这种限制容易造成叙述的主观性。所以，有人把第一人称称作"限制视点"。

一般写真人真事的记叙文,如日记、书信、自传、游记、回忆录等常用第一人称,且文中的"我"就是作者本人。例如,鲁迅的《风筝》、朱自清的《背影》、巴金的《怀念萧珊》等,其中的"我"就是作者,又是故事的叙述者、故事中的人物。在文学作品中,情况有所不同。作品中的"我"可能是作者,也可能不是作者,而只是一个故事的叙述者、故事中的一个人物。例如,鲁迅《孔乙己》中的"我"就不是作者自己,而是酒店的小伙计。

第一人称叙述法,可分三种:第一种是单重法,即指文章中的"我"自始至终都是一个人物,也是故事的讲述者,多用于篇幅小的文章。例如,鲁迅的《故乡》。第二种是双重法,即指文章中的叙述人称虽然自始至终都是"我",但先后并非一人,而是两个人。王愿坚的《粮食的故事》,第一个"我"是采访者,第二个"我"是文章的主人公郝吉标。第三种是多重法,即叙述中的"我"多达三个以上。例如,法国作家小仲马的《茶花女》中有四个"我",分别是小说的作者、玛格丽特的情人阿尔芒·迪瓦尔、小说的女主人公玛格丽特及最后待在玛格丽特身边的朱利·迪普拉。

(二)第二人称叙述法

第二人称叙述法,指写作主体称文中人物为"你"的叙述方法。实际上,写作主体作为叙述者仍然以"我"的身份存在着,只是这个"我"的称谓往往不在文中出现。运用此法,可以对称为"你"的人物作全面的叙述,可以写这个"你"的过去、现在和将来,也可以写这个"你"的内在心理、感情和思维。它的优势是仿佛拆掉了作者和读者之间的一堵墙,缩短了叙述者和叙述对象或叙述者和读者之间的距离;便于对客观事物和人物作出富有个性的观照,也便于敞开心扉,倾情诉说或抒情。其短处则是它在反映生活的广度和深度上受到限制,叙事、写人、状物也不能细致入微,它在小说特别是中长篇小说中较少使用。

例如,朱自清的《给亡妇》,通篇都采用了第二人称"你"来称呼,如同述家常、诉衷情般亲切自然,直接向亡妻敞开自己的内心世界:"谦,日子真快,一眨眼你已经死了三个年头了。这三年里世事不知变化了多少回,但你未必注意这些个,我知道。你第一惦记的是你几个孩子,第二便轮着我。孩子和我平分你的世界,你在日如此;你死后若还有知,想来还如此的。告诉你,我夏天回家来着:迈儿长得结实极了,比我高一个头。……"这是文章的开头。到文章结尾,作者照应开头写道:"我们想告诉你,五个孩子都好,我们一定尽心教养他们,让他们对得起死了的母亲——你!谦,好好儿放心安睡吧,你。"第二人称叙述法作为一种加强语气、浓化感情的表现手段,与抒情相配合,在诗歌的写作中也常常用到。例如,艾青的《雪落在中国的土地上》:"——啊,你/蓬发垢面的少妇,/是不是/你的家/——那幸福与温暖的巢穴——/已被暴戾的敌人/烧毁了么?"

(三)第三人称叙述法

第三人称叙述法,指写作主体称文中人物为"他"的叙述方法。运用第三人称叙述的优点是:不受"我"的视觉、听觉限制,反映现实较灵活,可以在广阔的时空范围内表现众多的人物与复杂事件。正由于第三人称叙述突破了时间、空间的束缚,可以自由地刻画人物、描述场景、剖析内心世界,表现力强,表现范围很广阔,所以有人把它称作"任意视点",甚至夸张地称作"万能人称"。但与第一人称相比,它也有其局限性:不如第一人称那样便于直接表达作者的思想感情,也不如第一人称使人感到亲切、真实。在第三人称的文章里,叙述者同写作主体是合二为一的关系。根据叙述者的身份,第三人称叙述法可分为三种。

1. 见证人叙述法

见证人叙述法,指写作主体是事件的亲见亲闻者,但他只是置身局外,作冷静的观察,然后将观察的情况如实地写出。写作主体只限于叙述可以亲见亲闻的材料,如人物的容貌、服饰、表情、语言、动作、环境等外在事实,对人物的内心活动不作叙述,对所反映的一切事实也不作主观解释,不发表任何带有主观感情色彩的评议。用这一叙述法写成的文章,视觉形象真切,现场感觉强烈。俄国作家契诃夫的《变色龙》即是。

2. 报道者叙述法

报道者叙述法,指写作主体不是事件的亲见亲闻者,只是事件的报道者。其所写的范围不局限于亲见亲闻,凡写作主体能够了解到的材料,包括人物容貌、服饰、表情、语言、动作、环境等外在事实,以及事件的来龙去脉、人物的心理活动等均可加以叙述。当然也可以随时中断叙述,进行解释和评说。徐迟的报告文学《哥德巴赫猜想》即是。

3. 全知全晓叙述法

全知全晓叙述法,指写作主体不在文中露面,但又无处不在。其叙述不受时空的限制,叙述者对于发生在同一时间不同地点或同一地点不同时间的事件,人物的言谈举止、潜伏的思想、未表现于动作的情感及人物自己不便言明或别人无从察觉的动机行为等,都了如指掌。叙述者是一切情节的唯一提供者,甚至在适当的时候可以直接出面现身说法。这种叙述方法更多地用于场面浩繁、过程复杂、关系错综,以及存在较多心理活动的文学作品的写作中。曹雪芹的《红楼梦》即是。

一般说来,在一篇文章中叙述人称应该前后一致,但在一些内容丰富的文章中,也可以进行人称转换,以便发挥各种人称的优势。但转换人称时,作者要给予交代和过渡,使文章衔接自然,转换巧妙。

三、叙述技法

(一) 具体叙述与概括叙述

根据对事件叙述的详略来分,叙述分为具体叙述与概括叙述。

1. 具体叙述

具体叙述,又称完整叙述、细叙,是一种复杂的叙述技法。它包括时间、地点、人物,事件的起因、经过、结果六个要素。在具体叙述中,这六个要素缺一不可,叙述呈慢节奏流动状态。具体叙述在叙事性文体的写作中不可缺少,它可以使事件脉络清晰,过程具体,形象可感。但一味具体叙述,也可能导致笔墨烦冗。因此,它必须和概括叙述结合起来使用,方可产生繁简适当、伸缩自如、快慢有致、节奏感强的表达效果。

例如,徐迟的《生命之树长绿》叙述蔡希陶病情时就采用了此法:"从北京回来之后不久的一天,蔡希陶一早起来,打了一把雨伞,提上暖瓶,拿了一个碗去大食堂打早饭,忽然头晕了。他被扶进伙房休息。后来头不晕了,他打饭回家。路上,他又头晕了,恰好张育英经过,就扶了他回家进屋,等他觉得好些了,吃饭了,张育英才走开。一会儿,他晕倒在地,正好许再高同志有事找他,发现他倒下了,赶紧扶他上床,并请来了医生。医生检查后说是脑血栓的症状……"文章叙述了蔡希陶接二连三地晕倒,且将每次晕倒的过程做了详尽的叙述,其目的是强调蔡希陶的病情。

2. 概括叙述

概括叙述,又称不完整叙述、概述,是一种简单的叙述技法,只需对所写的事件做简括的述说、交代。它不必包括完整叙述中的六个要素,只要一两个要素即可,叙述呈快节奏流动状态。除消息和议论文中的叙述外,此法不宜单独组成文章,一般须与具体叙述配合使用,以不致流于空洞化、概念化。

例如,徐迟的《生命之树长绿》中有一段叙述:"蔡希陶接受并布置了这个任务,立刻行动起来。七天之后,他的年轻学生裴盛基和李延辉(他们都已经被培育成长起来了)就在曼培的森林中找到美登木。他们找到的时候,禁不住在森林底下,鼓掌欢呼!"这段话只说了事情的梗概,对于蔡希陶的学生是如何找到美登木的,未做具体叙述,这就是概括叙述。

(二)记叙的方法

常用的记叙方法有顺叙、倒叙、插叙和补叙。

1. 顺叙

顺叙是指按照人物成长过程或事件发生、发展、高潮、结局的先后顺序进行叙述。它是一种最常用的记叙方法,主要包括两种叙述方式:一是按人物成长或事件发生发展的时间顺序叙述;二是按人物活动或事物发生发展的空间顺序叙述,如由远及近、从上到下、先内后外等。顺叙的好处在于使文章条理清楚,脉络分明,有头有尾,能突出事物发展变化的过程,读起来顺当。运用顺叙必须善于剪裁,做到详略得当,不可不分主次,不可平均使用笔墨,要力避平铺直叙和记流水账。

例如《郑伯克段于鄢》,文章由庄公寤生写起,这是事件的序幕,然后具体叙述了郑伯克段于鄢的发生、发展、高潮和结局,最后写到庄公母子隧中相见,这是整个事件的尾声。唐代诗人杜甫的《石壕吏》中,"暮投石壕村"——开头点明是在天刚黑之时投宿的。"有吏夜捉人"——捉人是在夜里,又向前走了一段时间。"夜久语声绝"——夜已深了。"天明登前途"——次日早晨。这样叙述可知由暮到天明,事情是在一夜中发生的,显得秩序井然。采用顺叙法也可按故事发生、发展的阶段进行叙述(实质上也是时间先后),例如,《曹刿论战》一文主体部分,是以战争发展过程的阶段性来叙述的。"齐师伐我,公将战。曹刿请见。"——"公与之乘,战于长勺。"——"既克,公问其故。"显然是以未战、方战、既战来安排次序的。

2. 倒叙

倒叙是指把事件的结局或某个最突出的片段提到文章的开头或前面叙述,然后回到顺叙,按事件的发生、发展顺序一一道来。倒叙并非把整个事件倒过来叙述,而是把某个部分提前告诉读者,完整的故事仍按顺叙来写。倒叙的部分往往是人和事的症结所在。运用倒叙可以使文章中心突出,造成悬念,渲染气氛,形成波澜,产生引人入胜的效果,而避免结构上的平铺直叙。使用倒叙必须根据表达的需要,切不可片面追求奇突的效果,为倒叙而倒叙,矫揉造作,故弄玄虚。使用倒叙,其落笔点要选在关键性情节上。要注意把倒叙部分起讫点交代清楚,从倒叙到顺叙的转换处,要用必要的文字过渡,衔接要自然;否则,会使文章脉络不清，头绪不明，反而影响内容表达。

例如，鲁迅《一件小事》的开头："我从乡下跑到京城里，一转眼已经六年了。其间耳闻目睹的所谓国家大事，算起来也很不少；但在我心里，都不留甚么痕迹，倘要我寻出这些事的影响来说，便只是增长了我的坏脾气，——老实说，便是教我一天比一天的看不起人。但有一件小事，却于我有意义，将我从坏脾气里拖开，使我至今忘记不得。"然后才追述往事，记叙这一件小事发生的经过和"我"当时的感觉。最后再写"我"现在还时时记起这件小事，并强调这件小事对"我"的意义。

3. 插叙

插叙是指写作主体有意将正在进行的叙述中断，插入另一段叙述，插入的叙述结束后，再继续原来的叙述。插叙可以起到丰富情节、扩展内容、交代人物、说明因果、联结关系、造成波澜、深化主题等作用。插入的内容必须与原叙述密切相关，并应注意不能喧宾夺主；还要注意处理好插叙与顺叙之间的衔接、过渡和照应。

例如，鲁迅的《故乡》，开始用顺叙写"我"回到故乡的见闻和感想，母亲说："还有闰土，他每到我家来时，总问起你，很想见你一回面。我已经将你到家的大约日期通知他，他也许就要来了。"下面，很自然地插叙了"我"儿时与少年闰土之间友谊的回忆。"这时候，我的脑里忽然闪出一幅神异的图画来：深蓝的天空中挂着一轮金黄的圆月，下面是海边的沙地，都种着一望无际的碧绿的西瓜，其间有一个十一二岁的少年，项带银圈，手捏一柄钢叉，向一匹猹尽力的刺去，那猹却将身一扭，反从他的胯下逃走了。"接着还写了二人初次相见的情景。插叙完了，又用"现在我的母亲提起了他，我儿时的记忆，忽而全都闪电似的苏生过来，似乎看到了我的美丽的故乡了。我应声说：'这好极！他，——怎样？……'"几句简单的文字把话题拉了回来，再沿着原来的线索叙述下去。

以上三种记叙方法，在实际写作中可以兼用。例如，鲁迅的小说《祝福》，有人习惯于把它当作倒叙的范例，若单就祥林嫂的故事本身而言，确实如此。但整篇作品的叙述实际上并不是这么简单。就整个作品的中心叙述而言，它是顺叙，先写我旧历年年底的回乡见闻，重点写见到临死前的祥林嫂的情形；得知祥林嫂死讯后，又插入有关祥林嫂悲惨遭遇的回忆；最后又回到了中心叙述上，写我离乡返城前故乡的祝福情景。整个叙述实际上是在顺叙大框架中的插叙与倒叙，是三者的结合。

4. 补叙

补叙是指在叙述过程中，根据表述内容的需要，对前文涉及的某些事物或情况作必要的补充、解释、交代或说明。补叙的主要作用，一是为了制造悬念，使读者产生某种期待心理，增强文章的吸引力；二是为了追求叙述的曲折变化，造成文章的波澜。

例如，《水浒传》第十六回，杨志押送生辰纲前往东京，在黄泥冈遇上七个卖枣的商贩，他们吃完卖酒的汉子所挑的一桶酒后，其中一个商贩同杨志众军汉同吃另一桶，这个商贩平安无事，杨志和众军汉却头重脚轻，纷纷软倒。看到这里，读者必定生疑，同一桶酒，为何商贩喝了没事，杨志等喝了却纷纷软倒在地？这时，作者来了一段补叙："我且问你，这七个人端的是谁？不是别人，原来正是晁盖、吴用、公孙胜、刘唐、三阮这七个。却才那个挑酒的汉子，便是白日鼠白胜。却怎地用药？原来挑上冈子时，两桶都是好酒。七人先吃了一桶，刘唐揭起桶盖,又兜了半瓢吃,故意要他们看着,只是叫人死心塌地。次后,吴用去松树林里取出药来,抖在瓢里,只做赶来饶他酒吃,把瓢去兜时,药已搅在酒里,假意兜半瓢吃,那白胜劈手夺来,倾在桶里。这个便是计策。……"

插叙和补叙的区别表现在:从内容上看,插叙是作者为事件发展提供背景材料,如果将这个材料删去,原有的故事情节仍旧保持相对的独立性,线索仍旧清楚明朗,读者不会产生疑问;而补叙是与全文中心事件密切相关的,是情节发展的重要组成部分,如果将这个片段删去,读者会产生疑问或歧义。从形式上看,插叙内容的前后有简明扼要的过渡性文字,使之同中心事件衔接自然,它一般被安排在篇中,而不在篇末;补叙无须过渡性文字,它一般被置于事件出现结果之后,交代产生这种结果的原因,因此它常常被安排在篇末。从篇幅上看,插叙的文字一般较多,有较完整的故事情节;补叙的文字一般较少,多则一段,少则一句话,只要完成了对人物或事件的某些补充说明就行了。从表达效果上看,插叙是作者为人物经历和事件发展提供背景材料,能使文章的内容更丰富,结构更紧密,人物性格更鲜明;补叙是将事件的某个片段"藏"于文后,有意让读者造成悬念产生错觉,到一定的时候"亮"出来,使文章跌宕多姿,波澜起伏,增强艺术感染力。

(三)客观叙述与主观叙述

根据叙述主体对材料的处理来分,叙述分为客观叙述和主观叙述。

1. 客观叙述

客观叙述,指按照人、事、物的原样所作的叙述。这种叙述,除人物和人物活动外,作者更多将笔墨运用在对事和物的陈述上,情感灌注基本没有或轻易看不出来。短讯常常采用客观叙述。

例如,短文《〈清凉阁〉画廊面世》,文中对清凉阁画廊开业、展示和经营内容特色等事情做了简单、客观的报道:"荟萃中国当代名家书画精品的《清凉阁》画廊昨日开业。该画廊由新华社所属的新华书画院创办,专门展示和经营该院艺术顾问和特聘画师吴作人、刘海粟、吴冠中、陆俨少、启功等二百余位名家的书画精品。由于这些作品都是该院艺术顾问和特聘画师提供的佳作,因此具有很高的艺术收藏价值,是海内外艺术机构、书画爱好者和收藏家们理想的选择。这个画廊设在宣武门西大街甲101号,有文房四宝、金石篆刻、画框以及其他工艺品,并可为顾客装裱字画。"

2. 主观叙述

主观叙述,指在记叙和描述人、事、物的过程中融进了写作主体的思想、情感的叙述。它富有写作主体强烈的主观意识和个性色彩。

例如,苏叶的《告别老屋》中的一段:"记得那年,也是冬天,大半个卡车就把东西全拉过来了。那些跟随了父母亲几十年的可怜的家什,在淡白的阳光下竟然也泛起了一些光泽。母亲憔悴的脸上有一重惊喜欲哭的神色,眼睛睁得很大。她扶着双目已近失明的父亲,慢慢地走,一样样地摸,她说:'苏夫子,呢,这是窗;这是门;呢,出这个门是阳台,好大的一个院子噢!苏夫子!你看得见一点点光呗?'父亲纤长的手指随着她的指点簌簌地摸索一阵,脸上露着安详的喜悦,他扶着母亲的肩头:'志南!我们如今有个家了!是吧?'他头顶上堆着白雪一样的发丝,可是口里却发着孩子似的提问。在学问上,他曾经是个多么挑剔、执拗而不知满足的人哪！我仰头久久望着蓝天，不让眼里的泪水落下来。我记得那一天，院子里满是没及膝盖的荒草，倒伏着一层枯黑了的野菊花。松松拉着的铁丝网外有一个不大的荷塘，紫金山那深黛色的身姿默默矗立，而小路边的一排铁蒺藜树却在风中摇颤着它们干瘦的枝干……"这里记的是一家人喜迁新居的事情。字里行间跳动着"我们如今有个家了"的复杂感情——凄楚与喜悦各半。这是一种富于情感的叙述，抑或说是情感的诉说。像这种以记事为主的文章，采用的主观性叙述中，常常包含着叙述者的情感。

此外，写物的文章也往往寄寓着人的思想和情感。例如，冯骥才的《珍珠鸟》就是这样的。作者笔下的物象——珍珠鸟，成了他抒发感慨和揭示生活哲理的依托。最后几段写道：

渐渐它胆子大了，就落在我书桌上。

它先是离我较远，见我不去伤害它，便一点点挨近，然后蹦到我的杯子上，俯下头来喝茶，再偏过脸瞧瞧我的反应。我只是微微一笑，依旧写东西，它就放开胆子跑到稿纸上，绕着我的笔尖蹦来蹦去；跳动的小红爪子在纸上发出嚓嚓响。

我不动声色地写，默默享受着这小家伙亲近的情意。这样，它完全放心了。索性用那涂了蜡似的、角质的小红嘴，"嗒嗒"啄着我颤动的笔尖。我用手抚一抚它细腻的绒毛，它也不怕，反而友好地啄两下我的手指。

白天，它这样淘气地陪伴我；天色入暮，它就在父母的再三呼唤声中，飞向笼子，扭动滚圆的身子，挤开那些绿叶钻进去。

有一天，我伏案写作时，它居然落到我的肩上。我手中的笔不觉停了，生怕惊跑它。呆一会儿，扭头看，这小家伙竟趴在我的肩头睡着了，银灰色的眼睑盖住眸子，小红脚刚好给胸脯上长长的绒毛盖住。我轻轻抬一抬肩，它没醒，睡得好熟！还咂咂嘴，难道在做梦？

我笔尖一动，流泻下一时的感受：

信赖，往往创造出美好的境界。

像这种主观性的叙述，不管是写人，还是记叙事、物，都必然表现着写作主体的立场、观点，当然也就必须蕴蓄着写作主体的认识和情感。这种叙述在文学写作中几乎是不可能避免的。

四、注意事项

（一）要素齐全

要素齐全，指一个完整的叙述应当由时间、地点、人物，事件的起因、经过、结果这六个要素组成。六个要素在叙事时一般是不可缺少的。如果缺少了，就会影响叙事的效果。这是叙述的基本要求，不能忽略。

（二）详略得当

客观事物按照自己的规律和速度发展着，详略得当指写作主体可以根据需要加以剪裁：重要的，读者不懂的，感兴趣的，叙述具体、详细、缓慢；次要的，读者懂的，不感兴趣的，叙述概括、简单、快速。在整个叙述中，有详有略，有快有慢，详略得当，快慢适宜。

（三）线索清楚

线索是贯穿于文章（特别是叙事性文学作品、一般记叙文）中的脉络，它是写作主体组织文章的道具和安排叙述的轴心。线索清楚，证明写作主体的思路清楚，也证明叙述的过程顺序清楚。叙述的线索最常用的是时间。由于题材的千差万别和写作主体思路的千变万化，也有许多文章用空间、逻辑等作为叙述的线索。

第二节 描 写

一、描写概述

描写，指写作主体用富于形象性和表现力的语言对人物、事件、环境及其形态、特征所作的具体描绘和刻画的一种表达方式。从思考类型来说，描写要回答什么样子、什么状态、什么感觉这类的问题。其基本特点在于它的造型性、可视性，基本功能是以形示人。清代学者唐彪说："文之有描写，犹画者描写人容也。"（《读书作文谱》）当然，描写和叙述常常结合起来使用，很难截然分开。两者主要区别在于：叙述侧重于对人物、事件的介绍和交代，使之清楚明白；描写着重于对人物、事件、环境进行描绘与刻画，使之生动传神。叙述在于告诉人们存在什么，发生了什么；描写则在于告诉人们究竟是怎样地存在着、怎样地发生着，它能把事物具体生动、鲜明清晰地呈现在读者眼前，使读者产生如见其人、如闻其声、如历其事、如临其境的感觉。

二、描写技法

（一）白描和细描

根据对对象描写的细腻程度，描写可分为白描与细描。

1. 白描

白描，原是中国绘画的一种重要技法。它与细描相对，指不着颜色，也不画背景，只用墨线勾勒人和物的形象。古代叫白画，因为它以形传神，不重形似而求神似，故又叫写意。引入到写作，白描又叫意笔。其特点是：不用或少用色彩浓烈的修饰性形容词，尽量减少陪衬和托带，不事雕琢，不加烘托，只是把笔触直接对准描写对象的最尖一点上，用简洁质朴的文字，抓住事物的主要特征，寥寥几笔，加以勾画，逼真地再现情景，传神地刻画出人物的形象。由于白描俭省、经济、节奏快，利于情节进展，符合读者的欣赏习惯，所以在古典小说和现代短篇小说、新闻通讯、报告文学等文体中得到广泛运用。

鲁迅先生喜欢并提倡这种经济传神的写法，他把这种方法归纳为："有真意，去粉饰，少做作，勿卖弄。"（《作文秘诀》）例如，《故乡》中对景物的描写："时候既然是深冬；渐近故乡时，天气又阴晦了，冷风吹进船舱中，呜呜的响，从篷隙向外一望，苍黄的天底下，远近横着几个萧索的荒村，没有一点活气。"这漫画式的白描，笔法简练，文字简朴，无渲染，无烘托，

不比喻,不形容,线条粗犷,画面纯净,但能给读者留下很深的印象。他对人物的描写则更见功力,往往只用寥寥几笔,就能准确生动地勾画出人物的某一特征,逼真地传达出人物的性格特点。《从百草园到三味书屋》中写先生读书的一段:"先生自己也念书。后来,我们的声音便低下去,静下去了,只有他还大声朗读着……我疑心这是极好的文章,因为读到这里,他总是微笑起来,而且将头仰起,摇着,向后面拗过去,拗过去。"对先生读书神态的描写,并没有过多的修饰语,文字简洁到了极点,而又达到了传神的极致。这些白描体现了鲁迅先生驾驭语言的高超能力。

从写法上看,白描是用叙述进行描写的一种方法,或者说,白描是叙述和描写的高度融合。从形式上看,很难找出白描和叙述的严格区别。但它毕竟是描写,可以使读者读了之后,在头脑中想象出具体形象或场景来。例如,鲁迅的《五猖会》,曾摘引过明朝张岱的《陶庵梦忆》中一段记载扮演《水浒传》人物的文字,可称之为"白描的活化石":"于是分头四出,寻黑矮汉,寻梢长大汉,寻头陀,寻胖大和尚,寻茁壮妇人,寻姣长妇人,寻青面,寻歪头,寻赤须,寻美髯,寻黑大汉,寻赤脸长须,大索城中。无则之郭、之村、之山僻、之邻府州县,用重价聘之,得三十六人。梁山泊好汉,个个呵活,臻臻至至,人马称娖而行……"这段引文整体是叙述,但它又有鲜明的描写色彩,"胖大和尚""姣长妇人""青面""赤须""美髯"等,本就是人物肖像描写,"个个呵活,臻臻至至,人马称娖而行",也是一种场面的描写。所以白描的少修饰,并非不修饰,只是比较精练而已。

2. 细描

细描,又叫工笔、彩绘,与白描相对,指用细腻的笔触对人物或事物进行细致入微的描摹刻画。这种描写,常用对比、比喻、拟人、夸张等修辞手法,讲究铺陈和渲染,语言精细,富于色彩。细描的特点在于细,要能抓住对象的主要特征。值得注意的是,用这种手法时,同白描一样需要有真意,勿卖弄,否则,长篇累牍的工笔细描,或者不能有效地表现人物性格,或者与文章中心全然无关,也就没有什么价值了。

例如,朱自清《绿》的一段描写:"这平铺着,厚积着的绿,着实可爱。她松松的皱缬着,像少妇拖着的裙幅;她轻轻的摆弄着,像跳动的初恋的处女的心;她滑滑的明亮着,像涂了'明油'一般,有鸡蛋清那样软,那样嫩,令人想着所曾触过的最嫩的皮肤;她又不杂些儿尘滓,宛然一块温润的碧玉,只清清的一色——但你却看不透她!我曾见过北京什刹海拂地的绿杨,脱不了鹅黄的底子,似乎太淡了。我又曾见过杭州虎跑寺旁高峻而神秘的'绿壁',丛叠着无穷的碧草与绿叶的,那又似乎太浓了。其余呢,西湖的波太明了,秦淮河的又太暗了。可爱的,我将什么来比拟你呢?我怎么比拟得出呢?大约潭是很深的,故能蕴蓄着这样奇异的绿;仿佛蔚蓝的天融了一块在里面似的,这才这般的鲜润呀。——那醉人的绿呀!"在这段文字中,朱自清对梅雨潭的绿色进行了精雕细刻式的描写,调动了一系列新奇美妙的比喻,将绿色的状态、质地、色泽形象化、人格化,引导读者展开丰富的想象和联想。这样还不够,作者又在最后使用了比较手法,把梅雨潭的绿与北京什刹海的绿杨、杭州虎跑寺的绿壁、西湖的绿波等做了比较,在对比中见出梅雨潭绿得独特。朱自清《桨声灯影里的秦淮河》对夜景的描绘:"灯光是浑的,月色是清的。在混沌的灯光里,渗入了一派清辉,却真是奇迹!那晚月儿已瘦削了两三分。她晚妆才罢,盈盈地上了柳梢头。天是蓝得可爱,仿佛一汪水似的;月儿便更出落得精神了。岸上原有三株两株的垂杨树,淡淡的影子,在水里摇曳着。它们那柔细的枝条浴着月光,就像一只只美人的臂膊,交互地缠着,挽着;又像是月儿披着的发。……"这段描写,运用了拟人、比喻等修辞手法,细致入微地描写灯光、夜色、垂柳,将秦淮河的夜景再现得如诗如画,十分迷人。

(二)正面描写与侧面描写

根据对对象描写的角度来分,描写分为正面描写与侧面描写。

1. 正面描写

正面描写,又称直接描写,指写作主体直接对描写对象进行描写、刻画。运用此法应注意根据写作意图来选择对象的特征,并鲜明地显现;要注意多种表现手法的综合运用,使事物形象丰满。不管是写人还是写景,描写中的绝大多数都是正面描写。直接对人物的外貌、动作、语言,对景物的形状、色彩等进行描写,可以使读者更为直观地熟悉人物、认知事物。

例如,汉乐府民歌《孔雀东南飞》中刘兰芝被婆婆休弃回娘家,晨起梳妆的一段描写就是典型的正面描写:"著我绣夹裙,事事四五通。足下蹑丝履,头上玳瑁光。腰若流纨素,耳著明月珰。指如削葱根,口如含朱丹。纤纤作细步,精妙世无双。"曹雪芹笔下的林黛玉:"两弯似蹙非蹙罥烟眉,一双似喜非喜含情目。态生两靥之愁,娇袭一身之病。泪光点点,娇喘微微。闲静时如姣花照水,行动处似弱柳扶风。心较比干多一窍,病如西子胜三分。"(《红楼梦》)王润滋的小说《卖蟹》中的卖蟹姑娘:"看样子,那小姑娘至多不过十五六岁,通体都洋溢着少女的健美:蓬松松的刘海上缀满着雾星儿,一颤一颤的;大而亮的眼睛里像滴进了露水,含满了,要溢出来;被海风吹红的凸圆圆的腮上,也是湿润润的一层。她像是一朵晨光下的花骨朵。裤腿挽着,袖子撸着,带一股诱人的野气……"这两段文字都是正面描写美女的,前者是病态美,而后者是健康美。这两种形象,虽然在每个人的脑海中并不完全一样,然而其大体印象总是相近的,这正是描写之功。在中外文学作品中,正面描写的经典范例比比皆是。

2. 侧面描写

侧面描写,又称间接描写,指写作主体不直接对描写对象进行正面的描写、刻画,而是描写与之有关的其他事物,或是通过其他人物的评价,从侧面烘托、映衬、表现出描写对象的特征来。侧面描写较为含蓄,能留给读者更多的想象余地和特殊的美感。

例如,古诗《陌上桑》写罗敷的美貌:"行者见罗敷,下担捋髭须。少年见罗敷,脱帽著帩头。耕者忘其犁,锄者忘其锄。来归相怨怒,但坐观罗敷。"这就是从对旁观者的影响与旁观者反应的角度,写出了罗敷的超凡美貌。人们对美貌的看法各不相同,从文学欣赏的角度看,作者无法也不必对人物美貌都做细致的描写,描写再细致也只能满足一部分读者的欣赏标准,所以采用侧面描写给读者留下想象的审美空间,让读者去任意描画自己心目中的美貌,往往更受欢迎。因此,这种描写有更大的艺术容量。赵树理《小二黑结婚》中,写小芹的美便是如此:"小芹今年十八了,……青年小伙子们,有事没事,总想跟小芹说句话。小芹去洗衣服,马上青年们也都去洗;小芹上树采野果,马上青年们也都去采。吃饭时候,邻居们端上碗爱到三仙姑那里坐一会儿,前庄上的人来回一里路,也并不觉得远。"这段文字没有一处直接写小芹的漂亮,然而通过渲染人们时时处处想和小芹接近这一点,就间接地把小芹的漂亮表现了出来。

侧面描写有时是利用他人之口,来对描写对象做描绘式的介绍。例如,《红楼梦》第六十五回里对王熙凤的性格刻画,主要就是借其他人物之口完成的。贾琏的仆人兴儿曾这样对尤二姐说:"奶奶千万别去!我告诉奶奶,一辈子不见她才好呢。'嘴甜心苦,两面三刀''上头笑着,脚底下就使绊子''明是一盆火,暗是一把刀',她都占全了,只怕三姨这张嘴还说不过她呢,奶奶这么斯文良善的人,哪里是她的对手?"作者借兴儿之口给王熙凤画了像:一个虚伪狠毒、奸险狡诈的人物。既概括全面,又深刻犀利,这是正面描写所达不到的。还有一种情况就是由物及人,通过对与描写对象有关的景、物的描写,来烘托描写对象。

（三）动态描写与静态描写

根据对对象描写的活动性来分,描写分为动态描写与静态描写。

1. 动态描写

动态描写,指对客观对象活动状态的描写。这种活动状态,可以是单个动作,也可以是片段性的或连续性的动作。

例如,老舍《母鸡》一文中的描写:"不论是在院里,还是在院外,它总是挺着脖儿,表示出世界上并没有可怕的东西。一个鸟儿飞过,或是什么东西响了一声,它立刻警戒起来,歪着头儿听;挺着身儿预备作战;看看前,看看后,咕咕的警告鸡雏要马上集合到它身边来!当它发现了一点可吃的东西,它咕咕的紧叫,啄一啄那个东西,马上便放下,教它的儿女吃。结果,每一只鸡雏的肚子都圆圆的下垂,像刚装了一两个汤圆儿似的,它自己却消瘦了许多。假若有别的大鸡来抢食,它一定出击,把它们赶出老远,连大公鸡也怕它三分。"这里通过描写老母鸡一连串的动作,生动地表现出老母鸡对小鸡的呵护和爱。姚雪垠《李自成》中写刘宗敏跃马过江的场面:"刘宗敏大吼一声,山鸣谷应,挥刀向敌人杀去,官军突然听见他的怒吼,震栗失措,纷纷奔退,互相拥挤践踏……只见那匹雪白的战马像闪电一样从悬崖上腾空而起,纵入蓝天,在两丈外向下落去,沉入江底,溅起来的水花闪着银光。"英勇无比的人物形象,通过一系列动作描写跃然纸上。

2. 静态描写

静态描写,指对相对处于静止状态的人或事所作的描写。静态描写一般体现在两个方面:一是描写对象本身是静态的;二是写作主体的心境是平静的。主客观有机统一,才能更好地进行静态描写,甚至创造某种情境,以烘托或暗示写作主体某种独特的情感。

例如,赵淑侠在《故乡的泥土》中对泥土的描写:"松花江沿岸的泥土是暗淡的黑褐色,看着不似刚去过的黄土高原上的泥土那么悦目。黄土高原的土,黄里冒红,像含着火焰,勃勃的生气由鲜艳的色彩中呼之欲出,缺点是土质疏松,少水多旱,种庄稼常常事倍功半。远不如松花江两岸号称松嫩平原的地带,看着黑莽莽、硬板板,难看得赛过老太太的旧棉被样的土,一挖三四丈深,高粱大豆,种子掉在地上就会发芽生根,结果成实。"作者运用了比较的方法,侧重描写了泥土的颜色等特征,对松花江沿岸的泥土、黄土高原的泥土、松嫩平原的泥土做了形象描写。

需要强调的是,描写事物往往需要从动态与静态两个角度进行,两种描写也常常是交互使用的。例如,唐代诗人王维的《山居秋暝》:"空山新雨后,天气晚来秋。明月松间照,清泉石上流。竹喧归浣女,莲动下渔舟。随意春芳歇,王孙自可留。"首联总写雨后傍晚空寂的山中充满秋意的整体环境,是静态描写;颔联具体写明月、清泉,明亮的月光在松间照射着,清清的山泉水在山石上流淌着,上句是静态描写,下句则是动态描写;颈联具体写浣女、渔舟,回家的洗衣女搅得竹林阵阵喧闹,下水的渔船摇动着莲叶,都是动态描写。在写作实践中,有时为了增强表达效果,也可以化静为动,如毛泽东的词句"山舞银蛇,原驰蜡象"(《沁园春·雪》);有时则化动为静,如为了烘托、渲染伟人去世天地同悲的气氛,我们常用"连长江黄河也停止了奔流"这样化动为静式的描写来表达。

(四)主观描写与客观描写

根据写作主体对描写对象是否渗透了感情来分,描写分为主观描写与客观描写。

1. 主观描写

主观描写,指写作主体带着主观感情去描写客观事物,使所描绘的对象中渗透着写作主体的思想感情。正如清代学者王国维所说的那样:"以我观物,物皆著我之色彩。"(《人间词话》)

例如,周涛在《吉木萨尔纪事》中对黑暗中寒风的描写:"无边的黑暗已经笼罩了整片大地,这时的寒风是冬天的尾巴,在空旷的深夜里不停地穷扫。扫呀扫,像个爱扫地的肮脏老婆子,嘴里发出呻吟一般的唠叨声。有时,它溜近人家的墙根下偷听一阵,听见没有它需要的内容,就用它的臭脏指头'嘭'地弹下窗户纸,溜走了。然后它用它的烂扫帚一撑,撑杆跳一样,飞上另一家的茅草房顶,在上面跺脚,打滚,学狼叫,装鬼哭,直到把那家的孩子吓醒,'哇'的一声哭起来,它才心满意足地飘然远去。在无边的黑暗里,在人们被恐怖压抑着的想象中,它游刃有余,格外精神。它原本无形的力量只有在黑暗的协助下才能在人们的想象中变幻无穷,被赋予千奇百怪的形体。它喜欢这样,它需要这个。"文章写的是作者跟随父亲在偏僻的乡村所度过的一段艰难岁月。毫无疑问,这段对黑暗和寒风的描写,带有作者鲜明的感情色彩。"无边黑暗""偷听"的风、风的"臭脏指头""黑暗的协助",这些自然景物中渗透着他对那种沉重、压抑、恐怖生活的体验。

2. 客观描写

客观描写,指按照事物的本来状态所做的描写。它是一种冷静的描写,尤其是科学论文和论著,使用的都是客观描写。在记叙类文章中,也常用到客观描写。

例如,贾祖璋在《蝉》中对蝉的形态所做的描写,即客观描写:"蝉的形态:头部略呈方形,复眼一对,大形;单眼三个,红色,夹生在复眼的中间。触角呈针状,由七节合成,司听觉。口器针状,由三节合成,平时平放于腹面。翅二对,薄而透明,旧时以'蝉翼'一语,比喻轻微之意。前肢肥大,生一大刺,用途不明,可能是蛹的时代,为了爬出地面,是用以挖掘泥土的。腹部由六个环节合成,雄大雌小,容易识别。"作者极力摆脱主观情感对描写对象的影响,纯客观地写出了蝉的头部、复眼、单眼、触觉、口器、翅翼的形状,以及前肢的特征和作用、腹部的特征等,给人清晰、准确的形态感。

（五）常用的修辞描写技法

1. 比喻描写

比喻描写，指对所描写的对象作打比方的描写，使被喻的对象更具有表现力。但想比得贴切，比得鲜活，比得有情境，也并非容易的事情。这就要求写作主体能身临其境，切实感受，并发挥出独特的想象力来。

例如，叶楠《雪下得好急哟》中的一段描写："起风了。他听见。风像人一样，在山上跑。它能感觉到它现在走到哪儿了，它是从河道里进来——尖声叫，像年轻的女人在嚎；再绕过那棵在山脚下的老柏树——呼呼叫，像老人呼呼喘气；扑向一片小松树林——唰唰响，像一群老鹰扇动翅膀；最后直奔这座破窑，又变成年轻女人的尖声嚎叫，窑顶上'噗通噗通'向下掉土块儿。这窑怕是不能住了，他想。"作者把风比作人，抑或比作一个怪物，怪吓人的。由于运用了比喻描写，难状的风顿时可听、可想、可见、可感了。当然，这个比喻中也含有拟人。

2. 拟人描写

拟人描写，指把事物当作人来描写。拟人描写能使所描写的对象更动感、更形象。

例如，"每条岭都是那么温柔，虽然下自山脚，上至岭顶，长满了珍贵的林木，可是谁也不孤峰突起，盛气凌人"（《内蒙风光》）。"这时，春风送来沁鼻的花香，满天的星星都在眨眼欢笑，仿佛对张老师那美好的想法给予肯定和鼓励……"（《班主任》）。老舍和刘心武把"岭""星星"等非生物当作人来描写，赋予它们以动作和思想感情，有利于作者传情达义。而"单是周围的短短的泥墙根一带，就有无限趣味。油蛉在这里低唱，蟋蟀们在这里弹琴"（《从百草园到三味书屋》），"风雨能摧残樱花，但是冲风冒雨，樱花不是也能舒开笑脸么？"（《樱花雨》），鲁迅和杨朔则把"油蛉""蟋蟀""樱花"等有生命的事物当作人来描写，增添了文采，拉近了与读者的距离。

3. 拟声描写

拟声描写，指对所描写对象的声音进行仿效。一般说来，模拟声音的描写往往需要有环境的描写作衬托，以使拟声的效果更鲜明，更有氛围，更有意境。

例如，赵志援《广告万花筒》中的描写片段："响器多是沿街叫卖的小商贩用的。走街串巷的剃头匠用的响器叫'唤头'，是铁制的，形同一把大镊子，用铁棍插入中间一拨就会嗡嗡作响。磨刀匠手里提的是一挂铁片串成的'铁哗啦'，轻轻一抖就会发出哗啦啦的声音，虽然不悦耳但声响却不小……"其中的"嗡嗡""哗啦啦"，都是模拟声音的。诸如动物的叫声、水流声、人的脚步声等，都可以用拟声的词语去摹写。这可以引发读者的想象，给人以真实的感觉。

4. 夸张描写

夸张描写，指对所描写的对象的某个点作扩大或缩小的描写，以使其特征更突出。夸张的运用往往不是使事物无端地失去比例，而大多是由写作主体的某种感觉、体验，或文中人物的某种错觉或怪诞的想法形成的。因此，夸张修辞是在突出甚至扭曲事物特征中，表现写作主体的某种特殊用意的，或突出人物的某种性格，或表现写作主体的某种心绪，或为了突出某种主题。

例如,王蒙《蜘蛛》中的一段文字:"有一夜他中途醒来,有三颗闪光的星星围绕着他的头颈,眨一眨眼他才看到那是三只对他极感兴趣的蜘蛛。一刹那他觉得那蜘蛛比老虎还要大,还要凶恶,蜘蛛身上发出的腥味臊味也超过了老虎,后来他确认自己的家自己的衣服和自己的身体,都散发着蜘蛛——老虎的气息。"这是夸张中的扩大。又如,夸张中的缩小,贾平凹在散文《静》中的一段描写:"倏忽间,船就打旋起来,像一片落下的柳叶,便见光滑的水面有了波纹,像放射了电波,一个弧圈连着一个弧圈,密密的、细细的,传到湖心。"这里把船写成"一片落下的柳叶",是极言其小,其轻;把波纹写成"放射了电波"是极言其细,其微。这都是夸张的写法。

5. 对比描写

对比描写,指把两种不同的事物和情况进行对照,互相比较、映衬,将其特征鲜明地展示出来,反映事物的本质,透露出写作主体的倾向、评价和思想感情。对比是一种高反差的手法,俗话说:"不见高山,不知平地。"凡事一经对比,便会泾渭分明,给人以深刻的印象。运用对比法要有明确的目的,一定要比在点子上,意在揭示事物的本质;要对比得自然、合理;还要抓准对比双方的矛盾、对立关系。否则,就不会产生良好的对比效果。

对比描写的具体方法有三种。一是事物之间的对比。例如,邓刚的《迷人的海》将老海碰子和小海碰子打捞海参的工具、方式及他们的思维行为方法进行对比描写,显示出这两代人的不同特征,借以表达社会进化、新旧替代的哲学思想。二是同一事物不同部分不同角度之间的对比。例如,宋代文学家范仲淹的《岳阳楼记》将洞庭湖雨天的景象和晴天的景象进行对比描写,以突出其不同特点和旅人的不同感受。三是同一事物进程中前后环节的对比。例如,清代小说家李伯元《官场现形记》写巡捕报告制台说"有客来访",来不及说来访者的身份,制台大骂:"混账王八蛋!我当初怎么吩咐的!凡是我请吃饭,无论什么客来,不准上来回。"待巡捕回明来的不是别人,是洋人时,制台又骂道:"混账王八蛋!我当是谁!原来是洋人!洋人来了,为什么不早回,让他在外头等了这半天?"前后不同态度的对比,充分暴露出制台的丑恶本质。

6. 衬托描写

衬托描写,指为了突出主要事物,而用其他事物来作陪衬,使主要事物更为显豁鲜明的描写。"红花虽好,尚需绿叶扶持。"衬托有正衬和反衬两种形式。正衬,就是利用与主要形象相类的次要形象,从正面衬托主要形象,如《三国演义》中写周瑜乖巧,以衬托孔明之加倍乖巧;反衬,指根据主要事物与陪衬事物相反或不同的特点,用陪衬事物从反面衬托主要事物的方法,如《三国演义》中写鲁肃老实,以衬托孔明之乖巧。

衬托法有三种具体方式。一是以景衬景,以物衬物。如用西湖衬漓江,用蝉噪、鸟鸣衬林静、山幽。二是以景衬人,以景衬情。如用"江山如画"衬英雄豪杰,用宝玉、宝钗的婚庆衬黛玉的死。三是以人衬人,以物衬人。如用周瑜的智衬孔明的智,用鲁肃的愚衬孔明的巧。使用衬托,要处理好衬托事物与被衬托事物之间的关系。衬托的双方,是一主一宾,以宾托主。所以,运用衬托一定要确定所写的主体。对宾体的描写,是为了说明、补充、烘托主体,使之更突出,更鲜明。过分强调宾体,就会喧宾夺主。

7. 通感描写

通感描写,指写作主体开放五官,将视觉、听觉、嗅觉、味觉、触觉等沟通起来,使不同感官之间形成感受的错位与转换。古代道家提出"耳目内通",佛家提出"诸根互用",指的也是通感。通感的运用,可以变熟悉为陌生,化平庸为神奇,以一种新颖的审美刺激力作用于读者的感官,把读者引入一种全新的感觉世界,使读者对文章、作品产生浓厚的兴趣。

例如,明代诗人贾惟孝的诗句"雨过树头云气湿,风来花底鸟声香"(《登螺峰四顾亭》),就将听觉、嗅觉打通了;北宋诗人林逋的"暗香浮动月黄昏"(《山园小梅》),就将嗅觉的"香"与视觉的"暗"沟通了。至于在新诗创作中,诗人更是自觉地运用通感创造出独特的诗美。艾青的诗句"你的耳朵在侦查,/你的眼睛在倾听,/你的指挥棒上/跳动着你的神经。"(《小泽征尔》),就是将视觉和听觉打通;戴望舒的诗句"我躺在这里/咀嚼着太阳的香味"(《致萤火虫》),就是将视觉转换为味觉。在散文创作中,运用通感也很普遍。例如,朱自清在《荷塘月色》中写道:"微风过处,送来缕缕清香,仿佛远处高楼上渺茫的歌声似的。"这里,作者把嗅觉的"缕缕清香"与听觉的"渺茫的歌声"沟通了。韩少功在《西望茅草地》中写道:"天地间一片无际的,神秘的,柔软的蓝,好像有支蓝色的歌在天边飘,融入草丛,飘向夜空。"这就将视觉的"蓝色"与听觉的"歌"沟通了,丰富了读者的感官体验。

8. 象征描写

象征作为一种常见技法,指"托义于物",即借助对某一特定的具体形象的描写来表现一定的事物和意义。其特点在于利用象征物和被象征物在人们特定的生活经验与审美经验的基础上所形成的某种联系,使一定的思想感情得到含蓄而形象的表现。

例如,苏联作家高尔基的散文诗《海燕》,是运用象征手法抒发革命情怀的名篇。作者以海燕象征勇敢的革命先驱者,以海鸥、海鸭、企鹅象征形形色色的资产阶级代表人物,以大海象征人民革命力量,以乌云、雷电象征反动势力,以暴风雨象征席卷全俄的革命浪潮。这些象征体与象征义之间虽然并无内在的必然联系或外在的相同特征,但它们所表现出来的气势或格调形成了某种相似之处,给人以感召力。

象征与对比、衬托等不同。对比、衬托等手法多用在局部,象征手法可以用于构思全篇,使文章具有总体的象征性。例如,鲁迅的散文诗《秋夜》,全文通过深秋夜景的描绘,展示了秋夜中的各种景物。诸如后园中那两株直刺夜空的枣树,笼罩大地奇怪而高的天空,鬼眨着眼睛的星,怪叫着的鸟,被繁霜摧残的小粉红花,用生命去夺取光明的小青虫等。这一切都是有所象征、有所寄托的。它们组成了一个完整的意境,概括和暗示了当时的社会生活和各种政治力量。象征手法也可以用于局部,只在文章的局部显示出象征意义。如鲁迅小说《药》的结尾,以坟上的花环象征革命的前景和希望。

无论是总体象征还是局部象征,都应做到贴切,不能牵强附会,应明显地表现出象征物与象征义之间的沟通之处。为此,要注意:把象征意义的中心点,凝聚在文章主题上;描绘象征物,要抓住对象独有的特征,显示某种意义;采用拟人的修辞手法,把象征物与象征义沟通起来。这样,可以构成一种诗的意境,形象生动,思想蕴藉,使整个作品富有哲理性和艺术性,显现出一种含蓄美。

三、人物描写

人物描写,指通过对人物的外貌、内心、语言、行动等各方面的描写,勾画或塑造人物形象,刻画人物性格。人物描写既要挖掘人物的本质特征,使人物性格本质化,又要抓住人物的个性特点,使人物个性化,做到共性与个性的结合,切忌脸谱化、概念化、雷同化。人物描写一般包括肖像描写、心理描写、语言描写、行动描写等。

(一) 肖像描写

肖像描写,指对人物的外形面貌、服饰举止、风度姿态等进行的描绘。肖像描写的作用就在于揭示构成人物的种种特征,反映人物的身份、职业、经历、性格,从外貌的变化透视人物的内心世界。肖像描写主要分为三种。

1. 静态肖像描写

静态肖像描写,指把人物静止时的外貌形态像静态物写生似的加以描写刻画。这种手法既宜于对人物进行详尽全面的描绘,也易于抓住主要特征三言两语地加以勾画。许多作品把它运用于人物出场之时,集中笔墨进行静态刻画,将读者的注意力一下子集中到这个人物身上,留下清晰、强烈、完整、深刻的印象,并把它作为认识人物形象的起点,以便在以后的情节开展中,积累并加深对人物的理解。也可以在情节开展中,让情节暂时中断,插入一段对人物的静态描写。插入情节之中的静态肖像描写应与情节气氛协调一致,并有助于情节的发展。静态肖像描写还应注意不要过于全面细致,否则会使行文流于呆板、冗长,而影响作品的可读性和吸引力。

例如,鲁迅在《孔乙己》中对孔乙己的描写:"孔乙己是站着喝酒而穿长衫的唯一的人。他身材很高大;青白脸色,皱纹间时常夹些伤痕;一部乱蓬蓬的花白的胡子。穿的虽然是长衫,可是又脏又破,似乎十多年没有补,也没有洗。他对人说话,总是满口之乎者也,教人半懂不懂的。"这段静态肖像描写抓住了最能反映人物思想性格的外部特征,突出了孔乙己站着喝酒而又不肯脱下又脏又破的长衫这一特点,描绘了孔乙己的青白脸色、皱纹间的伤痕和乱蓬蓬的花白胡子,寥寥数语就刻画出一个穷困潦倒、轻视劳动、好喝懒做又不肯放下读书人架子的封建知识分子的典型形象。

2. 动态肖像描写

动态肖像描写,指在人物行动和故事情节的发展中,结合人物的行为和内心变化,及时捕捉那些能表现人物内在精神和性格特征的外部形态,加以描绘和刻画。动态肖像描写由于结合具体的情节表现出人物在特定环境中的神态情感变化,故更宜于透视人物的内心世界和性格特征。

例如,路遥《人生》第四章,写高加林上城卖馍,途中遇见巧珍,作品写道:"他走到大马河桥上时,突然看见他们村的巧珍立在桥头上,手里拿块红手帕扇着脸,身边撑着他们家新买的那辆'飞鸽'牌自行车。巧珍看见他,主动走过来了,并且站在了他的面前——实际上等于把他堵在了路上。'加林,你是不是卖馍去了?'她脸红扑扑的,不知为什么,看来精神有点儿紧张,身体像发抖似的微微颤动着,两条腿似乎都有点儿站不稳。"作者借助于一系列动词把人物的肖像刻画出来了。

3. 间接肖像描写

间接肖像描写,指不以叙述者的身份对人物进行描写,而是借助作品中人物自己的眼睛或其他人物的眼睛,从旁人观察、相互观察、自我观察的角度来描绘和刻画人物的肖像。间接肖像描写主要分旁观法、互见法、自画法三种。

(1) 旁观法

即从被描写者周围人们的观察角度来描写。例如,姚雪垠《李自成》中对红娘子的肖像描写:"她们看见这位巾帼英雄是高条身材,上身穿一件藕荷色紧身短袄(没人想到她内穿绵甲),束一条鹅黄丝绦,腰系宝剑,外披紫羔皮猩红斗篷,头戴紫红汞缎出风风帽,前缀一块碧玉,脚穿黑绒双梁云头粉底马靴,面貌端正,眉眼英气照人,神态大方,步履矫健……汤夫人和所有的内眷、仆婢们都感到十分新鲜,吃惊,两厢有人不觉发出来轻悄的啧啧声,而没人不暗暗在心中肃然起敬。"红娘子的肖像是从汤夫人、内眷、仆婢们旁观者的角度来描写的,其中掺入了观察者的评价见解、思想感情,使其肖像格外有声有色、光彩照人,同时表现了红娘子与周围人们关系的微妙变化,为以后的情节开展做了准备。

(2) 互见法

即从作品中人物互相观察的角度来描写人物肖像。此法带有强烈的主观色彩和双方的感情交流,使得肖像描写情意化,并带有一定的情节性,有利于揭示双方的感情变化和性格特征,便于之后情节的开展。例如,《红楼梦》第三回写宝玉、黛玉第一次见面,通过两人相互观察,分别写出两人的外貌特征,即是成功的一例。

(3) 自画法

即从作品中人物自我观察的角度来描绘和刻画肖像。运用此法可以巧妙而生动地揭示人物的遭遇和微妙的心理变化,有利于推动人物行动的发展和情节的进一步展开。例如,茅盾的《秋收》:"然而当他在洗脸盆的水中照见了自己的面相时,却也忍不住叹一口气了。那脸盆里的面影难道就是他么?那是高撑着两根颧骨,一个瘦削的鼻头,两只大廓落落的眼睛,而又满头乱发,一部灰黄的络腮胡子,喉结就像小拳头似的突出来;——这简直七分像鬼呢!"

需要强调的是,人物描写要从其外表开始,但又不能简单地停留在外表上,还要注意认真体会人物外表与人物内在世界的联系,以准确把握人物的个性,有效避免"千人一面"的弊端。唐弢说:"我觉得伟大的作家们并没有什么当作家的秘诀,他们和普通人一样生活,一样工作,如果有什么不同的话,那就是他们比较的注意人,经常留心人的活动,观察人们精神世界里的秘密,这是可以从许多著名作家的笔记和日记里得到证明的。"(《人物创造三题》)阿累的《一面》这样描写鲁迅的形象:"他的面孔是黄里带白,瘦得教人担心,好像大病新愈的人,但是精神很好,没有一点颓唐的样子。头发约莫一寸长,原是瓦片头,显然好久没剪了,却一根一根精神抖擞地直竖着。胡须很打眼,好像浓墨写的隶体'一'字。"文中的鲁迅"瘦得教人担心",但"精神很好",突出了鲁迅在种种艰苦和险恶面前坚强不屈的斗争精神。

肖像描写的基本要求:一要抓住特点,不要面面俱到。二要突出重点,不要泛泛而谈。肖像描写不只是介绍人物外在的形,更重要的是写出能揭示人物身份、性格、遭遇、命运的神。三要真实自然,不要凭空想象,不能脸谱化、模式化。此外,值得注意的是,肖像描写可以集中在一处完成,也可以随着时间、境况的迁移,逐步显现人物肖像的变化,以反映人物经历和性格的发展变化。且以鲁迅在《祝福》中对祥林嫂的肖像描写为例。祥林嫂第一次来鲁镇时的肖像:"头上扎着白头绳,乌裙,蓝夹袄,月白背心,年纪大约二十六七,脸色青黄,但两颊却还是红的。"第二次来鲁镇时的肖像:"她仍然头上扎着白头绳,乌裙,蓝夹袄,月白背心,脸色青黄,只是两颊上已经消失了血色,顺着眼,眼角上带些泪痕,眼光也没有先前那样精神了。"惨死前的肖像:"五年前的花白的头发,即今已经全白,全不像四十上下的人;脸上瘦削不堪,黄中带黑,而且消尽了先前悲哀的神色,仿佛是木刻似的;只有那眼珠间或一轮,还可以表示她是一个活物。她一手提着竹篮,内中一个破碗,空的;一手拄着一支比她更长的竹竿,下端开了裂;她分明已经纯乎是一个乞丐了。"祥林嫂的三幅肖像,构成了栩栩如生的肖像连环画,生动地反映了她的内心世界和思想感情的变化,深刻地展示了她性格发展的历史,突出了祥林嫂的悲剧,真可谓神形兼备。此外,在对人物肖像进行描写时,要防止脸谱化的倾向。生活中坏人不一定丑,好人不一定英俊(漂亮)。在雨果笔下,奇丑无比的敲钟人,心地却非常善良;道貌岸然的传教士,行为却异常丑恶。在曹雪芹笔下,贪赃枉法的贾雨村,也不是尖嘴猴腮,相反却是一表人才。脸谱化是用一个统一的固定模式去刻画某一类人物的面部特点,这是必须反对的;当然戏曲表演中的脸谱是另外一回事。

(二)语言描写

语言描写,指描写人物的语言和对话。语言描写也是人物描写不可缺少的一个重要环节,所谓"言为心声",要想知道人物想什么,最好是先听他说什么。描写人物的语言,最重要的是必须符合人物的性格、身份。人们的思想、气质、经历、身份不同,他们的语言也不相同。清代戏剧家李渔说:"务使心曲隐微,随口唾出,说一人,肖一人,勿使雷同,弗使浮泛。"(《闲情偶寄》)

例如,鲁迅作品中的人物语言具有很强的典型性:孔乙己的"之乎者也"(《孔乙己》),祥林嫂的"我真傻,真的"(《祝福》)自不用说,九斤老太常挂在嘴边的口头禅"一代不如一代"(《风波》)就典型地揭示了老一代农民的守旧心理,闰土的一句"老爷"(《故乡》)更足以刻画出他的愚昧及灵魂深处的奴性。

1. 人物语言分类

人物语言根据表达形式,分为对话和独白两种。

(1)对话

老舍说:"对话就是人物性格的自我介绍。"(《我怎样学习语言》)通过人物对话语言的描写,可以窥探人物的心灵,把人物写得生动传神,性格鲜明。戏剧更是人物对话的艺术。人物对话描写要抓住个性化的语言,要符合生活逻辑,能突出人物的性格、思想。老舍《骆驼祥子》有一段虎妞和祥子的对话。祥子拉包月去了,虎妞很久未见,心中甚念,但一见面,便把筷子放下:"祥子!你让狼叼了去,还是上非洲挖金矿去了?""哼!"祥子没说出什么来。虎妞又说:"你要是还没吃了的话,一块儿吧!"(虎妞的感情,通过这一冷一热的语言表达得淋漓尽致。)祥子说:"刚吃了两碗老豆腐!"(祥子想吃,不便直说,便用这可进可退的机智语言来应对。这潜台词是:说吃了也吃了,但没吃饱,还想吃。)虎妞说:"过来先吃碗饭!毒不死你!两碗老豆腐管什么事?!"(因为刘四爷在旁边,虎妞碍于脸面,只能用这种狠气的语言表达自己的爱心。)这种言为心声不是直接表达,而是曲折表达的,被人称为"心口误差"语言。人物的语言表层与深层似有矛盾,用这种语言,有时能更准确真实地刻画人物形象,揭示人物内心世界。

在描写人物对话时,要特别重视使用人物对话的指示词。所谓人物对话的指示词,指置于人物对话之间或中间,用以概括、提示、剖析人物对话和描绘人物对话时的神情姿态及动作心理的语言。它不仅可以概括说话人的动作、心理、声调、神情及用语的特点,对于人物的对话还能起到提纲挈领、画龙点睛的作用,还可以表现人物的性格特征。例如,《红楼梦》第三十三回写贾政"喘吁吁直挺挺的坐在椅子上,满面泪痕,一叠连声:'拿宝玉来!拿大棍拿绳来!把门都关上!有人传信到里头去,立刻打死!'",这里的"一叠连声"就是贾政这些对话的指示词。

(2)独白

独白,指文章或作品中的一个人物说的话。人物独白在戏剧和小说中出现的频率较高,它常常和人物心理描写结合在一起。独白,犹如电影中人物思索时的画外音,能把人物内心深处的思想活动和盘托出,是人物对生活、经历、思想感情、道德品质、顾虑、愿望的一种自言自语的表现状态。它对表现人物性格和解释作品主题往往会起到很好的作用。

例如,英国戏剧家莎士比亚《哈姆雷特》中的著名独白词:"生存还是毁灭,这是一个值得考虑的问题;默然忍受命运的暴虐的毒箭,或是挺身反抗人世的无涯的苦难,通过斗争把它们扫清,这两种行为,哪一种更勇敢?死了;睡着了;什么都完了;要是在这一种睡眠之中,我们心头的创痛,以及其他无数血肉之躯所不能避免的打击,都可以从此消失,那正是我们求之不得的结局。死了;睡着了;睡着了也许还会做梦;嗯,阻碍就在这儿:因为当我们摆脱了这一具朽腐的皮囊以后,在那死的睡眠里,究竟将要做些什么梦,那不能不使我们踌躇顾虑。人们甘心久困于患难之中,也就是为了这个缘故;谁愿意忍受人世的鞭挞和讥嘲、压迫者的凌辱、傲慢者的冷眼、被轻蔑的爱情的惨痛、法律的迁延、官吏的横暴和费尽辛勤所换来的小人的鄙视,要是他只要用一柄小小的刀子,就可以清算他自己的一生?谁愿意负着这样的重担,在烦劳的生命的压迫下呻吟流汗,倘不是因为惧怕不可知的死后,惧怕那从未不曾有一个旅人回来过的神秘之国,是它迷惑了我们的意志,使我们宁愿忍受目前的折磨,不敢向我们所不知道的痛苦飞去?这样,重重的顾虑使我们全变成了懦夫,决心的赤热的光彩,被审慎的思维盖上了一层灰色,伟大的事业在这一种考虑之下,也会逆流而退,失去了行动的意义。"从这段独白中,一个犹豫不决的人物形象跃然纸上。作者无须用更多的笔墨去叙述或说明,只需要留出空间让人物去自言自语,便能够达到展示人物困惑和思想混乱的目的,这正是独白的独特作用。元代戏剧家关汉卿《窦娥冤》中著名的独白:"有日月朝暮悬,有鬼神掌着生死权,天地也,只合把清浊分辨,可怎生错看了盗跖颜渊?为善的受贫穷更命短,造恶的享富贵又寿延。天地也,做得个怕硬欺软,却原来也这般顺水推船。地也,你不分好歹何为地?天也,你错勘贤愚枉做天!哎,只落得两泪涟涟。"这段独白是对黑暗现实最猛烈、最尖锐的抨击,表现窦娥坚强不屈的反抗性格,使窦娥的形象永远铭记在人们心中。

2. 人物语言的调度艺术

人物语言的调度艺术,指为了行文的简洁、结构的紧凑,对人物语言进行的一些技术性的处理。现实生活中,人物语言有长达千言万语、短至片言只语等种种不同的情况,写作中没有必要,也不可能像录音机那样将人物语言都记录下来,所以要进行一些处理。处理的办法主要有转述、节省、切割人物语言三种。

（1）转述

转述,指为了节省篇幅,使行文紧凑,将人物语言转化为作者叙述的语言,使其只具有人物语言的内容,不具有人物语言的形式。例如,鲁迅在《祝福》的开头写鲁四老爷同"我"见面:"一见面是寒暄,寒暄之后说我'胖了',说我'胖了'之后即大骂其新党。"至于怎样说我"胖了"和如何骂新党等内容不是本文要叙述的重点,所以不必做交代。

（2）节省

节省,指为了节省篇幅,使行文紧凑,常省去对话中的一些过程,而只将其中最紧要的写出。此法在散文、小说等文体中常用,而剧本创作则不能运用此法,非得写出人物的对话过程不可。有时是只显示问话,而省去答话。例如,《红楼梦》第三回写王熙凤初见林黛玉,就省去了她与林黛玉及下人对话的一些过程,对方的答话一概不写,只写了王熙凤的问话:"忙拉着黛玉的手问道:'妹妹几岁了? 可也上过学? 现吃什么药? 在这里别想家,要什么吃的,什么玩的,只管告诉我;丫头老婆们不好,也只管告诉我。'黛玉一一答应。一面熙凤又问人:'林姑娘的东西可搬进来了? 带了几个人来? 你们赶早打扫两间屋子叫他们歇歇儿去。'"这样写,既节省了篇幅,又使王熙凤的问话连成了一片,突出了王熙凤的主事人身份和能说会道、办事泼辣、八面玲珑的性格特征。

（3）切割人物语言

切割人物语言,指为避免冗长、沉闷,把人物的大段话语割开,适当插入有关动作、情态和景物的描述,以增加行文的节奏感和活泼感。运用此法应注意:用来切割的有关描述应与人物语言有机融合,使之成为人物语言的一种背景、一种陪衬、一种补充,以增强人物谈话的韵味。例如,鲁迅的《在酒楼上》三分之二篇幅写吕纬甫的谈话,作者用掏烟、点火、吸烟、扶杯、喝酒、似笑非笑的面部表情、向窗外看的眼神、窗外的景色等来加以切割,不仅不嫌单调、乏味,反而产生一种晤面促膝的亲切感,同时,从谈话的节奏旋律中,隐约能让读者感受到人物的心理意绪。

值得强调的是,人物的语言描写往往是和行动描写相结合的。写语言需要与人物说话时的表情、动作结合起来。例如,《红楼梦》中,宝玉因不听话被父亲打了一顿,之后宝钗和黛玉分别去看望他。宝钗去的时候,手里托着一丸药,说道:"早听人一句话,也不至于有今日。"从宝钗的行动和语言可以看出,她是一个深谙人情世故的封建淑女的典型。黛玉去的时候,眼睛肿得像桃儿一般,满面泪水,无声地哭,她也对宝玉说了一句话:"你可都改了罢!"黛玉的行动、表情,表现了她内心的痛苦和悲愤,而她那句话,并非对宝玉的真正规劝,包含了无可奈何之意,以及她对宝玉深沉的爱。像这样将人物的语言和行动、表情结合起来描写,十分生动地表现了人物的性格和思想感情,从深层角度反映了人物个性。

（三）行动描写

行动描写，指对人物行为动作的具体描绘和摹写。性格的生命在于动作，个性化的行为动作不仅是显示人物性格的重要途径，而且是揭示作品主题、推动情节发展的重要手段。俄国作家契诃夫说："应当努力使得人物的精神状态能够从他的行为中表现明白。"（《契诃夫论文学》）德国哲学家黑格尔说："能把个人的性格、思想和目的最清楚地表现出来的是动作，人的最深刻方面只有通过动作才见诸现实。"（《美学》）行动描写不仅要表现人物做什么，而且要表现出怎样做。

例如，《红楼梦》有一则关于"笑"这个动作的描写，不同的人各有各的笑法。刘姥姥高声说道："老刘，老刘，食量大如牛，吃个老母猪，不抬头！"众人先还发怔，后来一想，上上下下都一齐哈哈大笑起来。湘云撑不住，一口茶都喷出来。黛玉笑岔了气，扶着桌子只叫"哎哟"。宝玉滚到贾母怀里，贾母笑得搂着叫"心肝"。王夫人笑得用手指着凤姐儿却说不出话来。薛姨妈也撑不住，口里的茶喷了探春一裙子。探春的茶碗都合在迎春身上。惜春离了座位，拉着她奶母叫"揉揉肚子"。这段笑，各有特点，各人的笑法不可加于其他人身上，这就表现出众人各自不同的性格和身份。鲁迅在《药》中对康大叔的描写："黑的人便抢过灯笼，一把扯下纸罩，裹了馒头，塞与老栓；一手抓过洋钱，捏一捏，转身去了。"这一连串的动作，把刽子手的凶悍、贪财、无知写得活灵活现。《孔乙己》中孔乙己到酒店喝酒两次不同的动作，第一次是排出九文大钱，第二次则是从破衣袋里摸出四文大钱，"排"字含蓄地表现出了孔乙己既珍惜又炫耀他有限的几文钱的心情，很符合他落魄、迂腐、好卖弄的封建文人性格。"摸"字表现了他穷困至极、濒临绝境的情景。老舍在《骆驼祥子》中的描写："有时候起了狂风，把他打得出不来气，可是他低着头，咬着牙，向前钻，像一条浮着逆水的大鱼……仿佛是在水里扎了一个猛子。"低、咬、钻、扎等几个动作描写，既表现出祥子拉车生活的艰辛，同时也生动地展示出他同命运顽强抗争的精神。

需要强调的是，观察人物要重点抓住人物一言一行的细节，并注意与观察者思想情感的联系，才能有更多的收获。例如，朱自清《背影》里这样描写父亲在车站买橘子的情景："他用两手攀着上面，两脚再向上缩；他肥胖的身子向左微倾，显出努力的样子。这时我看见他的背影，我的泪很快地流下来了。"这段文字抓住了父亲不顾年老肥胖爬月台的细节，并和作者的主观情感联系起来，也就有了感人的力量。此外，在描写人物行动时，要做到恰当运用笔墨，有选择地进行描写。同一部《水浒传》，为什么李逵杀死四只老虎，在读者心目中却不如武松打死一只老虎的印象深呢？原因是作者没有详写李逵杀虎，而详写了武松打虎。描写人物行动，允许适当地运用夸张，但不能脱离生活基础，必须符合生活的本质与人物自身性格发展的逻辑。人的行动总是受思想支配的，思想、性格、身份和处境不同的人，他们即使在同一场合下，对待同一事物也往往会采取不同的行动。

（四）心理描写

心理描写，指把人物的心理活动生动形象地描绘出来，以展现人物的内心世界，写出人物的精神风貌。从某种意义上讲，人物的肖像、语言、行动等描写均是间接表现人物心理的手段。心理描写主要分为直接披露法、间接显示法、内心独白法、梦幻折射法等。

1. 直接披露法

直接披露法,指写作主体充当无所不知的叙述者,把艺术笔触如解剖刀似地直接深入到人物的心灵深处,把人物在特定环境、特定情势下所产生的心理活动直接披露出来。

例如,鲁迅在《药》中对华老栓心理的描写就运用了直接披露法。在去买药的路上,"老栓倒觉爽快,仿佛一旦变了少年,得了神通,有给人生命的本领似的,跨步格外高远"。在买到了药回家的路上,"他的精神,现在只在一个包上,仿佛抱着一个十世单传的婴儿,别的事情,都已置之度外了。他现在要将这包里的新的生命,移植到他家里,收获许多幸福"。简短几句话就充分表现出华老栓愚昧麻木的精神世界。

2. 间接显示法

间接显示法,指通过环境、景物、氛围来透露人物的特定心情。

例如,苏联作家阿·托尔斯泰的《苦难的历程》中有这样一段描写:"偌大的一个个房间,她现在觉得好不舒服,房间里的东西也仿佛多余似的。主人家一走,连会客室里那几幅立体派的图画也好像不再叫人害怕,而且退了色了。帘帷带着死气沉沉的褶襞挂在那儿。"达莎内心黯淡、凄凉、寂寞、不安,便觉得眼前的一切都失去了常态。景物的勾勒,逼真地透露出人物的内心世界。

3. 内心独白法

内心独白法,指用人物独白的方式来展示人物内心世界的意识流技巧。它本是戏剧独白的一种。在传统小说中此法已被普遍采用,内心独白被现当代作家自觉采用并加以发展,成为构成意识流小说的最主要的技巧。运用此法应该注意:不宜过分强调主观,而摒弃客观,割裂主观与客观、个人与社会、内心与外界的关系,把人物内心活动看成纯粹封闭的活动,而导致描绘的失真及与读者的隔膜。

例如,清代小说家吴敬梓在《儒林外史》中写到胡屠户被人要求打了范进一巴掌之后,有一段心理描写:"胡屠户站在一边,不觉那只手隐隐的疼将起来;自己看时,把个巴掌仰着,再也弯不过来。自己心里懊恼道:'果然天上文曲星是打不得的,而今菩萨计较起来了。'想了想,更疼的狠了,连忙问郎中讨了个膏药贴着。"这段心理独白,淋漓尽致地表现了胡屠户庸俗势利、趋炎附势、欺小怕大的性格特征。

4. 梦幻折射法

梦幻折射法,指用梦境或幻境折射出人物的内心隐秘。

例如,陆文夫《小巷深处》中有段描写:"夜里,她常常梦见张俊铁青着脸,指着她的鼻子骂:'我把你当块白璧,原来你做过妓女,不要脸的东西,从此一刀两断!'徐文霞哭着,拉着张俊:'不能怪我呀,旧社会逼的……'张俊理也不理,手一摔,走出门去。徐文霞猛扑过去,扑了个空。"这是梦境。莫言《红高粱》中的一段描写:"奶奶的眼睛又朦胧起来,鸽子们扑棱棱一起飞起,合着一首相当熟悉的歌曲的节拍,在海一样的蓝天里翱翔,鸽翅与空气相接,发出飕飕的风响。奶奶飘然而起,跟着鸽子,划动新生的羽翼,轻盈地旋转。"这是幻境。

四、环境描写

环境描写,指对人物成长、生活和事件发生、发展的社会环境和自然环境所作的形象描绘。环境描写应紧扣主题和人物，捕捉环境本身的纷纭变化，有层次地再现人物的不同遭遇和性格发展中的不同环境，包括人物关系的变化和自然景物的变化。根据描写环境的对象，环境描写可分为自然环境描写与社会环境描写。

（一）自然环境描写

自然环境描写，指对自然界的天地日月、山川湖海、草木虫鱼、季节气候等自然环境的描写。自然环境作为文章主要内容时，往往融入了写作主体的审美感受，带有某种寓意或抒发独特情怀。更多的情况下，它是作为辅助手段，为表现人物、事件服务的。自然环境不仅可以为人物活动提供场所，还能够标识时间、地点，暗示人物心境，推动情节的发展。

例如，鲁迅小说《药》的末段："微风早经停息了；枯草支支直立，有如铜丝。一丝发抖的声音，在空气中愈颤愈细，细到没有，周围便都是死一般静。"这段环境描写不仅表现了坟场的死寂，渲染了"白发人送黑发人"的悲凉、抑郁的气氛，而且也与全篇的主旨一致，暗示了社会的黑暗和人们心灵的麻木。《故乡》的开头对乡村的描写："从缝隙向外一望，苍黄的天底下，远近横着几个萧索的荒村，没有一些活气。"这个自然环境的描写，虽只淡淡一笔，却渲染了主人公回乡时的悲凉情绪。诺贝尔文学奖获得者、波兰著名作家显克维支在《灯塔看守人》中有一段关于海的描绘："大海的神秘的语声，清晰地传来，愈加响朗，有时像大炮轰发，有时像森林呼啸，有时又像远处人声嘈杂，有时完全寂静。继而老人的耳朵里，听到了长叹的声音，或者也像一种呜咽。再后来又是一阵猛厉的大声，惊心动魄。终于海风大起，吹散了浓雾，但却带来了许多破碎的黑云，把月亮都遮没了。"这段描写烘托了看守灯塔的老人悲凉、孤寂的心理，为人物形象的塑造提供了背景。

（二）社会环境描写

社会环境描写，指对人物活动和事件展开的时代、社会背景、民俗风尚、人物关系的描写。社会环境由人们的社会活动和社会关系组成，包括一定历史时期的社会制度、政治结构、经济形态、文化状况、风俗礼仪等，它是人物性格形成和事件发生的土壤，可以交代人物活动、事件发生的时间、地点、背景、条件，是构成环境描写的主导方面。社会环境描写可以为人物活动提供社会的舞台和历史的背景，也可以借助具体环境的格局陈设，以及色调的描绘，来映现人物的性格、志趣。

例如，鲁迅的小说《孔乙己》，就为孔乙己的活动安排了相应的社会环境——咸亨酒店。作者为我们描绘出江南集镇的生活风貌：人们喝的是黄酒，下酒菜是盐煮笋、茴香豆，富有乡土气息。文中关于酒价腾涨的插叙（先前花四文铜钱买一碗酒，如今涨到十文），暗示出农村经济的凋敝。曲尺形的大柜台，温酒的方法，短衣帮和长衣帮不同的喝酒方式，人们对孔乙己的取笑和冷漠，这些都反映出当时社会的某些真实状况：贫富悬殊，店主唯利是图，以及人们精神的空虚。这些社会环境的描写，对表现孔乙己的性格起着重要作用。因为孔乙己就是生活在这样的环境里，长衣帮和短衣帮的鲜明对比，更加衬托出孔乙己上不去又下不来的尴尬处境。人们对他的冷漠，使他的存在成为多余，最多充当精神麻木的顾客的笑料。孔乙己正是被这样的环境摧残致死的。可见人物的性格和命运都是环境的产物。对于社会环境的描写，要抓住风土人情，才能传达出身临其境的艺术效果。沈从文《边城》写20世纪30年代川湘交界的边城小镇茶峒："这小城里虽那么安静和平，但地方既为川东商业交易接头处,因此城外小小河街,情形却不同了一点。也有商人落脚的客店,坐镇不动的理发馆。此外饭店、杂货铺、油行、盐栈、花衣庄,莫不各有一种地位,装点这条小河街。还有卖船上檀木活车竹缆与锅罐铺子,介绍水手职业吃码头饭的人家。……杂货铺卖美孚油及点美孚油的洋灯与香烛、纸张。油行屯桐油。盐栈堆四川火井出的青盐。花衣庄则有白棉纱、大布、棉花,以及包头的黑绉绸出卖。卖船上用物的,百物罗列,无所不备,且间或有重到百斤的铁锚,搁在门外路旁,等候主顾问价的。专以介绍水手为事业,吃水码头饭的,在河街的家中,终日大门必敞开着,常有穿青羽缎马褂的船主与毛手毛脚的水手进出,地方像茶馆却不卖茶,不是烟馆又可以抽烟。来到这里的,虽说所谈的是船上生意经,然而船只的上下,划船拉纤人大都有个一定规矩,不必作数目上的讨论。他们来到这里大多数倒是在'联欢'。以'龙头管事'作中心,谈论点本地时事,两省商务上情形,以及下游的'新闻'。邀会的,集款时大多数都在此地;扒骰子看点数多少轮作会首时,也常常在此举行。真真成为他们生意经的,有两件事:买卖船只,买卖媳妇。"其全面描写了各种店铺的经营,往来客商及船工、水手的活动,具有浓郁的湘西小城特色。俄国作家契诃夫的《变色龙》中,开头是对警官奥楚蔑洛夫走过的市场的描写:"四下里一片寂静。……广场上一个人影也没有。……商店和酒馆的敞开的门口,无精打采地面对着上帝的世界,像是些饥饿的嘴巴,店门附近连乞丐也没有。"这段社会环境描写,寥寥数笔就再现出沙皇统治下社会一片萧条败落的景象,反映出 19 世纪 80 年代俄国社会阴森可怖的黑暗面貌。

对于社会环境的观察,应该具有反映社会的广度和深度,特别是那些决定人物性格和事件发展趋势的时代风貌和社会环境,才能再现"典型环境中的典型人物"。例如,曹雪芹《红楼梦》中的大观园,鲁迅《祝福》中的鲁镇,茅盾《子夜》中的上海交易所,巴尔扎克《高老头》中的伏盖公寓等,其典型意义都是相当深刻的。

无论是自然景物描写,还是社会环境描写,都应该成为文章的有机组成部分。景物应蕴含情感,环境应烘托气氛。只有在它们真正有助于表现人物的心境、推动情节发展、突出表现主题、增强文章的感染力时,才不会成为文章的累赘。

五、场面描写

场面描写,指对特定时间、特定环境中人物与人物之间发生关系而构成的各种生活画面的描写。其作用在于揭示人与人之间的关系,写出人物之间的矛盾冲突,借以表现人物性格和文章的主题思想。场面描写应注意鸟瞰与特写相结合,点与面相结合,场面描写与人物心理刻画相结合,台上中心人物与台下其他人物相结合,场内与场外(背景材料)相结合。此外,场面描写要将记事、写人、写景、状物等多种表达方式紧密结合;描写时要有层次,既要突出重点,又要顾及全面。

例如,鲁迅《药》中的行刑场面:"没有多久,又见几个兵,在那边走动;衣服前后的一个大白圆圈,远地里也看得清楚,走过面前的,并且看出号衣上暗红色的镶边。——一阵脚步声响,一眨眼,已经拥过了一大簇人。那三三两两的人,也忽然合作一堆,潮一般向前赶;将到丁字街口,便突然立住,簇成一个半圆。老栓也向那边看,却只见一堆人的后背;颈项都伸得很长,仿佛许多鸭,被无形的手捏住了的,向上提着。静了一会,似乎有点声音,便又动摇起来,轰的一声,都向后退;一直散到老栓立着的地方,几乎将他挤倒了。"这段场面描写十分精彩,它并没有直接写刽子手和被杀的犯人,而是通过对观众表现的描写来间接反映,这就突出了当时人们麻木愚昧的思想现状。

六、景物描写

景物描写,指对季节、气候、风物、景物、地域等自然景物的状态、状貌、形态、颜色等进行描绘与摹写。写景可以交代环境、渲染气氛、烘托人物、创造意境。景物描写要为主题和人物服务,切忌为写景而写景。

例如,老舍《骆驼祥子》中的一段描写:"街上的柳树,像病了似的,叶子挂着层灰土在枝上打着卷;枝条一动也懒得动的,无精打采的低垂着。马路上一个水点也没有,干巴巴的发着些白光。便道上尘土飞起多高,与天上的灰气联接起来,结成一片毒恶的灰沙阵,烫着行人的脸。"文章的景物描写是写实,同时也有力地烘托了车夫艰难的生活。陈寿庚在《阵雨》中这样写景:"天气真闷热。天上是重重迭迭的云,有的白得像棉花,有的乌茸茸的像棉花浸透了墨汁。蜻蜓三五成群地在飞,杨树梢上的蝉,像是耐不住这窒人的闷热,发出'知了——知了'的噪音。"这一段景物描写,作者选择了天气闷热时的乌云、蜻蜓和蝉所表现出来的特征,描写了雷阵雨即将来临的征兆,十分典型。

景物描写出现在抒情性的散文中,主要是借景抒情,如朱自清的《荷塘月色》、郁达夫的《故都的秋》、老舍的《济南的冬天》等;景物描写出现在叙述性文章(如小说)中,则是为了营造环境氛围,烘托人物形象,如鲁迅的《故乡》开头对深冬景象的描写。

七、细节描写

细节描写,指对于肖像、行动、语言、心理、环境、场面的细枝末节的描写。细节描写可以显示人物、环境、场面中的细微特征和变化,对刻画人物、显示背景、组织情节、深化主题等方面都起着重要作用。细节是情节的基本构成单位,它一般不能单独存在,单独存在就失去了它的意义。细节描写总是依附在其他各种描写之上的。

例如,《红楼梦》第十九回中,写到这样一件小事:黛玉偶然看见宝玉左腮上有纽扣大小一块"血迹",于是便以手抚之细看,说道:"这又是谁的指甲划破了?"宝玉一面躲,一面笑道:"不是划的,只怕是才刚替他们淘澄胭脂膏子溅上了一点儿。"说着便找绢子要擦。黛玉便用自己的绢子替他擦了,还咂着嘴说:"你又干这些事了!干也罢了,必定还要带出幌子来。就是舅舅看不见,别人看见了,又当作奇怪事新鲜话儿去学舌讨好儿,吹到舅舅耳朵里,大家又该不得心净了。"这里仅是一件关于胭脂痕的小事,作者对此却着意精雕细刻,借此透出十分丰富的意义。其反映了宝玉的性格,也表现了宝黛二人之间的亲密感情,同时又巧妙地揭示了黛玉敏感而微妙的心理:黛玉对宝玉的关心是被很多复杂的感情制约着的,一方面是真的关注,但又体现着爱的嫉妒,"是谁的指甲划破的"一语的潜台词就很丰富。得知是胭脂痕后,虽对宝玉不满,却又不正面指责,而是借舅舅的幌子来劝告。一件不经意的小事经作者这么一处理,顿时光彩夺目,纤毫洞见,确实体现了"于细微处见精神"的不凡境界。孙犁在《荷花淀》中这样描写水生嫂:"女人的手指震动了一下,想是叫苇眉子划破了手,她把一个手指放在嘴里吮了一下。"作者用"震动""吮"两个动词,准确、细致而生动地写出了水生嫂得知丈夫明天就要去大部队的消息之后丰富、复杂、细腻的情感世界,及其微妙的心理变化,一个关心丈夫、体贴丈夫,但又深明大义、顾全大局的思想进步的青年妇女形象跃然纸上。

八、注意事项

(一)目的明确,确定视点

目的明确,指描写一定要有明确的目的,即为刻画人物、表现主题服务。唐弢说:"譬如说写景,有些同志似乎对自然风景有很大的兴趣,即使是一篇短短的速写,也喜欢花呀、月呀、山呀、水呀的写上一大堆;又譬如说人物的行动,也往往来去无常,随兴所之,看不出一点必要的约束。"(《创作漫谈》)产生这种情况的原因就是目的不明确。如果像这样"随兴所之",不受"一点必要的约束",过分描写,过分铺陈,必然会影响内容的表达,甚至会走进为描写而描写的形式主义死胡同里去。在明确了目的后,就是视点的确定问题了。视点就是观察者的立足点。看同一事物,观察者所处的方位不同,角度不同,如仰视、俯视、平视、正视、斜视、环视、远观、远眺,人们的视觉形象就会呈现不同的姿态或形状。"横看成岭侧成峰,远近高低各不同"(《题西林壁》),表现的正是视点的变化。视点一经确定,就只能描写进入视野的事物,不能超出这个范围,否则就违背常理。而描写同一事物,当视点转换时,要注意前后呼应,协调一致。

例如,茅盾的《白杨礼赞》和袁鹰的《白杨》,都是歌颂白杨树的,但因主题不同,两位作家对白杨的描写就不一样。茅盾抓住白杨树笔直的干、笔直的枝、一律向上的丫枝、片片向上的宽大的叶子这些特性进行描写,借以歌颂北方农民的质朴、坚强和奋发上进的精神。袁鹰却通过描写白杨不论在什么样的土壤和气候条件下都能生长的适应性,来歌颂在边疆扎根落户的生产建设者们不屈不挠、顽强拼搏的精神。无论是描写人物,还是环境、场面,都要紧扣主题,不要为描写而描写。对同一描写对象,针对不同的主题需要,可以做出不同的描写。

(二)把握特征,形象逼真

把握特征,形象逼真,指描写要做到形象逼真,就必须抓住对象的特点。就一般情况而言,描写并非机械地、琐碎地表现事物的一切局部或细节,其中有一个选择的问题。世间万物千姿百态,各以其独特的面貌相区别,把握了事物的独特之处,才能真正地刻画它们的形象。

例如,清代小说家刘鹗《老残游记》中对王小玉眼睛的描写:"那双眼睛,如秋水,如寒星,如宝珠,如白水银里头养着两丸黑水银,左右一顾一看,连那坐在远远墙角子里的人,都觉得王小玉看见我了;那坐得近的,更不必说。"由于抓住了王小玉眼神的特点,突出了眼睛的清、纯、亮,所以描写非常成功。鲁迅是极善于抓住特点来刻画人物的。他在谈到阿Q这个人物的特点时说:"样子平平常常,有农民似的质朴、愚蠢,但也沾了些游手之徒的狡猾。在上海,从洋车夫和小车夫里面,恐怕可以找出他的影子来的,不过没有流氓样,也不象瘪三样。只要在头上戴上一顶瓜皮小帽,就失去了阿Q,我记得我给他戴的是毡帽。"(《寄

〈戏〉周刊编者信》)这段话道出了描写时抓住特征的重要性。

(三) 不落俗套，富有想象

一般来说，描写较其他表达方式要难掌握一些。有人为了求生动，不惜照搬《写作词林》《描写词典》之类书籍中的词句，这就容易落入俗套。古今中外名著，固然给我们提供了写作的范例，但只能借鉴，而不能机械模仿。不落俗套，富有想象，指要使自己的描写生动形象，必须学会在描写中展开想象。

例如，法国作家莫泊桑《爱情》中描写的月亮："半轮斜挂着的下弦月亮完全是惨白的，在天空中显出没有气力的神情，并且像是衰弱得不能走动，只在天上待着，它也是受到拘束的，被天空的肃杀之气麻木了，向人间散布一种枯涩黯淡的光……"正由于人物心情是悲凉孤寂的，所以莫泊桑笔下的月亮也想象成了惨白、乏力、衰弱和枯涩黯淡的。描写时可将描写对象人格化，当作有生命、有理想的人物加以描绘。孔捷生《红棉几时开》中对红棉的描写："红棉何以叫英雄花。因为它孤愤，不须一片绿叶扶持；因为它傲风寒，以怒放宣告寒潮的退败；因为它不飘落一片花瓣，即使跌落泥土，也是整朵整朵的，像不屈的英雄淌下的血泪。""孤愤""傲风寒""不屈的英雄淌下的血泪"都是人的性格、人的行为，这样描写，使读者自然对红棉产生敬仰之情。

此外，描写也像绘画一样，必须理清脉络，合理布局，按照描写对象的各个部分自然连接的顺序，按照一定的逻辑关系，或从上而下，或从左到右，或从前到后，或从外到里，或从远到近，或从总体到局部，一步步、一层层地写出来，才可能将实际感受的印象真实地传达给读者。

第三节 议 论

一、议论概述

议论，指通过事实材料和逻辑推理来阐明观点，表明立场、态度、主张的一种表达方式。从思考类型来说，它要回答的是为什么的问题。其基本特点在于它的说服性，基本功能是以理服人。议论是议论性文体的主要表达方式；记叙性、抒情性、说明性和应用性文体中，议论也是一种必不可少的表达方式，不过并不要求论点、论据、论证三者的完备，多数情况下是在叙述、描写或说明的基础上，引出写作主体的感想、认识，表明写作主体对人、事、物的评价，以增强文章的表达效果。记叙文中的议论，还常常带有抒情色彩。

二、议论的要素

一段完整的议论文字或一篇议论文章，一般由论题、论点、论据、论证四个要素组成，分别回答论证什么、有何见解、有何依据、如何证明的问题。

(一) 论题

论题，指所要议论的对象。它规定、限制议论的范围和重点，决定议论展开的方向和途径,是贯穿全文内容、组织结构的中心线索。论题并不表明写作主体对客观事物的认识,也不一定表示判断。论题通常出现在文章的标题或序言中,以设问句或词组的形式出现,如"人的正确思想是从哪来的""论'班门弄斧'"等。有时也会以一些文字材料或图片材料的形式出现,让写作主体审题后发表见解和看法,如有些高考作文就是如此。

(二) 论点

论点是对论题的回答,是写作主体的观点。它又称论断,是议论的核心内容和灵魂,是整个论证过程的中心,在全篇居于统帅的地位。一切论据、论证都要为证明论点服务,离开论点,论据和论证就失去了目标。比较简单的议论,一般只有一个论点;而比较复杂、需要分层论述的文章,其论点就可分为中心论点和分论点。中心论点是文章所议问题的总论点,是写作主体对所论述问题的最基本的看法,是全部分论点的高度集中和概括,起着统帅全篇的作用。分论点是从属于中心论点并为阐述中心论点服务的若干思想观点。分论点也需要加以证明,凡被证明是正确的分论点,也就成了论证中心论点的有力论据。中心论点和分论点是纲与目的关系,纲举目张,主次分明。

(三) 论据

论据,指经过写作主体精心选择,用来证明论点的材料。论据就其本身的性质和特征,可以分为事实论据和理论论据两大类。前者是指现实的、历史的客观事物和可靠的统计数据,是对客观事物的真实的描述或概括,是证明论点最有力的论据;后者是指那些来源于实践,并被长期实践证明和检验过,从而断定为正确的观点,如哲学的基本原理、经典著作的论述、权威性的言论、科学的定义法则和规律,还包括公理、常识、成语、公式等。

(四) 论证

论证,指用论据证明论点的逻辑推理的过程。论证解决的是论点和论据的一致性问题,揭示论点和论据的内在联系,证明论据得出论点的必然性。论证要按照事理的逻辑联系进行安排,一般是先提出问题,再分析问题,最后解决问题,这样可以保证文章思路清晰,层次分明,富有逻辑说服力。下文将介绍10种主要论证方法。

1. 归纳法

归纳法,指通过综合若干个具有内在联系的个别事实的共同特点,得出一般原理和结论的论证方法。其特点是从个别到一般,反映客观事物中存在的个别与一般的逻辑关系,即个别中含有一般,一般要靠个别来表现的关系。它是一种最常见的论证方法,也是人们通常所说的"摆事实,讲道理"。其优点是易于读者理解和接受,具有明显的说服力。

例如,李斯的《谏逐客书》,开篇便提出自己的观点:"臣闻吏议逐客,窃以为过矣。"接着列举了秦穆公、秦孝公、秦惠王、秦昭王大胆使用客卿取得成功的历史事实,得出"由此观之,客何负于秦哉!"的结论。司马迁的《报任安书》中一段话:"盖文王拘而演《周易》;仲尼厄而作《春秋》;屈原放逐,乃赋《离骚》;左丘失明,厥有《国语》;孙子膑脚,《兵法》修列;不韦迁蜀,世传《吕览》;韩非囚秦,《说难》《孤愤》;《诗》三百篇,大抵圣贤发愤之所为作也。此人皆意有所郁结,不得通其道,故述往事,思来者。"司马迁在列举了多个典型论据之后,归纳总结出它们的共同点,即人之意有所郁结不通时,才开始述往事、思来者。运用归纳论证时,要注意所用事例真实、典型、能抓住要害。

2. 演绎法

演绎法,指以一般原理为前提去论证个别事物,从而推导出新的结论的论证方法。它和归纳法的区别在于:第一,归纳法的论点和论据之间的关系是或然的,论点包容论据。演绎的论点与论据的关系是必然的,是论据蕴涵论点。第二,归纳法是从个别到一般,演绎法则是从一般到个别,其论证进程的方向与之恰恰相反。演绎法用来进行论证的主要是理论证据,包括经典著作的原理、众所周知的科学原理和道理、经久不衰的名言警句等。运用演绎法,要防止偷换概念,以免造成结论虚假。

例如,毛泽东《为人民服务》中的一段文字:"人总是要死的,但死的意义有不同。中国古时候有个文学家叫司马迁的说过:'人固有一死,或重于泰山,或轻于鸿毛。'为人民利益而死,就比泰山还重;替法西斯卖力,替剥削人民和压迫人民的人去死,就比鸿毛还轻。张思德同志是为人民利益而死的,他的死是比泰山还要重的。""他的死是比泰山还要重的"这个论点,是根据"为人民利益而死,就比泰山还重"这个一般事理推演而来的。这便是演绎论证。

3. 类比法

类比法,指把两类(或两个)某些属性相同或相似的事物放在一起进行比较,从而得出有关结论的论证方法。其特点是从个别到个别。已知事物是此法的重要条件。此法的论证过程即用含义明确的已知事物与类似的未知事物进行比较,从而推论出未知事物的明确含义。此法的运用,始终伴随着具体事物,所以它具有其他论证方法所不具备的形象具体、内容生动的特点,容易使读者在形象的感受中明白道理,接受写作主体的观点;由于它还具有较明显的推理内容(逻辑段或推理段),因此,还具有较强的逻辑性。

例如,丰子恺在《儿戏》中的一段论述:"世间人与人的对待,小的是个人对个人,大的是团体对团体。个人对待中最小的是小孩对小孩,团体对待中最大的是国家对国家。在文明的世间,除了最小的和最大的两极端而外,人对人的交涉,总是用口的说话来讲理,而不用身体的武力来相打的。例如,要掠夺,也必用巧妙的手段;要侵占,也必立巧妙的名义。所谓'攻击'也只是辩论,所谓'打倒'也只叫喊。故人对人虽怀怨害之心,相见还是点头握手,敷衍应酬。虽然也有用武力的人,但'君子开口,小人动手',开化的世间是不通行用武力的。其中唯有最小的和最大的两极端不然:小孩对小孩的交涉,可以不讲理,而通行用武力来相打;国家对国家的交涉,也可以不讲理,而通行用武力来战争。战争就是大规模的相打。可知凡物相反对的两极端相通似,或相等。国际的事如儿戏,或等于儿戏。"这里用的就是类比推理,由"个人对个人"说到"团体对团体",由"小孩对小孩"说到"国家对国家",由"口的说话来讲理"说到"掠夺""侵占""攻击""打倒",由小孩对小孩的"武力来相打"说到国家与国家的"用武力来战争",最后又喻之为"儿戏"。由于作者抓住了事物之间的相似点、同类点,所以这段推理十分精彩。

在使用类比论证时,应依据事物之间本质上的相同点来建立联系,进行论证。例如,《孟子·梁惠王上》中,孟子指出梁惠王不施仁政不是不能而是不为,就进行了类比论证:"挟泰山以超北海,语人曰'我不能',是诚不能也。为长者折枝,语人曰'我不能',是不为也,非不能也。故王之不王,非挟泰山以超北海之类也;王之不王,是折枝之类也。老吾老,以及人之老;幼吾幼,以及人之幼。天下可运于掌。"孟子形象地指出了梁惠王没有做出用仁政来管理天下,不是属于把泰山夹在胳膊下、跳过北海的一类,而是属于为老人折树枝的一类。

4. 对比法

对比法,指把两种事物或者两种情况加以对照、比较,突出它们的差异点,从中引出结论的一种论证方法。它可以横向对比,可以纵向对比;可以整体对比,也可以局部对比。此法的特点在于内容的相对性、形式的规则性、观点的鲜明性和语气的肯定性。运用此法可把事物的性质区别得十分明显,孰是孰非,一目了然,能增强文章的说服力,给读者留下深刻的印象。但所用事例必须是性质相反或是有差异的事物。这样,通过对比,才能给人留下深刻印象。

例如,意大利影星索菲亚·罗兰曾说过这样一段话:"当美的青春期已过时,我们应当对美采取一种看法,因为成熟美与青春美完全是两码事,它要求我们取一种不同的美的途径。所谓青春美是天然的,成熟美则是有意培育的,而且是较为高级的。只要你努力,你必定会把它争取到。它比青春美有着更加丰实而复杂的内容。"(《外国人生妙语大会》)这里把青春美与成熟美加以对照、比较,突出了成熟美的本质特点,"有着更加丰富而复杂的内容",从而要求青春期已过的人们去培育、去努力争取。宋代文人苏轼在《赤壁赋》中论述事物的特性有变和不变时,也运用了对比法:"客亦知夫水与月乎?逝者如斯,而未尝往也;盈虚者如彼,而卒莫消长也。盖将自其变者而观之,则天地曾不能以一瞬;自其不变者而观之,则物与我皆无尽也,而又何羡乎?"于对比中将深刻的哲理阐述得清楚明了。

5. 比较法

比较法,指通过几个事物或是同一事物的几个方面的比较来证明论点的论证方法。它不同于类比和对比。类比着眼于事物的相同或相似方面,对比着眼于事物相反的方面,而比较则着眼于事物的同和异,使用范围更宽一些。可以把一种事物同其他有相同条件的事物比较,也可以把两种对立的事物放在一起比较等。

例如,谢觉哉的《论"同甘共苦"》一文就用了比较法。文中写道:"甘与苦是个比较的名词:我们是从艰苦中来的,今天所说的'苦',常常就是过去所说的'甘',甚至比过去的'甘'还要好得多。我们切不可忘记过去。我们是从群众中来的,某些工作人员所说的'苦',也许是某些群众所希望的'甘'。我们不应该走得太远。"文中,作者未作长篇大论,只是把同一事物放在不同条件下和不同对象上进行比较,显得十分简易明白,并能启发人们去思考。

6. 喻证法

喻证法,指用与论点有着某种关系的形象或形象群为论据进行推论,从而证明论点的方法,也就是通常所说的用打比方来说理的间接论证方法。这是一种常见的论证方法。其优点是生动活泼、深入浅出,可以使抽象的道理形象化,易于为人接受。但任何比喻都是有缺陷的、不完全科学的,所以它不能代替直接论证,而只能是证明的一种辅助形式。

例如,鲁迅的《拿来主义》一文,就是通过一个穷青年得了一个大宅子的比喻,通过他的三种态度和方法的罗列,否定了错误的拿来主义:"如果反对这宅子的旧主人,怕给他的东西染污了,徘徊不敢走进门,是孱头;勃然大怒,放一把火烧光,算是保存自己的清白,则是昏蛋。不过因为原是羡慕这宅子的旧主人的,而这回接受一切,欣欣然的蹩进卧室,大吸剩下的鸦片,那当然更是废物。"这样形象的比喻,不仅饶有风趣,而且尖锐深刻、入木三分。

7. 反证法

反证法,指通过对反论题(与原论题相对立的论题)的论证,来证明原论题的正确或谬误的论证方法。运用此法要注意:一是两个论点必须对立,按照形式逻辑矛盾的要求,两个互相对立的观点,不能同真,必有一假;二是在论证中必须时时顾及原论题,切不能离开它去展开议论。

例如,毛泽东在《关于群众生活,注意工作方法》一文中,证明"真正的铜墙铁壁是群众"这一论点时,首先提出一个与此相反的论点,"国民党现在实行他们的堡垒政策,大筑其乌龟壳,以为这是他们的铜墙铁壁",然后引用历史证实"你们看,几千年来,那些封建皇帝的城池宫殿还不坚固么?群众一起来,一个个都倒了"。国民党想仿照古代封建帝王修筑自己所谓的铜墙铁壁,也同样徒劳无益。这就是立论文中运用反证法的典型例证。

8. 归谬法

归谬法,指将对方的论点进行合乎逻辑的引申,得出荒谬的结论,以此证明对方论点是谬误的一种论证方法。这是一种设假为真,以结论驳倒前提的方法。好处是行文幽默、泼辣、词锋犀利,具有嘲讽的效果和令人神往的逻辑力量。它能机智地使对方自相矛盾、束手就擒。写作主体无须进行费力的论证,读来也很轻松。但运用归谬法,只能证明对方观点的错误,至于为什么是错的,则缺少分析,它巧妙而不深刻。因此,此法最好与分析法、例证法结合使用。

例如,鲁迅在《文艺的大众化》一文中为了驳斥"作品愈高,知音愈少"这一论点,有一段议论:"倘若说,作品愈高,知音愈少。那么,推论起来,谁也不懂的东西,就是世界上的绝作了。"这就是归谬法的运用。斯大林的《马克思主义和语言学问题》中,斯大林先分析了语言和生产工具之间的根本差别,然后用此法反驳"语言是生产工具"这个论点。作者引申说:"假如语言能够生产物质资料,那么夸夸其谈的人就会成为世界上最富的人了。"这样一引申,就自然暴露了"语言是生产工具"之说的谬误和可笑。

9. 例证法

例证法,指用确凿无疑的事实作论据证明论点的论证方法。它与归纳法在逻辑思维形式上并无不同,主要区别表现在使用论据的方法有所不同。归纳法是先摆出若干个别事例,最后归纳出结论;例证法则是先提出论点,然后以事实证明之,即"据事以类义,援古以证今"(《文心雕龙·事类》)。

例如,夏衍在谈到我国人口素质问题时,先提出论点,这十亿多人口再不加强文化与科学的教育的话,整个民族的素质都要下降,这才是最危险的。然后举出一些例证,如乱砍滥伐、工农业一哄而上、重复建设等来证明这一论点,这里所用的就是例证法。

10. 引证法

引证法,指引用权威的言论、科学的定理、格言、谚语,以及尽人皆知的理论等作为论据来证明论点的方法。引用有两种形式:一是直接引用,即在行文中直接引进某些理论,一般用引号标示出来;二是间接引用,即用作者的话转述或概括别人的理论,不用引号标明。运用引证法关键是要保证所引的理论论据的科学性和针对性。要注意完整准确地理解所引内容,不要断章取义、牵强附会;不要引用过多,以别人的观点代替自己的论述;引用最好与举例、分析结合起来。

例如,《实践是检验真理的唯一标准》中的一段话:"怎样区别真理与谬误呢？一八四五年,马克思就提出了检验真理的标准问题:'人的思维是否具有客观的真理性,这并不是一个理论的问题,而是一个实践的问题。人应该在实践中证明自己思维的真理性,即自己思维的现实性和力量,亦即自己思维的此岸性。关于离开实践的思维是否具有现实性的争论,是一个纯粹经院哲学的问题。'(《马克思恩格斯选集》第1卷第16页)这就非常清楚地告诉我们,一个理论,是否正确反映了客观实际,是不是真理,只能靠社会实践来检验。这是马克思主义认识论的一个基本原理。"这里,作者引用马克思的论述作为理论论据,有力地证明了"检验真理的标准只能是社会实践"这一马克思主义认识论的根本观点。

三、议论的类型

就议论的对象和目的而言,议论可分为立论和驳论两大类。前者的目的是证明写作主体的观点正确,后者的目的是证明对方的观点错误。

(一) 立论

立论,指从正面阐述写作主体的观点和主张。其特点在于"立"而不在于"破"。通过确凿、有力、充足的论据,进行富有逻辑效果的论证,使读者接受写作主体的观点和主张。

例如,周培源《自学成才要有文史知识》一文中的一段论述:"竺可桢同志是我国和世界著名的气象学家和物候学家。他从青少年时代起就对我国古典文献十分爱好,广泛阅读,至老不衰。他在专业的研究中,大量地引用了古典文献。他在物候学的研究中,引用了许多古代的诗句作为证明。例如,在谈到长江黄河流域海拔超过四千米的地方不但无夏季而且也无春秋时,就引李白《塞下曲》:'五月天山雪,无花只有寒。笛中闻折柳,春色未曾看。'说明这是纪实。竺老还把自然科学引入了版本校勘学的领域。例如,他考证说,王之涣《凉州词》:'黄沙直上白云间,一片孤城万仞山。羌笛何须怨杨柳,春风不度玉门关。'这是很合乎凉州以西玉门关一带春天情况的。玉门关是古代通往西域丝绸之路的必经之地,唐朝开元时代,写边塞诗的诗人,对于安西玉门关一带春天几乎每天日中都要刮起黄沙、直冲云霄的情况是熟悉的。但后来不知在何时,王之涣《凉州词》的第一句便被改成'黄河远上白云间'。……实际上黄河和凉州及玉门关谈不上有什么关系。竺可桢同志这番考证,比起一般的考证更进一步,更带有科学性,所以更有说服力。可见,自然科学工作者如果具有广泛的文史知识,不但能推动本身的科学研究,还能反过来影响文史研究。"作者以精通文史知识的竺可桢为论据,推导出的结论,是一个带有普遍性的结论,具有极强的启发性和说服力。

(二) 驳论

驳论,指驳斥对方的观点和主张。其特点是以"破"为主,用事实和道理来证明对方论点的错误,分析对方论据的虚假或指出对方论证方法的错误,使读者不接受对方的观点和主张。常见的驳论有以下三种情形。

1. 驳论点

驳论点，指用事实和道理直接证明对方的论点是错误或反动的。因为论点是文章的核心，论点一经驳倒，其整篇文章也就站不住脚了。

反驳论点有直接反驳和间接反驳两种形式。直接反驳，就是用充足的理由和确凿的事实直截了当地证明对方论点的错误或荒谬。例如，唐代文学家韩愈的《马说》："策之不以其道，食之不能尽其材，鸣之而不能通其意，执策而临之，曰：'天下无马。'呜呼！其真无马邪？其真不知马也！"以其种种行为证明不是"天下无马"，而是他们不懂马，批驳有力。鲁迅在《"友邦惊诧"论》中，从反动电文中摘出敌人的要害"友邦惊诧"和"国将不国"，作为批驳的靶子，利用大量确凿的事实予以痛快淋漓的反驳，使敌论显得极为荒谬可笑。间接反驳，就是从侧面或反面来驳斥对方，以证明对方论点的错误。间接反驳主要使用反证法和归纳法两种论证方法。

2. 驳论据

驳论据，指通过对对方的论据进行反驳，证明它的虚假性来达到驳倒对方论点的目的。这是一种"釜底抽薪法"。因为论点靠论据支撑，将论据驳倒，论点自然也就站不住脚了。

例如，鲁迅在"此生或彼生"中，针对有人认为文言比白话好、可以省力的论点，采用了反驳对方论据的方法，指出"此生或彼生"这五个字，至少可以有两种解释：这一个秀才或是那一个秀才（生员）；这一世或者未来的别一世。鲁迅抓住对方提供的"此生或彼生"的论据，指出其用语虽然简洁，但也有语义含混、容易产生歧义的缺陷。这样就驳倒了对方的论据，也使对方的论点"文言比白话省力"不攻自破。

3. 驳论证

驳论证，指通过揭示论点与论据之间的逻辑关系上的矛盾，达到推翻对方论点的目的。因为论证是联系论点和论据的桥梁，如果论证出了问题，论据也就起不到支撑论点的作用。反驳论证的方法就是拆除论点与论据之间的桥梁，从而驳倒论点的方法。

例如，1959年，英国电视台记者向周恩来总理提出了这样一个问题："你是否认为中国由于人口众多，将来会向外国扩张自己的领土？"周总理是这样回答的："你似乎认为一个国家向外扩张是由于人口过多。我们不同意这种看法。英国的人口在第一次世界大战前是4 400万，不算太多，但是英国在一个很长的时间内曾经是'日不落'的殖民帝国。美国的面积略小于中国，而美国的人口远不及中国的五分之一。但是美国的军事基地遍布全球，美国的海外驻军达1 150万人。中国人口虽多，但是没有一兵一卒驻在外国的领土上，更没有在外国建立一个军事基地。可见，一个国家是否向外扩张并不决定于人口的多少，而决定于它的社会制度。"英国记者提问中包含的论点是"中国有可能向外扩张领土"，论据是"中国人口众多"。周总理看出了论点和论据之间的逻辑错误，列举了几个事实，指出其论据和论点之间没有必然的联系，从而使其论点不攻自破。

四、常用的议论技巧

（一）直接亮观点法

直接亮观点法，指直接用一句话或一段明白的议论文字把观点摆出来。此种方法一般用在文章开头，所以又称"开门见山法"。此法的好处是简洁明了、直截了当、先声夺人、较有气势。例如，唐代文学家韩愈的《师说》开头："古之学者必有师。师者，所以传道受业解惑也。……是故无贵无贱，无长无少，道之所存，师之所存也。"开篇便明确文章论点："师者，传道受业解惑也。"

（二）设问亮观点法

设问亮观点法，指先以设问的形式提出问题，但暂不作答，让读者迫不及待地读下去，去寻找问题的答案。这种技法是写作主体故意先设一悬念，引人注意和思考，令读者产生追本溯源的欲望，然后在适当的地方亮出观点，使问题得到回答。此法不仅常用于文章开头，在文章议论的过程中也常用。例如，毛泽东的《实践论》中论述了认识对实践的依赖关系之后，接着就用了设问亮观点法："然而人的认识究竟怎样从实践发生，而又服务于实践呢？"这个设问，不只是引起读者注意，而且在言辞上已暗含作者的观点。老舍的《学生腔》一文开头："何谓学生腔？尚无一定的说法。在这里，我并不想给它下个定义。"这里运用的就是设问亮观点法。

（三）就事论理法

就事论理法，指先写一件或几件具体的事，接着就根据事实发议论讲道理，从实入手，以实论虚。其要求从具体事物出发，把一个人、一桩事、一个典故等作为发挥议论的由头和依据，然后就这件事发表议论，揭示出隐藏在现象背后的本质，发掘出深刻的主旨。先感性后理性，由浅入深。此法的好处是符合读者的认识规律，而且行文亲切活泼，形象生动，容易被读者接受。例如，马南邨的《发现"火井"以后》，先从发现火井这件喜事写起，然后再发表议论，指出要善于利用资源的道理。运用此法，应注意事和理的配合，不能"牛头不对马嘴"。

（四）托物喻理法

托物喻理法，指借赞扬或详析某一事物，来说明一个深刻道理。这是借物发挥的方法。此类文章具有寓言性和哲理性，寓意隽永深刻，耐人思索。运用此法应注意物的选择。这个喻理之物应该是人们熟悉的、常见的、具体可感的，而且物、理之间应有某种本质上的联系。例如，北宋学者周敦颐，找到了莲与君子在"出淤泥而不染，濯清涟而不妖"上的内在联系，写出了《爱莲说》，借对莲花的歌咏，书写了自己不受污浊社会的沾染、刚直不阿的操守和情怀。

（五）多角度议论法

多角度议论法，指从不同的角度分析事物所包含的道理，然后一一加以论说。运用此法可使议论深透精辟，避免片面性。例如，恩格斯《德国维护帝国宪法的运动》一文中有一段对小资产阶级特征的议论，就是从五个不同的角度进行的："在它还没有觉察出任何危险"的时候、"一旦面临小小的危险"的时候、"一旦其他的阶级郑重其事地响应和参加由它所发起的运动"的时候,"一旦事情发展到手执武器进行斗争的地步"的时候、"一旦反动派取得胜利"的时候。恩格斯从不同角度即不同环境揭示了小资产阶级的软弱、动摇,及其对革命不坚决的本质。

(六) 釜底抽薪法

釜底抽薪法,指通过论证论据的虚假,来反驳对方的论点,如同釜底抽薪。可从三方面着手,即揭露其事例论据的虚妄、数字论据的虚假、理论论据的荒谬。运用此法应注意紧扣对论点的反驳,反驳论据的目的是反驳论点;而且要注意论据和论点之间的内在逻辑关系。否则,反驳论据的最终目的就会落空。例如,阎纲《为电影〈人到中年〉辩》,反驳对方关于《人到中年》"只注重阴暗面,而忽视了光明面""没有反映出生活本质"等论点时,就是从反驳论据入手的。对方认为陆文婷没有时间给园园买白球鞋、给佳佳扎蝴蝶结不真实,认为影片把陆文婷的结局渲染得过悲,过于险恶。阎纲认为,类似的悲剧性结局并不需要作者编造、渲染和夸张,生活中的例子有过之而无不及。这样釜底抽薪,就使对方论点站不住脚了。

第四节 抒 情

一、抒情概述

抒情,指抒发和表露写作主体或作品中人物的主观感情的一种表达方式。一篇文章对读者的教育影响,不仅仅取决于文章反映的事物的固有意义及写作主体的评议解说,还取决于写作主体对所反映事物的感情和态度。抒情在不同的文体中有不同的作用。在抒情类文章中,它起主要作用;在小说、戏剧和记叙文中,它是次要的,常常配合叙述和描写使用;在议论文和说明文中,它运用得更少,但恰当地运用,可增强文章的鼓动性和生动性。

二、抒情的方式

(一) 直接抒情

直接抒情,又称"直抒胸臆",指写作主体不借助于任何其他手段,直接表白和抒发自己的思想感情。其特点是不要任何"附着物",而是思想感情直截了当的宣泄;不讲究含蓄委婉,而是思想感情毫无遮掩的袒露。此法宜于表达浓烈的情感,形成强烈的感染力量。但此法用之过多,可能会流于空泛,一般应在感情激昂难以控制时喷发而出,易收到较好的效果。

例如,汉乐府民歌《上邪》:"上邪! 我欲与君相知,长命无绝衰。山无陵,江水为竭,冬雷震震,夏雨雪,天地合,乃敢与君绝!"殷夫的《五一歌》:"在今天,/我们要高举红旗,/在今天,/我们要准备战争!/怕什么,铁车坦克炮,/我们伟大的队伍是万里长城,/怕什么,杀头,枪毙,坐牢,/我们青年的热血永难流尽!"茹志鹃在悼念茅盾逝世而作的《说迟了的话》一开头就直抒胸臆:"沈老! 茅公! 先生! 听一听啊! 听一听我这笨人说迟了的话。"作者运用三个称呼和四个感叹号,直接呼告,情感浓郁,表达了对茅盾先生的崇敬、痛悔、惋惜等极为复杂的思想感情,具有感染力。张晓风的散文《秋天,秋天》结尾处的一段文字:"愿我的生命也是这样的,没有太多绚丽的春花,没有太多飘浮的夏云,没有喧哗,没有旋转着的五彩,只有一片安静纯朴的白色,只有成熟生命的深沉与严肃,只有梦,像一树红枫那样热切殷实的梦。"在此,作者用抒情诗般的语言,直接抒发了自己对自我生命的平淡而美丽的祈求。需要注意的是,直接抒情是一种水到渠成的真情流露,而不是矫情的空洞叫喊。因此,运用直接抒情时要注意节制,否则容易流于空泛和做作。

(二) 间接抒情

间接抒情,指把感情融于形象之中,借助具体的人、事、景、物,使抽象的主观感情客观化、形象化,成为可以被观赏者再体验的对象,产生含蓄隽永、余味无穷的效果。其特点是要依靠媒介,具有依附性;含蓄委婉,耐人咀嚼。它是写作中较为常见的抒情方式,比直接抒情具有更大的效应。主要分为融情于事、融情于物、融情于理、融情于景四种。

1. 融情于事

融情于事,指通过记叙事件来抒发感情。此法的要点是将浓郁的感情融于笔端,表面看是冷静的记叙,而实则表现了写作主体真挚细腻的情感,特别要抓住传情的关键细节,重笔渲染,使人可触可感,产生强烈的共鸣。运用此法,叙事不应满足于对事件作完整详尽的介绍,而应强调随事件发展而起伏变化的情感,在叙述中寓情于事。

例如,唐代诗人金昌绪的《春怨》:"打起黄莺儿,莫教枝上啼。啼声惊妾梦,不得到辽西。"只描述了思妇在初睡时赶黄莺儿这样一个小小的细节,或许称不上是一件事的叙述,但思妇的感情表达得那么淋漓尽致,使人感受到作者对思妇的深切同情和对战乱的强烈控诉。元代诗人姚燧的《凭阑人·寄征衣》:"欲寄君衣君不还,不寄君衣君又寒。寄与不寄间,妾身千万难。"通过寄征衣这件事情的叙述,表达了人物的幽怨、关怀、爱怜、凄楚、愁闷,甚至对自己没有主张的气恼等多种复杂的感情因素。老舍《我的母亲》中的一段文字:"为我们的衣食,母亲要给人家洗衣服,缝补或裁缝衣裳。在我的记忆中,她的手终年是鲜红微肿的。白天,她洗衣服,洗一两大绿瓦盆。……晚间,她与三姐抱着一盏油灯,还要缝补衣服,一直到半夜。她终年没有休息,可是在忙碌中她还把院子屋中收拾得清清爽爽。"在此,作家娓娓道来,文字中渗透着对母亲勤俭朴实、吃苦耐劳等品质的无限钦敬之情,以及对母亲的深情。沈从文小说《边城》的结尾:"可是到了冬天,那个圮坍了的白塔,又重新修好了。那个在月下唱歌,使翠翠在睡梦里为歌声把灵魂轻轻浮起的年青人,还不曾回到茶峒来。……这个人也许永远不回来了,也许'明天'回来!"这段话叙述了圮坍了的白塔重新修好,但翠翠的心上人仍然没有回来的事实,字里行间饱含着强烈的感情。

2. 融情于物

融情于物,指通过对某种事物的描写来抒发写作主体的情怀。唐代诗人王昌龄说:"搜求于象,心入于境,神会于物,因心而得。"(《诗格》)即"心神"与"物境"交融贯通,借"物境"传达"心神"。此法要点是描写事物要紧扣与此事物有关的人事的变迁、荣辱、生死等,一草一木、一砖一石,处处都染着人物的喜怒哀乐,作者下笔处虽无喜乐哀怒的字眼,只是对事物的冷静描绘,但读者读来字字都包孕着真切动人的情感。运用此法,应注意所写事物是真正融注和牵动作者的感情的,生拉硬扯,虚情矫饰,必为读者所鄙夷。

例如，明代文学家归有光的《项脊轩志》就是把对老妪、亡母、亡妻的深切怀念贯注到项脊轩这个具体事物的描写之中的。文中写道："后五年,吾妻来归,时至轩中,从余问古事,或凭几学书。吾妻归宁,述诸小妹语曰:'闻姊家有阁子,且何谓阁子也?'其后六年,吾妻死,室坏不修。……庭有枇杷树,吾妻死之年所手植也,今已亭亭如盖矣。"文中无一"情"字,却字字都是情语,读来倍加感人。冰心的《一只木屐》有这样一段文字:"我默默地倚伏在船栏上,周围是一片的空虚——沉重,时间一分一分地过去,苍茫的夜色,笼盖了下来。猛抬头,我看见在离船不远的水面上,漂着一只木屐,它已被海水泡成黑褐色的了。它在摇动的波浪上,摇着、摇着,慢慢地往外移,仿佛要努力地摇到外面大海上去似的!啊!我苦难中的朋友!你怎么知道我要悄悄地离开?你又怎么知道我心里丢不下那些把你穿在脚下的朋友?你从岸上跳进海中,万里迢迢地在船边护送着我?"作者由一只木屐联想到穿木屐的日本朋友,表达了自己依依不舍的感情。

3. 融情于理

融情于理,指把感情融注到对事理的议论和评价之中。此法的要点是:以含情之笔说理,以明理之言诉情,融言情、说理于一体,说理是为了更深厚、更诚挚地抒情。运用此法应注意理真情切,谨防失之浅露虚假。

例如,清末革命家林觉民的《与妻书》:"吾至爱汝,即此爱汝一念,使吾勇于就死也。吾自遇汝以来,常愿天下有情人终成眷属;然遍地腥云,满街狼犬,称心快意,几家能彀? 司马青衫,吾不能学太上之忘情也。语云:仁者'老吾老以及人之老,幼吾幼以及人之幼。'吾充吾爱汝之心,助天下人爱其所爱,所以敢先汝而死,不顾汝也。汝体吾此心,于啼泣之余,亦以天下人为念,当亦乐牺牲吾身与汝身之福利,为天下人谋永福也。汝其勿悲!"此文融至理与至情,句句说理,亦句句抒情,委婉曲折,千丝万缕,情深意挚,分外感人。周同宾的散文《天籁》,通过对故乡山水木石、蜂蝶虫鸟、游丝天籁的感悟,流露出对乡土的挚爱之情。文章的结尾这样写道:"蓦地,我悟出了个道理:人生固然短暂,事业正是无穷,只要把自己的一切交付于人民的事业,又何必嗟叹生命的短暂呢? 又何必计较个人的名利得失、别人的褒贬毁誉呢? 我似乎一下子彻悟了。我盼望快点天亮,我有一肚子文章要写呢。"作者融情入理,情理合一,将真诚热烈的感情与朴素深刻的人生哲理有机地结合在一起,使读者既受到情之驱动,又能领悟到人生有限、事业永恒的真谛。

4. 融情于景

融情于景,指借助客观景物的描写来抒发写作主体的主观感情。"一切景语,皆情语也。"(《人间词话》)此法要点是移情于景,将写作主体的感情转移到景物上去,使景物带上感情色彩。写作主体戴着有情之眼去观察景物,以有情之笔去描写景物,使感情附着于景物,景物染上感情,景生情,情生景,情景交融,浑然无隔。运用此法可使诗文含而不露,蕴藉悠远,情丰意密,深切动人。在行文中,有时候景语情语同时出现。运用此法应注意感情的真挚、健康,景和情之间色彩调和,水乳交融,切忌矫揉造作,景情隔离。

例如,杜甫的《春望》:"国破山河在,城春草木深。感时花溅泪,恨别鸟惊心。烽火连三月,家书抵万金。白头搔更短,浑欲不胜簪。"作者之情寓于草木、花鸟的描写之中。满城春草而人烟寥落,感伤国破花也溅泪,怨恨离别鸟也惊心,把伤离乱、忧国思家、痛彻心扉的感情表达得形象而动人,是以景染情、借景传情的典型。元代戏曲家马致远的小令《天净沙·秋思》:"枯藤老树昏鸦,小桥流水人家。"看似句句写景,无一写情,可是细细体会,又句句含情,情思浓郁,饱蘸着凄苦的思乡之情。冰心的《笑》:"雨声渐渐的住了,窗帘后隐隐的透进清光来。推开窗户一看,呀!凉云散了,树叶上的残滴,映着月儿,好似萤光千点,闪闪烁烁的动着。——真没想到苦雨孤灯之后,会有这么一幅清美的图画!"这里,对窗外雨后月色的描写含蓄地流露出作者的欣赏喜悦之情,正所谓景中有情,情景相生。

三、注意事项

(一)真挚自然

《庄子·杂篇·渔父》篇说:"不精不诚,不能动人。故强哭者虽悲不哀,强怒者虽严不威。"写文章用抒情方法,是为了达到感染人、教育人的目的。有情才能感人,作者若无真切的感受或体验,读者就难以通过作品体验作者的感情。"为赋新词强说愁"很难引起读者的情感共鸣。古往今来,一切动人的佳作名篇,莫不是抒写作者真情实感的。

例如,唐代诗人白居易之所以"忽闻水上琵琶声"而不发,继而听"转轴拨弦三两声",觉得"未成曲调先有情",再而听完琵琶女的弹奏和自述身世,满怀思绪感慨不已,掩面而泣"青衫湿",就是因为琵琶女的弹奏和自述所表达出的下层妇女沦落之恨的真情实感引起了诗人的情感共鸣。白居易由此而作《琵琶行》——正因为沦落之恨真切,所以《琵琶行》才感人至深。巴金的《家》之所以能打动千万读者的心灵,也是因为作品真实地表现了他的爱憎。他说:"书中的人物都是我所爱过和我所恨过的,许多场面都是我亲眼看见或者亲身经历过的。""的确,我写《家》的时候,我仿佛在跟一些人一同受苦,一同在魔爪下面挣扎。我陪着那些可爱的年轻生命欢笑,也陪着他们哀哭……"(《谈〈家〉》)

(二)情趣健康

作者在文章中抒发的情感当然都是自己的情感,但这种情感应该具有人民性,应该与人民心灵相通,与时代步伐合拍,也就是要抒人民之情、时代之情。要为社会主义唱赞歌,提倡真善美,反对假恶丑。真善美的情感要抒发,假恶丑的情感要鞭挞。要用积极乐观、健康向上的感情去影响读者,激励读者追求光明和真理,为美好的事业而奋斗。而那种低级庸俗、颓废没落的情调则是我们应该摒弃的。

例如,魏巍《谁是最可爱的人》,在介绍志愿军战士的几个英雄事迹后,写下了这样一段抒情文字:"朋友们,用不着多举例,你已经可以了解我们的战士是怎样一种人,这种人是什么一种品质,他们的灵魂是多么的美丽和宽广。他们是历史上、世界上第一流的战士,第一流的人!他们是世界上一切伟大人民的优秀之花!是我们值得骄傲的祖国之花!我们以我们的祖国有这样的英雄而骄傲,我们以生在这个英雄的国度而自豪!"文章立意高远,情趣健康。茅盾的《白杨礼赞》,用黄土高原上挺拔不屈的白杨树来象征吃苦耐劳的北方农民,歌颂了他们坚韧不拔的精神,对于那些贱视民众的人们也投出了辛辣的嘲讽。

(三)具体丰富

人的感情是丰富多彩、错综复杂的。所以,执笔抒情的时候,要注意写出感情的类别、程度、复合和控制。人们常说的"七情":喜、怒、哀、欲、爱、恶、惧,这只是基本类别,实际上种类要多得多,每种类别也有程度的差别,如悲哀就有从遗憾、失望到难过、悲伤、哀痛等多种等级。执笔抒情时,只有写出了感情的丰富性和复杂性,读者才会觉得文章所抒发的感情是准确的、具体的、丰富的、可感的。否则,即使感情很强烈,人们也会觉得干瘪和贫乏。朱伯石说:"有创新意识的写作主体,总是不断拓宽自己的视野,寻找寄寓感情的新天地。例如当代作家张弦,把他的艺术触角伸到了'被爱情遗忘的角落',古华在深山老林中窥见了'爬满青藤的木屋';李存葆则在过去的年代里找到了'山中,那十九座坟茔'。"(《现代写作学》)要使感情丰富细腻,就必须深入表达对象的内心深处,去作体验分析。

例如,宗璞散文《紫藤萝瀑布》中的一段:"从未见过开得这样盛的藤萝,只见一片辉煌的淡紫色,像一条瀑布,从空中垂下,不见其发端,也不见其终极,只是深深浅浅的紫,仿佛在流动,在欢笑,在不停地生长。紫色的大条幅上,泛着点点银光,就像迸溅的水花。仔细看时,才知道那是每一朵紫花中的最浅淡的部分,在和阳光互相挑逗。""花朵儿一串挨着一串,一朵接着一朵"的淡紫色的紫藤萝形美、色美,照实写下自己与众不同的观察,已具有相当的诱惑力。然而作者不满于此,在她翻腾的心海里,一片片淡紫色变成了流动的瀑布、紫色的大条幅;紫色的大条幅上泛着的银光则又幻化为迸溅的水花,而且它们在欢笑、在和阳光挑逗,真可谓神来之笔。文章空灵飞动,生气灌注,情感具体丰富。

第五节 说 明

一、说明概述

说明,指用简洁的语言解说、介绍或注释客观事物的发生、发展、特征、性状、结构、概念、功能、程序等的一种表达方式。从思考类型来说,说明要回答是什么、有什么、如何办、怎样操作、有什么需要注意的等问题。其基本特点在于它的解说性,基本功能是把相关的知识、方法、技巧、规定、要求等传授或告诉读者。被说明的事物可以是实体的,如器械、湖泊、花草等;也可以是抽象的事理,如观点、立场、统筹方法、公关学、人才学等。无论被说明的事物是什么,均要抓住该事物的特征、事物的内在联系,客观地加以说明,使读者对被说明的对象有理性的了解。说明这种表达方式早已为各类文体所广泛运用。

在记叙文中,介绍背景、人物经历、环境方位和物体的功能及使用均需要用说明文字。例如,明代文学家归有光的《项脊轩志》起首一段:"项脊轩,旧南阁子也。室仅方丈,可容一人居。"《史记·项羽本纪》:"项王项伯东向坐,亚父南向坐,亚父者,范增也。"其中"项脊轩,旧南阁子也""亚父者,范增也"均为说明。议论文中交代情况、背景,援用论据和做某种诠释性的注解等都用说明文字。例如,恩格斯《论权威》中指出:"这里所说的权威,是指把别人的意志强加于我们;另一方面,权威又是以服从为前提的。"这段对"权威"的说明为下文的论证和批驳做了准备。说明是说明文的主要表达方式。在《尚书》《周礼》《梦溪笔谈》《本草纲目》等说明文中,说明这种表达方式随处可见。现代科学的发展使说明文应用日益广泛,说明这种表达方式的使用也更为普遍。

二、说明的方法

（一）定义说明

定义说明，也称"下定义"，指用精练、简洁的语言对某一事物的本质属性或某一概念的内涵做出确切说明的方法。其特点是能使读者对被说明的对象有一个明确的本质的了解，又能使读者将该事物与其他事物区别开来，因而也有人称此种说明方法为"立界说"。运用定义说明要注意：定义不能循环（例如，"辩证法是与形而上学对立的方法论"），定义不能用比喻（例如，"革命是历史的火车头"），定义也不能用否定判断（例如，"文学不是科学"），定义不能过宽（例如，"文学是一种艺术"），定义不能过窄（例如，"中学语文是指导写作的学科"）等。此外，人们特别熟悉的事物，一般情况下不必下定义。

由于说明的内容不同、写作的需要不同，对事物下定义在深度上也有不同的要求：有的定义着重说明事物的特征，如"根的最尖端有一个像帽子似的构造，包在生长点外边，这叫根冠"；有的定义着重说明事物的作用，如"绿色植物的叶绿素吸收了太阳的光能，把碳酸气和水合成为含有高能的有机物质，同时放出氧，这叫光合作用"。下定义的方式，可以是先下定义，再根据定义作具体说明；也可以先作具体说明，最后概括成定义。

（二）诠释说明

诠释说明，指对事物或概念进行解释的说明方法。它常和定义说明法结合起来使用，先下定义，然后诠释说明，使读者对事物或概念既有概括的认识，又有具体的了解。例如，《辞海》中对"水"的说明，先用"水，氢和氧的最普遍的化合物，化学式H_2O"一句下定义，然后对尚未囊括的水的其他特征，如状态、分布、沸点、冰点、密度、热容量和溶解性能等，一一解释说明，使读者对水有一个完整全面的认识。

有些概念不需要下定义，或下定义有困难时，也常使用诠释说明。例如，《辞海》中对"公式化"的说明："文学艺术创作中的一种现象。作家、艺术家在创作构思时，将丰富多彩的社会生活纳入固定不变的一种模式中，使作品在表现人物、艺术构思和故事情节安排等方面形成一定的公式，千篇一律，不反映丰富多彩、错综复杂的现实生活。它是概念化的一种表现。"

诠释说明有三种方式：一种是与行文融为一体；另一种是穿插在行文中间，用括号或破折号标出；还有一种是在当页下端或文章末尾，与行文隔开，这种诠释一般用于说明写作目的、背景、出处和释义等。诠释与定义不同，它不要求对概念做完整的解说，只要求揭示概念的一部分内涵即可。

（三）举例说明

举例说明，指通过列举实际事例来说明事物特征、解释抽象的事理或深奥的科学知识的说明方法。其作用是能将抽象、复杂的事物或事理，说得具体而通俗易懂。叶圣陶说："说明文说明道理。道理是附着于事物的，它本身不是'视而可见，触而可知'的事物，有时不很容易领会。为了使读者领会起见，说明了道理之后，最好指出一些实例来。"（《文章例话》）举例说明用途比较广泛，它可以用于对概念、道理的解释上，也可以用于对事物所包括与适用的范围上，还可以用于对事物的性质和程度的解说上。举例说明应力求选例典型、真实、具体、生动，不能选择缺乏共性的特殊例子来以偏概全；此外，所举实例应与所说明的事物有紧密的联系，是对说明事物的一种客观阐说，目的是帮助读者理解。

例如："如梦令，词牌名，原名《忆仙姿》，单调33个字，仄韵，又名《宴桃园》。例如宋代词人李清照的《如梦令》：'昨夜风疏雨骤，浓睡不消残酒。试问卷帘人，却道海棠依旧。知否？知否？应是绿肥红瘦。'"前面是诠释，解释了什么是《如梦令》，但是比较抽象。有了后面的举例，读了李清照的词，读者对《如梦令》就有了具体的认识，印象就深刻了。

举例说明有典型举例法和列举法两种。茅以升在《没有不能造的桥》一文中，以福建泉州的洛阳桥、河北赵县的赵州桥、四川泸定县的泸定桥为典型例子，说明我国古桥中梁桥、拱桥、吊桥这三种基本类型桥，便是使用典型举例法。欧阳采薇在《中国故宫博物院珍藏的名画》一文中，列举《洛神赋图》《游春图》《千里江山图》《潇湘图》《潇湘奇观图》《秋柳双鸦图》等名画，并加以说明，使读者对故宫绘画珍品产生大致了解，使用的就是列举法。

（四）分类说明

分类说明，指把被说明的事物，按照一个统一的标准划分成不同的类别，然后分门别类加以说明的方法。其作用是区分出各个类别的差异，使被说明对象的种类明确，使读者更好地把握某一事物的特征。叶圣陶说："分类的事情有三端必须注意的：一要包举；二要对等；三要正确。"(《作文论》)使用分类说明法必须注意：要熟悉事物的特征，正确分类；分类标准要一致，不能造成紊乱；逐类说明，层次分明。

分类说明可以采用一次性分类法，即依据一个标准给要说明的事物分类。例如，按牛的用途这个标准分，可分为奶牛、耕牛、菜牛等。分类说明也可采用多次分类法，即从不同角度、用不同的标准对所要说明的事物进行多次分类，使读者对它有较全面的认识。例如，对小说的分类，按写作形式这个标准分，则可分为诗体小说、日记体小说、书信体小说等；按反映生活容量的大小和篇幅的长短这个标准分，则分为长篇小说、中篇小说、短篇小说、小小说、微型小说；按流派这个标准分，则分为古典主义小说、现实主义小说、浪漫主义小说、形式主义小说、表现主义小说、存在主义小说、意识流小说、黑色幽默小说、新小说、魔幻现实主义小说等。

（五）数字说明

数字说明，指用具体数字说明某事物或事理的特征和本质的方法。其优势是具体、准确，比一般说明法更有说服力。用作说明的数字要求真实、准确。准确数要核实、可信；约数要交代清楚。数字说明常与文字说明结合使用。

例如，朱毅麟的《洲际导弹自述》一文中就用了不少数字来说明导弹的威力："弹头的重量一般在一吨左右。爆炸的威力有的相当于一百万吨，有的相当于几十万吨的梯恩梯炸药。""最大飞行速度可达每秒七公里以上，比声音快五倍，一万公里的路程，半个小时就飞完。""弹头命中目标的误差不超过一公里，甚至只有二百米。"

（六）图表说明

图表说明，指借助插图、表格、照片来说明事物特征的方法。其作用是容易把含多种要素的复杂的事物或事理说清楚，产生形象直观、醒目清新、一目了然的效果。运用图表说明时应从文章的实际需要出发，选择最能显示事物特点的图表，并要注意安排适当，做到图文和谐。

例如,为了说明素质教育与应试教育的根本区别,有人列了这样一张表:

	素质教育	应试教育
① 培养目标	德智体美劳全面发展	只重智育,智育第一
② 对待学生	面向全体学生	只面向好的学生
③ 教学内容	着眼素质,全面教学	考啥教啥,不考不教
④ 教学过程	吸引学生主动学习	强制学生学习
⑤ 教学方法	师生合作,愉快教学	满堂灌,一讲到底
⑥ 学生负担	当堂理解,当堂消化	大搞题海战术,学生不堪重负
⑦ 教学效果	大面积学生合格	个别学生高分,大面积学生不合格

这种图表法和比较方法的结合运用,清晰明白,一目了然。例如,《现代汉语》中的发音器官示意图,便于初学者准确地掌握元音、辅音的发音部位;唐代诗人白居易的《荔枝图序》也采用了图表说明。

(七) 引用说明

引用说明,指摘引有关的典籍、名言、文献、科研成果、诗歌、谚语、传说等作为说明的依据或充实说明内容的方法。其作用是使说明对象更具说服力和权威性。引用的材料要注意贴切、正确,认真核实,必要时须注明出处。

例如,北魏散文家郦道元的《孟门山》中有这么一段:"河水南径北屈县故城西。西四十里有风山,……风山西四十里,河南孟门山。《山海经》曰:'孟门之山,其上多金玉,其下多黄垩、涅石。'《淮南子》曰:'龙门未辟,吕梁未凿,河出孟门之上,大溢逆流,无有丘陵,高阜灭之,名曰洪水。大禹疏通,谓之孟门。'故《穆天子传》曰:'北登孟门,九河之隥。'孟门,即龙门之上口也。实为河之巨厄,兼孟门津之名矣。"这段文字引用了《山海经》《淮南子》《穆天子传》中有关孟门山的说法,说明并证实黄河流经孟门山及孟门山的险要。

(八) 比较说明

比较说明,指通过事物或事理之间的比较来说明它们特征的方法。其作用是准确、鲜明地揭示事物或事理的特征,增强说明的效果。比较说明有同类相比、异类相比、同一事物的前后对比等几种形式。使用比较法,要求用来相比的事物或事理同被说明的事物或事理之间有某些相同或类似之点,而且为人们所熟知。例如,《现代汉语》中为了帮助学习者掌握发音要领,写道:"z,c,s—zh,ch,sh 有些方言区的人往往弄不清 z 组和 zh 组声母的区别。这两组声母的主要区别在于:发 z 组时舌头前伸到下齿背,舌尖略后的部分对着上齿背;发 zh 组时舌的上端上举,对着硬腭。"

(九) 比喻说明

比喻说明,指通过打比方,用人们常见、熟知的事物来说明不太常见、不太熟悉的事物的方法。其特点是能把复杂的事物或抽象的事理说得浅显易懂、具体形象、简洁生动。说明文中运用比喻方法,要求准确贴切,不能夸张;多用明喻,不宜用暗喻、借喻。

例如,唐代诗人白居易《荔枝图序》中的一段:"荔枝生巴峡间。树形团团如帷盖。叶如桂,冬青;华如橘,春荣;实如丹,夏熟。朵如葡萄,核如枇杷,壳如红缯,膜如紫绡,瓤肉莹白如冰雪,浆液甘酸如醴酪。"这就是用人们熟知的事物作比,把荔枝的树形、叶子、花朵、果实的形状、颜色、味道几方面的特征具体形象地告诉了读者。

（十）故事说明

故事说明,指通过讲故事的形式对某个事理或事物进行说明的方法。科普读物中运用得较多。运用故事说明法要注意所述故事必须是现实生活中实际存在的,具有真实性和准确性。

例如,《生物间的奥秘》一文中,即用故事说明法。在苏联西伯利亚,由于较长时间没有白杨树的种子,人们只好用插枝的无性繁殖方法栽种白杨树。科学家发现,大片的白杨树林完全是雄白杨,他们找遍了俄罗斯,才在偏远的地方找到几棵雌白杨。他们如获至宝,把雌白杨小心翼翼地栽在温室里。当它们成熟时,又移到只有雄白杨的树林内。在雌白杨开花季节,人们为它们举行了隆重的"婚礼":许多科学家和工作人员前来把雄白杨的花粉洒在雌白杨的枝头上。不久,种子成熟了,大片的白杨树林又开始用种子繁殖了。那么,许多年来雄白杨为什么过着单身生活？根本原因是有人扼杀了它们的佳偶。原来,雌白杨高大茁壮,树干又粗又直,人们贪图它是好材料,乱砍滥伐,不考虑白杨树的后代繁殖,人为地破坏了生态平衡,白杨树就变成"男儿国"了。作者用娓娓动听的故事,说明生物间配合的奥秘及保持生态平衡的重要性,使人读后印象深刻。

三、注意事项

（一）选准角度,突出重点

一个说明对象的可说明之点很多,可以从不同的角度、围绕不同的中心进行说明。因此,在说明时必须明确要说明对象的什么问题,或者说必须明确说明的重点是什么,这样才能正确地把握对象,回答疑问之点。

（二）区分种属,显示差异

说明靠把握对象特点、本质,作客观的、冷静的、科学的介绍、分析或阐述。因此,必须符合客观实际,做到概念准确,判断恰当,分类清楚,种属分明,不至于同其他事物或类似的事物相混淆。

（三）把握关系,言而有序

说明需要准确把握物与物之间的关系(如并列关系、先后关系、主次关系、总分关系、表里关系等),这些关系,有分有合,分则相对独立,合则相互联系,形成一个有机的统一体。要把握好这些关系,并按照所说明对象的特征和规律性,以严格的顺序进行说明。但由于事物形形色色,千变万化,各有特征,因此说明顺序也因物而异:或以方位为序,或以时间为序,或以空间转换为序,或以事物自身的特征、规律和功用为序,或以事物的分类、分解为序等。

1. 课后阅读下面两篇文章,以加深对写作技法的理解。

谈叙述与描写
——对北京大学中文系同学的讲话摘要
老舍

写文章须善于叙述。不论文章大小,在动笔之前,须先决定给人家的总印象是什么。这就是说,一篇文章里以什么为主导,以便妥善安排。定好何者为主,何者为副,便不会东一句西一句,杂乱无章。比如,以西山为题,即须先决定,是写西山的地质,还是植物,或是专写风景。写地质即以地质为主导,写植物即以植物为主导,在适当的地方,略道岩石或花木之美,但不使喧宾夺主。这样,既能给人家以清晰的印象,又能显出文笔,不至全篇干巴巴的。这样,也就容易安排资料和陈述的层次了。要不然,西山可写的东西很多,从何落笔呢?

若是写风景,则与前面所说的相反,应以写景为主,写出诗情画意,而不妨于适当的地方写点实物,如岩石与植物,以免过于空洞。

是的,写实物,即以实物为主,而略加抒情的描写,使文章生动空灵一些。写诗情画意呢,要略加实物,以期虚中有实。

作文章有如绘画,要先安排好,以什么为主体,以什么烘托,使它有实有虚,实而不板,虚而不空。叙述必先设计,而如何设计即看要给人家的主要印象是什么。

叙述一事一景,须知其全貌。心中无数,便写不下去。知其全貌,便写几句之后即能总结一下,使人极清楚地看到事物的本质。比如说我们叙述北京春天的大风,在写了几句如何刮法之后,便说出:北京的春风似乎不是把春天送来,而是狂暴地要把春天吹跑。这个小的总结便容易使人记住,知道了北京的春风的特点。这样的句子是知其全貌才能写出来的。若无此种的结论式的句子,则说得很多,而不着边际,使人厌烦。又比如:《赤壁赋》中的"山高月小,水落石出"这八个字,便是完整地画出一幅画来,有许多画家以此为题去作画。有了这八个字,我们便看到某一地方的全景,也正是因为作者对这一地方知其全貌。这才给人以不可磨灭的印象。这才能够写得简练精采。

"山高月小,水落石出"这八个字,连小学生也认识。可是,它们又是那么了不起的八个字。这是作者真认识了山川全貌的结果。我们在动笔之前,应当全盘想过,到底对我们所要写的知道多少,提得出提不出一些带总结性的句子来。若是知道的太少,心中无数,我们便叙述不好。叙述不是枝枝节节地随便说,而是把事物的本质说出来,使人得到确实的知识。

或问:叙述宜细,还是宜简?细写不算不对,但容易流于冗长。为矫此弊,细写须要拿得起,推得开。古人说,写文章要精骛八级,心游万仞。这是什么意思呢?就是作者观察事物,无微不入,而后在叙述的时候,又善于调配,使小事大事都能联系到一处,一笔写下狂风由沙漠而来,天昏地暗,一笔又写到连屋中熬着的豆汁也当中翻着白浪,而锅边上浮动着一圈黑沫。大开大合,大起大落,便不至于冗细拖拉。这就是说,叙述不怕细致,而怕不生动。在细致处,要显出才华。文笔如放风筝,要飞起来,不可爬伏在地上。要自己有想象,而且使读者的想象也活跃起来。

内容决定形式。但形式亦足左右内容。同一内容,用此形式去写就得此效果,用另一形式去写则效果即异。前几天,我写了一篇《敬悼郝寿臣老先生》短文。我所用的那点资料,和写郝老先生生平事迹的相同。可是,我是要写一篇悼文,所以我就通过群众的眼睛来看老先生的一生。这便亲切。从群众眼中看出他如何认真严肃地演剧,如何成名之后,还孜孜不息,排演新戏。这就写出了他是人民的演员。因为是写悼文,我就不必用写生平事迹所必用的某些资料,而选用了与群众有关的那一些。这就加强了悼文的效果。形式不同,资料的选取与安排便也不同,而效果亦异。

叙述与描写本不易分开。现在我把它们分开,为了说着方便。下面谈描写。

描写也首先决定于要求什么效果,是喜剧的,还是正面的?假若是要喜剧效果,就应放手描写,夸张一些。比如介绍老张,头一句就说老张的鼻子天下第一。若是正面描写,就不该用此法。我们往往描写的不生动,不明确,原因之一即由于事先没有决定要什么效果,所以选材不合适,安排欠妥当。描写的方法是依效果而定。决定要喜剧效果,则利用夸张等手法,取得此效果。反正,要介绍一位正面人物或严肃的事体,则须取严肃的描写方法。语言文字是要配合文章情调的,使人发笑或肃然起敬。

在一篇小说中,有不少的人,不少的事。都要先想好:哪个人滑稽,哪个人严肃,哪件事可笑,哪件事可悲,而后依次决定,进行描写。还要看主导是什么,是喜剧,则少写悲的;是悲剧,则少写喜的。

一篇作品中若有好几个人,描写他们的方法要各有不同,不要都先介绍履历,而后模样,而后衣冠。有的人可以先介绍模样,有的人可以先介绍他正在作些什么,把他的性格烘托出来——此法在剧本中更适用,在短篇小说中也常见,因为舞台上的人物一出来已打扮停妥,用不着描写,那么叫他先作点什么,便能显露他的性格;短篇小说篇幅有限,不能详细介绍衣冠相貌,那么,就先叫他作点事情,顺手儿简单地描写他的形象,有那么几句就差不多了。

练习描写人物,似应先用写小说的办法,音容衣帽与精神面貌可以双管齐下,都写下来。这么练习了之后,要再学习戏剧中的人物描写方法,即用动作、语言,表现出人物的特点与性格来。这比写小说中人物要难的多了。我们不妨这么练习:先把人物的内心与外貌都详细地写出来,像写小说那样;而后,再写一段对话,要凭着这段对话表现出人物的精神面貌来,像写剧本那样。这么练习,对写小说与剧本都有益处。

这也是知其全貌的办法。我们先知道了这个人的一生,而后在描写时,才能由小见大,用一句话或一个动作,表现出他的性格来。一个老实人,在划火柴点烟还没有点燃的时节,便会说:"咳!真没用,连根烟也点不着!"一个性情暴躁的人呢,就不是这样,而也许高叫:"他妈的!"这样,知其全貌,我们就能用三言五语写出个人物来。

写景的方法很多,可以从古今的诗与散文中学习,描写人物较难,故不多谈写景。

描写人物要注意他的四围,把时间地点等跟人物合在一起。要有人,还有画面。《水浒传》中的林冲去沽酒,既有人物,又有雪景,非常出色。武松打虎也有景阳冈作背景。《红楼梦》中的公子小姐们,连居住的地方,如潇湘馆等,都暗示出人物的性格。一切须为人物服务,使人物突出。

一篇小说中有好多人物,要分别主宾,有的细写,有的简写。虽然是简写,也要活生活现,这须用剧本中塑造人物的方法,三言五语就描画出个人物来。我们平时要经常仔细观察人,且不断地把他们记下来。

在描写时,不能不设喻。但设喻必须精到。不精到,不必设喻。要切忌泛泛的比喻。生活经验不丰富,知识不广博,不易写出精采的比喻来。

以上所说的,都不大具体,因为要具体地说,就很难不讲些修辞学中的道理。而同学们的修辞学知识比我还更丰富,故无须我再说。我所说的这一些,也并不都正确,请批评指正!

(选自《出口成章》,作家出版社,1961年初版,内容有改动)

写作的艺术(节选)

林语堂

写作的艺术是比写作艺术的本身或写作技巧的艺术更广泛的。事实上,如果你能告诉一个希望成为作家的初学者,第一步不要过分关心写作的技巧,叫他不要在这种肤浅的问题上空费工夫,劝他表露他的灵魂的深处,以冀创造一个为作家基础的真正的文学性格;如果你这样做,你对他将有很大的帮助。当那个基础适当地建立起来的时候,当一个真正的文学性格创造起来的时候,风格自然而然地成形了,而技巧的小问题便也可以迎刃而解。如果他对于修辞或文法的问题有点困惑不解,那老实说也没有什么关系,只要他写得出好东西就得了。……在另一方面,如果一个人忽略了文学性格的修养,无论在文法或文艺的洗炼上用了多少工夫,都不能使他成为作家。蒲丰(Buffon)说:"风格就是人。"风格并不是一种写作的方法,也不是一种写作的规程,甚至也不是一种写作的装饰;风格不过是读者对于作家的心思的性质,他的深刻或肤浅,他的有见识或无见识,以及其他的质素如机智、幽默、尖刻的讽刺,同情的了解、亲切理解的灵敏、恳挚的愤世嫉俗态度或愤世嫉俗的恳挚态度、精明、实用的常识,和对事物的一般态度等等的整个印象。世间并没有一本可以创造"幽默的技巧",或"愤世嫉俗的恳挚态度的三小时课程",或"实用常识规则十五条"和"感觉灵敏规则十一条"的手册。这是显而易见的。

我们必须谈到比写作的艺术更深刻的事情。当我们这样做的时候,我们发现写作艺术的问题包括了文学、思想、见解、情感、阅读和写作的全部问题。我在中国曾提倡复兴性灵派的文章和创造一种较活泼较个人化的散文笔调;在我这个文学运动中,我曾为了事实上的需要,写了一些文章,以发表我对一般文学的见解,尤其是对写作艺术的见解。

(一)

一人读几个作家之作品,觉得第一个的人物描写得亲切,第二个的情节来得迫真自然,第三个的丰韵特别柔媚动人,第四个的意思特别巧妙多姿,第五个的文章读来如饮威士忌,第六个的文章读来如饮醇酒。他若觉得好,尽管说他好,只要他的欣赏是真实的就得。积许多这种读书欣赏的经验,清淡、醇厚、宕拔、雄奇、辛辣、温柔、细腻,……都已尝过,便真正

知道什么是文学,什么不是文学,无须读手册也。

论文字,最要知味。平淡最醇最可爱,而最难。何以故?平淡去肤浅无味只有毫厘之差。

作家若元气不足,素养学问思想不足以充实之,则味同嚼蜡。故鲜鱼腐鱼皆可红烧,而独鲜鱼可以清蒸,否则入口本味之甘恶立见。

(二)

性灵派主张自抒胸臆,发挥己见,有真喜,有真恶,有奇嗜,有奇忌,悉数出之,即使瑕瑜并见,亦所不顾;即使为世俗所笑,亦所不顾;即使触犯先哲,亦所不顾。

性灵派所喜文字,于全篇取其最个别之段,于全段取其最个别之句,于造句取其最个别之辞。于写景写情写事,取其自己见到之景,自己心头之情,自己领会之事。此自己见到之景,自己心头之情,自己领会之事,信笔直书,便是文学,舍此皆非文学。

《红楼梦》中林黛玉谓"如果有了奇句,连平仄虚实不对,却使得的",亦是性灵派也。

性灵派又因倾重实见,每每看不起辞藻虚饰,故其作文主清淡自然,主畅所欲言,不复计较字句之文野,即崇奉孟子"辞达而已"为正宗。

文学之美不外是辞达而已。

(三)

原来文彩文理之为物,以奇变为贵,以得真为主。得真则奇变,奇变则文彩自生,犹如潭壑溪涧未尝准以营造法尺,而极幽深峭拔之气,远胜于运粮河,文章岂可以作法示人哉!天有星象,天之文也;名山大川,地之文也;风吹云变而锦霞生,霜降叶落而秋色变。夫以星球运转,棋列错布,岂为吾地上人之赏鉴?而天狗牛郎,皆于天意中得之。地层伸缩,翻山倒海,岂为吾五岳之祭祀?而太华昆仑,澎湃而来,玉女仙童,耸然环立,供吾赏览,亦天工之落笔成趣耳。以无心出岫之寒云,遭岭上狂风之叱咤,岂尚能为衣裳着想,留意世人顾盼?然鳞章鲛绡,如锦如织,苍狗吼狮,龙翔凤舞,却有大好文章。以饱受炎凉之林树,受凝霜白露之摧残,正欲收拾英华,敛气屏息,岂复有心粉黛为古道人照颜色?而凄凄肃肃,冷冷清清,竟亦胜摩诘、南宫。

推而至于一切自然生物,皆有其文,皆有其美。枯藤美于右军帖,悬岩美于猛龙碑,是以知物之文,物之性也,得尽其性,斯得其文以表之。故曰,文者内也,非外也。马蹄便于捷走,虎爪便于搏击,鹤胫便于涉水,熊掌便于履冰,彼马虎熊鹤,岂能顾及肥瘦停匀,长短合度?特所以适其用而取其势耳。然自吾观之,马蹄也,虎爪也,鹤胫也,熊掌也,或肉丰力沉,颜筋柳骨;或脉络流利,清劲挺拔;或根节分明,反呈奇气。他如象蹄如隶意,狮首有飞白,斗蛇成奇草,游龙作秦篆,牛足似八分,麋鹿如小楷,天下书法,粲然大备,奇矣奇矣。所谓得其用,取其势,而体自至。作文亦如是耳。势至必不可抑,势不至必不可展,故其措辞取义,皆一片大自然,浑浑噩噩,而奇文奥理亦皆于无意中得之。盖势者动之美,非静之美也。故凡天下生物动者皆有其势,皆有其美,皆有其气,皆有其文。

(节选自《林语堂散文》,北京出版社2008年2月版,内容有改动)

2. 以自己曾经写过的一篇文章为例,分析你在文中所运用的表达方式。

第十一章 语言技法

苏联作家高尔基说:"语言是一切事实和思想的外衣。"(《和青年作家谈话》)文章的思想内容是通过语言表达出来的,离开语言这件外衣就形成不了文章。文章是语言的艺术,语言是文学的第一要素。丰富生动的思想内容需要用丰富生动的语言去表现。语言运用得好,就能增强文章的准确性、鲜明性、生动性。要正确地表达思想,充分地发挥文章的作用,就必须在语言上多下功夫,努力提高语言表达能力。

第一节 语言概述

一、语言的含义

语言是音义结合的符号系统,以语音为物质外壳,以语词为结构单位,以语法为中介而构成的物质形态。它是人类特有的最重要的思维工具、交际工具和信息工具,也是构成文章的最基本的要素之一。从表现形态分,有口头语言和书面语言;从表现风格分,有文言、白话、方言、土语;从表现功能分,有文学语言与非文学语言。

千百年来,人们通过写作实践形成卷帙浩繁的文章和作品,人类语言呈现出丰富多彩的形态、体式、风格和功能,这是写作主体需要研究和继承的宝贵遗产。高尔基说:"文学家写作的时候,把行动化为语言,同时又把语言化为行动。"(《论剧本》)无论从事文学创作,还是从事一般文章写作,都不能不学习语言。语言又随着时代的前进而不断演变发展,写作主体在继承前人语言遗产的同时,也应不断创新,形成自己的语言风格。

二、语言在写作中的价值

(一)语言是思维的工具

写作本质上是个思维问题,而思维又离不开语言。语言和思维虽是两种独立的现象,但形影相随,不可分离。一方面,思维对语言具有依赖性。马克思曾指出:"语言是思想的直接现实。"(《德意志意识形态》)斯大林说:"不论人的头脑中会产生什么样的思想,以及这些思想什么时候产生,它们只有在语言材料的基础上,在语言的词和句的基础上才能产生和存在。没有语言的材料、没有语言的'自然物质'的赤裸裸的思想,是不存在的。"(《马克思主义和语言学问题》)另一方面,语言又从属于思想,受到思想的指导和制约。唐代诗人杜牧说:"文以意为主,以气为辅,以辞采章句为之兵卫。"(《答庄充书》)说明了思想与语言之间的主从关系。朱光潜在《漫谈说理文》中指出:"语言总是跟着思想走,思想明确,语言也就会明确,思想混乱,语言也就会混乱。如果不先把意思想好而就下笔写,那就准写不好。"所以思想不明确,语言也不可能明确;思想没有深度,语言也不可能有深度。这就要求我们在写作中要处理好炼意和炼字、炼句的关系,以恰当的语言形式表现思想内容,而不至于"文不逮意"(《文赋》)。中国科学院院士、著名神经生理学家杨雄里说:"从神经科学的角度来看,人类就是通过语言来进行思维的,不能想象没有语言的思维,尤其是逻辑思维(形象思维的情况可能有点特殊)。因此,很难想象一个在文字、语言方面没有相当驾驭能力的人,会有一种非常强的逻辑思维能力。……在我看来,科学上的造诣和语言、文字功底有某种必然的联系,因为科学研究需要严密的逻辑思维,而思维是通过语言文字来进行的。语言文字修养的高低,直接影响到人的思维能力的强弱;文学修养又能影响到人的语言表达能力。"(《院士思维》)这就是说,语言和思维是互动的关系,两者之间充满了辩证关系。语言既是思维的结果,又是思维的工具。思维既是语言的源泉,又是语言的成果。

(二) 语言是构成文章的因素

高尔基在论述文学三要素时,把语言放在第一位,认为文学的第一要素是语言,第二要素是主题,第三要素是情节。这就是说文学的本质之一是语言的艺术。实际上,语言岂止对文学重要,一切文章都依存于语言。语言恰似人体的细胞,犹如构成人体生命的基础。难怪近代学者黄侃会说:"作文之术,诚非一二言能尽,然挈其纲维,不外命意修辞二者而已。"(《文心雕龙·札记》)他把命意(主题)和修辞(语言)列入文章要素中的主导地位。古语说得好:"言之无文,行而不远。"(《左传·襄公二十五年》)南朝文艺理论家刘勰说:"夫人之立言,因字而生句,积句而成章,积章而成篇。篇之彪炳,章无疵也;章之明靡,句无玷也;句之清英,字不妄也。振本而末从,知一而万毕矣。"(《文心雕龙·章句》)毛泽东也十分重视文章的语言:"如果一篇文章,一个演说,颠来倒去,总是那几个名词,一套'学生腔',没有一点生动活泼的语言,这岂不是语言无味,面目可憎,像个瘪三吗?"(《反对党八股》)的确,大众化的家常饭,了无新意,味道一般,是上不了台面的。只有让语言充满磁性,才能强有力地吸引读者,从而实现文章的价值和功能。如果一个人具备很高的语言修养,就能准确、生动而又敏捷地描述客观事物,反映某种思想感情,做到意到笔随,流转自如;相反,语言表现能力差,即使有所思也难以表述清楚,总是文不逮意,处处捉襟见肘。要解决这个问题,就必须像古人所说"工欲善其事,必先利其器",学习准确地、晓畅地、艺术地使用语言。

总之,语言是珍贵的,它是思维与表达的工具,是思想与感情的载体,是传递和交流信息的符号,是形成文章的物质手段。写作,归根结底是个语言问题。写作能力的高低,实际上是指语言驾驭能力的高低。

第二节 语言运用原则

文章的体裁多种多样,文章的内容更是包罗万象,但不管写作主体用什么样的体裁,也不管写作主体写什么内容,语言运用都应该遵循通顺、准确、简洁、生动的原则。

一、通顺

通顺,是指合乎语法和逻辑,没有语法和逻辑上的错误,语意连贯。它包括语法通顺、逻辑通顺和语意连贯。

(一)语法通顺

语法是按照社会约定俗成的原则总结出来的用词造句的规则。语法分为词法和句法。语法通顺是指:说一句话,主、谓、宾、定、状、补,各种句子成分,该有的都有,不能残缺不全;该放在什么位置就放在什么位置,不能随意搭配;该按什么顺序就按什么顺序,不能颠三倒四;复句间的关联词语,要搭配得当,不能互相脱节;句式要清爽明了,不能杂糅和纠缠。例如:

(1) 家大业大,要节省不必要的开支和浪费。
(2) 绚丽的朝阳,灿烂地放射出万道光芒。
(3) 傍晚的时候,张大爷在去林场的路上,突然有个人迎面走来。
(4) 这班学生,在上课时,一般来说,大家都能遵守课堂纪律。
(5) 粗言滥语不是影响同志间的团结,而是败坏社会风气。
(6) 鲁迅具有坚忍不拔的战斗精神作为我们学习的榜样。

很明显,例(1)的"开支"可以"节省","浪费"不能"节省",只能"杜绝",属搭配不当,应改为"要节省不必要的开支,杜绝浪费"。例(2)的"灿烂"是定语,错放在状语的位置上了,属语序不妥,应改为"放射出万道灿烂的光芒"。例(3)"张大爷在去林场的路上"怎么样?没有交代,缺谓语,应改为"张大爷在去林场的路上走着,突然……"。例(4)"这班学生"是主语,在谓语句里又出现了主语"大家",属成分多余,应删除"大家"。例(5)关联词语用得不当,改为"不但……而且……"就通顺了。例(6)把"鲁迅坚忍不拔的战斗精神值得我们学习"或"具有坚忍不拔的战斗精神的鲁迅是我们学习的榜样"套在一起了,属句式杂糅与纠缠,可改为复句:"鲁迅具有坚忍不拔的战斗精神,他是我们学习的榜样。"

当然,有时候有些语言初看不合乎语法,句子成分不全,甚至仅有一个词,但从一定的语言环境来看,它也能结合上下文来完成表达任务,这也算是通顺的语言。例如,孙犁的《荷花淀》,其中写水生夫妻的对话,少得只有一个"嗯"字,但并不因为其少而影响句子丰富的内涵。语法上讲的独词句和非主谓句,都需要从一定的语言环境中去辨析、理解。

(二)逻辑通顺

合乎逻辑,指符合人们思维的规律,符合事物的事理、情理,做到概念明确、判断恰当、推理有据。前后要有内部的联系,不要互相冲突。整篇文章、一段话、一句话,都要考虑是否合乎逻辑。多数情况下,合乎语法的语言就是合乎逻辑的;有时候语言符合语法规则,但不一定符合逻辑。既合语法又合逻辑,才算是通顺。例如:

(1) 他的见解,和明代公安派关于诗与时代的关系的见解,基本上是完全一致的。
(2) 我们决不能让资产阶级和剥削阶级的腐朽思想自由泛滥。
(3) 看现在的天气,我敢肯定,今天下午可能要下雨。
(4) 校园里,到处可以看见沉思的身影和琅琅的读书声。
(5) 复方灵芝片主治喘息、气管炎、神经衰弱、心力衰竭、贫血、健胃强壮、消化不良、年久胃病。
(6) 老王喜欢栽培奇花异草和珍木良禽。

这6句话都有逻辑错误。例(1)的"基本上"同"完全"相矛盾,删掉"完全"才说得通。例(2)的"资产阶级"包括在"剥削阶级"之中,是从属关系,不是并列关系,在"剥削阶级"前加上定语"其他",才合逻辑。例(3)既说"肯定",又说"可能",前后矛盾,两者删其一。例(4)动宾搭配违反常理,"身影"可以看见,"读书声"只能听见。例(5)是说复方灵芝片主治什么病,中间突然插入讲药物功能的"健胃强壮",不合逻辑,应删除。例(6)"良禽"可以饲养却不可"栽培",写出"栽培良禽"就不合乎事理了。

(三) 语意连贯

颠三倒四、语无伦次、前言不搭后语、上文不接下文等,都是用来指文章中句与句不相连贯的同义语。文章是一句连一句写出来的,它的每个段落,包容的是一串在语义上相连贯的句子。而要使句子在语义上相连贯,除合乎语法和逻辑外,还须围绕一定的中心来组织句子。例如:

"灵车缓缓地前进,牵动着千万人的心。许多人在人行道上追着灵车奔跑。人们多么希望车子能停下来,希望时间能停下来! 可是灵车渐渐地远去了,终于消失在苍茫的夜色中了。人们还是面向灵车开去的方向,静静地站着,站着,好像在等待周总理回来。"(《十里长街送总理》)

这里五个句子,全是围绕着"灵车牵动人心"这一中心写的,句子中灵车的"前进""远去""消失"与千万人的"追着""希望""面向""站着""等待"是紧紧相连、丝丝入扣的。

要使句子在语义上相连贯,须按一定的顺序组织句子。或以时间为序,或以空间为序,或以动作为序,或以问题的主次为序,或以原因与结果、整体与部分、正面与反面等对应关系为序。要使句子在语意上相连贯,还须注意与语意相称、相承、相关的语气的运用。相称指语气须以语意的刚柔、强弱、轻重为转移;相承指语气须体现语意的连续性,或者如潺潺溪流,或者如汩汩泉涌;相关指语气须借助一定的关联词语而把语意的推进、连接、转换等自然而然地表达出来。例如:"骄傲的毛病谁都容易犯,除非圣人或傻子。那块被雕成英雄像的石头既不是圣人,又不是傻子,只是一块石头,看见人们这样尊敬他,当然就禁不住要骄傲了。"(《古代英雄的石像》)从语义上看,在第一句中,"谁都"与"除非"相关;第二句中,"既"与"又"相关,"只是"与"当然"相关。有了这些起关联作用的词和由它们所连接的语句,我们念诵起来,就可以用一定的语气传达出作者所欲表达的意思,而那石像的"禁不住要骄傲",也可如刘大櫆说的"于音节见之"(《论文偶记》)了。

二、准确

古希腊哲学家亚里士多德说:"语言的准确性是优良风格的基础。"(《修辞学》)只有在准确的基础上才谈得上简洁、生动等。尽管有万千词语可供创作主体调遣,但在语意表达的准确性上有一条严峻的法则:下笔如铸。即要根据具体事物、具体情况,准确地使用每一个词、每一句话,恰当地表现出其独特的性质、神态、形态、情感等。语言准确主要在于用词准确和造句准确。

(一)用词准确

法国作家福楼拜教导莫泊桑写作时强调:"不论一个作家所要描写的东西是什么,只有一个词可供他使用,用一个动词要使对象生动,一个形容词使对象的性质鲜明。因此就得去寻找,直到找到了这个词,这个动词和形容词,而决不要满足于'差不多',决不要利用蒙混的手法,即使是高明的蒙混手法,不要利用语言上的诙谐来避免上述的困难。"(《读小说》)请注意这里说的是"一个词",而没有第二个词,在语言准确性上,挑选词语确乎达到了异常严格的程度。好的文章,用词应该是准确用上"这个词"的文章。"一字贴切,全篇生色。一字乖僻,全篇震惊。"(《写作大辞典》)

例如,宋代文学家王安石的《泊船瓜洲》中有一句:"春风又绿江南岸,明月何时照我还?"据其原稿,作者最开始用的是"春风又到江南岸",但随后圈去"到"字,注明"不好",以后相继改用成"过""入""满"等词,但都不满意,最后才选定了"绿"。不能说用"到""过""入""满"等词错了,但都不及"绿"贴切形象。正是这个浅显平淡的"绿"字,蕴涵了无穷的情致,无形无色的春风借这个"绿"字,仿佛化成了一幅妙夺天工的图画。所以唯有作者寻寻觅觅苦心思索得来的这个"绿"字,表现出了春天春意盎然的气息,反映了作者当时的心境,最为准确恰当和生动形象,也就是福楼拜所说精心寻来的那"一个词"。朱自清《荷塘月色》中的句子:"月光如流水一般,静静地泻在这一片叶子和花上。薄薄的青雾浮起在荷塘里。"文中的"泻""静静"用得极为准确。"泻"字紧扣"月光如流水"的比喻,不仅贴切地表达了作者站在塘边静观月光的视觉感受,而且有效地描绘出月下荷花荷叶的神采。然而,月光毕竟不是流水,它仅有流水的形,却无流水的声,作者为了表达得准确,特意在"泻"字前面加上一个"静静"的状语。这样,既写出了月光和流水的相似,又写出了两者的区别,把月下荷塘的光彩和静穆之美描绘得如此准确和传神,令人读后如临其境。

用词准确,要特别注意以下几点。

1. 注意词的细微差别

叶圣陶说:"用词怎么用得正确、贴切,需要比较一些词的细微差别。这是很要紧的。比如与'密'配合的,有'精密''严密''周密'等词,粗看起来,好像差不多,要细细辨别,才辨得出彼此的差别。'精密'和'周密'有何不同,'精密'该用在何处,'周密'该用在何处,都要仔细想一想,想过了用起来就有分寸。如果平时不下功夫,就不知道用哪一个才合

适。"(《认真学习语文》)用词准确的问题,主要是选用同义词的问题。

例如,鲁迅在描写孔乙己时,就利用"窃"和"偷"两个同义词在用法上的细微差别,准确地刻画了人物的性格。当孔乙己听到别人取笑他偷书时,他争辩道:"窃书不能算偷……窃书!……读书人的事,能算偷么?"本来"窃"与"偷"是同一意思,但在用法上有所区别,"偷"多用于口语,而"窃"是书面语言,好像比"偷"听起来文雅一些,而且还含有暗中、私下里的意思。这点小小的差异就展现出了孔乙己既穷困潦倒,又不甘心与短衣帮为伍,失了身份又死要面子的迂腐特点。这样符合人物的思想实际,符合人物的性格特点,就是准确的语言。王力先生对"蹓"是这样解释的:"在街上随便走走,北平话叫做'蹓跶'。蹓跶和散步不同:散步常常是拣人少的地方走去,蹓跶却常常是拣人多的地方走去。蹓跶又和乡下人逛街不同:乡下人逛街是一只耳朵当先,一只耳朵殿后,两只眼睛带着千般神秘,下死劲地钉着商店的玻璃橱;城里人蹓跶只是悠游自得地信步而行,乘兴而往,兴尽则返。"(《蹓跶》)这段文字不仅将蹓跶和散步在意义上的细微差别辨析得清清楚楚,而且文字简练,堪与小说中的人物描写相媲美。

2. **注意词的褒贬感情**

汉语词汇除了很大一部分中性词外,还有一些词语是能够通过其特定的含义体现出鲜明、精妙的感情色彩的。在使用这些词语时,必须理解词义,准确分辨它们所体现的感情色彩,避免褒词贬用或贬词褒用。清初学者魏际瑞说:"画家丑须极丑,容不得一笔俊,俊亦不容一笔丑,文章亦然。"(《伯子论文》)该用褒扬的词就不容一个贬斥的词,应该用贬斥的词就容不得一个褒扬的词。例如,叶圣陶《多收了三五斗》一文中几个段落:

"比去年都不如,只有五块钱!"伴着一副懊丧到无可奈何的咀脸。
……
船身浮起了好些,填没了这船那船间的空隙的菜叶和垃圾不可复见。
……
"吓!"声音很严厉,左手的食指坚强地指着,"这是中央银行的,你们不要吃官司!"

作者经过推敲,最终修改如下:

"比去年都不如,只有五块钱!"伴着一副懊丧到无可奈何的神色。
……
船身浮起了好些,填没了这船那船之间的空隙的菜叶和垃圾就看不见了。
……
"吓!"声音很严厉,左手的食指强硬地指着,"这是中央银行的,你们不要,可是要想吃官司?"

作者为什么作这样的改动呢?因为此文倾注了作者对农民的同情和对剥削者的憎恨,用"咀脸"这个贬义词来描述农民的神态是不妥的,改为"神色"便对了;"坚强"是褒义词,用来描写剥削者的骄横也不妥,改为"强硬"便准了。另外,"不可复见"是文言词语,与《多收了三五斗》的语体色彩不协调,所以改作"就看不见了"。

（二）造句准确

造句准确，指文章中的句子能准确地表达思想内容。造句准确除指句子要合乎语法、合乎逻辑外，这里重点谈谈选择恰当的句式表达内容。句子的形式多种多样，有陈述句、祈使句、疑问句、感叹句之分。运用什么句式，也直接影响到表情达意的准确性。表达同样的内容，运用的句式不同，意味也会发生变化。例如："看你听课的样子。""看你这种听课的样子！"前一句是陈述句，有点批评的意味；后一句是感叹句，批评的意味大为加重。再如："你明天来。""明天一定要来啊！"前一句是陈述句，比较平淡；后一句是祈使句，表现出真挚的意味。此外，还有句式排列、句式组合、肯定句式与否定句式、口语句式与书面句式等，都属于句式运用的范畴。选择什么样的句式，与语言表达的准确性相关。

严格地说，我们不能说哪种句式最好，只能说在表达某一特定内容时用哪一种句式比较好。例如，做报告的时候，心平气和地说"学好专业知识能更好地适应工作"，意思是清楚的；如果在辩论，为了反驳对方的意见，就可以用反问句说"学好专业知识怎么不能更好地适应工作呢？"显示这句话有强烈的针对性。又如，在多数情况下用肯定句式，在某种情况下却故意用否定句式。例如，《纪念白求恩》中的一段话："从前线回来的人说到白求恩，没有一个不佩服，没有一个不为他的精神所感动。晋察冀边区的军民，凡亲身受过白求恩医生的治疗和亲眼看过白求恩医生的工作的，无不为之感动。"这段话中的"没有一个不……"和"无不……"都是双重否定的句式。双重否定就是充分地肯定，增强了语气，也流露出了作者的敬佩之情，恰切地表达了作者的原意。

三、简洁

通顺是运用语言的最低要求，准确则是运用语言的最基本的要求，在准确的基础上，语言还要求简洁。南朝文艺理论家刘勰说："文以辨洁为能，不以繁缛为巧。"（《文心雕龙·议对》）就是说，写文章的本领在于意思明确，造句简洁。简洁就是用较少的文字来表达较丰富的内容，即如唐代史学家刘知几说的"文约而事丰"（《史通·叙事》）。一篇文章是否简洁，应从辞约和达意两方面去考虑。清代散文家刘大櫆说："凡文笔老则简，意真则简，辞切则简，理当则简，味淡则简，气蕴则简，品贵则简，神远而含藏不尽则简，故简为文章尽境。"（《论文偶记》）这段话很值得我们去思考。叶圣陶说："我想，'可X可不X，不X'的公式，对改进文风也有用处。就是说，凡是一个词，一句话，多到几百字几千字的一大段，写进去也可以，可是不写进去，对全篇意旨并无什么损害，那就坚决割舍，不写进去。这么办的时候，文章就干净利落。"（《可写可不写，不写》）那么，怎样使语言简洁呢？

（一）剪裁浮词

剪裁浮词，指把多余的词语删去，这是使语言简洁的一条重要途径。大多数情况下，多数写作主体写出来的文章语言啰嗦冗长、拖泥带水，明明用一个词可以表达的却用了两个三个，明明一句话可以说清楚的却用了两句三句，这就是语言中的水分。要使语言简洁，就必须把这种水分挤掉。正如毛泽东在《反对党八股》中所说："把那些又长又臭的懒婆娘的裹脚，赶快扔到垃圾桶里去。"鲁迅也强调："写完后至少要看两遍，竭力将可有可无的字、句、段删去，毫不可惜。"（《答北斗杂志社问》）

例如,司马迁在《史记·李将军列传》中有这样一段文字:"广出猎,见草中石,以为虎而射之,中石没镞,视之,石也。因复更射之,终不能复入石矣。"金人王若虚在《史记辨惑》里认为这段话不够简洁,"凡多三'石'字"。后人参考他的意见,将原句改为:"广出猎,尝见草中有虎,射之,没镞,视之,石也。因复更射之,终不能入矣。"原句33个字,缩减为26个字,剔除冗词,简洁明了,更富有表现力。唐代诗人杜牧在《阿房宫赋》中这样评价秦始皇的功过:"六王毕,四海一;蜀山兀,阿房出。"只有12字,可谓简洁至极。蒲松龄《聊斋志异》的《红玉》篇中,写冯相如和红玉初次相见的情景:"一夜,相如坐月下,忽见东邻女自墙上来窥。视之,美。近之,微笑。招以手,不来亦不去。固请之,乃梯而过。"这里只用了39字就介绍了相如读书的时间,红玉在何方、何处、如何出现,以及他们互相认识的一段过程,何等精练,简约!

(二)锤炼语言

锤炼语言,指提取精粹的词语。这一点,历代名家为我们提供了范例。唐代诗人杜甫的"为人性僻耽佳句,语不惊人死不休"(《江上值水如海势聊短述》),唐代诗人卢延让的"吟安一个字,捻断数茎须"(《苦吟》),唐代诗人贾岛的"两句三年得,一吟双泪流"(《题诗后》),清代诗人顾文炜的"为求一字稳,耐得半宵寒"(《苦吟》),无不强调了锤炼语言的重要性。语言的锤炼须费心劳神。清代文人赵翼说:"诗家好作奇句警语,必千锤百炼而后能成。"(《瓯北诗话》)这就道出了精美、一流语言的产生,必下苦功锤炼不可。写文章时不应用无风格、无个性、无说服力、无感染力的空话、套话等,作家创作风格的形成与语言锤炼密不可分。朱光潜认为:"他们在表面上重视用字的推敲,在骨子里仍是重视思想的谨严。唯有谨严,思想情感才能正确地凝定于语文,人格才能正确地流露于风格。"(《谈文学》)对此,老舍也谈道:"风格不是由字句的堆砌而来的,它是心灵的音乐。……好的文字是由心中炼制出来的;多用些泛泛的形容字或生僻字去敷衍,不会有美好的风格。"(《言语与风格》)所以,我们说"文如其人"。

例如,韩愈在月夜里听见贾岛吟诗,有"鸟宿池边树,僧推月下门"两句,劝他把"推"字改为"敲"。那么"推"和"敲"哪个更恰当呢?贾岛此诗题为《题李凝幽居》:"闲居少邻并,草径入荒园。鸟宿池边树,僧敲月下门。过桥分野色,移石动云根。暂去还来此,幽期不负言。"诗歌前两联描绘了李凝居处周围幽静的环境及诗人敲门拜访的动作。第三联写回归路上所见的自然恬淡和幽美迷人。尾联说暂时离去,不久当重来,不负归隐的约期。全诗紧扣"幽"字。李凝是个隐士,正是这种幽雅的处所,悠闲自得的情趣,引发了诗人对隐逸生活的向往。贾岛是月夜访友,夜深人静,主人一定闭门,用"推"字不合情理。再从人物思想感情来说,贾岛一度为僧,法名悟本,"敲"字正吻合诗人的感情及其孤僻的性格,假如换了花和尚鲁智深,一定会怒目圆睁,大喊一声"洒家来也",恐怕"踢"字当先,"敲""推"俱不在话下。从意境上讲,"敲"以动衬静,愈显其静,轻敲也不会惊起池边树上的鸟,更符合全诗幽静的意境。

需要强调的是,写文章有时为了达到某种修辞效果,故意重复某些词、句、段,这是修辞上的反复,不是不简练。例如,鲁迅《秋夜》一文的开头段:"在我的后园,可以看见墙外有两株树,一株是枣树,还有一株也是枣树。"表面看起来有些重复,但仔细揣摩,鲁迅写这两株枣树的存在是为了映衬生活的贫乏单调,为下文抒情作铺垫,而且又有声律。适当运用成语、谚语和歇后语,尽量少用修饰成分,少用欧化的长句式,都是使语言简洁的方法。

四、生动

生动是在通顺、准确、简洁的基础上的进一步要求。生动就是语言活泼、形象、优美、感染力强;就是清新活泼,有独创性,虎虎有生气,有一股感人的力量,而且令读者喜闻乐见。生动的语言主要体现在以下几个方面。

(一)饱含感情

用自己的话写自己有真切体会的东西,说话动情,语言自然比较生动;冷冰冰的语言就容易死板。强烈的感情要通过适当的语言才能表达出来。为了表达感情,标点符号可适当运用问号和感叹号;词语可适当运用语气助词"啊""吗""吧";句式可适当运用排比句、反问句和感叹句。例如,鲁迅的《"友邦惊诧"论》:

> 好个"友邦人士!"日本帝国主义的兵队强占了辽吉,炮轰机关,他们不惊诧;阻断铁路,追炸客车,捕禁官吏,枪毙人民,他们不惊诧。中国国民党治下的连年内战,空前水灾,卖儿救穷,砍头示众,秘密杀戮,电刑逼供,他们也不惊诧。在学生的请愿中有一点纷扰,他们就惊诧了!
> 好个国民党政府的"友邦人士"!是些什么东西!

这里,作者用排比的句式,历数日本帝国主义和国民党反动派的罪行;用不惊诧和惊诧的强烈对比,揭露了友邦人士的反动面目,戳穿了他们惊诧的实质。"好个'友邦人士'"和"好个国民党政府的'友邦人士'"两句反语,"是些什么东西!"一个惊叹句,强烈地表达了作者对帝国主义和国民党反动政府严厉谴责的满腔义愤和无比憎恨之情。

(二)具体形象

文艺作品需要有具体形象的语言,因为它主要依靠形象来说话,并要使人感动。因此,语言的具体形象就显得特别重要。例如,贾祖璋的《水仙》中的句子:"就水仙花的姿态而论,青翠光润的叶片,亭亭直立的花梗,疏落有致的花序,冰肌玉骨的花瓣,芬芳清幽的香气,哪一样不令人感到可爱?"寥寥数语,水仙花的色彩、形态、气味便逼真如现,令人赏心悦目。这里,青翠光润、亭亭直立、错落有致、冰肌玉骨、芬芳清幽等词语,被作者神奇地调遣、组织在一起,分别修饰水仙的叶片、花梗、花序、花瓣、香气,生动形象地表现出了水仙花脱尽俗骨之美。

议说文虽然侧重议论、说明,但并不排斥语言的形象化,相反,如果能适当运用一些具体形象的语言,会使文章增色,增强宣传效果。例如,毛泽东在《别了,司徒雷登》这篇政论文中,有一段写得很生动、风趣:"人民解放军横渡长江,南京的美国殖民政府如鸟兽散。司徒雷登大使老爷却坐着不动,睁起眼睛看着,希望开设新店,捞一把。司徒雷登看见了什么呢?……总之是没有人去理他,使得他'茕茕孑立,形影相吊',没有什么事做了,只好挟起皮包走路。"这段文字,运用了描写手法,还运用了口语"老爷""捞一把""挟起皮包"和古语"茕茕孑立,形影相吊"等,入木三分地把司徒雷登沮丧的样子表现出来了。

(三) 新鲜活泼

毛泽东曾经对报纸提出这样的要求："多载些生动的文字,切忌死板、老套,令人看不懂,没味道,不起劲。"(《〈中国工人〉发刊词》)他还积极提倡"新鲜活泼的、为中国老百姓所喜闻乐见的中国作风和中国气派"(《反对党八股》)。这就要求我们有新鲜活泼的语言,增强文章的可读性。新鲜活泼的语言至少应具有以下五方面的特点。

1. 语汇丰富

古往今来的许多语言大师,他们创造性地运用祖国语言,在自己作品中使用的词语总是那样的丰富多彩、新鲜活泼。例如,《红楼梦》的语汇丰富是举世公认的,仅以书中运用的民间俗语来说,已达到惊人地步。如用"嘴甜心苦,两面三刀""上头一脸笑,脚下使绊子""明是一盆火,暗是一把刀"来点明凤姐的性格特点。又如秦可卿对凤姐说的那段话:"你如何连两句俗话也不晓得!常言'月满则亏,水满则溢';又道是'登高必跌重'。如今我们家赫赫扬扬,已将百载,一日倘或乐极生悲,若应了那句'树倒猢狲散'的俗话,岂不虚称了一世的诗书旧族了!"在这段话里用了那么多民间俗语,而这些俗语又是多么生动地反映了社会生活的某些规律。另外,像"天下老鸦一般黑""不是东风压倒西风,就是西风压倒东风""外面的架子虽未甚倒,内囊却也尽上来了""百足之虫,死而不僵"等带有哲理性的俗语在书中的运用也恰到好处,给人以极其新鲜的感受。

2. 句式多样

写文章不但要选择恰当的语汇以准确地表达内容,使感情、色彩、语气、味道与内容表里相称,而且还要多样化地运用各种句式,使语言不呆板老套。凡事变则活,不变则死。一篇文章总用一种句式,就会显得平淡,交错地运用多种句式,就比较生动活泼。例如,《战国策》中的《邹忌讽齐王纳谏》一文,其中有三"问"三"答",句式都不完全一样:

"吾孰与城北徐公美?"
"君美甚,徐公何能及君也!"(妻答)
"吾孰与徐公美?"
"徐公何能及君也?"(妾答)
"吾与徐公孰美?"
"徐公不若君之美也!"(客答)

细细品味,这三"问"三"答"在程度、语气、情绪上都有细微差别。这种变换的句式,在形式上避免了单调、重复,读起来错落有致,语言自然显得生动有活气了。郭沫若在历史剧《屈原》中,有句写婵娟斥责宋玉的话。原句为:"你是没有骨气的文人。"最后改为:"你这没有骨气的文人!"原句为陈述句式,虽也表现了婵娟对宋玉背叛屈原的不满情绪,但语气比较平缓。改句则为感叹句式,语气加重了,憎恨之情也表达得更充分。句式的变化,还包括长短句式的变化和整散句式的变化。

3. 修辞新颖

修辞手法人人都会用,但要用得好并不容易。这就要求写作主体匠心独运,创造性地运用比喻、比拟、借代、对偶等辞格。例如,《红楼梦》中很多地方用生动而新颖的比喻来刻画人物性格。如晴雯"是块爆炭",袭人"是没嘴的葫芦",李纨"竟如槁木死灰一般",迎春"浑名叫二木头,戳一针也不知叫嗳哟一声",探春"浑名是玫瑰花""玫瑰花又红又香无人不爱的,只是有刺戳手"。这些浅近而贴切的比喻,把每个人的性格特征揭示出来了,既恰当又新鲜。

新颖的修辞也能使论说文的说理变得形象易懂。例如,唐代大文学家韩愈的《获麟解》和《马说》通篇用比喻,生动形象的比喻取代了一般论说文的说理。他虽然没有用一句话点破麒麟和千里马的寓意,却能使读者深入领会文章的主旨,并受到感染。这两篇同是托物寓意,写的都是封建时代埋没和摧残人才的现象,但中心论点各不相同。前者针对人们判断麒麟为祥物与不祥物的具体情况,着重从逻辑推理上证明一般人不识麟,只有圣人才识麟,重用麟。如果没有圣人,有才华的人只是被看成怪物,"则其谓之不祥也亦宜"。后者抓住知马和不知马的矛盾,集中描绘出千里马的悲惨遭遇。最后,作者情不自禁地发出对封建当政者"其真不知马也"的愤怒谴责。这样用比喻手法来写,便把抽象的道理讲得更具体生动。

4. 和谐匀称

和谐匀称是就语言形式方面而言的。好文章不但内容好,而且读起来朗朗上口,听起来悦耳动听,所谓"适于口而顺于耳"。节奏和声韵的突出与加强需要借助多种表达手法和修辞手法,如对偶修辞能使结构整齐、音韵和谐,排比修辞能加强节奏、增强气势,叠音词和联绵词的恰当运用能给人一种舒缓、朦胧形象的表音效果,倒装句在古诗词中使用频繁的主要原因就是产生合乎平仄、抑扬顿挫的声韵之美。

例如,《红楼梦》第二十八回宝玉向黛玉说心事:"当初姑娘来了,那不是我陪着玩笑!凭我心爱的,姑娘要,就拿去;我爱吃的,听见姑娘也爱吃,连忙干干净净收着等姑娘吃。一桌子吃饭,一床上睡觉。丫头们想不到的,我怕姑娘生气,我替丫头们想到了。我心里想着:姊妹们从小儿长大,亲也罢,热也罢,和气到了儿,才见得比人好。如今谁承望姑娘人大心大,不把我放在眼里……"这段话骈散交错,长短相间,读起来抑扬顿挫,顺口率直,一点也不做作、不拖沓。朱自清的散文《荷塘月色》中的一段更具有典型性:"沿着荷塘,是一条曲折的小煤屑路。这是一条幽僻的路;白天也少人走,夜晚更加寂寞。荷塘四面,长着许多树,蓊蓊郁郁的。"这段文字节奏明快,韵味悠长。

5. 运用口语

群众口头语言,是表现现实生活的,是生动有力的。口语化是语言新鲜活泼的一个重要因素,鲁迅说:"倘要明白,我以为第一是作者先把似识非识的字放弃,从活人的嘴上,采取有生命的词汇,搬到纸上来;也就是学学孩子,只说些自己的确能懂的话。"(《人生识字糊涂始》)

例如,刘云山《夜宿车马店》中的一段话:"车马店的老炊事员周二旦一边飞动着菜刀,一边乐呵呵地说:'俺在店里干了十多年,天天跟庄户人打交道。过去庄户人眉头上挽着疙瘩,如今,个个膦得脸上放光。那些年住店的,多数人拿的是红(高粱)黄(玉米)面窝头,舀两碗开水就着吃;现在可不一般了,拿着白面馒头还嫌不顺口,还要到街上买块豆腐割斤肉,打二两白干;人家就图那个美气哩!''那算啥美气!'坐在菜案旁的一位贾满贵的瘦高

个老汉有点不服气地说:'上一次进城来卖公粮,俺把儿媳妇、小孙孙、老姑娘一齐拉了来,饭馆里的烧麦、馅饼、锅盔,娃娃们想吃的都尝遍了。服务员一算账,俺一次掏给他十几块。俺今年一家打了1万斤粮食,8 000斤油料,光卖给国家的粮食油料就是1万斤,进钱3500块,那场面才叫美气哩!'"这段话,无论是作者的叙述语言,还是老炊事员和瘦高个子老汉的话,全是口语,充满生活气息。我们看过一遍,就如临其境,如见其人,分享着他们丰收后的欢乐。王安忆《小鲍庄》中的一段:"鲍彦山家里的,在床上哼唧,要生了。队长家的大狗子跑到湖里把鲍彦山喊回来。鲍彦山两只胳膊背在身后,夹了一杆锄子,不慌不忙地朝家走。不碍事,这是第七胎了,好比老母鸡下个蛋,不碍事,他心想。""家里的"是农村对妻子的称谓;"哼唧"是呻吟的意思,农村口语;"生"即娩,是直接简洁的口语;"不碍事"是北方口语;"好比老母鸡下个蛋"这个比喻先反映了农村生活的背景,以鸡生蛋比喻女人生产,反映质朴、原始、粗野的自然面貌,比喻本身就有了文化意义。这段话的语言表现出风俗化、方言化、俗语化的特点,有极强的地域特征。

(四) 真挚朴素

所谓朴素,就是用语要朴实自然,通俗易懂。朴实的语言,是真切的语言,容易理解的语言。正如老舍所言:"文字不怕朴实,朴实也会生动,也会有色彩。"(《人物、语言及其他》)

1. 情感真挚才能有朴实的语言

宋代文论家李涂说:"文章不难于巧,而难于拙;不难于曲,而难于直;不难于细,而难于粗;不难于华,而难于质。"(《文章精义》)要使语言达到这种拙中见巧、直中见曲、粗中见细、平中见奇的境界,就需要更深厚的艺术功力。

例如,朱自清的散文《背影》,文字朴素,而情深意切,如李广田所言:"《背影》一文,寥寥千五百言,其所以能历久传诵而感人至深的力量者,当然并不是凭借了什么宏伟的结构和华赡的文字,而是凭了他的老实,凭了其中所表达的真情。这种表面上看起来简单朴素,而实际上却能发生极大的感动力的文章,可以作为朱先生的代表作品。"(《朱自清选集·序》)巴金《怀念萧珊》中回忆与爱妻诀别前的情景,这样写道:"开刀以后她只活了五天,谁也想不到她会去得这么快!五天中间我整天守在病床前,默默地望着她在受苦(我是设身处地感觉这样的),可是她除了两三次要求搬开床前巨大的氧气筒,三四次表示担心输血较多、付不出医药费之外,并没有抱怨过什么。见到熟人她常有这样一种表情:请原谅我麻烦了你们。她非常安静,但并未昏睡,始终睁大两只眼睛。眼睛很大,很美,很亮,我望着,望着,好像在望快要燃尽的烛火。我多么想让这对眼睛永远亮下去!我多么害怕她离开我!我甚至愿意为我那十四卷'邪书'受到千刀万剐,只求她能安静地活下去。"异常平淡的语言,却蕴含着撼动人心的力量;不事雕琢的文字,却充分表达了巴金与妻子萧珊相濡以沫、生死与共的真情实感。

2. 要避免堆砌辞藻

宋代文豪苏轼说:"凡文字,少小时须令气象峥嵘,采色绚烂,渐老渐熟,乃造平淡。"(《与二郎侄书》)其实这不是平淡,而是绚烂至极,说的是老熟的平淡语言,才是最富艺术性的语言。附加的修饰虽也可以增色,但只能装饰外表,而真正的美产生于内在的情态。

文章如果内容空泛,那么再多华丽的辞藻也无济于事。老子说:"信言不美,美言不信。"(《道德经》)认为未经雕饰的朴素语言才是真美。李白也有诗云:"清水出芙蓉,天然去雕饰。"(《经乱离后天恩流夜郎忆旧游书怀赠江夏韦太守良宰》)文章主要是靠深刻的思想内容来打动读者的,如果追求文辞艳美,乃至堆砌辞藻,会给人以肤浅、卖弄之感,不仅不能使文章产生醇厚的魅力,反而会使人望之生厌。

例如,朱自清《背影》中,父亲为"我"买橘子时的背影的详尽描写,让我们看到了一个父亲对儿子的深沉的爱。这个镜头,不知引发了多少人潸然泪下——因为天底下有太多的父亲都有过类似的举动!而描写"背影"并未靠什么华丽的辞藻,而是用了最质朴无华的语言。麦家在谈小说《刀尖》时说,当我放弃雕琢和粉饰的文字,完全甩开膀子使用口语,笔下的世界、人物和故事,立刻变得丰满和生动起来,写作成了一次有惊无险、充满愉悦的冒险之旅。文章写得华丽,相对来说比较容易,但写得朴实自然往往较难。初学写作者,大都故意雕琢,华而不实。但这也不是说华丽不好,清代文人吴德旋说:"作文岂可废雕琢?但须是清雕琢耳。功夫成就之后,信笔写出,无一字一句吃力,却无一字一句率易;清气澄澈中,自然古雅有风神,乃是一家数也。"(《初月楼古文绪论》)可见,自然与雕琢,都不可偏废,且自然从雕琢而来,以雕琢为基。所以,人们一般认为文字朴素也就是清雕琢,贵自然。

第三节 语言表达

好的内容要靠好的语言表达出来。语言不好,缺少文采,只会让读者望文兴叹。毛泽东在《反对党八股》中,将党八股的第四条罪状列为"语言无味,像个瘪三"。那么,语言应该怎样表达才能有文采呢?

一、讲究句式

同一个意思可以用不同的句式来表示,但句式不同,强调的重点和表达的语气就不同,修辞效果也不相同。这就要考虑,选择哪一种句式才合乎说话、写文章的需要,才能恰如其分地表达思想感情,从而使语言更好地发挥交际作用。

(一)整句和散句

整句,形式整齐,声音和谐,气势贯通,给人深刻鲜明的印象;散句,丰满、灵活,流动感强。整散并举的句子能使语言更加生动、优美。行文中,写作主体如能有意将散句和整句相互搭配、穿插安排,必能显示出句式的参差美。

例如,朱自清的《春》片段:"桃树、杏树、梨树,你不让我,我不让你,都开满了花赶趟儿。红的像火,粉的像霞,白的像雪。花里带着甜味儿;闭了眼,树上仿佛已经满是桃儿、杏儿、梨儿。"这段话,有对偶、排比等整句,中间穿插着散句,有的散句中又夹带着整句的因素,如"树上仿佛已经满是桃儿、杏儿、梨儿"。像这组句子,散中有整,整中有散,就充分显示出汉语铿锵、活泼的音乐美和视觉美。

(二) 长句和短句

长句内涵丰富,表情达意比较严密、精确、细腻。因此,长句便于周密详尽地阐述事理,准确明晰地说明问题,委婉细腻或气势蓬勃地抒发感情,绘声绘色地描绘事物。长句适用于政论语体和科技语体,有时也适用于文艺语体中描绘景物和抒发深沉细腻的感情。例如,秦牧的《土地》:"每逢看到了欣欣向荣的庄稼,看到刚犁好的涌着泥浪的肥沃的土地,我的心头就涌起像《红旗歌谣》中的民歌所描写的——'沙果笑得红了脸,西瓜笑得如蜜甜,花儿笑得分了瓣,豌豆笑得鼓鼓圆'这一类带着泥土、露水、草叶、鲜花香味的大地的情景。"在这里,长句子用了复杂状语,句中宾语"情景"的定语很长,共用了四个修饰限制的成分,具体、细致、明确、生动地描写了"我"心头涌起的情景,使读者如身临其境,充分地领会作者对土地的深厚情感。

短句结构简单,语法关系明确,在表情达意时,显得简洁、明快、活泼、干脆。因此,短句便于抒发激越的感情,表达急促的语气,描写紧张的场面。短句较多运用于日常谈话、演讲、辩论、广播、儿童文学、诗歌和小说、戏剧中的人物对话。例如,"感动中国"给钱学森的颁奖词:"在他心里,国为重,家为轻;科学最重,名利最轻。五年归国路,十年两弹成。……他是知识的宝藏,是科学的旗帜,是中华民族知识分子的典范。"短短几句,概括了钱学森的人生经历、主要功绩和高尚品质,铿锵有力,震撼人心。闻一多的《最后一次讲演》:"今天,这里有没有特务?你站出来!是好汉的站出来!你出来讲!凭什么要杀死李先生?杀死了人,又不敢承认,还要诬蔑人,说什么'桃色事件',说什么共产党杀共产党,无耻啊!无耻啊!这是某集团的无耻,恰是李先生的光荣!李先生在昆明被暗杀,是李先生留给昆明的光荣!也是昆明人的光荣!"这里,句句用短句,铿锵有力,激昂愤慨,充分展现了闻一多先生对国民党反动派无耻行径的怒不可遏的情感。

长句和短句各有自己的表达作用,只要用得合适,都可以收到好的效果。一般来说,长句多用于书面语,短句多用于口语。而在一篇文章中,全用短句或全用长句的情形是不多的。行文中,为了充分利用长句和短句的妙处,达到简洁明快、生动活泼,又严密周详、细腻委婉的效果,写作主体常常有意把长短句交错起来使用。例如,峻青《秋色赋》中的几段文字:

> 还有苹果,那驰名中外的红香蕉苹果,也是那么红,那么鲜艳,那么逗人喜爱。大金帅苹果则金光闪闪,闪烁着一片黄橙橙的颜色。山楂树上缀满了一颗颗红玛瑙似的红果。葡萄呢,就更加绚丽多彩,那种叫"水晶"的,长得长长的,绿绿的,晶莹透明,真像是用水晶和玉石雕刻出来似的;而那种叫做红玫瑰的,则紫中带亮,圆润可爱,活像一串串紫色的珍珠。……
>
> 哦!好一派迷人的秋色啊!
>
> 我喜欢这绚丽灿烂的秋色,因为它表示着成熟、昌盛和繁荣,也意味着愉快、欢乐和富强。

作者先用四个长句,工笔细描了一幅五彩缤纷的秋景图,把读者带进了一个令人陶醉的境界中;接着用一个叹词非主谓句"哦!"和一个名词非主谓句"好一派迷人的秋色啊!"

抒发作者的赞美之情;然后用一个长句议论,点明秋色之所以令人陶醉是因为"它表示着成熟、昌盛和繁荣,也意味着愉快、欢乐和富强";长短句交错使用,波澜起伏,富有变化。

(三) 常式句和变式句

汉语句式从语序上看,有常式句和变式句之分。句子成分或分句按照一般次序排列的句子,叫作常式句;在一定的语言环境里,由于修辞的需要,改变常规排列次序的句子,叫作变式句。一般说来,常式句自然平实,语势和缓,多用于一般的叙述、描写、议论,也可用于表达祈求和感叹的语气,适用于各类语体。变式句有突出、强调的作用。政论语体、文学作品常用到变式句,而在专门科技语体中则很少看到这种句式,事务语体则排斥这种句式。我们应根据不同的表达需要,恰当地选用常式句和变式句。姚国建等学者提到,变式句主要有以下几种。

1. 主语和谓语语序的改变

主谓句,一般是主语在前,谓语在后,但在感叹句或疑问句中,为了突出谓语表达的内容,强调动作行为或性质状态,常常会改变主语和谓语的次序,把谓语提前,主语放后。

(1) 多好啊,生活! 多美啊,爱情! (谌容《人到中年》)

(2) 正在这时候,一个便衣莽汉闯到了大门口:"干嘛的,你?"李大个子把他拦住。(周立波《湘江一夜》)

例(1)主谓倒置后,强调了对美好生活的热爱,对甜蜜爱情的颂扬;例(2)叙述莽汉突然闯到门口,李大个子不明来意,急忙问个明白,所以冲口而出"干嘛的",然后才补出主语"你"。

2. 修饰语和中心语语序的改变

修饰语包括定语和状语,跟中心语相对。常式句是修饰语在中心语前面,侧重于中心语;变式句将修饰语挪到中心语后面,强调了定语、状语的表达意思。

(1) 无数的眼睛——金黄的、碧蓝的、黝黑的,同时注视着这条受伤的手臂,各种语言发出同声惊叹! (理由《扬眉剑出鞘》)

(2) 当她第一次看完许宁回来之后,真是高兴得很——为她自己,也为许宁。(杨沫《青春之歌》)

例(1)"眼睛"的定语"金黄的、碧蓝的、黝黑的"后置,突出强调了注视着"受伤的手臂"的眼睛,不仅是"无数的",而且还是不同种族人民的眼睛,同下文的"各种语言"紧密呼应,反映了人们虽然语言不同、肤色不同,但心是相通的。例(2)把状语"为她自己,也为许宁"变位于谓语中心的"高兴"之后,是强调为谁而高兴。

3. 偏正和正句语序的改变

汉语复句的分句间的排列顺序,也有一定的规律,如果是因果、假设、条件等关系的复句,一般是表示原因、假设、条件等意思的分句在前。但有时为了表达的需要,也会改变它们的位置。例如:

（1）我喜欢这绚丽灿烂的秋色，因为它表示着成熟、昌盛和繁荣，也意味着愉快、欢乐和富强。（峻青《秋色赋》）

（2）无需挂画，门外有幅巨画——名叫自然。（李乐薇《我的空中楼阁》）

例（1）表示原因的分句置于表现结果的分句后面，表示原因的分句得到了强调，突出了"喜欢"的原因。例（2）"门外有幅巨画"是原因，所以屋里才"无需挂画"。倒着说是为了强调后一句，先说"无需挂画"让读者回味，起一点延缓作用，然后悟出是因为"有画"，这就比顺着说"门外有幅巨画——名叫自然，无需挂画"要跌宕有致得多，巧妙地突出了作者要表达的主题——自然美。

变式句具有两个特点：第一，变式句只是某些组成成分语序的变化，成分之间的语法关系没有变，因此，可以与常式句互相转换使用；第二，变式句只是形式上有变化，而基本意义没有变化，只是突出了某个重点，强调了某种感情，加强了某种语气。

（四）文白相间

老舍曾说："为什么中国古诗只发展到九个字一句呢？这就是我们文字的本质决定下来的。我们应该明白我们语言文字的本质。"（《关于文学的语言问题》）文言句式有其独特的魅力。使用文白相间的句式，能使语势和谐紧凑，语言干净利索，读来上口，听来动容，能产生强烈的韵律美感。例如，毛泽东的"以排山倒海之势，雷霆万钧之力，磅礴于世界，而葆其美妙之青春"（《新民主主义论》）这个文言句式，描述了共产主义思想体系和社会主义制度的伟大生命力，意义深刻。

此外，还有句式排列、句式组合、肯定句式与否定句式、口语句式与书面句式等，都属于句式运用的范畴。选择什么样的句式，都与具体的语言表达相关。

二、运用修辞

修辞的根本功能就是使语言生动形象、妥帖鲜明，尽可能地给人以深刻的印象和语言艺术的美感。它包含两个方面的内容：首先是指运用语言的方法、技巧与规律；其次是指写作中积极调整语言的行为。只有熟悉各种修辞手法并善于运用它们，才能真正让文章语言飞扬起来。

例如，季羡林《夹竹桃》的片段："然而，在一墙之隔的大门内，夹竹桃却在那里静悄悄地一声不响，一朵花败了，又开出一朵；一嘟噜花黄了，又长出一嘟噜；在和煦的春风里，在盛夏的暴雨里，在深秋的清冷里，看不出什么特别茂盛的时候，也看不出什么特别衰败的时候，无日不迎风弄姿，从春天一直到秋天，从迎春花一直到玉簪花和菊花，无不奉陪。这一点韧性，同院子里那些花比起来，不是形成一个强烈的对照吗？但是夹竹桃的妙处还不止于此。我特别喜欢月光下的夹竹桃。你站在它下面，花朵是一团模糊；但是香气却毫不含糊，浓浓烈烈地从花枝上袭了下来。它把影子投到墙上，叶影参差，花影迷离，可以引起我许多幻想。我幻想它是地图，它居然就是地图了。这一堆影子是亚洲，那一堆影子是非洲，中间空白的地方是大海。碰巧有几只小虫子爬过，这就是远渡重洋的海轮。我幻想它是水中的荇藻，我眼前就真的展现出一个小池塘。夜蛾飞过映在墙上的影子就是游鱼。我幻想它是一幅墨竹,我就真看到一幅画。微风乍起,叶影吹动,这一幅画竟变成活画了。"作者娴熟自然地运用了拟人、排比、对比、衬托等修辞手法,将夹竹桃人格化,歌颂它的默默无闻、兢兢业业、坚忍不拔的品质,并展开想象的翅膀,写因月色朦胧中夹竹桃的花影而引起的诸多富有生活情趣的幻想,营造出动人的意境,给人以美的享受。

常见的修辞格有8种。比喻,主要发挥生动形象的效果;拟人,表现喜爱事物时,栩栩如生,使人感到亲切,表现丑恶的事物,则可使事物原形毕露,令人生厌;夸张,能表现出写作主体的鲜明的感情、态度;对偶,形式整齐,音节匀称,内容概括;排比,使文章增加一泻千里的气势,加强感情的表达;反复,突出、强调感情的抒发,使文章产生一唱三叹的节奏;设问,意在引起读者注意和思考;反问,加强语气。除此之外,还有对比、映衬、借代、通感、互文、反语、双关、移用、顶针等修辞手法。

三、善于引用

初学写作者要学鲁迅的"拿来主义",把能为文章添彩的好的诗句、文段、歌词、警语、谚语、俗语、成语、歇后语、经典故事等,恰到好处地"拿来我用",或作标题,或用开篇,或当论点,或充论据,或作结语,或为修饰等。准确的引用(直接使用或化用)有着以一当百的表意功能,它不仅有助于意思的表达,而且能增强其文学色彩。

例如,以"生命"为话题的一段高考作文:"生命就是龚自珍'落红不是无情物,化作春泥更护花'的献身精神,生命就是文天祥'人生自古谁无死,留取丹心照汗青'的浩然正气,生命就是苏东坡'谁道人生无再少,门前流水尚能西'的超脱与豁达,生命就是杜甫'感时花溅泪,恨别鸟惊心'的无奈与感伤。"这段文字直接引用名人典故和诗词,不仅深刻阐释了生命的内涵,而且文采斐然,给人留下深刻的印象。再如以"乐观"为话题的高考作文:"乐观就是那直上青天的一行白鹭,乐观就是那沉舟侧畔的万点白帆,乐观就是那鹦鹉洲头随风拂动的萋萋芳草,乐观就是化作春泥更护花的点点落红。"这里则分别化用了古人诗词,恰到好处,增强了句子的意蕴。

四、采用铺排

铺排,是铺陈、排比的简称。它是将一连串内容相关的景、事、人、物等,按照一定的顺序组成几段结构基本相同、语气基本一致的句群。这种重复中有变化、变化中有重复的章法,无形中使文章产生一种整体的节奏感,并在回旋反复中使文章感情得到强化,主题更加突出。这种铺排章法早在《诗经》中便开始使用,如《关雎》《硕鼠》《蒹葭》《采薇》《七月》等。

例如,余光中的《乡愁》:"小时候,乡愁是一枚小小的邮票,我在这头,母亲在那头。/长大后,乡愁是一张窄窄的船票,我在这头,新娘在那头。/后来啊,乡愁是一方矮矮的坟墓,我在外头,母亲在里头。/而现在,乡愁是一湾浅浅的海峡,我在这头,大陆在那头。"四段铺陈排比,一目了然,但也有细微的变化,除了时间上的递进,还有意象上的关联。从邮票到船票,再到坟墓,最后到海峡,意象不断放大,正好映衬出乡愁的逐步增加、逐步浓烈,从一己之乡愁,到一个民族分离的哀愁。

五、活用词语

词语一般是约定俗成的,其意义具有相对的完整性,不能另作他解。但在作文时,巧妙的词语活用,往往能使语言显得生动活泼。活用词语主要有以下六种方式。

(一)巧妙借用

巧妙借用,指借用词语的原意来说明所要表达的意思,又称"旧瓶装新酒"。例如,一同学写父亲的秃头:"头顶的头发经不住长期的'营养不良',都纷纷脱离'工作岗位','下海'去了……最令他伤心的是连最后几个'独傲霜雪'的'忠诚者'也在这几次'行动'中下了台。终于在头顶上独立出了个'地中海'。"如此幽默、俏皮的借用语,把父亲秃头的特点表现得淋漓尽致,给人留下极为深刻的印象,远比直接描写父亲怎样废寝忘食地工作要生动得多。需要指出的是,使用借用语要加引号,以示与原意的区别。

(二)翻新别用

翻新别用,指不采用词语的原意或引申义,而是对其含义进行翻新,另做一个新的解释。例如,词语"三心二意"的原意是形容犹豫不决或意志不坚定。但有人这样翻新,另作他用:学习要做到"三心二意"。所谓"三心":一要专心,集中精力;二要虚心,不骄不躁;三要有恒心,坚持不懈。所谓"二意":一是课堂注意听讲;二是课外留意观察。词语翻新别用,开创新意,可以激发读者的兴趣。

(三)临时仿词

临时仿词,指临时更换原词语中的某个字,制作仿词。需要强调的是,这种仿词,只有在上下文的联系中才能理解,也只有在上下文的联系中才显得机智敏捷,风趣幽默,富有特殊的表现力。例如,毛泽东在《抗日战争胜利后的时局和我们的任务》中说:"我们国民参政会,按照参政会条例规定,是以'文化团体'的资格。我们说,我们不是'文化团体',我们有军队,是'武化团体'。"这个"武化团体"就是从"文化团体"反义方向临时仿造出来的。又如,将"三八妇女节"改为"三八男人节"、将"家庭妇女"仿拟为"家庭妇男"等。

(四)拆缩合并

拆缩合并,指根据表达需要,或将词语拆开,或将词语缩用,或将词语合并。例如,"排忧解难"可拆成"排……之忧,解……之难","投之以桃,报之以李"缩写成"投桃报李","仁者见仁,智者见智"缩写成"见仁见智"。又如,按句意将词语"马到成功""旗开得胜"合并同类项,写成"……现已马到旗开,这就预示着……成功得胜"等。这种活用词语的方式也能产生新颖的表达效果。

(五)词性活用

古汉语中词类活用的现象十分广泛,在写作中活用词性,能使文章境界全新。例如,宋代诗人王安石的"春风又绿江南岸"的"绿"字,形容词活用为动词,写出了春风的伟力,成为千古佳句。《牵手》歌词中有"因为爱着你的爱,所以悲伤着你的悲伤,幸福着你的幸福……",前面的"悲伤"和"幸福"属形容词意动用法,唱来令人回味无穷。

(六)改变色彩

改变色彩,指把褒义词用作贬义,或把贬义词用作褒义。例如,鲁迅在《藤野先生》中写清朝留学生中把辫子盘得油光可鉴的,"实在标致极了"中的"标致"就是褒词贬用,包含了作者厌恶、嘲讽的意味。结尾处,"再继续写些为'正人君子'之流所深恶痛绝的文字"中的"正人君子"也是反用。褒词贬用,常有讽刺、嘲弄的意味;而贬词褒用,能造成一种亲切、轻松的情调。

一言以蔽之,词语活用的方式多种多样,词语一经活用,新意顿生。但切不可滥用,以免造成语言混乱。

六、使用新词

作文时,要善于把握时代的脉搏,善于捕捉生活中的流行语。多用鲜活的、具有时代气息的新生词语,能使文章有朝气,具有生命力,洋溢着新时代的气息;也能拉近文章与读者的距离,适合读者特别是青年人求新的口味。

任何时代都会创造出属于自己的词汇。改革开放以来,社会生活发生了很大变化,新事物、新概念层出不穷。这种变化必然反映到语言中来,这就使得新词汇的诞生令人应接不暇。据有关部门统计资料,汉语每年大约出现 1 000 个新词汇,比如快餐文化、飞鱼族、高富帅、白富美、谷歌、骨感、监控门、卡神、跑酷、博客、城市依赖症、蜗居、房奴、星级服务、草根网民、百姓价格、供给侧结构性改革、"一带一路"、中国梦、G20 峰会等。2022 年度十大新词语是:中国式现代化、全人类共同价值、全球安全倡议、新型实体企业、冰雪经济、数字人、数字藏品、场所码、精准防控、雪糕刺客。2022 年度十大流行语是:党的二十大、中国式现代化、全过程人民民主、端稳中国饭碗、数字经济、太空会师、一起向未来、我的眼睛就是尺、电子榨菜、俄乌冲突。写作中,如果运用这些鲜活、生动、形象、深刻、风趣的新词汇,必然会使文章增色。需要提醒的是,这类新词的使用要注意区分场合、语境,做到自然天成,恰到好处,切忌为刻意追求幽默、风趣而流于油滑、荒诞。

第四节 使用语言忌讳

一、忌堆砌啰唆

许多初学写作者,作文时都希望把句子写得很美,因而想方设法用上一些生动、优美的词语,一味追求华丽而不加选择,往往犯了堆砌或啰嗦的毛病。例如,"阳光灿烂的早晨,森林里发出阵阵清香。树缝中间透出的阳光,织成了无数五颜六色、五光十色、色彩绚丽、光彩夺目的光带。一只只灵巧、机灵、伶俐的小松鼠在树上跳来跳去。"这样的文章就显得累赘,给人一种华而不实的感觉。

二、忌生搬硬造

好的语言,不是稀奇古怪的语言,也不是鲁迅所说的"谁也不懂的形容词之类",而是平常普通的语言,不过是注意加工提炼,去除了其中杂质,如重复的、累赘的、不规范的等,

并注入新意。例如,有两部影视片名称叫《墨攻》《伤城》。《墨攻》可能是"墨子攻略"的缩写,但墨家思想是"非攻,兼爱",如何能与"攻"联系在一起?《伤城》也是"伤心之城"的缩写,而在《现代汉语词典》关于"伤"的 21 个词组里,没有一个是"伤城"。这两个片名完全是生造的。

三、忌空洞苍白

汉语的生动性、丰富性是其他任何一个民族难以比及的,可在视听时代、机械复制时代的快餐文化冲击下,这种优秀的文化受到了很大程度的毁损,有些甚至变得凌乱不堪。当前学生作文普遍存在着的语言空洞苍白之弊,就是这种冲击和毁损的具体反映。克服空洞苍白最有效的手段就是机智而巧妙地运用幽默语言。老舍就说过:"文字要生动有趣,必须利用幽默。"(《谈幽默》)他在《离婚》里有一段话:"其实买个妾还不是件容易的事,只看男人的脑袋是金银铜铁哪种金属作的。吴先生的脑袋,据张大哥鉴定,是铁的;虽然面积不小,可是能值多少钱一斤?"这样的语言,幽默中含着讽刺,生动而别致。古今中外许多作家,像鲁迅、老舍、塞万提斯、莎士比亚,他们的语言都具有幽默感,同时又不乏深度。

第五节 学习语言途径

一、从生活中学习语言

生活是语言的丰富源泉。学习语言应该关注社会人生,向人民群众学习,深入到生活中去,熟悉群众的思想感情,学习他们的语言。群众语言很能表现实际生活,特别是其中一些成语、俗语、歇后语,非常生动,很有表现力,同时也具有地方特色。只要我们在生活中注意收集那些新鲜的、有意义的、富有表现力的大众语言,写作时就能得心应手。"问渠哪得清如许,为有源头活水来。"(《观书有感》)人民群众的语言永远是写作语言的源头。

一切有成就的著名作家,都曾下苦功在生活中学习语言。三国才子曹植说:"街谈巷说,必有可采;击辕之歌,有应风雅。"(《与杨德祖书》)周立波说:"在农村和工厂,我常常留心倾听一切人的说话,从他们口里,学习和记取生动活泼的语言。"(《关于〈山乡巨变〉答读者问》)老舍更是走到哪里学到哪里,注意与各种各样的人物打交道,甚至买盆花,也要和卖花的人聊一聊。老舍曾说过:"从生活中找语言,语言就有了根;从字面上找语言,语言便成了点缀,不能一针见血地说到根儿上。话跟生活是分不开的。因此,学习语言也和体验生活是分不开的。"(《我怎样学习语言》)普希金从小就向奶妈学习语言,常到附近集市上去,听盲人唱各种歌谣;狄更斯少年时代就曾经在下层社会和监狱接触各种各样的人物,长大后仍保持着跟人多方接触,倾听人们谈话,摄取材料和语言的习惯;左拉在商店里看店员和顾客如何讨价还价,住进矿工的小屋和矿工们一起喝酒,到各个角落和泥水匠、链条工人、洗衣妇攀谈。

生活中的人民群众的语言虽然是一切文学语言的原料,表达情意更简练、干脆、恰当、亲切，但它也有不足之处，如不够规范、方言土语较多、不够明确和简洁。所以，不能"捡到篮子里的都是菜"，不能照搬照抄，而要进行加工、提炼。去掉杂质，语言就会变得更纯洁和健康，正如赵树理所说："从群众的话海中吸取了丰富的养料，再经过我们充分的加工，把我们的语言锻炼得要说什么就能恰如其分地把什么说清楚，也就是能把自己要传达的思想感情百分之百地传达给读者，我们学习语言的目的就算达到了。"（《语言小谈》）

二、从名著中积累语言

生活中的口头语言是语言的源，书本上的语言是流。"《文选》烂，秀才半""读书破万卷，下笔如有神""熟读唐诗三百首，不会作诗也会吟"，向书本学习也是学习语言的途径之一。但读书要有选择、有辨析，不能乱读一通，不能良莠不分。要研读经典名著，因为古今中外优秀作品的语言都是从人民群众口语中加工提炼出来的，具有规范化特点。它能为写作主体提供生动鲜活的语言运用范例。

从名著中积累语言的途径有：一是从我国古代名著中学习语言。大量的成语典故、唐诗、宋词、元曲及明清小说，其语言是值得我们认真学习研究和借鉴的。二是要从外国名著中学习。初学写作者应多阅读普希金、屠格涅夫、托尔斯泰、契诃夫、高尔基、歌德、席勒、海涅、福楼拜、雨果、巴尔扎克、莎士比亚、狄更斯、塞万提斯、但丁等外国著名作家的作品，从他们的成果中吸取语言精华。三是从当代名著中学习语言。例如，鲁迅、老舍、茅盾、叶圣陶等语言大师，他们的作品是白话文著作的典范，确立了现代汉语的语法规范，应选择经典名著反复诵读，甚至背诵，从中吸收有生命的语言养料，并逐步领会它运用语言的精妙之处。郑振铎背诵《左传》，巴金背诵《古文观止》，范文澜背诵《文心雕龙》，茅盾背诵《红楼梦》等，都对其写作产生了巨大的影响。茅盾曾说："广泛地阅读了各派名家的名著，然后从中择取博大精深又有现代价值的名著来研究，这是有利无害的方法。"（《创作的准备》）当然，对经典的研读不是生搬硬套，可根据个人喜爱的风格加以重点研读，然后努力达到灵活运用的境界。

唐代诗人卢延让说的"吟安一个字，捻断数茎须"（苦吟），颇受后世称赏。但明人杨慎讥讽说："所谓'吟安一个字，捻断数茎须'也。余尝笑之，彼之视诗道也狭矣。……今不读书而徒事苦吟，捻断肋骨亦何益哉！"（《升庵诗话》）也就是说，光是苦吟而不读书，这是不可取的。艾芜在他的《文学手册》里讲了多读书对于学习使用语言的好处：第一，"书本使语言的记录正确"。他认为，用耳朵听来的语言，记录时不容易记得适当，如果有了书本的帮助，根据前人记录出来的文字，就可以记录得正确。第二，"书本可使忘掉的语言重新记起"。意思是说，人们在儿童时代有可能学会许多民众的语言。"后来，因进学校读书，出校后又在从事文化方面的工作，便逐渐把日常使用的语言弄成特殊化了，即所谓知识分子的语言。至于儿时从田夫野老、奶妈仆妇那里听来的话，由于缺少再说的机会，便自然而然忘记许多了。这些语言虽然忘记，但一将《红楼梦》《儒林外史》《金瓶梅》等书籍，展阅在眼前的时候，却旧友重逢似的，一字一句，记将起来，使人感到喜悦。而且这种再记忆起的语言，当我们创作之际，更容易接二连三地涌到笔下来，作者能得到左右逢源之乐。"第三，"书本能使大众语分别出来"。他认为，过去的口语文艺，所用的语言多带地方性。如《红

楼梦》是用北京话写的,《儒林外史》是用南京话写的,《金瓶梅》是用山东话写的。各地方民歌民谣的小册子,则更是含有大量的当地语言。如果仔细读了这些书,就可以辨明哪些是流行全国的普遍语言。以上三点经验之谈,说明"多读"也是学语言、提高语言运用能力的重要途径。

三、从网络中丰富语言

随着电脑与互联网技术的发展与普及,网络的触角已经深入到千家万户,而网络语言这一信息时代的产物,作为人们在网络空间中进行沟通与交流的工具,以其生动风趣、简洁实用及个性化强的优势,如雨后春笋般冒了出来,并日益影响和改变着人们的用语习惯和生活方式,也为汉语注入了新鲜血液。

恰当使用网络语言,能给文章增添不少时尚韵味,使行文更形象、生动,表情达意更准确、贴切,对表现事件的特征、揭示人物的形象和内心世界常会带来意想不到的效果。恰当使用网络语言拓宽了传统文章在语言选择上的自由度。这主要表现在可选择更多的词汇来表达更为丰富的意思,被选择的词汇一般都具有高度的新鲜性。现在许多报纸的副刊版面上,新鲜活泼的网络语言大行其道。如《徐州日报》的"网客"、《洛阳晚报》的"网友大本营"等专刊,其采编的稿件,均来自网络或是富于网络风格的文章,语言清新、幽默、轻松。但由于网络语言的出现和使用带有较大的主观性与随意性,因而它必然会对现实生活中所使用语言的规范性和纯洁性造成一定的冲击与影响。

1. 阅读下列文字,通过剪裁浮词的方式,使语言简练有效。

(1) 有一则制鼓歌谣:"紧紧蒙张皮,密密钉上钉,天晴和落雨,打起一样音。"

(2) 清代有一位姓钱的秀才,写文章最不简洁,人们都叫他"啰嗦先生"。他上京赶考,考完快要回家时,给妻子写了这样一封信:"吾妻:前日啰唆而今不复啰唆矣!吾在下月即将返里:不在初一,即在初二;不在初二,即在初三;不在初三,即在初四……不在二十八,即在二十九。所以不写三十日,下月因小月之故也。家中存有棉鞋一双,希吾妻拿出来拍拍打打,因多灰尘之故也,希吾妻千千万万不要忘记。为省笔墨起见,吾不写草头大万字,故以方字去点代之……"

2. 找出并修改下列语段中不当的文字。

水是清脆的。一滴水的力量是微不可说的,谁也不把它看在眼里。

石头是坚强的。巨石的力量是强硬的。然而,这并不是永远的真理。在一定的条件下,滴水可以穿越巨石。在古老的庙宇里、山洞里,我们常可看到那一块块石头,被那一滴滴的水打个坑,钻个洞。

这是什么道理呢?一是准确,滴滴击在一个点上;二是日久年多,功到就成。

3. 说说下列名篇段落文句修改的理由。

(1) 鲁迅的《从百草园到三味书屋》最初是这样写的:"不必说碧绿的菜畦,光滑的石井栏,高大的皂荚树,紫红的桑椹;也不必说鸣蝉在树阴里长吟,肥胖的黄蜂伏在菜花上,轻捷的叫天子忽然从草间直窜向云霄里去了。单是周围的短短的泥墙根,就有无限趣味。"他后来进行了数处修改,一是将"树阴"改为"树叶"。二是将"泥墙根"改成"泥墙根一带"。为什么?

（2）苏东坡的《题西林壁》:"横看成岭侧成峰,远近高低各不同。不识庐山真面目,只缘身在此山中。"《东坡志林》载,这首诗中的第二句,原来是"到处看山各不同"。你觉得改成"远近高低"是否比以前更好?

（3）传说有一天,苏小妹、苏东坡和黄山谷三人在一起讨论诗句。苏小妹说:"轻风细柳,淡月梅花。两句中间各加上一个字,作为诗的'腰',成为五言联句。"苏东坡略加思索,随即说出:"轻风摇细柳,淡月映梅花。"苏小妹说:"还算好,不过这个'摇'还不够美。"黄山谷接着吟道:"轻风舞细柳,淡月隐梅花。"苏小妹说:"是个佳句,但是仍然没用上理想的字。"这时苏东坡忍不住了,问:"那么,妹妹你加的是什么字呢?"苏小妹说:"兄长的'摇''映'二字,确实写出了柳的动态和月的皎洁,但山谷公的'舞''隐',要略胜一筹。因为'舞'是模仿人的动作,把柳的姿态反映得更加形象;'隐'是夸张写法,使月的皎洁更加突出。而我要说的是:'轻风扶细柳,淡月失梅花'。"苏东坡、黄山谷听了,一起鼓掌称赞,说:"妙极!"请分析苏小妹写的"扶"字和"失"字为什么好?

4. 请你对下面一段话进行修改,使其词语更丰富,更具雕塑感。

窗外的院子里,父亲弯着腰,正用绳子捆着昨天摘来的两包青蚕豆。我感觉到,清晨的风很凉,父亲的身体在风中摆动着。不一会儿,父亲挑起两包蚕豆,迈开步子,慢慢地消失在我的视线里,走进黎明的晨光中。

5. 请你对下面一段话的句式进行修改,使其句式搭配合理,更丰富,更灵活。

昭君,出塞的那条路上,草尖上闪烁着你坚毅的泪水。马蹄下滚滚烟尘托满你无尽的辛酸。

茫茫大漠有你茕茕孑立的身影,昭君,驼铃声渐渐远去,你的身影在朦胧中逐渐消失,你背负着的是一种责任,一种美丽,那伤感的《出塞曲》是你在弹奏。美丽的昭君,你一定听到了风沙中的赞歌。

6. 请你从下面词语中选择几个写一段话。

春去秋来,梅凋鹤老。桃红柳绿,莼菜醋鱼。云山苍苍,江水泱泱。天风浩荡,落叶满山。白草满郊,绿桑盈田。寂寂秋朝,沉沉春夜。冉冉白云,澄澄碧水。飒飒秋风,迟迟晚照。春风两岸,柳绿桃红。柳塘细浪,花径香尘。春棠经雨,秋菊傲霜。烟笼岸柳,风撼庭梧。秋雨潇潇,春风袅袅。三秋桂子,十里荷花。风月窟,水云乡,秋院落,小池塘。芳草渡,杏花村。桃灼灼,柳依依。霜菊瘦,雨梅肥。山岌岌,水淙淙。松郁郁,竹森森。

下篇 应用篇

第十二章 文学文体写作

文学文体的分类,通行的有三分法和四分法。三分法是依据塑造形象方式的不同,把文学分为抒情文学、叙述文学、戏剧文学三大类,它着眼于文学作品样式的实质,符合一般科学上的种类区分要求,因而具有较强的科学性和概括力;四分法是依据文学作品在形象塑造、体制结构、语言运用和表现方法等方面的不同,把文学分为诗歌、散文、戏剧、小说四大类,这种分类法定名具体,类属单一,易于掌握,在我国比较普遍地被采用。本章主要介绍四分法的文学文体写作。

第一节 诗 歌

一、诗歌概述

(一) 含义

诗歌被称为文学的开路先锋。在各类文学体裁中,它诞生最早,发展最快。它起源于上古的社会生活,是因劳动生产、两性相恋、原始宗教等活动而产生的一种有韵律、富有感情色彩的语言形式。《尚书》:"诗言志,歌永言。声依永,律和声。"《礼记》:"诗言其志也,歌咏其声也,舞动其容也。三者本于心,然后乐器从之。"早期,诗、歌与乐、舞是合为一体的,《吕氏春秋》有载:"昔葛天氏之乐,三人操牛尾,投足以歌八阕。"《毛诗序》中说:"诗者,志之所之也;在心为志,发言为诗。情动于中而形于言,言之不足故嗟叹之,嗟叹之不足故永歌之,永歌之不足,不知手之舞之足之蹈之也。"诗即歌词,在实际表演中总是配合音乐、舞蹈而歌唱,后来诗、歌、乐、舞各自发展,独立成体,诗与歌统称诗歌。诗歌发展经历了诗经→楚辞→汉赋→汉乐府诗→建安诗歌→魏晋南北朝民歌→唐诗→宋词→元曲→明清诗歌→现代诗的发展历程。

什么是诗？何其芳认为："诗是一种最集中地反映社会生活的文学样式,它饱含着丰富的想象和感情,常常以直接抒情的方式来表现,而且在精炼与和谐的程度上,特别是在节奏的鲜明上,它的语言有别于散文的语言。"(《关于写诗和读诗》)在近代,诗歌是与散文、戏剧、小说并列的一种文学样式,它高度集中地概括反映社会生活,饱含着写作主体的思想感情与丰富的想象,语言凝练而形象性强,具有鲜明的节奏,和谐的音韵,富于音乐美,语句一般分行排列,注重结构形式的美。

（二）特征

1. 抒情性

任何文学作品都要寄情托意,而诗歌则着重于抒情。西晋文学家陆机说："诗缘情而绮靡。"(《文赋》)唐代诗人白居易说："诗者,根情、苗言、华声、实义。"(《与元九书》)南宋诗论家严羽说："诗者,吟咏性情也。"(《沧浪诗话》)臧克家说："诗歌在文艺领域上独树一帜,旗帜上高标着两个大字:抒情。"(《学诗断想》)艾青说："作为诗,感情的要求必须更集中、更强烈;换句话说,对于诗,诉诸情绪的成分必须更重。别的文学作品,虽然也一样需要丰富的感情,但它们还可以借助于事件的发展和逻辑的推理,来获得作者思想说服的目的;而对于诗来说,它却常常是借助于感情的激发,去使人们欢喜与厌恶某种事物,使人们生活得更聪明,使人们的精神向上发展。"(《诗与感情》)可见,感情是诗歌的根本,无感情就无法成诗,即使勉强凑上几句,也必无诗味。

例如,"上邪！我欲与君相知,长命无绝衰。山无陵,江水为竭,冬雷震震,夏雨雪,天地合,乃敢与君绝!"(《汉乐府·上邪》)这首诗富于想象,善用比喻,所述之情如火一般炽热,具有震撼人心的效果。诗歌以情感人,但对诗要有两点要求：第一,诗情要真,因为虚假的感情是不能打动人心的;第二,诗情要美,丑陋的感情是没有资格进入诗行的。

2. 凝练性

诗歌由于受到字数、行数的限制,它在反映社会生活、表现心灵世界方面比其他任何文学样式都要更集中、更概括,因此具有高度的凝练性。诗歌创作要求诗人以少胜多,从有限中求无限,在极为简短的篇幅中,包容尽可能丰富深广的社会生活和思想感情内容,尽量做到以一叶去表现天下秋、以一斑去反映全豹。

例如,宋代词人蒋捷的词《虞美人·听雨》："少年听雨歌楼上,红烛昏罗帐。壮年听雨客舟中,江阔云低,断雁叫西风。 如今听雨僧庐下,鬓已星星也。悲欢离合总无情,一任阶前点滴到天明。"该词以听雨为构思的核心,精心选择了三幅不同时空下听雨的画面,高度凝练地概括了词人少年得意、壮年漂泊、老年失意的一生遭遇。唐代诗人温庭筠的《商山早行》："鸡声茅店月,人迹板桥霜。"通过寥寥数字,便将凄清冷落的意境和游子在旅途中的辛劳、孤寂抒写得淋漓尽致。

3. 音乐性

古代诗歌与音乐为一体,所谓"在辞为诗,在乐为歌"(《毛诗指说》)。诗与音乐相通,主要是因为诗与音乐都是来自灵魂深处的洋溢着感性生命的旋律。诗歌的音乐性表现在两个方面：一是鲜明的节奏。即指诗歌中音节停顿的长短和音调的轻重抑扬、高低起伏和回环往复。有规律地交替使用轻重不同的音调,大致整齐地安排音节停顿,就构成了诗的节奏感。旧体诗的节奏,在形式上表现为平声字与仄声字的相间使用,造成了声调的抑扬顿挫,而且它的格律很严,用字整齐,每句都有平仄声调与一定数量的顿(如五言三顿、七言四顿),很便于吟诵。新诗多属自由体,无旧体诗那种严格的格律,但也要讲求节奏,读起来有一种自然的旋律,给人以美的享受。二是和谐的韵律。即指押韵的规律。所谓押韵,就是把同韵的两个字或更多的字放在同一位置上,一般是把它放在句尾,又叫韵脚。旧体诗很讲究韵律,格律诗的用韵有严格的规定。律诗一般第一句末一个字起韵,二、四、六、八句末一个字押韵。绝句一般是第一句末一个字起韵,二、四句末一个字押韵。

新诗虽无一定的押韵格式,但也要讲求押韵,并使之与节奏配合,才能产生美感。鲁迅提出新诗:"要有韵,但不必依旧韵,只要顺口就好。"(《致蔡斐君》)还指出:"没有节调,没有韵,它唱不来;唱不来,就记不住;记不住,就不能在人们的脑子里将旧诗挤出,占了它的地位。"(《致窦隐夫》)例如,袁可嘉的现代自由诗《沉钟》:"让我沉默于时空,/如古寺锈绿的洪钟;/负驮三千载沉重,/听窗外风雨匆匆;//把波澜掷给高松,/把无垠还诸苍穹;/我是沉寂的洪钟,/沉寂如蓝色的凝冻;//生命脱蒂于苦痛/苦痛任死寂煎烘;/我是站定的旌旗,/收容八方的野风!"几乎每句的最后一个字都是同韵字,因此韵律和谐,读起来给人一种强烈的音乐美感。

4. 跳跃性

诗歌的跳跃性,指写作主体遵循想象和情感的逻辑,通过动作、形象和图景间的跳跃性结构方式,以断续表现连贯,以局部概括整体,跨越一些过程性的叙述,省略一些小说、散文语言中必不可少的连接语或转折语,创造一种清代论诗名家方东树所说的"语不接而意接"(《昭昧詹言》)的语言,以此来引发读者丰富的联想。

例如,宋代陆游著名的怀旧词《钗头凤》,在结构上就采用非常典型的跳跃式。上阕开头三句写眼前所见:由"红酥手"(代指唐琬)跳到酒桌上的"黄縢酒",这是两个形象。然后又跳到"满城春色宫墙柳",这是图景。后五句写痛惜与怨恨:由"东风恶"(一般认为东风隐指陆母)跳到"欢情薄",即由母恶之因导致情薄之果。再接下来由"一怀愁绪"跳到"几年离索"再跳到"错,错,错",这是感觉之间的跳跃。上阕各句间的跳跃简单图示如下:

眼前所见:红酥手(形象)→黄縢酒(形象)→满城春色宫墙柳(图景)

痛惜与怨恨:东风恶(因)→(两人)欢情薄(果)→(个人)一怀愁绪(果)

5. 分行性

除散文诗外,一般诗歌都要分行排列,这是诗歌从形式上区别于其他文体的地方。古人写诗,不一定分行排列,后人把它重新分行,多是一行一句,十分整齐。近代对诗歌的分行很重视,新诗的分行更为讲究,从排列中可看出诗歌的外形美。新诗的分行排列,一般是诗无定节,节无定行,行无定顿,顿无定字,所以形式很多。

(三)分类

1. 按内容和表达方式分

(1)抒情诗

即直抒写作主体情感的诗歌,也称抒情歌。写作主体由于受到外界某一生活场面、人物或景物的触发而感物吟志,进行抒怀。它一般没有完整的故事情节,不塑造丰满的人物形象,不详述生活事件的过程,重在表现诗人的思想感情,着力于意境的创造。它韵律和谐,节奏分明,想象丰富。抒情诗的创作,要求以情动人,情感真挚、深厚、健康,格调高昂。从题材上可分为政治抒情诗、风景抒情诗、爱情抒情诗;从类型上可分为悲歌、颂歌、挽歌、哀歌等。我国早在《诗经》中,就已有了成熟的抒情诗,如《关雎》《硕鼠》《上邪》等。当代诗人艾青的《大堰河,我的保姆》、舒婷的《祖国啊,我亲爱的祖国》、戴望舒的《雨巷》等都是抒情诗中的名篇。

(2)叙事诗

即以叙述故事情节、描绘人物性格和环境来抒发写作主体情感的诗歌,介于抒情诗和小说之间。它融叙事与抒情为一体,在抒情中叙事,赋叙事以抒情色彩。情节单一集中,比较完整,大多只有一条线索。常通过刻画典型的生活场面、语言动作、心理状态等,剖露人物情怀,表述人物思考。创作叙事诗,要对社会生活进行高度艺术概括,处理好事与情的关系,叙事要简,抒情要浓,以人物形象显示生活的某些本质,展示时代所赖以前进的精神和力量。它包括英雄歌谣、史诗、故事诗、诗剧等形式。著名的叙事诗,古代有《孔雀东南飞》《木兰诗》《长恨歌》《琵琶行》,现代有《王贵贵与李香香》《复仇的火焰》等。

2. 按表现形式分

(1)格律诗

即按照一定格律写的诗体,始于南北朝,形成于唐初,有固定的格式和韵律。它包括律诗、绝句(合称为近体诗,针对古体诗而言)及词、曲等。

律诗:近体诗的一种,因格律严密而得名。起源于南北朝,经唐初沈佺期、宋之问的创作而成定格。包括五、七言律诗。其最根本的要素有二:一是修辞上讲求对仗;二是声调上讲究平仄。五、七言律诗,以八句四韵为定格,中间两联须对仗,二、四、六、八句押韵,首句可押可不押,通常押平声,亦偶有押仄声的。北宋诗人梅尧臣说:"第一联谓之破题,欲如狂风卷浪,势欲滔天……第二联谓之颔联……第三联谓之警联……第四联谓之落句,欲如高山放石,一去不回。"(《金针诗格》)后通常称首联、颔联、颈联、尾联。排律又叫长律,指八句以上又符合律诗规格的诗。排律一般少见,也难驾驭。

绝句:近体诗中的一种,又称截句、绝诗、断句,也称小律诗,有五、七绝之分。四句一首,格律甚严,或用平韵,或用仄韵。源于汉乐府,繁兴于南北朝民歌,经过齐梁时代的律化过程,至唐代而定型。唐以前的绝句,后人称之古绝句,押韵,但平仄比较自由。唐代通行的称为近体绝句,也称律绝。律绝的格律规则与律诗基本相同,如每联平仄相对,两联间平仄相粘,用平声韵等,但是律绝不一定要求对仗。如对仗,或前,或后,或两联全对,都无不可。绝句容许出现字的重复。律绝在唐代可以入乐。

词:它是一种律化的、长短句的、有固定字数的诗歌。原称曲词或曲子词,词是简称。也称乐府、近体乐府、长短句、诗余、歌曲、琴趣等。词始于南朝,初在民间广泛流行。再经过盛、中唐诗人的试作,至晚唐才成为与诗并行发展的独立文体,至宋达到高度繁荣的境地。它原指合乐歌唱的歌词,后依照乐谱声律节拍而写新词,叫作填词。词有许多不同的词调,每种词调各有特定的名称,叫作词牌,如《水调歌头》《念奴娇》等。不同的词调,其段数、句数、字数、韵律、句式，均有各自不同的规格。词按句数、字数多少，分小令(58字以内)、中调(59字至90字)、长调(91字以上)。按分段的不同，有单调、双调、三叠、四叠之别。单调不分段，双调分为两个段落(段落叫阕)。双调是词中最常见的形式。按照词牌填词，除标明词牌名称外，另要写上题目。

曲：韵文文学的一种。广义的曲，泛指秦汉以来各种可入乐的乐曲，如汉大曲、唐宋大曲、民间小曲等。通常多指宋以来的南曲和北曲。金、元入主中原，给中国的音乐、文学注入了新的元素，胡夷之曲和里巷谣歌在某种程度上融合起来，创造了新生，这就是曲。形式上，曲同词相似。风格上，词贵含蓄，常用曲折隐喻的手法；曲则多用直陈白描的手法，口气逼真，爽朗明快。语言上，曲更接近民间口语，句法比词复杂多样。乐调上，词是"调有定格，句有定数，字有定声"；曲在曲谱规定范围内有伸缩的自由，可以增减字句，用衬字，韵也可变化。词只注重平仄，曲则要考究四声和音的清浊。曲可分为散曲和剧曲两种，又可分北曲和南曲两体。北曲取黄河流域的声音，起于金而盛于元；南曲取长江流域的声音，兴于南宋而盛于明。

(2) 自由诗

即形式比较自由、不受一定格律限制的诗体。最早在汉魏六朝乐府诗中就出现了一些自由诗，如《战城南》《有所思》《上邪》等。唐宋以来，自由诗得到进一步发展，如李白的《蜀道难》，虽押韵，但句型长短不一，句子的构造接近口语，语气流畅而舒展，可以说已开了自由诗的先河。自由诗的正式诞生是在19世纪后期，创始人是美国诗人惠特曼，代表作是《草叶集》，"五四"前后传入我国，逐渐成为诗歌的一种主要形式。现代许多优秀诗人，如郭沫若、李金发、艾青、臧克家、穆旦、舒婷等都创作了不少优秀的自由诗。

自由诗是诗人在传统格律诗已不能表现新时代的思想内容时，采取的一种新诗歌形式。其特点是：形式自由，音节、句数、段落等没有固定规格，诗句、诗节的长度随诗意而变化，韵律灵活，靠短语、句子、段落的参差来形成旋律和节奏，适宜表现热烈奔放、复杂多变的思想感情。它一般要求从语言的自然、抑扬顿挫和形象的塑造上再现诗的自然韵律。由于它的自由度高，更适宜于表现现代生活，便于叙事与抒情，故流传广泛，有强大的生命力。

(3) 散文诗

即具有散文和诗歌特征的文学样式。它是介于诗歌与散文之间的一种诗体，具有比散文更精粹、比诗歌更灵活而又侧重于抒发生活哲理或战斗激情的艺术特色。它兴起于19世纪的欧美，20世纪20年代移植我国，因适应近现代人们敏感多思、复杂缜密等心理特征而得到发展。其历史不长，屠格涅夫的《散文诗》、泰戈尔的《新月集》、鲁迅的《野草》等都是世界散文诗史上的经典。

散文诗篇幅短小，不分行，不用韵，但遵守语言的自然音律，有浓郁的感情色彩，同时又充满诗的意境、情趣与和谐，有着内在的音乐美和节奏感。它常常通过一定的景物、心理描写，以小见大，寓理念于形象之中，表达写作主体对自然、对人生的种种感情，阐发诗意的哲理，以引起读者的思索和共鸣。写散文诗往往从小处着墨，运用象征、比拟、排比、重叠等手法，创造集中简约的形象，表达一种意念、一种激情。例如，鲁迅的《野草》、高尔基的《海燕》等。

（4）民歌

即劳动人民在生产劳动和现实生活中,为了表达自己的思想感情,运用口头语言创作并不断加工的歌谣。它有浓郁的生活气息,有劳动人民的思想感情。我国第一部诗歌总集《诗经》,其中大部分作品都是民歌,那时被称作国风。民歌是时代的镜子,不同时代的民歌是不同时代劳动人民抒发出的心声,它准确而生动地反映了每一个历史阶段劳动人民的生活和斗争。民歌是各民族文化的重要组成部分,孕育了各个时代的优秀诗人,为他们的创作提供了丰富的养分。历代都有诗人采用民歌体进行创作,例如,阮章竞的《漳河水》、贺敬之的《回延安》等都是有名之作。

其特点是作者无名,短小精悍,节奏鲜明,语言通俗,易唱易记,容易为劳动人民所掌握。抒情性强,大多真挚地抒写劳动人民的胸臆,表达他们的理想、愿望、追求和斗争精神。风格刚劲清新、大胆泼辣,具有鲜明的时代色彩。有抑扬高下的优美旋律,常用衬字调剂节奏,句式比较整齐。它对诗歌的创作和发展起着很大的推动作用。民歌从内容上可分劳动歌、爱情歌、生活歌、时政歌等;从应用场合和对象上分为秧歌、樵歌、农歌、船歌、采茶歌、儿歌;从曲调上分为山歌、号子、小调等。

二、意象与意境

（一）意象

一般认为,意即作者的思想感情,象即具体的物象,意象是寄托写作主体主观情思的客观物象。以月亮为例。月亮挂在夜空,本来就是一种客观的自然存在,它本身没有任何情感可言。可是,当月亮被诗人写进诗里,也就是说,诗人借写月来抒发自己的感情,那么,诗人笔下的这个月亮跟单纯挂在天上的月亮就有所不同,它不再是一种单纯的客观存在,而是寄托诗人个人情感的月亮。这种诗中之月就成了一个意象。例如,李白的《静夜思》:"床前明月光,疑是地上霜。举头望明月,低头思故乡。"杜甫的《月夜忆舍弟》:"露从今夜白,月是故乡明。"这两首诗中最重要的意象就是月。李白和杜甫都是借意象"月"来寄托他们的思乡之情。

一首诗要写好,必须重视意象的贴切、新鲜。例如,舒婷的《祖国啊,我亲爱的祖国》,通过一系列意象来表达对祖国人民的真挚深情,如通过"破旧的老水车""熏黑的矿灯""干瘪的稻穗""失修的路基"和"淤滩上的驳船"等意象,来喻写非人性、非理性历史时期祖国的贫穷落后、人民的困苦悲哀;通过"'飞天'袖间千百年未落到地面的花朵"这个意象,来喻写人民多年来有希望但苦于无法实现;通过"从神话的蛛网里挣脱(的簇新的理想)""雪被下古莲的胚芽""挂着眼泪的笑涡""新刷出的雪白的起跑线""绯红的黎明"等意象,来喻写人性和理性回归时期祖国的新生,以及人民对生活和未来充满乐观、希望。这些意象自然、贴切且不失新颖,极大地丰富了诗的艺术感染力。

（二）意境

意境是通过意象来营造的一种境界,即诗人的主观情感与客观景物相互交融而创造出来的浑然一体的艺术境界。例如,李白的《早发白帝城》:"朝辞白帝彩云间,千里江陵一日还。两岸猿声啼不住,轻舟已过万重山。"这首家喻户晓的诗篇,主要用彩云、猿声、轻舟三个意象,融入诗人主观情感,激起读者澎湃的心潮:浩渺江水如在眼前奔流,轰然波涛似拂面而过,令人浮想联翩。我们仿佛看到李白那豪放不羁、宽广坦荡的情怀,一举倾泻于这幅飞动的图画。元代戏曲家马致远的《天净沙·秋思》:"枯藤老树昏鸦,小桥流水人家,古道西风瘦马。夕阳西下,断肠人在天涯。"这首小令由枯藤、老树、昏鸦、小桥、流水、人家、古道、西风、瘦马、夕阳、断肠人、天涯等众多意象组合而成,营造了游子思归不得而触景生情的凄凉、悲情的意境。

诗人创作的意境美,很重要的是它的独特性。"昔人已乘黄鹤去,此地空余黄鹤楼。黄鹤一去不复返,白云千载空悠悠。"(《黄鹤楼》)与"前不见古人,后不见来者。念天地之悠悠,独怆然而涕下!"(《登幽州台歌》),同样是追怀伤世,同样运用质朴清澈之语,同样连接着久远的时空,却有着明显不同的意境:前者旁观立场和心态明显,后者主体意识突出;前者飘逸洒脱,后者深沉凝重。究其意象,前者关注了一个"空"字,而后者的意象却是孑然一身的诗人独立高台"怆然而涕下"。根据意境而选择与之贴切的意象,不同的意象整合出不同的意境,是诗歌意境创造的正途,也是理解诗歌意境与意象关系的一种途径。

三、诗歌写作技巧

(一) 意象组合方式

一般人很难发现的意象之间的联系,在诗歌作者独特的主观心灵体验下,往往能奇妙地联结组合为一个艺术结构,产生令人惊奇的诗歌意境。诗歌意象的组合虽然千变万化,形态各异,但也有基本规律和基本类型。董小玉等学者将其分为三种组合类型,可供初学诗歌创作者借鉴。

1. 并置式组合

并置式组合,也叫并列式组合。所谓的并置式意象组合,指的是两个以上(含两个)意象以并列的方式有机组合在一起,它们之间没有时空的限定和关系的承接,而是以作者的思想情感作为联结它们的主要纽带。这种手法关键在于"语不接而意接",在一系列表面上似乎全然无关的并置意象或由意象组接的画面之间,以情意作为线索一以贯之,使意象与意象之间、画面与画面之间似断而实连。这种组合方式常常从意象开始,又结束于意象,读者几乎无法直接读到诗人隐藏的情感,而需要透过这些并置的意象系统来细心咀嚼它的深意。这是现代朦胧诗、意象诗比较常用的组合方法。

例如,邹荻帆的《蕾》这样写道:"一个年轻的笑/一股蕴藏的爱/一坛原封的酒/一个未完成的理想/一颗正待燃烧的心。"诗人一口气并列排出五个意象来描绘花蕾的风姿。诗人把花蕾感觉为"笑""爱""酒""理想""心",这是非常独特的审美体验,当诗人将它们全部并列为一个意象系统时,具象的花蕾与一些抽象的情绪、情感连接起来,五种意象的并列,突出渲染了对青春的礼赞。

2. 交错式组合

交错式组合,指诗歌作者有意把完全相反、互相矛盾的意象组合在一起,构成一正一反、一平一奇的意象系统,创造出一种出人意料、发人深省的审美效果。这种意象组合方式在中国古诗中十分常见,"朱门酒肉臭,路有冻死骨"(《自京赴奉先县咏怀五百字》),"战士军前半死生,美人帐下犹歌舞"(《燕歌行》)都是典型诗例。在新诗写作中,这种组合方式也很常见。何宜陵的《变迁》:"田野上的花/被爱她的人/关进珐琅瓶蓝色的围墙/激流中的船/被嬉戏的浪/搁置在金色的沙滩/在一部人间的喜剧里/在一部人间的悲剧里。"花长在田野与关进花瓶,船的前进与搁浅,这些矛盾的意象交错组合,在对比中突出了"喜剧与悲剧"的主题,给人的启迪比一般的陈述更为醒目和深刻。

再如史蒂文斯的《观察黑鸟的十三种方式》之第一节:

> 周围,二十座雪山,
> 唯一动弹的
> 是黑鸟的眼睛。

肃穆、庄严的二十座雪山中间,唯一动弹的是黑鸟的眼睛,周围一片明亮、寒冷的寂静,整个世界仿佛已被冻结。恰恰在这一片凛然的寂静中,唯一动弹的那双黑鸟的眼睛,让我们强烈地感到了生命或者某种富有生命力的事物的珍贵和美丽。气势磅礴的二十座雪山和小小的黑鸟眼睛的对比是惊心动魄的:如此的巨大与微小、纯白与深黑、静与动的强烈对比,造成某种艺术的震撼力,将读者的灵魂紧紧抓住。

3. 突反式组合

所谓突反,就是诗歌首先围绕一个核心的意象,使用若干相近的意象将诗意层层展开、步步深入,等到核心意象的烘托和诗意的渲染达到一定程度后,再拈出一个与之相对或相反的意象,这个意象才是这首诗的真正旨趣,形成先扬后抑、先虚后实的诗歌意境。"卒章显意",将前面的诗意全面颠覆。突反的使用,强化了诗歌语言出其不意的特征,也增强了其陌生化的表达效果。

例如,艾青的《礁石》:"一个浪,一个浪/无休止地扑过来/每一个浪都在它脚下/被打成碎沫,散开……/它的脸上和身上/像刀砍过的一样/但它依然站在那里/含着微笑,看着海洋……"前面极力铺写汹涌海浪对礁石的扑打与摧折,最后两句写礁石对待海浪摧折的泰然处之,一个勇敢面对逆境、敢于克服重重苦难的英雄形象蓦然出现在我们面前。郑愁予的《错误》:"我打江南走过/那等在季节里的容颜如莲花的开落/东风不来,三月的柳絮不飞/你的心如小小寂寞的城/恰若青石的街道向晚/跫音不响,三月的春帷不揭/你的心是小小的窗扉紧掩/我达达的马蹄是美丽的错误/我不是归人,是个过客……"先放笔写了一个可爱少女在等"我"重温旧梦的三个意象:江南、小城、街道。层层递进,形象准确,声籁华美;但最后一个意象——"我"只是打江南走过的"过客",这一"意外"把"美丽的错误"引起的哀怨情绪传染给了读者。

(二) 语言锤炼方式

诗歌写作中用于传达诗歌意象的不是人们日常生活中熟悉的语言,而是一种新奇精美的变形语言。初学诗歌写作的最大障碍,就在于这种诗歌语言能力的贫弱。董小玉等学者建议初学诗歌创作者,用下面几种方式来训练、提高运用诗歌语言的能力。

1. 精选动词

由于动态的意象较之静态的意象更能吸引读者的审美注意,所以,诗歌在传达诗美意象时,首先可做的工作是精心锤炼表达意象动态的动词。一个诗歌意象往往因一个优美、确切的动词而熠熠生辉。

例如,古诗中"春风又绿江南岸"的"绿"、"僧敲月下门"的"敲"。陈敬容的《哲人与猫》:"雨锁住了黄昏的窗,/让白日静静凋残吧。""锁"这个动词形象地点化了大雨的滂沱和给人的心灵造成的阴影,白日因这雨的紧"锁"而静静"凋残"。臧克家的《难民》:"日头堕到鸟巢里,/黄昏还没溶尽归鸦的翅膀。""溶"字准确而生动地写出了夜幕慢慢降临,归鸦逐渐没入夜色的情形,极为传神,富有表现力。2011年诺贝尔文学奖获得者、瑞典诗人托马斯·特朗斯特罗姆的诗句:"房屋关闭着,阳光从窗口挤入。"诗人用"挤"字,赋予阳光这一意象以情感,使其要表达的热烈与急切呼之欲出,非常生动。

2. 词类活用

汉语和其他语言相比,语法较为自由,词性可不固定。诗歌创作者可以利用汉语的这一特点,改变诗句中某些词语的性质,使诗歌意象呈现出新奇、陌生的形态。

例如,南北朝时期诗人陆凯的《赠范晔诗》:"折花逢驿使,寄与陇头人。江南无所有,聊赠一枝春。"诗人大胆地用"一枝"这一量词与"春"嫁接,赋予诗歌意象跳动的灵性。中国台湾诗人洛夫的诗句:"左边的鞋印才下午/右边的鞋印已黄昏了。""下午""黄昏"本来是表时间的名词,这里嫁接为动词,整个意象便生动活泼起来。通过改变诗句中词语的性质,使诗歌意象出现新奇陌生的形态,增强表现力。

3. 一词多义

小说、散文的语言为了避免歧义,往往只显示一种意义。而在诗歌语言里,诗歌作者为了意象的多义和内涵的丰富,却有意创造一词多义的诗句。

例如,张烨的《妙龄时光》中曾这样写道:"你又站得远远的了/微笑着注视我的琴声/你会永远记住初练的琴声吗。"诗句表层讲"初练的琴声",但它的另一层含义是"初恋的情声",一个词明显地隐含着两层不同的意义,显得含蓄多情。吴晓的《给奏琴的少女》中有这样的诗句:"笼罩我的琴面的/是月光一样轻柔地洒落的/你的凝视/我的弦因幸福而绷得紧紧/一颗渴望歌唱阳光、花朵、溪流的心/在你芳香的呼吸的抚摸下/刹那间明朗地开放。"诗句表层上写"琴"和"弦",深层的意思是指"情"和"心弦"。

4. 超常组合

超常组合,指故意违反一般的语言常规,利用汉语多变的词性和组合关系,机智地把一些互不相关的词语嵌连成一个句子。这种嵌连,可以是具体动词和抽象概念相接,可以是不同感官的感觉词语交错,旨在通过这种陌生的变形的诗句,使诗歌意象传达出诗人微妙的情感体验。

例如,亚微《故乡的雨》中"我啊!曾凝神在这儿/看这样多的风荷/在长长地朗诵/朗诵一盏一盏/故都五月的灯火",将风吹雨打荷叶的声音与灯光下翻卷的湿漉漉的荷叶糅合为一体,运用嫁接手法,以动词"朗读"将"风荷"与"灯火"暂时组接成超常结构,韵味浓郁,神采飞扬。

5. 句式多变

这是在诗句的词序和句式上制造新奇感的手段。例如,徐志摩的"轻轻地我走了/正如我轻轻地来"使用倒装语序,改变了正常语句顺序,制造出一种陌生化的效果。这一方面加强了诗歌的整体意境,利于表达诗人独特的内心感觉;另一方面也打造了诗歌的独特语感,使得诗歌读起来错落有致、朗朗上口。

(三) 常用手法

1. 比喻、比兴

几乎所有的诗人都不能拒绝比喻这种艺术手段,因为它是使诗歌语言形象化的最有效的表现手法之一。比喻在旧体诗中是常用的,在民歌和新诗中也广泛运用。例如,"入山看见藤缠树,出山看见树缠藤。树死藤生缠到死,藤死树生死也缠"(《刘三姐》),以藤缠树比喻相爱之神,坚贞不渝,非常贴切。臧克家的《老马》:"总得叫大车装个够,/它横竖不说一句话,/背上的压力往肉里扣,/它把头沉重地垂下!/这刻不知道下刻的命,/它有泪只往心里咽,/眼前飘来一道鞭影,/它抬起头望望前面。"以马比喻旧社会那些善良忠厚而受着沉重压榨的农民,形象鲜明,很有艺术感染力。诗不管用明喻、隐喻、借喻,都要注意贴切、新奇、具体,才能传神。

兴,就是托物起兴,即先言他物以引起所歌咏之辞。它常常在一首诗或一节诗的开头,先用与诗的思想感情有一定联系的景物进行渲染、烘托,然后顺理成章地写出本来要歌咏的对象。例如,"关关雎鸠,在河之洲。窈窕淑女,君子好逑"(《关雎》),用雎鸠在水洲中亲切的鸣叫,引起君子对淑女的爱慕。匈牙利诗人裴多菲的短诗:"小树颤抖着,/当小鸟在上面飞。/我的心颤抖着,/当我想到了你。……多瑙河涨水了,/也许就要奔腾。/我的心也一样,/抑制不了热情。"这是一首脍炙人口的爱情诗,在诗中,诗人要表达的是想到爱人时,心灵就颤抖,抑制不住内心那汹涌澎湃的情绪。但诗人没有直接去描绘、抒发,而是用"小鸟在上面飞""小树颤抖着"和"多瑙河涨水了""就要奔腾"先来起兴,烘托后面要表达的思想感情。起兴之物与欲表之情之间,应有一种隐约的比附关系。

2. 比拟

比拟,指把物当作人来描写,或把人当作物来描写的一种写作手法。它分拟人和拟物两类。比拟跟比喻类似,但它不像比喻明显地表现在某一句上,而是含蓄地用在整个章法上和语气上。这种手法用于感情饱满、物我交融的情况。其作用是借丰富的想象,增强诗歌的形象性和感情色彩。

诗歌中的拟人不是在写童话故事,写物实际在写人,写景物时已融入了写作主体的主观意识。例如,冰心的诗:"嫩绿的芽儿,/和青年说:/'发展你自己!'//淡白的花儿,/和青年说:/'贡献你自己!'//深红的果儿,/和青年说:/'牺牲你自己!'"(《嫩绿的芽儿》)诗人把"草儿""花儿""果儿"三种事物拟人化,以自身的品格告诉青年人,要发展自己、贡献自己、牺牲自己。印度诗人泰戈尔《飞鸟集》中有这样一首小诗:"小花问道:'我要怎样地对你唱,怎样地崇拜你呢?太阳呀?'太阳答道:'只要用你的纯洁的素朴的沉默。'"小诗赋予小花这种有生命的植物和太阳这种无生命但普照万物的重要自然物以人的情感和言语,通过小花和太阳之间的对话,来表达对纯洁的素朴的品质的赞颂。

诗歌中的拟物,就是赋予人以某种外在自然物的特质,即人格物境化。拟物手法往往把人比附为外在的可感的景物,以渲染和烘托写作主体要表达的思想感情,它同样能使语言形象化。例如,《诗经》中的《魏风·硕鼠》就是如此,开篇"硕鼠硕鼠",即带控诉的声腔,将贪婪无度的奴隶主拟作贪得无厌的大老鼠。无独有偶,晚唐诗人曹邺也写过类似的诗《官仓鼠》:"官仓老鼠大如斗,见人开仓亦不走。健儿无粮百姓饥,谁遣朝朝入君口?"将贪官拟为大如斗的老鼠,言辞间充满怨愤,强烈地谴责了不顾民众死活而一味搜刮民脂民膏的贪官污吏。

3. 夸张

夸张,比较常见的有扩大夸张和缩小夸张两种。扩大夸张是指为了表达的需要,有意将客观事物的范围、规模、距离、长度等方面扩大的一种夸张形式。诗仙李白就喜欢用扩大夸张,他写了很多不寻常的夸张之语,如"蜀道之难,难于上青天""白发三千丈,缘愁似个长""飞流直下三千尺,疑是银河落九天""君不见高堂明镜悲白发,朝如青丝暮成雪"等。缩小夸张是指为了表达的需要,有意将客观事物的范围、规模、距离、长度等方面缩小的一种夸张形式。如唐代诗人李贺的《梦天》中的"遥望齐州九点烟,一泓海水杯中泻",就采用了缩小夸张。

诗的夸张不求形似,不讲求与事实相符,而重在本质的揭露。例如,"莫夸财主家豪富,财主心肠比蛇毒。塘边洗手鱼也死,路过青山树也枯。"(《刘三姐》),后两句显然不会是事实,但它突出地表现了财主的狠毒,揭示了事物的本质,这就给人以真实感。但使用夸张要有生活根据,南朝文学理论家刘勰提出"饰而不诬"(《文心雕龙·夸饰》),鲁迅主张要"含着一点诚实"(《漫谈"漫画"》),这都是指生活根据。鲁迅举例说,"燕山雪花大如席"是夸张,而"广州雪花大如席"就成笑话。因为燕山有雪,有生活根据,含有诚实;广州四季无雪,缺乏生活根据,自然就是笑话。南朝文学理论家刘勰还主张"夸而有节"(《文心雕龙·夸饰》),节就是程度,过分的不恰当的夸张,必然违反生活的基本真实,成了虚张声势的浮词,令人生厌。

4. 借代

借代手法,古代诗歌已开始运用。借代手法,不直接说出事物的名字,只借用同某些事物有密切关系的其他事物来代替,使诗歌的语言具体形象,生动活泼,简练有力。借代有借具体代替抽象、借本体的某一特征代替本体、借工具和用具代替人物、借部分代替整体等,方法多样,可灵活运用。例如,"朔气传金柝,寒光照铁衣"(《木兰辞》),"铁衣"借代了穿着铁甲的花木兰和她的伙伴。唐代诗人杜甫的"竹叶于人既无分,菊花从此不须开"(《九日》),以竹叶酒的名称代替了酒。唐代诗人张志和的"西塞山前白鹭飞,桃花流水鳜鱼肥。青箬笠,绿蓑衣,斜风细雨不须归。"(《渔歌子》),词中的"青箬笠,绿蓑衣"用的也是借代修辞。青箬笠,指渔父头上戴的斗笠(用青色竹篾和叶编制而成);绿蓑衣,指渔父身上穿的雨衣(用绿草编织而成)。此处以斗笠和雨衣来代指渔父。新诗也常用借代。例如,臧克家的诗:"八百多个活生生的生命,/在报纸的'本市新闻'上,/占了小小的一角篇幅。"(《生命的零度》)不写八百多名儿童被夺去生命的消息,而直写"八百多个活生生的生命",更易使人看见这一悲惨的事实。

5. 反复

诗歌为加重感情的抒发,或强调某一种意义,常用反复的手法。有连续反复和间隔反复。连续反复是使一词语或句子紧紧相连,如"怒吼吧,黄河!／怒吼吧,黄河!／怒吼吧,黄河!"(《黄河大合唱》),三句连续反复,表现了中国人民对日本侵略我国的极度愤怒的民族感情和反抗精神。间隔反复是使一词语或句子间隔出现,如"黄河笑一声,万里农田麦苗青;／黄河唱一声,队队轮船汽笛鸣;／黄河笑一声,电光射出水晶宫;／黄河唱一声,满地工矿满天星。"(《三门峡大合唱》),"黄河笑一声"与"黄河唱一声"相间反复,突出了黄河面貌的巨大变化,表现了兴奋喜悦的心情。

反复手法造成了反复咏叹,抒情强烈,感人肺腑,催人奋进。它既可以抒发强烈的兴奋、欢乐的感情,也可以抒发缠绵的忧郁、愁苦的感情。用得恰当则艺术效果明显,滥用则变为啰唆重复。

6. 排比

把三个或三个以上内容相关、结构大体相似、语气一致的句子排列在一起,叫排比。排比手法,新诗与民歌都常运用。排比可以借助语句的气势,把诗意或感情逐步引申,显得更加鲜明或强烈。例如,艾青的诗:"大堰河!今天,你的乳儿是在狱里,／写着一首呈给你的赞美诗,／呈给你黄土下紫色的灵魂,／呈给你拥抱过我的直伸着的手,／呈给你吻过我的唇,／呈给你泥黑的温柔的脸颜,／呈给你养育了我的乳房,／呈给你的儿子们,我的兄弟们,／呈给大地上一切的,／我的大堰河般的保姆和她们的儿子,／呈给爱我如爱她自己的儿子般的大堰河。"(《大堰河——我的保姆》)语气一贯直下,感情如大河奔泻,有着一股强烈的冲击力,使人自然地产生共鸣。

诗歌中的排比有三种表现形式。一是词组排比。即结构大致相同的一些词组排列在一起,组成排比。例如,周德清的《塞鸿秋·浔阳即景》:"长江万里白如练,淮山数点青如淀。江帆几片疾如箭,山泉千尺飞如电。晚云都变露,新月初学扇。塞鸿一字来如线。"这首散曲既用了对偶,又用了排喻。而排喻修辞中包含了排比手法,其中的"白如练""青如淀""疾如箭""飞如电"和"来如线"等属于词组排比。二是句子排比。即复句、单句或构成复句的各分句结构相同,排列在一起,构成排比。例如,艾青的《窗外的争吵》中有些段落用的就是单句排比:"用不到公民投票/用不到民意测验/用不到开会表决/用不到通过举手//去问开化的大地/去问解冻的河流/去问南来的燕子/去问轻柔的杨柳。"三是段排比。即诗歌各段的句式大致相似,连缀起来,构成排比。《诗经》中的《关雎》《硕鼠》就使用了段排比。余光中的《乡愁》也使用了段排比:"小时候,／乡愁是一枚小小的邮票,／我在这头,／母亲在那头。//长大后,／乡愁是一张窄窄的船票,／我在这头,／新娘在那头。//后来啊,／乡愁是一方矮矮的坟墓,／我在外头,／母亲在里头。"

诗歌的形象化手法,除了以上介绍的6种外,还有对偶、联珠、衬托、通感、双关、顶真等。它们虽不为诗歌写作所独有,但为诗歌写作所常用。

第二节 散　文

一、散文概述

（一）含义

散文是一种篇幅短小、题材广泛、真实自然、情文并茂的文学体裁。它是我国成熟最早的文体之一，其名称的出现较晚。南宋文学评论家罗大经说："其立意措辞，贵于浑融有味，与散文同。""山谷诗骚妙天下，而散文颇觉琐碎局促。"（《鹤林玉露》）此时散文才作为文体之名被正式提出来。散文在不同的历史阶段有着不同的内涵。

古代散文，指不用韵的散行文体，同古代的韵文、骈文相对。这是一个大散文概念，涵盖范围广。根据南朝文艺理论家刘勰《文心雕龙》统计，属于散文的（当时称作"笔"）有17种文体：史传、诸子、论、说、诏、策、檄、移、封禅、章、表、奏、启、议、对、书、记。它章法谨严，具有文言的古雅之美。

现代散文，指用白话文抒写、具有文学性的美文（或小品文、絮语散文）。它产生于"五四"时期，与古代散文不同的是：它排除了大量的实用文体，仅保留审美文体，范围缩小，是小散文；它强调作者性灵的表现，写法比古代散文更为自由、洒脱，风格更为多样。文学性的凸显是现代散文有别于古代散文的根本所在。

当代散文，近承现代，远接古代，但又与它们不同。其范围不像古代散文那么宽，也不像现代散文那么窄，而是介于两者之间。它是指与诗歌、小说、戏剧并举，通过写人叙事、状物绘景来陈情达理的散体篇章。"与诗歌、小说、戏剧并举"，确立散文在文学体裁中的位置，标明散文的文学属性，显示"是什么"；"写人叙事、状物绘景"，明确散文的写作对象，解决"写什么"；"陈情达理"，交代散文的写作目的——表达写作主体的情感体验和理性思考，解答"为什么写"；"散体篇章"，指的是散文的载体形式，表明"按什么样子写"。

（二）特征

1. 广泛性

比起诗歌、小说、戏剧，散文在写什么上非常自由。它的写作对象囊括自然与社会、历史与现实、梦幻与生活、宇宙与人生等。毫不夸张地说，它可以做到"笼天地于形内，挫万物于笔端"（《文赋》）。周立波说得好："举凡国际国内的大事，社会家庭的细故，掀天之浪，一物之微，自己的一段经历，一丝感触，一撮悲欢，一星冥想，往日的凄惶，今朝的欢快，都可以移于纸上，贡献读者。"（《散文特写选·序言》）从散文的写作实践来看，常常写到的对象有四大类。

（1）人

散文中的人，不是小说中虚构的人物形象，而是真实的人。古今中外、士农工商、男女老幼，都可以作为散文的写作对象。例如，宋代文学家柳宗元《捕蛇者说》中的下层乡民、鲁迅《阿长与山海经》中的爱心保姆、叶圣陶《两法师》中的世外高僧、老舍《我的母亲》中的故乡亲人、林淡秋《忆柔石》中的至诚友人等。

(2) 事

散文中的事,不是小说家想象的故事,而是真实的事。人生悲欢、时事政治、生活趣事,都可以进入散文的写作视野。例如,《左传·郑伯克段于鄢》中的王室争斗、《战国策·邹忌讽齐王纳谏》中的文臣进谏、蔡元培《我在北京大学的经历》中的往事追忆、鲁迅《从百草园到三味书屋》中的童年乐趣、阿英《海上买书记》中的购书甘苦、朱自清《荷兰》中的异域见闻等。

(3) 景

散文中的景,不是狭义之景,而是广义之景。自然风光、人文景观、地域风情,都可以列入散文的写作范围。例如,王羲之《兰亭集序》中的暮春兰亭、王维《山中与裴秀才迪书》中的寒冬乡趣、朱自清《南京》中的金陵十景、李华《吊古战场文》中的古昔沙场、徐志摩《天目山中笔记》中的天目山色、钟敬文《西湖的雪景》中的西湖雪景、郁达夫《故都的秋》中的北国秋韵、沈从文《常德的船》中的乡间风物等。

(4) 物

散文中的物,则更为广泛。人类制作、植物动物、自然现象,都可以成为散文的写作对象。例如,欧阳修《丰乐亭记》中的亭、王禹偁《黄冈竹楼记》中的楼、老舍《小麻雀》中的鸟、吴秋山《蟋蟀》中的虫、叶圣陶《牵牛花》中的花、巴金《海上日出》中的日、夏衍《野草》中的草、郁达夫《桐君山的再到》中的山、钟敬文《太湖游记》中的湖等。散文写作对象的广泛性是由其本身性质决定的。

2. 自由性

人称散文是文艺战线上的轻骑兵,因为它具有篇章短小精悍、写法灵活自由的特点。

(1) 写法自由

散文的写作可以说是"形散神聚,舒卷自如"。散文的散,不是说它的章法杂乱,而是说它在写法上,成文的规定不多,限制不严;结构形式不拘一格,开合无定,收缩随意,有话则说,无话则省;叙述、描写、议论、抒情听其运用;写人叙事、绘景状物,自由自在。散文的"神",是指作品的思想或主题。神为形之主,形为神之躯,神聚就是把形聚合成一个有机整体。只要神聚了,不管散文写什么,笔锋怎样驰骋,都可洒脱发挥。

(2) 语言自然

散文,不同于诗歌,不必刻意讲究语言的凝练;不同于小说,不用刻意追求人物语言的个性化;也不同于戏剧,不需要考虑人物对话的角色化。散文的语言是写心的,以本色为美,自然流畅。写作时,写作主体以性灵为尺度,顺其自然地调整句式的长短、声调的抑扬和节奏的疾徐。

(3) 风格多样

写作风格是写作主体性灵与其所选择文体基调的有机融合,它是写作主体趋于成熟的标志。散文的风格多种多样:或典雅、或洗练、或缜密、或飘逸、或旷达、或新奇、或劲健、或简约、或繁缛……繁花似锦,异彩纷呈。写作主体完全可以从自己的审美理想和个人情趣出发,追求任何一种写作风格,如"韩如海,柳如泉,欧如澜,苏如潮"(《文章精义》)。

3. 写真性

（1）崇尚真实

散文是一种以描写真人真事为特点的文体，千古文章传真不传假，真实是散文的生命。这里所说的真实，指写作主体在散文里所描写的是真人真事、真知灼见。秦牧说："散文，一般写的是真人真事，它并不像小说那样，靠奇特的情节和典型化的人物来吸引人；又不像诗歌那样，靠高度的节奏声韵之美和强烈的诗的意境来感染人。"（《探索和发展散文艺术》）周立波说："描述真人真事是散文的首要特性。""要把时间的经过、人物的真容、场地的实景审查清楚了，然后才提笔伸纸：散文特写决不能仰仗虚构。它和小说、戏剧的区别就在这里。"（《散文特写选·序言》）

（2）抒发真情

散文是交心的文体，"最难作假，最逃不过读者明眼的"（《余光中散文·自序》），要写出写作主体的真情实感。写作主体只有把自己的精神世界真诚地呈现给读者，才能进行有效的交流，进而获得认可；否则，为文而造情，无病呻吟，与读者隔着心，无法与他们进行心灵对话。因此，散文要有真情实感。这首先是指对生活的真实感触，能从平凡的各种小事发现亮点，写得有真情；其次是指对人生、对宇宙的品位、参悟。贾平凹说，散文家应该有健康的人格，有勇气面对自身低俗化或贵族化的人格缺陷。追求崇高，抒写真我，对真善美有歌唱的激情，对假丑恶有批判的勇气，始终坚守为时代、为人民、为人生的写作立场，摒弃卑微的写作愿望和低俗的写作方式。当代散文作者应该是时代的良知，人类精神的代言人和守护神。他们应该热爱生活，理由十足，信心百倍。（《散文选刊》1999年第3期"卷首语"）

（3）显示真性

显示真性，指写出写作主体的独特性灵。散文不仅要写出真情实感，而且要写出与众不同的性灵。"文如其人"，指的是散文能借再现真人、真事、真景和真物来表现自我、呈现真性。林语堂说，散文是写作主体"个人性灵之表现"（《论性灵文学及其他》）。郁达夫说："现代散文之最大特征，是每个作家的每一篇散文里所表现的个性，比以前的任何散文都来得强。……我们只消把现代作家的散文集一翻，则这作家的世系、性格、嗜好、思想、信仰，以及生活习惯等等，无不活泼泼显现在我们的眼前。"（《中国新文学大系·散文二集·导言》）例如，鲁迅的精练峭拔、郭沫若的清丽缠绵、茅盾的深刻细腻、叶圣陶的严谨畅达、冰心的纯真秀丽、徐志摩的奔放洒脱、郁达夫的忧郁率真、朱自清的平和细腻、俞平伯的淡雅含蓄、林语堂的坦诚幽默、方纪的潇洒俊逸等，都鲜明地表现在他们各自的散文中。

综上所述，散文的三个特征是有内在联系的，应把它们作为一个整体来理解。对象的广泛性，着眼于"写什么"；表达的自由性，入手于"怎样写"；自我的写真性，立足于"为什么写"。

（三）分类

按照内容和表达方式的不同，散文可分为以下三种类型。

1. 叙事散文

叙事散文，指以记叙为主、因事缘情的散文。它通过对一系列生活事件片段的叙述和人物的具体描写,来间接地表达写作主体的思想感情。所叙述的事件具有一定的完整性,人物刻画常用速写、特写的方式,不着重于表现人物的精神面貌和思想品质,文中的人物和事件常交织着浓郁的思想感情。表达上往往融抒情、议论于叙事之中。叙事散文的写作,强调真人真事、真情实感,要线索清楚,结构严谨,语言朴素、简洁、自然。

叙事散文有两种基本形态:一是以人物为中心组织全篇,即人物居主位,事件居客位。例如,鲁迅的《藤野先生》、朱自清的《背影》。二是以事件为中心经纬全篇,即事件居主位,人物居客位。例如,朱自清的《择偶记》、许地山的《落花生》等。此外,报告文学、传记文学、游记等均可纳入叙事散文当中。

叙事散文和小说都写人记事,但二者在怎么写方面是不同的。第一,叙事散文写的人和事都是生活中存在的以真人真事为基础,只允许某些必要的加工,不允许像小说那样以生活原型为基础进行大胆的虚构;第二,叙事散文写人叙事是片段式的轻描淡写,小中见大,淡中寓浓,重神轻形,不像小说那样浓墨重彩,追求人物的饱满性和事件的完整性;第三,叙事散文写人叙事讲究写作主体主观情思的寄托,不像小说那样注重人与事的描述和对客观事理(自然、社会和人自身)的发现;第四,叙事散文常常把叙述、描写、抒情和议论结合起来,而小说通常以叙述、描写为主,辅以其他表达方式。

2. 抒情散文

抒情散文,指以抒发情感为主的散文。它或直抒胸臆,或借景抒情,或托物言志,来表达写作主体的思想感情。一般不详述生活事件的具体过程,没有情节,也不具体描写人物。常以情感发展为线索,来统摄不同时空中的各种材料。抒情散文,一般要求立意新颖,构思精美,意境深邃,语言优美。

抒情散文和叙事散文都注重情。两者区别在于:第一,抒情散文的写作对象大多为景物,而叙事散文的写作对象主要是人和事。像春雨夏荷、秋月冬雪、高山烟霞、钓台晚亭、柳影虫唱、市井万象等,主要是抒情散文的吟咏对象;而严父慈母、良师益友、长亭送别、负笈求学、异乡漂泊、身边琐事等,主要是叙事散文的讲述对象。第二,抒情散文对景抒情,较为空灵;叙事散文由事见情,较为平实。第三,抒情散文的审美追求是写出情调,叙事散文则是写出情趣。

3. 议论散文

议论散文,也称哲理散文、说理散文、明理散文,指用散文的笔法发议论,或者说是以阐述某个观点为中心的散文。它或通过某一事件、现象的议论,或借助具有哲理性、形象性的事物,来抒发写作主体的思想感情。它的议论往往具有抒情性、形象性和哲理性的特点。它不是让读者去获得理性的概念,而是给读者一种富于理性的形象和情感,从而提供广阔的思索和联想的天地。它的写作,要蕴含深邃的哲理,融情、理、形于一炉。议论散文涉及的范围比较宽泛,杂文、小品、随笔等都属于议论散文。

从笔法角度看,它是散文,不像一般议论文注重理性和逻辑,侧重的是形象的描绘和情感的抒发;从议论角度看,它是议论文,要阐明一个论点。就理而言,它和议论文相近,但在具体写法上不一样:第一,议论散文从个案入手,形象说理;议论文则遵循逻辑规则,抽象论理。第二,议论散文融情入理,追求情与理的统一;议论文冷静论述,讲求认识精微和义理圆通。第三,议论散文崇尚理趣,议论文推崇以理服人。

上述三种分类,只就主要倾向而言。有时候,这一类和那一类的文体,常常会出现交叉状态,"有时候也不太容易给一篇文章戴上合适的帽子",但大致分清各类文体的基本特征及其规律,对于写作是有所裨益的。

二、散文写作技巧

(一) 入笔精微,以小见大

初学散文写作的人,宜从周围熟悉的人、事、景、物写起,而后拓宽视野,到更广阔的天地获取亮点。富有意味的生活片段,一段难忘的经历,一次意外的邂逅,一个美丽的场景,一个奇异的梦境,一件有趣的往事,一个富有个性的人物,一点思想的火花,一种美的发现,一种独特的感受,一个深刻的启迪等,都可以机缘巧合地成为散文的写作题材。当然,写作时要注意把所写的人、物和事,放在广阔的时代背景中,从深处去开掘其思想意义,即应能从浪花见激流,赋予小题材以大意义。"最喜小中能见大,还求弦外有余音"(《丰子恺文集》)正体现了散文的小处着眼、大处着笔的特点,从平凡琐碎的现实生活中取材,开掘出深刻思想意味,使读者受到启迪。

例如,张丽钧的散文《爱的盛宴》讲了一件平平常常的生活小事:好久未回家的儿子要在除夕夜赶回家过年,激动的母亲忙忙活活地做好了儿子爱吃的三鲜馅儿饺子,等待儿子回来下锅。可是,这时候,母亲发现自己犯了一个致命的错误——忘了放盐。母亲着急之下,竟然想出了一个绝妙的补救办法,她找来一个注射针管,调好盐水,一个个地给饺子"打针"。饺子们注射完毕,儿子正好回到家,如愿以偿地吃上了母亲包的饺子。得知母亲给饺子"打针"的故事后,儿子顿时泪流满面:这些年,他一个人在外面打拼,也曾吃过很多饺子,那些饺子,咸的咸、淡的淡,他都咽下去了,有谁能像母亲这样在意他的口味?从这个"饺子事件"中,作家发现了母爱的亮点:"我相信,铭记着这则故事的人会珍惜母亲做的每一餐饭,会在寡淡的饭菜中品出一种难得的真味与厚味。母亲摆出一场爱的盛宴,只等着她心爱的小鸟来啄。幸福的小鸟啊,你无须刷卡,只管欢畅地啄食、尽情地享用这人间的珍馐吧。"

(二) 选好角度,捕捉文眼

"横看成岭侧成峰,远近高低各不同。"(《题西林壁》)生活是复杂的、多色彩的,具有多样性和多面性。同一事物,从正反侧、左中右、上中下不同的方位去观察,会呈现不同的风采和面貌。构思要奇巧,写作主体就要像画家和摄影师一样,找到新的最佳的表现角度。例如,林飞的《山》既没有从正面写山的巍峨、壮丽,也没有从侧面写山的峰峦起伏,而是从爬山的角度,写母亲对他的教诲:男子汉志在四方,长大了,要找遍天下的名山大川。从而引出对母亲深情的怀念:母亲鼓励自己爬山的精神,几十年来无时无刻不在催促自己前行,谱写了一首"千里之行,始于足下"的攀登曲!

选好了角度,写作主体还要善于寻觅反映事物本质的焦点——文眼,把遍地的珍珠有机地连缀起来,组成一个完整的、光彩夺目的艺术品。苏联作家高尔基说:"应采取微小而具有特征的事物,制成巨大的典型的事物——这就是文学的任务。"(《论文学》)他的《海燕》展示了一个面对狂风暴雨、雷鸣电闪、波涛汹涌而高傲飞翔的革命者形象。捕捉到了文眼——"让暴风雨来得更猛烈些吧!"文章之意一下就飞腾起来。一般说来,文眼是作品中的一物、一景、一器、一皿,甚至是一词、一话,它是作品主题的凝聚点,有显示和象征作品主题思想的作用。

(三) 形散神聚,巧妙布局

"形散神不散",这是许多散文作家的经验之谈,也是散文区别于其他文体的最重要的标志之一。散文的散,就表达方式来说,是记叙、描写、抒情、说明、议论的自由调度,灵活运用;就布局形态来说,只要围绕相应主题和主线,散得开又收得住,就可以博采兼收各种社会生活现象,时而写现在,时而写过去,海阔天空,挥洒自如。作者在平素生活中有所感触,就可以随手拈来,生发开去,时而勾勒描绘,时而倒叙联想,时而抒情言志,时而侃侃议论。但散文的散不等于毫不经心、随便乱来,它的神是始终不散的,是首尾一贯的,是表现写作主体一定的思想、感情的。正如秦牧说:"散文虽'散'而不乱,全靠思想把那一切材料统一起来,用一根思想的线串起生活的珍珠,珍珠才不会遍地乱滚,这才成其为整齐的珠串。"(《散文创作谈》)例如,杨朔的《茶花赋》,开头写作者久在异国他乡,无限怀念祖国,想画一幅祖国图,而又难以下笔。题旨提出之后,笔锋一转,写云南的茶花,写种茶花的人,写看茶花的孩子;时而西山,时而黑龙潭,时而翠湖,甚至连大理、丽江也带上一笔。直到结尾,笔锋一收:"如果用最浓最艳的朱红,画一大朵含露乍开的童子面茶花,岂不正可以象征着祖国的面貌?"表达了对祖国的无限热爱和赞美之情。

要做到形散神聚,就要有巧妙的布局。散文的结构布局主要有三种类型:一是连贯式。即以一事、一人、一物、一景为中心,随着时间的推移或地点的转换展开有序续写。采用这种结构,各种材料须基本上互为连贯,能够比较完整地再现事物发展的大致过程。例如,鲁迅的《藤野先生》。二是组合式。以情理和文眼为线索者,均可采用此结构。在这种结构中,人、事、景、物之间不一定互相关联,可以是一种组合关系,但它们应当从各个不同角度或方面,反复表现某种思想、情感或者意境。例如,史铁生的《我与地坛》等。三是意识流动式。即以写作主体流动的意识为中心线索,展开主观意识和客观事物间互为交融的描写,由客观事物或情景引起主观的自由联想和抒情表白。例如,余光中的《听听那冷雨》等。

(四) 开合自如,断续有度

文章之道,有开有合。开,指放开笔墨,远远发来;合,指收敛笔墨,靠近题旨。能开才能放,文章拘束放不开,就无所谓合。初学者写不好散文的原因很多,其中主要是放不开。因此,要敢于放胆作文,不要顾虑重重。此外,开合的艺术还要求处理好与正题的关系——不即不离。开时不离正题,合时不即正题。或先擒后纵,擒而又纵;或先逆后顺,顺而又逆;或先扬后抑,扬而又抑;或先正后反,正而又反。例如,梁实秋的《饮酒》就是散文中开合自如的佳作。

断,指中断正在进行的叙说;续,指以一种隐蔽的形式接续,即所谓明断暗续。断续之妙,在于使散文波澜起伏,并引发读者的阅读兴趣,增强散文的艺术魅力。善于运用断续,是散文作者成熟的重要标志。断续在散文写作中主要有两种表现方式:一是断处皆续。它实际是从不同角度(侧面)来表现主旨,而主旨就是它们之间暗联的内线,是断处皆续的内在机理。例如，阿富汗作家乌尔法特《为人效劳的人》列举了五种人：为盲人引路的指路人、挽救酣睡者的杀蛇人、照顾病人的护理人、分食众生的施舍人和清扫大路的普通人。从表面看，这五种人似乎没有什么联系，分明是断；而结尾处作者指出了他们的相同点：这些人都在为人效劳。二是先断后续。指作者中断正在进行的情节而转到另一情节，经过迂回、曲折的发展，再回到原来的情节。即如近代文学家林纾所说的"断处不必即续""续处不必紧随断处也"（《春觉斋论文》）。例如，任大霖《我的第一个文学"启蒙老师"》，作家先写父亲如何教"我"学习古典诗文，到了下文却插入另一件事：杭州的亲戚送给"我"一大包新书，"给我打开了心灵的窗"。此事似乎与父亲教"我"不相干，是断；然而，很久以后，"我"向亲戚表示感谢时，他告诉"我"那一大包书是父亲托交的。原来还是父亲启蒙了"我"。这就续上了前文。先断后续并没有真正中断正在进行的情节，而是把它藏起来——从明处置换到暗处。这个断准确地讲是似断，后续实际是把它再由暗处转换到明处。

（五）疏密有致，虚实结合

所谓疏密有致，就是要从表现主题出发，把详略处理得恰如其分；在布局行文中，哪些应当粗略，哪些应当详细，要配置得当，不要平均用力。过于详细会造成文字上的啰嗦，结构上的臃肿；过分简略则会使文章头绪不清，读者理解不了。一般而言，文中交代、过场的地方，要疏；而富有诗意、饱含情愫的材料要详，即密。例如，朱自清《背影》，开头写父亲失业，祖母亡故，料理丧事，其中凄苦的情景是不少的，但作者仅用"满院狼藉""光景很是惨淡"，几笔轻轻带过，惜墨如金，这是疏，原因是这些只是交代背景，为文章涂上一层黯淡凄楚的色调。可是，当父亲去买桔子的时候，作者在后面看到他的背影，情动于中，用墨如泼，这是密。整篇文章疏密有致、详略得当。

散文的妙处在于虚实结合。虚实结合是中国古代艺术重要的审美原则，也是现代散文的一个突出特点。现代散文重在表达作者对人生的感悟。人生总是具体表现为眼前人物或身边世事，这就是所谓的实；眼前物或身边事触发了作者某种潜在的感想，从中悟出某种人生的真谛和哲理，这就是所谓的虚。实是可见可感的人、事、景等形象；虚是渗透在这些形象里的未显现的复杂、微妙的思想感情。实是为虚而设的，虚才是散文的本质，但只有实充盈而富于暗示性，才可以向虚转化和升华。

第三节 戏 剧

一、戏剧概述

（一）含义

戏剧是一种以表演为中心，综合了文学、音乐、舞蹈、美术等艺术成分所构成的综合性舞台艺术。它由演员扮演角色在剧场当中表演，是编剧、导演、演员及音乐、美术工作者的集体创作。在我国，戏剧是话剧、歌剧、舞剧、广播剧、电视剧、戏曲等剧本的总称。中国戏剧至唐代略具雏形,成熟于宋代,兴盛于元代。它通常包括两个部分:一是舞台提示,包括时间、地点、人物动作、心理情绪等的说明;二是人物台词,包括独白、对白、旁白等。古代戏剧一般兼用韵文和散文,分"折"或"出",现代戏剧则多分"幕"或"场"。它的基本要素是戏剧冲突,通过生动、丰富的情节,塑造各种典型人物,再现社会生活。其结构在时空方面既高度集中,又自由灵活。人物语言含蓄精练,并带有强烈的动作性。戏剧的创作,一般要求人物台词具有鲜明的个性,不仅要说明环境、叙述事件、推动情节,而且要深入地展示人物的气质和性格的特征。

(二)特征

1. 直观性

戏剧直接诉诸观众以视觉和听觉,它不由写作主体直接出面来进行提示、描绘和解释。它既不像文学那样通过语言文字来描述、反映生活,也不像美术那样通过颜色、纸笔绘制出图画来反映生活,而是通过演员的表演——活生生的人物形象,直接来感染与打动观众,引起观众的共鸣。

2. 动作性

戏剧的直观性要求文学剧本必须有鲜明、强烈的动作性。因为最能把一个人的性格、思想和目的清楚地表现出来的是动作,而且有了动作,演员才能在舞台上表演。所以,动作是戏剧艺术的基础。戏剧的动作性有两个作用:一是能表现人物自身的心理活动;二是能刺激对方,促使对方产生相应的语言和动作。这样,对话双方相互作用,推动剧情不断发展。

3. 集中性

为了适应舞台演出,把舞台时间和空间的限制转变为戏剧创作上的特殊有利条件,戏剧创作必须力求以下几方面的高度集中。

(1)人物集中

人物众多会使笔力分散,影响对人物性格的深入刻画,出现人物匆忙上台又急速下场的局面,给观众浮光掠影的印象。因此,一切可有可无的人物应尽量略去,一出戏一般要着力写好几个人物。例如,花鼓戏《打铜锣》是根据小说《三打铜锣》改编的。原作除蔡九、杜十娘这两个主要人物外,还有支书及若干群众。改编为戏时,仅留蔡九和杜十娘,其余人物一个也没有上场。

(2)线索集中

戏剧故事不能头绪纷繁,必须从若干头绪中理出一条最能表现主题的中心线索,构成单纯明晰的情节线。清代大戏剧家李渔主张"立主脑""减头绪""头绪纷繁,传奇(戏剧)之大忌也"(《闲情偶寄》)。戏剧不能像小说那样轻起慢落、循序渐进地叙述故事,而必须抓住生活中带有尖锐、紧张、激烈冲突的事件来写。正如黑格尔所言:"充满冲突的事件,特别适宜用戏剧表现。"(《美学》)情节必须和地点、时间完全一致,遵循"三一律",即每剧限于单一的故事情节,事件发生在一个地点,并在一天之内完成。

(3)场景集中

写小说,可以描写多个场景,而且场景可随时变化。戏剧则不行,它要求一个故事一般在几个乃至一个场景里演完。场景多了,不但制景要"劳民伤财",换景既麻烦又耽误时间,同时也影响演员的演出激情和观众的观看情绪。因此,戏剧场景要求集中。

4. 综合性

戏剧以表演为传播形态,包含了诗歌、音乐、舞蹈、绘画、雕塑、建筑等六种艺术成分,被称为第七艺术。一部戏剧的创作,需要编剧、导演、演员、乐队、灯光师、化妆师等工作人员的相互协作和配合,而演出又需要舞台,或演出场地和背景、道具、音响等,可见,戏剧的综合性超过任何一门艺术,投入的人力、财力、物力比其他艺术门类要大得多。戏剧的综合性,要求剧本创作既要注意发挥各种艺术成分的能动作用,又要注意戏剧以表演为中心的特点,使全剧保持和谐统一的艺术风格。

5. 舞台性

戏剧中的人物只能在特定的时空内活动,情节只能在特定的阶段展开,这些都不能脱离舞台;而舞台只有几十平方米,其空间是有限的;演出的时间,一般小戏在一个小时内,大戏也不超过三四个小时。这样,戏剧演出必然受到时空限制。因此,剧本创作要考虑作品的容量,选材要严,组织材料要格外缜密。

(三)分类

戏剧按其内容性质分,可分为悲剧、喜剧和正剧;按其表现手段分,可分为话剧、歌剧、舞剧、歌舞剧、哑剧;按其结构形式分,可分为独幕剧、多幕剧;按其演出场合分,可分为舞台剧、街头剧、广播剧、电视剧;按作品反映的时代分,可分为现代剧、历史剧;等等。戏剧虽然因为表演形式及艺术观念的不同而有各式各样的区分,不过最基本的分类还是悲剧、喜剧和正剧。

1. 悲剧

悲剧,指表现处于特定环境的先进的或善良的主人公及其事业,由于反动、邪恶势力的破坏而遭受失败或被毁灭,从而反映一定社会历史条件下反动势力压倒进步力量、美的事物被摧毁的矛盾冲突以及抒发悲愤感情的一种戏剧。鲁迅说:"悲剧将人生的有价值的东西毁灭给人看。"(《再论雷峰塔的倒掉》)悲剧起源于古希腊,它通过毁灭的结局来造成对观众心灵的巨大震撼,使观众从悲痛中得到启迪。其创作要体现悲壮的基调。最早出现的古希腊悲剧,题材多来自神话传说和英雄史诗,代表古希腊悲剧艺术最高成就的是埃斯库罗斯,他被恩格斯称为"悲剧之父"。古希腊悲剧诗人埃斯库罗斯的《被缚的普罗米修斯》、英国戏剧家莎士比亚的《哈姆雷特》、元代戏剧家关汉卿的《窦娥冤》、郭沫若的《屈原》等都是悲剧典范。

2. 喜剧

喜剧的矛盾冲突性质与悲剧相反,一般以讽刺、嘲笑丑恶的落后的腐朽事物,从而肯定美好、进步的现实或理想为其主要内容。鲁迅说:"喜剧将那无价值的撕破给人看。"(《再论雷峰塔的倒掉》)喜剧或深刻揭露社会的黑暗现象,或善意批评人民内部的缺点,或赞颂劳动人民的智慧和情趣。它常取材于世俗生活的个人私事,借助误会、巧合等手法来构成冲突,反映主人公无自知之明的主观和客观的矛盾。喜剧的创作,要求情节跌宕起伏,富于变化,常以夸张的手法、巧妙的结构、诙谐的台词来刻画和表现人物的喜剧性格,以引起观众发出不同含义的笑。最早出现的古希腊喜剧,题材大半是政治讽刺和社会讽刺方面的,主要通过漫画式的夸张手法和插科打诨来表现严肃的思想,敢于抨击当权人物,具有强烈的倾向性。代表作家有被恩格斯称为"喜剧之父"的阿里斯托芬。著名的喜剧作品有英国莎士比亚的《威尼斯商人》、法国喜剧作家莫里哀的《吝啬鬼》、俄国作家果戈里的《钦差大臣》,我国戏曲中的《七品芝麻官》《徐九经升官记》等也是经典喜剧。

3. 正剧

正剧,又称悲喜剧,兼有悲剧和喜剧因素,能够反映更广阔的社会生活,抒发丰富复杂的思想感情。它的特点一般是先悲后喜,在结局中,反面人物终于受到惩罚,正面人物终于获得胜利。它常常取材于普通人的日常生活,描写人与人之间的真实关系,着重反映社会现实,以多种社会矛盾来构成戏剧冲突,使读者把眼泪和微笑交织在一起。它不仅歌颂正面人物,也鞭挞反面人物,并最终以进步力量取胜或展示其必然胜利的前景而结束。正剧的创作,要注意综合运用悲剧、喜剧的艺术手法,强调情景的描写和人物性格的展示,以更深广地反映社会生活。挪威剧作家易卜生的《玩偶之家》、英国诗人雪莱的《解放了的普罗米修斯》,我国元代戏曲作家王实甫的《西厢记》、郭沫若的《蔡文姬》和老舍的《龙须沟》等都属于这种类型。

二、剧本创作技巧

(一) 选好戏剧内容

戏剧内容的选择,一是自己熟悉的,二是有社会意义的,三是观众喜欢的。在这个前提下,戏剧内容的选择要注意以下几个问题。

1. 社会性

剧中所反映的问题和剧中人物的命运,一般都具有某种普遍的社会意义,能够使剧场中的众多观众产生共鸣。如果戏剧所反映的问题仅仅是社会中极其个别的情况,剧中人物命运仅能反映个别人心理的、生理的状态,必然让观众感到隔膜。因此,剧本创作必须紧紧抓住人们最关心的问题写,以让观众与剧中人物融为一体,让观众牵肠挂肚地注视着剧中人物命运的发展。

2. 传奇性

除社会意义外,戏剧要吸引观众,还须讲究故事情节的新奇动人。清代戏曲理论家李渔说:"古人呼剧为传奇,因其事甚奇特,未经人见而传之,是以得名,可见非奇不传。"(《闲情偶寄》)戏剧"虽贵新奇,亦须新而妥,奇而确"(《窥词管见》)。所谓传奇性题材,主要是指那些在日常生活中偶然发现的、不寻常的、令人吃惊的, 同时又带有一定的必然性、能较深揭示生活本质的题材。观众喜欢看的,是武松打虎而不是打鼠,是辕门斩子而不是纵子,是春草闯堂而不是跪堂,是木兰从军而不是从夫……总之,观众喜爱看奇人奇事,因此剧本创作素材要有传奇性。

3. 冲突性

戏剧是反映生活里的矛盾斗争的,但有矛盾而无冲突也不适合戏剧。戏剧要反映具有冲突性的、在短时间内发生剧烈变化的事件。例如,《雷雨》故事的前情后事延续几十年,但舞台上着重表现的只是侍萍二进周公馆那一天一夜发生的激变。有了冲突，人物才有积极的动作，戏才演得动人心魄。因此，剧本创作要注意选择有冲突的事件作题材。

（二）组织戏剧结构

1. 结构类型

从组织剧情、展开冲突的方式方法来说，戏剧结构类型一般分为三种。

（1）开放式

又称延展式，即戏剧从事件的开端写起，按故事发生的先后顺序写，一步步直到结局为止。一般说来，这种结构表现的人物较多，舞台动作时间较长，人物活动范围较广。其好处是有头有尾，明白易懂；缺点是弄不好会过场较多，结构松散，进展缓慢。关汉卿的《窦娥冤》、曹禺的《家》、田汉的《关汉卿》等都属于这种结构形式。

（2）锁闭式

又称回顾式、浓缩式，即戏剧从接近高潮写起，或者从靠近结局写起，把矛盾冲突最紧张、最激烈、最尖锐的时刻呈现在舞台上。其好处是集中紧凑，一气呵成；内心动作和外部动作密切结合，容易表现人物内心；人物、场景较集中，有利于揭示人物性格和精神世界的诸多方面。缺点是外部行动少，戏不热闹，搞不好容易流于单调乏味；回顾往事不容易穿插得自然得体，舞台场面变化少，戏易板滞。因此，非有比较熟练的技巧不能写得引人入胜。曹禺的《雷雨》、易卜生的《玩偶之家》等属于这种结构形式。

（3）人物展览式

又称人生片段式，即像一幅展示各种人物风貌和性格特征的群像画，情节比较少，人物较多，但没有明显突出的主角。只是有时这个人物较突出，有时那个人物较突出。全剧从头到尾出现的人物往往只起贯穿线索的作用。在剧本中甚至没有一件贯穿到底的中心事件，每个人带着自己过去，成为一条独立的故事线。其好处是通过人物群像的描绘，在广阔的规模上反映社会的风貌和本质；通过人物内心活动的揭示来刻画人物性格；在情节的安排上更接近于生活。缺点是众多的人物、事件难安排，搞不好就松散杂乱，抓不住观众，非有丰富的生活经验和成熟的写作技巧难以驾驭。老舍的《茶馆》、曹禺的《日出》、夏衍的《上海屋檐下》等属于这种结构形式。

2. 结构组成

戏剧情节一般由开端→进展→高潮→结局的结构形态组成。

（1）开端

开端极为重要，它是后头一连串戏剧情节的基础，也是向观众展现的第一个场景。其任务如下：一是交代故事发生的典型环境（包括时间、地点、社会背景、舞台气氛等）；二是交代人物身份和人物关系；三是交代前情往事；四是迅速入戏（即迅速组成矛盾纠葛，形成悬念，使观众明确剧情发展的方向）。完成开端任务的主要手段有布景、化妆、服装、道具、效果、灯光等，尤其重要的是人物的动作和台词。

（2）进展

戏剧在开端显示了人物行动的目标，组成了矛盾纠葛之后，紧接着便有各种力量的撞击、缓解、积累、再撞击、发展、激化等。进展阶段实质上是矛盾冲突逐步展开、逐步上升、逐步激化的过程。写好进展的关键在于依据必然性和可能性,把矛盾冲突写深、写透、写好、写足。它要处理好进展的层次;要巧用暗场、过场和插曲;要瞻前顾后,细针密线。

(3) 高潮

矛盾冲突发展到最尖锐阶段就产生了戏剧的高潮。高潮是人物和主题思想最鲜明、最完整、最生动、最深刻的一次显露,它的成败决定着全剧的成败。组织高潮的艺术手法主要有:一是集万音于一响。这种手段的本质是在高潮中让以往积蓄的矛盾纷至沓来,百川归海,《雷雨》的第四幕堪称这种高潮的典范。二是伏兵骤至,异军突起。这种手法的本质是在全剧冲突似乎就要趋于平衡的节骨眼上,突然"半路杀出个程咬金",意外的力量、意外的事件、意外的人物骤然降临,猛地打破了原有的平衡,使剧情急转直下。《智取威虎山》中,栾平的突然出现使稳操胜券的杨子荣大难临头,全盘被动,险恶激烈的斗争造成了戏的高潮。三是"发现"和"突转"。"发现"指的是剧中人和观众对某人或某事从不知到知的转变;"突转"指的是剧情或剧中人物思想感情的突然急剧的变化,这种变化往往是意想不到的。《奥赛罗》《威尼斯商人》《玩偶之家》《徐久经升官记》等均是使用"发现"和"突转"形成高潮的成功范例。

(4) 结局

结局是高潮过后到大幕落下之间的一段戏。结局交代矛盾冲突的最终结果,点明冲突过后各种人物新的归宿,披露矛盾冲突的实质和人物全部的内心世界,一言以蔽之,结局是全剧各种问题的总回答。写结局特别要注意两点:一是要简洁有力。高潮过去了,矛盾解决了,事态明朗了,就要赶紧收尾,切忌拖泥带水,更忌画蛇添足。例如,《玩偶之家》是以娜拉身后砰的一下关门声结束全剧的,萧伯纳评价说:"她身后砰的一下关门声比滑铁卢或赛顿的大炮还要响。"二要出奇制胜。精彩的结局不在于给某种预想加以印证,而在于给观众以闪光,使观众洞见剧情的全部内涵,有所谓"眼前一亮,豁然开朗"的感觉。例如,看《海囚》,人们也能一般地预见唐金龙、潘火狮必然以悲剧告终,并以为他们会因沉船而死。可出人意料的是,他们最终竟不是死于沉船,而是死在洋人、官府、买办三位一体的屠刀之下。这样的结局一下子照亮全剧,加深了人们对戏剧立意的理解。

总之,戏剧的开端要明快生动,进展要波澜起伏,高潮要惊心动魄,结局要干净利索。

(三) 展开戏剧冲突

1. 外部冲突

外部冲突,表现为某一人物与其他人物之间的冲突。剧中人物由于立场观点、思想性格及具体生活环境等的不同,对同一件事会采取不同的态度和行动,从而形成各种各样的戏剧冲突。冲突越激烈,斗争越尖锐,人物的个性就越鲜明,戏剧效果就越好。

例如,曹禺的《雷雨》之所以经久不衰,其中一个重要缘由是戏剧冲突组织得很好。从外部冲突来看,全剧四幕、八个人物、两个场景,以鲁侍萍与周朴园的30年怨恨作为戏剧冲突的主线,以繁漪与周朴园的对抗作为戏剧冲突的核心,交织了繁漪与周萍的乱伦(情人、继子)、四凤与周萍的恋情(同母异父)、周冲对四凤的爱恋,以及鲁大海与周朴园、周萍之间的劳资斗争,使矛盾错综复杂、相互交织,情节步步推进。

2. 内部冲突

内部冲突,表现为人物自身的内心冲突。现实生活中,每个人自身的理智、信念与情感、欲望之间常因外部环境的变化而形成冲突。每个人都存在着内与外双重矛盾冲突,而人与人之间的外在冲突在根本上又起因于人的内在精神与心理因素的差异性,并且外在冲突最终又是为展示心灵服务的。内部冲突和外部冲突交融在一起,才使得人物性格更加鲜明。

例如,《哈姆雷特》中,哈姆雷特追怀理想又对现实的丑恶感到失望甚至悲观;向往人性的善又深信人自身有恶的渊薮;想重整乾坤又因人性之恶的深重而感到回天无力;觉得人生无意义又对死后世界充满恐惧;爱奥菲莉娅和母亲乔特路德,又怨恨她们的"脆弱"("脆弱啊,你的名字就叫女人!");等等,这一系列的内心冲突描写既显示了主人公心灵世界的丰富性,又展现出其性格的复杂性。哈姆雷特的内心冲突是随着为父复仇的戏剧情节逐步展开并激化的,而复仇的外在冲突又逐渐让位于内心冲突,从而揭示出犹豫延宕的本质特性。

3. 人与环境的冲突

人与环境的冲突,表现为人同自然环境或社会环境之间的冲突,这种冲突也需要戏剧化。有些剧本在表现主人公同社会环境的冲突时,往往把环境人化,即把它化为主人公与其他人物之间的冲突。

例如,《哈姆雷特》中主人公面对的社会环境是一座牢狱,而克劳狄斯及其周围的朝臣恰恰是社会环境的人化。另外,在有些剧作中,社会环境往往成为对人物发生影响的背景,给主人公造成一种外在的压迫感。例如,美国剧作家尤金·奥尼尔《琼斯皇帝》中准备造反的黑人群众。在荒诞派戏剧中,有时又把社会环境物化,即化为具有象征性的道具,造成"场面直喻"的效果。例如,法国剧作家尤奈斯库的《椅子》中堆满舞台的椅子、《阿麦迪或脱身术》中那具无限膨胀的尸体等。

此外,怎样创造戏剧冲突的表面张力,即戏剧的紧张场面?一是让观众知道一些剧中角色并不知道的秘密;二是让观众感到角色走在一条错误的路上;三是设置时间的紧迫感。

(四)用好戏剧语言

剧本语言创作需符合以下三个基本要求。

1. 动作性

戏剧的基础是矛盾、冲突,在戏剧情节中矛盾无处不在,冲突的形式和表现靠人物的行动进行。台词是人物行动的一个重要组成部分,也是表现冲突的一个重要手段。台词的动作性指台词不仅表现人物的语言,而且表现人物自身的心理活动、思想感情,它是和手势、表情、形体动作结合在一起的。台词的动作性主要体现在:一是能推动剧情的发展;二是能强烈地表达人物的意愿、意图或意志等。

例如,《雷雨》中第二幕结尾繁漪与周萍的对话:

> 周繁漪:(冷笑)小心,小心!你不要把一个失望的女人逼得太狠了,她是什么事都做得出来的。

> 周萍:我已经打算好了。
>
> 周繁漪:好,你去吧!小心,现在(望窗外,自语,暗示着恶兆地)风暴就要起来了!

第一句话暗示了情节的发展(后来她确实把什么都抖出来了),同时也强烈地反映出繁漪内心的不平静;第二句话推动情节的发展(周萍对繁漪的背叛使矛盾激化),同时也充分体现出周萍的决裂意志;第三句话暗示了情节的发展、人物的命运,一语双关,同时也表达出繁漪的绝望,悲剧的发生也就在情理之中了。

2. 性格化

要塑造个性化的人物性格,台词的处理非常重要。对所塑造人物的年龄、职业、思想、品质、兴趣、爱好、所处的时代背景等的语言处理,是直接关系到角色是否成功的关键所在。好的剧本中的人物语言,不是客观抽象或是概念化的,而是具体的、性格化的。所以我们在处理台词的过程中,除了要掌握语言的动作性外,还要注意创造出富有鲜明个性化的人物语言。

例如,《雷雨》中周朴园与鲁侍萍的两段对话:

> 周朴园:(忽然严厉地)你来干什么?
> 鲁侍萍:不是我要来的。
> 周朴园:谁指使你来的?
> 鲁侍萍:(悲愤)命,不公平的命指使我来的!

刚才还是一个温情脉脉,俨然在感情中不能自拔的性情中人,但立刻就撕破了多情的面纱,露出了冷酷的本质:因为以周朴园之心度之,他感到名声和利益受到了威胁。这个转变完全是人的本质使然,语言无法掩饰。

> 周朴园:那么,我们就这样解决了。我叫他下来,你看一看他,以后鲁家的人永远不许再到周家来。
> 鲁侍萍:好,我希望这一生不至于再见你。
> 周朴园:(由衣内取出皮夹的支票,签好)很好,这是一张五千块钱的支票,你可以先拿去用。算是弥补我一点罪过。

周朴园无情又无义,再也伪装不下去了,便化为语言。他本能地认为钱是可以解决一切的。在这里,语言是灵魂的直裸。人物语言不经过修饰,本质又本能,非他莫属,这就是高度性格化。

3. 激情化

台词要充满激情。激情的语言能深刻地表现人物的精神世界和感情变化。曹禺自己说过,《雷雨》是一首诗,主要表现在感情充沛,语言中饱含强烈情绪的内在涌动。

例如,《雷雨》中鲁侍萍急切盼望见到分别30年的儿子周萍,但她目睹了周萍动手打了自己另一个儿子鲁大海,她悲愤至极,不禁大哭着走到周萍面前责问他:"你是萍,……凭……凭什么打我的儿子?"侍萍在情急之下差点暴露了自己的身份,但她急中生智用了"萍——

凭"的谐音暗转,悬念由此化险为夷。这一转口,非常生动、贴切地传达出了鲁侍萍当时万分悲痛而复杂的感情。又如,繁漪说:"这屋子怎么这样闷气,里里外外,都像发了霉。……我简直有点喘不过气来。""热极了,闷极了,这日子真过不下去了。""小心,现在暴风雨就要来了。"通过她的一系列激情言语,可以看出她的内心是躁动的、压抑的,隐藏着巨大的精神痛苦。

4. 潜台词

潜台词是戏剧的酵母。它指潜藏在人物台词之中的真正含义,即言外之意,弦外之音,也就是人们在日常交谈中常说的"话里有话"。

例如,王朝闻在谈到《雷雨》的语言艺术时,曾举了下面两段对话。

  周冲:哥哥。
  周萍:你在这儿。
  周繁漪:(觉得没有理她)萍!
  周萍:哦?(低了头,又抬起)您——您也在这儿。
  ……
  周繁漪:(停一停)你在矿上做什么呢?
  周冲:妈,您忘了,哥哥是专门学矿科的。
  周繁漪:这是理由么,萍?
  周萍:(拿起报纸看,遮掩自己)说不出来,像是家里住得太久了,烦得很。
  周繁漪:(笑)我怕你是胆小吧?
  周萍:怎么样?
  周繁漪:这屋子曾经闹过鬼,你忘了。

这些对话都是话里有话、弦外有音,充满潜台词的。王朝闻着重对"萍"字的深长意味做了精彩的分析:"这一声'萍',既可以是长辈对晚辈的招呼,也可以是情人对情人的昵称。即使当作昵称,也可以寻求出它的重点,究竟是渴望见到周萍而见到时的喜悦,还是对于有意疏远自己的情人的抱怨;即使只着重于抱怨,这个'萍'字也同时包含有一种请求,请求即将去矿山的周萍不要忍心舍弃自己的复杂心理内容。"所以,王朝闻认为:"只要不是散文式的直说,而是富有潜台词的所谓'敲得响'的戏剧语言,不仅给演员的艺术创作提供无限的可能性,而且给观众提供了理解它、欣赏它的广阔前景。"

三、课本剧写作技巧

(一)课本剧的含义

课本剧是在充分理解课文内容,学习和运用课文语言的基础上,把原文的故事情节加以适当扩充、延伸,把非戏剧的描写、叙述语言改为以对话、独白、旁白为主要特色的戏剧语言,按剧本特有的行文格式加以规范的实践活动。

(二)编写课本剧的好处

第一,将课文改为课本剧,让学生自编、自导、自演,学生既做演员又做观众,既做表演者又做评论员。这样不仅能加深对课文的理解,培养阅读兴趣,还能够增强学生的写作、表演能力。

第二,排演课本剧,还需要学生很好地注意相互之间的协调、配合。要演好一个课本剧,光靠少数人不行,要大伙儿通力合作才能成功。学生中擅长表演的,就当演员或助理导演;擅长丹青的,就搞布景或化装;会器乐的,就伴奏;懂电工的,可以搞音响或照明……所以,排演课本剧,不仅可以培养学生的语文能力,还可以培养学生的活动能力、组织能力、创造能力。

第三,课本剧,不管是课堂上的角色朗读,还是课外排演,或是周末、节日的专场演出,都吸引着千万颗稚嫩向上的心。在那里,他们是真正的主人,可以大显身手,年少旺盛的精力得到了正当有益的引导。排演课本剧是与课文对应的,是课堂快乐的延伸。它为青少年学生开辟了一块活动的新园地,沟通了青少年学生的课内与课外的界域。在老师们的指导下,学生们会在这园地里播下希望的种子,浇上辛勤的汗水,在不久的将来,定会收获丰硕的成果。

(三)编写课本剧注意事项

写作课本剧既能加深对课文的理解,也是戏剧创作的一种初步尝试,更是语言运用的最好的练习,写作中要注意如下几点。

1. 深入理解课文,精心设计冲突

被改编为课本剧的文章,或小说,或散文,与戏剧相差甚远。改编时要反复阅读原文,理解作品主题,尤其要深入理解人物性格,把握人物间的矛盾冲突,选取最能表现人物性格、适合舞台表演的情节进行改编。要集中考虑设计主要冲突。冲突就是戏,冲突设计得好,戏就好往下演。例如,改编《祝福》时,若将主要冲突设计在祥林嫂一心想摸祭器、祭品而四叔等人却不允许这一冲突上,自然就会牵一发而动全身。

2. 根据原文特点,合理安排结构

第一,对时空跨度较大的情节宜采用如《雷雨》《屈原》式的锁闭式结构,即打破原作的时空顺序,截取原作情节的一两个横断面重新组合,通过人物的对话进行穿插交代隐约显露整个情节。例如,改编《祝福》时,就可以选取祥林嫂捐门槛前后的两个祝福片段,重新安排人物,通过四叔的嫌恶、柳妈的劝说恐吓、祥林嫂的独白及其他人物的对话来交代祥林嫂的一生。

第二,对时空、人物相对集中的情节可采用《窦娥冤》式的开放式结构,即按原作情节的自然顺序展开。例如,《一碗阳春面》的改编就可以采用这种形式。

第三,对于人物众多,没有明显的主要人物或情节性不强的课文,宜采用《茶馆》式的人物展览式结构,即选取某一环境或场面,让众多人物共同登场,展示各自的性格。例如,改编《药》时,就可以采用这一形式。

3. 精心设计语言,体现动作特性

语言要符合人物身份、地位、文化修养,不可长篇大论。尤其要注意动作性,即语言要反映人物的动作、表情、心理变化,即使说话人没有相应的形体动作,观众也要能从中产生一种有动作的感觉,还要好念、上口。

此外,课本剧的改编不限于文学作品,即使物理、化学、生物等学科内容,也可以用拟人化的方式改编成课本剧。

(四)课本剧范例

丑小鸭

第一场　出世

音乐(有鸟叫、知了叫等)及舞台布景组合出一幅恬静、温暖的乡村夏日风光图。

(画外音:太阳暖烘烘的,鸭妈妈卧在稻草堆里,等待孩子们出世。)

鸭妈妈:(蹲在六只鸭蛋中间,其中一只鸭蛋特别大。伸懒腰。)哎,我的孩子们,你们怎么还不出世呀,可把妈妈累坏了!

五只小鸭:(从蛋壳里钻出来,东张西望)妈妈!妈妈!……(跑向鸭妈妈)

一小鸭:(指着大蛋)咦,妈妈,这是谁?怎么还不出来呀?

鸭妈妈:别提了,妈妈在他身上花的工夫最多,可他硬是不见一点动静。

(鸭妈妈和众小鸭退下)

(画外音:又过了好几天,这个蛋才慢慢裂开,钻出一只又大又丑的鸭子。)

(蛋裂开,发出一声特别响的破裂声,丑小鸭钻出,东瞧西看。)

(鸭妈妈和众小鸭上场)

众小鸭:(惊异、交头接耳)

小鸭甲:呀!他的毛是灰灰的,太土了。

小鸭乙:瞧!他的嘴巴那么大,可吞下我们家门口的池塘了。

齐声:他可真是一只"丑小鸭"。

(幕落)

第二场　出走

音乐及舞台布景反映出农村的秋日田园生活。

(画外音:自从丑小鸭来到这个世界上,除了鸭妈妈疼爱他,谁都嫌弃他。)

众小鸭:真不害臊,长得这么丑还有脸和我们待在一起,快滚!妈妈和我们的脸都给你丢尽了!(啄,赶丑小鸭,丑小鸭跑,遇到一只大公鸡。)

大公鸡:(趾高气扬)喔喔,哪里钻出来的丑八怪,快滚!(啄丑小鸭)

养鸭的小姑娘:(喂食,众小鸭抢食,丑小鸭跑在第一个,小姑娘用脚踢丑小鸭。)讨厌!长得最丑,吃得却最多!

丑小鸭:(抹眼泪)妈妈,生活对我太不公平了,长得丑,不是我的错啊!妈妈,对不起,我要离开你了!(丑小鸭退场)

(画外音:丑小鸭钻出篱笆,离开了家。)

鸭妈妈:(焦急地寻找)孩子,丑小鸭……

(布景换树林。丑小鸭跑进树林里。)

小鸟:快看啊!树林里跑来了一个怪物,这么丑,羞!羞!羞!(小鸭垂头丧气,一副可怜相。突然传来一阵急促的猎狗叫:汪汪汪……丑小鸭惊慌失措,没命地奔跑。)

(幕落)

第三场 受难

音乐和布景构成一幅湖边严冬图。

(画外音:冬天到了,树光秃秃的。丑小鸭来到湖边荒芜的芦苇地,悄悄地过日子。一天傍晚,一群天鹅从空中飞过。)

丑小鸭:(望着飞过的天鹅,又惊奇又羡慕。)啊!美丽的大鸟,你们的羽毛是那样洁白,你们的脖子是那样修长,你们的体态是那样优美,你们是世界上最高贵的鸟儿。可我长得这样丑!我不可能梦想有你们那样漂亮,只求大家不要嫌弃我,准许我跟你们生活在一起。

(丑小鸭在湖面上不停地划动,最后趴在冰上冻僵了。)

一位农夫:(在丑小鸭身上摸了摸)哎,可怜的小东西,还有救!(拾走"鸭子")

(幕落)

第四场 新生

音乐、布景(有紫丁香花)构成一幅湖边春光图。

(画外音:春天来了,紫丁香花开了,丑小鸭扑扑翅膀,向湖边飞去。忽然看见镜子似的湖面上,映出一个漂亮的影子,雪白的羽毛,长长的脖子,美丽极了。他长成了一只漂亮的天鹅。)

丑小鸭:(飞到湖边,对着湖面左顾右看)啊,上帝!这难道是我的影子吗?我再也不是丑小鸭了,我长成了一只漂亮的天鹅啦!

众小鸭:(目瞪口呆)这是我们原来的老六吗?

鸭妈妈:(兴奋)我可爱的孩子!

(天鹅舞曲响起,三只大天鹅和小天鹅共同起舞,跳出丑小鸭长成天鹅后的幸福快乐。)

养鸭的小姑娘:快看!快看!来了一只新天鹅,他那么年轻,那么好看,他是最美的天鹅!

(画外音:只要你是一只天鹅蛋,就是生在养鸭场也没什么关系;只要你是一颗珍珠,不管埋没多久,终究会放出夺目的光彩;只要你有真才实学,挫折和磨难反而会使你获得更大的成功!)

该课本剧忠实于原著,情节与原著基本相同,没有大的变更。从整体而论,基本符合戏剧的创作要求,采用了开放式结构,剧情有开端,有进展,有高潮,有结局。有外部冲突:众小鸭与丑小鸭的矛盾;有内部冲突:丑小鸭艰难的现状与美好的理想。舞台背景设置合理,以夏日、秋日、冬日、春日四季景色为背景,来衬托丑小鸭的出世、出走、受难和新生四个阶段。语言极具个性,又富有较强的动作性。画外音的处理,不仅推动了情节的发展,而且点明了戏剧的主旨。整个课本剧非常适合小朋友表演。

第四节 小　说

一、小说概述

（一）含义

小说一词，最早见于《庄子·外物》："饰小说以干县令。"东汉班固在《汉书·艺文志》中写道："小说家者流，盖出于稗官。街谈巷议，道听途说者之所造也。"这里指的是浅薄琐屑的逸闻言论。演说故事的小说，源于先秦的神话、传说、寓言，后演变为魏晋志怪、唐代传奇、宋代话本。在宋代，小说才成为故事性文体的专称。至元明清近代，小说发展进入一个新的阶段，出现了鸿篇巨著的演义、章回小说。

现代意义上的小说，指以塑造人物形象为中心，通过完整的故事情节和具体的环境描写，反映社会生活，表达主题思想的一种叙述性文学体裁。其表现手法灵活多样，常使用叙述和描写笔法，叙述事件的前因后果，描绘自然景物、社会环境、生活场面及人物外貌、心理、言谈、举止和各种纠葛关系等，细腻地刻画人物性格，充分地展示社会生活的各个方面。它用散文体形式表现叙事性内容，不受时空限制，允许艺术虚构。

（二）特征

1. 典型性

小说以塑造人物形象为中心，它可以自由而充分地运用各种表达方式和艺术手段，多方面地刻画人物性格，使人物血肉丰满，性灵呈现，栩栩如生。例如，《水浒传》中的武松、鲁智深、李逵等，《三国演义》中的诸葛亮、张飞、关羽、曹操等，《西游记》中的唐僧师徒等，《红楼梦》中的王熙凤、贾宝玉、林黛玉等，以及鲁迅笔下的阿Q、祥林嫂、孔乙己、闰土等，都是典型的人物形象。

2. 完整性

在小说中，人物和情节如影随形，不可分离。人物的活动，人物之间、人物与环境之间的关系及其变动构成情节；情节又为刻画人物服务。情节一般带有故事性，情节的生动、完整，对于强化人物性格、深化主题思想和增强作品的艺术感染力起到重要作用。情节一般分为开端、发展、高潮、结局四个部分。情节推移是以生活发展的逻辑为基础的，但又比实际生活更集中、更典型、更普遍，因此更有警示意义。散文、通讯、报告文学等虽然有故事情节，但它们的情节都比较单纯，且并不要求完整。而小说的故事情节则要求完整性，这也是小说区别于其他文体的标志之一。

3. 具体性

环境是人物所处的并促使其行动的外部世界。小说中的环境是人物性格形成、发展及人物成长的客观条件。环境描写是衬托人物性格和显示故事情节不可缺少的手段，对揭示作品的思想意义、再现生活有重大的作用。小说中的环境描写不受时空限制，可以多方面、立体式地把各种生活场面同时展现出来。小说还能深入细致地展现人物活动的具体环境，深入人物活动的各个角落。小说中的环境还要典型,具体而不典型,没有共性;典型而不具体,不免抽象。因此,小说中的环境既要具体,又要典型,这样才能做到再现典型环境中的典型性格。

严格地说,人物的典型性、情节的完整性、环境的具体性应是一篇好小说必备的因素,尤其是前两点不可或缺。由于主题、题材、篇幅及作者风格的不同,具体的小说作品在上述三方面可能有所侧重。但是,"只看人物刻画,不重情节构造",或者"只重情节构造,不重人物刻画"的小说,终归难臻完美。至于没有情节的小说,则根本不能算作小说。

(三) 分类

按内容性质分,小说可分为战争小说、爱情小说、科幻小说、惊险小说、传记小说、历史小说、心理小说、讽刺小说、推理小说等;按其篇幅、结构、规模分,可分为长篇小说、中篇小说、短篇小说、小小说、微型小说。以下主要介绍第二种分类。

1. 长篇小说

长篇小说篇幅长,容量大,人物众多,情节复杂。通过不同历史时代具有重大社会意义的复杂事件、具体的社会环境和众多不同性格人物形象的描绘,广阔地展示一定历史时期的社会风貌,并揭示其深刻的底蕴。优秀的长篇小说常被称为时代的史诗。长篇小说所反映的社会生活内容,往往有很大的时间跨度和空间广度,并具有宏伟壮观的艺术结构。文字量一般在10万字以上,多者可达数百万字。例如,我国四大名著就是典范。长篇小说的创作,要具体展示历史时代背景,安排好错综复杂的情节线索,人物描写须有历史的纵深感,并注意从总体上把握和反映社会生活。

2. 中篇小说

中篇小说在篇幅长短、容量大小、情节繁简、结构规模、人物多寡等方面,都介于长篇小说和短篇小说之间。它像是从长篇小说中摘取下来的一章,常表现社会生活的一个片段,但又具有相对的完整性和一定的深广度。背景较为广阔,但常推到幕后,不如长篇宏阔。人物关系、性格冲突处理简明,不作细腻的描写。结构灵活开放、千姿百态,适宜表现不同性格或不同时空结构中的多种复杂对象。文字量一般在三五万字,最多也不超过10万字。中篇小说的创作,要注意融合长篇、短篇小说的长处,既要及时反映社会生活,又要具有深厚的社会内容和写作主体的哲理思考,以适应读者的阅读心理和审美需求。

3. 短篇小说

短篇小说篇幅短小,情节精练,人物集中,往往截取生活中具有典型意义的某个片段或侧面,围绕一组矛盾、一两个主人公展开故事,集中地突出人物性格和鲜明地表达主题,具有"借一斑略知全豹,以一目尽传精神"的艺术力量。文字量一般在两万字以内,甚至三五千字。鲁迅、契诃夫、莫泊桑、欧·亨利等作家,均以写短篇小说而著称。短篇小说的创作,要善于以小见大,以局部再现全局,讲究艺术构思的精巧,人物、情节、背景、氛围都需高度单纯化。

4. 微型小说

微型小说是为适应现代生活的快节奏而产生的一种千字以内的小说样式,也称一分钟小说、袖珍小说、小小说、超短篇小说、微观小说、微信息小说等。源于欧美,20世纪50年代传入日本,之后又移植到我国。它一般摄取生活中具有特殊意义的一个片段、一个镜头、一个瞬间,反映出深刻的思想主题和社会内容。它的特点是,篇幅微小,构思巧妙,情节单纯,主干突出,线索分明;以白描为主,语言简洁、凝练、含蓄。微型小说的创作,一般要求立意清新,结构严密,结尾奇崛。对于初学写作者来说,从微型小说入手,是全面训练观察、分析、想象能力及结构与表达等诸种基本功的必修课。微型小说的创作技巧见后文。

二、小说写作技巧

(一) 人物塑造

人物形象是否具有典型性,是否具有一种感召性的精神力量,很大程度上决定了小说的成功与否。那么,怎样才能成功地塑造人物形象呢?

1. 典型化

小说描写艺术的最主要特质就是运用典型化的艺术手法,创作具有鲜明个性的典型形象。典型人物就是一定时代某一类人的共同性格(精神状态)和鲜明个性的统一。用苏联作家高尔基的话说,就是"从同类的许多事实中提炼出来的精萃"。他在《谈谈我是怎样学习写作》中说得更具体:"假如一个作家能从二十个至五十个,以至几百个小店铺老板、官吏、工人中每个人的身上把他们最有代表性的阶级特点、习惯、嗜好、姿势、信仰和谈吐等抽取出来,再把它们综合在一个小店铺老板、官吏、工人的身上,那么这个作家就能用这种手法创造出'典型'来——这才是艺术。"除此之外,还要能开掘人物性格结构中的既对立又统一的复杂因素,使人物性格具有丰富性和复杂性。例如,鲁迅笔下的阿Q,质朴愚昧而又狡黠圆滑、率直任性而又正统卫道、自尊自大而又自轻自贱、争强好胜而又忍辱屈从、狭隘保守而又盲目趋时、排斥异己而又向往革命、憎恶权势而又趋炎附势、蛮横霸道而又懦弱卑怯、不满现状而又安于现状等,这些矛盾对立的性格因素,有机地统一在阿Q身上,构成了一个复杂而又丰满的典型人物形象。

2. 典型化基本方法

(1) 缀合法

缀合法,即以生活中的真人为模特,对其进行艺术加工,舍弃原型中不能表现本质的因素,适当地、合理地补充一些同类型人物的某些本质特征,创造出比原型更集中、更具有代表性的典型形象。在选用这种方法时,写作主体要善于概括、想象和虚构。以某个具体、明确的生活真人为原型,比较容易写,也容易将人物写活。此方法最适合于初学写作的人运用。

例如,巴金的《家》中众多人物形象之所以鲜活,是因为巴金以自己身边所熟悉的人做模特。如小说中作为高家长房长孙的悲剧人物高觉新,据巴金在人民文学出版社1981年再版的小说《家》后附录的两篇序(《呈现给一个人——初版代序》《关于〈家〉(十版代序)——给我的一个表哥》)中所言,高觉新的主要生活原型就是巴金性情善良而又懦弱的大哥。巴金的大哥不满封建家庭的腐败,对新生活充满渴望,但他作为封建大家族的长房,受过比较正统的封建思想教育,加上其个性又懦弱,这让他只能逆来顺受,始终被束缚在腐朽的封建大家庭的牢笼里,无法按自己的意愿生活,他为此背负了太多的痛苦,无力自拔,最终选择了自杀。巴金对自己的大哥非常了解,大哥的一言一行,大哥矛盾痛苦的内心,直至大哥最终弃世,都深刻在巴金的脑海里。巴金痛惜大哥的悲剧性格和悲剧人生,将自己的大哥作为原型写进书中,他是以一种文学的方式来痛悼他的大哥。在巴金的笔下,高觉新即是大哥,大哥即是高觉新。

(2) 拼凑法

拼凑法,简洁地说是"杂取种种人,合成一个"的方法。即指写作主体对生活中大量同类型的人进行观察、体验,将分散在各个人身上的具体特征,综合熔铸而成作品中的艺术典型。鲁迅说他"没有专用过一个人,往往嘴在浙江,脸在北京,衣服在山西,是一个拼凑起来的脚色"(《我怎么做起小说来》)。这种方法有助于写作主体塑造完美的形象。

例如,沈从文《边城》的女主人公翠翠采用的就是拼凑法。沈从文在散文《水云——我怎么创造故事,故事怎么创造我》中特意说到翠翠这个形象的由来:"一面从一年前在青岛崂山北九水旁所见的一个乡村女子,取得生活的必然,一面就用身边黑脸长眉新妇作范本,取得性格上的素朴良善式样。"这里所说的"乡村女子"就是沈从文曾在《边城·新题记》中提到的那个奉灵幡引路的小女孩:"民二十二至青岛崂山北九水路上,见村中有死者家人'报庙'行列,一小女孩奉灵幡引路。因与兆和约,将写一故事引入所见。"而他所说的"新妇"则是当时他新婚的夫人张兆和。翠翠的原型还不止这两个,沈从文在《湘行散记·老伴》中又说:"我写《边城》故事时,弄渡船的外孙女,明慧温柔的品性,就从那绒线铺小女孩印象而来。"深入了解沈从文,尤其是看过《从文自传》的人,大概都有一种感觉,翠翠的原型中还有沈从文自己。翠翠的心灵世界几乎跟沈从文是相通的。翠翠所受的"教育"与沈从文大体相似,幼时与草木为师,自然中长养,随着岁月的流逝,不知不觉中又受各种人事的浸染,从懵懂中走出,进入现实的人生——往往受人为因素所牵扯。沈从文将自己对人生的感受都融入翠翠的情感里,借翠翠这个形象来表达他的哀乐。从这点上说,翠翠就是沈从文。

生活原型的性格,一般都是粗糙的、分散的,常常是本质现象与非本质现象混杂在一起的。在写作中必须从人物性格出发,对生活原型进行选择、提炼,并通过调度和取舍,剔除非本质的方面,强调本质的方面。这样,人物的性格就能够具有鲜明的个别性和一定的典型性。当然,在任何情况下,缀合也不能把原型与作品中的人物画等号;拼凑也不是自然主义的简单纪实或摹写。

3. 人物刻画艺术技法

人物刻画的主要方法是运用描写手法,包括肖像描写、语言描写、行动描写、心理描写等(见第十一章)。优秀的作家为了给自己塑造的人物以生命,刻意经营,匠心独运,创造了许多使人物血肉丰满、性灵呈现的艺术技法。常用的有以下几种。

(1) 对比法

又叫对照法,通过人物与人物的对比描写,使人物形象更加鲜明突出。例如,《水浒传》第九回中的林冲棒打洪教头。

(2) 点染法

又叫烘托法。通过多方映衬、烘托突出主要人物,即所谓众星捧月、绿叶托红花的手法。例如,《儒林外史》第五回中的严监生疾终正寝。

(3) 铺垫法

先作人物、事件、景物铺写,以衬托人物。这种手法多用于描写尚未出台的主要人物或重要人物。例如,《三国演义》中的三顾茅庐。

(4) 转折法

描写特定环境中人物性格由一面突然转向另一面,以揭示人物的本性真情。例如,《红楼梦》第五回中的贾宝玉午睡择室。

(5) 渲染法

用环境气氛的渲染代替正面描写,以突出地表现人物。例如,《三国演义》第五回中的关公温酒斩华雄。

(6) 夸张法

把人物性格的某些特征加以夸张、放大,使人物性格鲜明突出。例如,《三国演义》第四十二回中的张飞三声雷霆吼,独退曹家百万兵。

(7) 擒纵法

欲擒故纵,暂隐已知真相,让人物充分表演以显露本性,然后亮底摊牌。例如,《三国演义》第三十回中的许攸投曹操。

4. 塑造人物应注意的问题

在塑造小说人物时,还应注意以下两点。

一是小说中的人物和真实人物不同。小说中的人物是写作主体虚构的,而这种虚构的人物来自小说写作主体的心灵,是融有写作主体的血肉、灵魂、性格、气质等臆造的人物。小说中的人物生活在小说的国度里,这个国度是一个叙述者与创造者合而为一的世界。英国小说家福斯特说:"小说人物在人生中的五项主要活动——出生、饮食、睡眠、爱情和死亡等方面,都有不同于真实人物的特点。只要他了解他们透彻入理,只要他们是他的创作物,他就有权要怎么写就怎么写。"(《小说面面观》)这说明小说人物由于是写作主体展开想象、通过虚构创造的,因此他不同于生活中的真实人物。学习小说写作者,不能不首先明白这个问题。

二是小说人物与写作主体自我之间是一种既矛盾又统一的关系。法国作家莫泊桑说,作者写的不管是什么人物,"我们所表现的终究是我们自己","我们要使人物各各不同,就只有改变他们的年龄、性别、社会地位和我们'自我'的生活情况,这'自我'是大自然用不可越逾的器官的限制所形成的","要使得读者在我们用来隐藏'自我'的各种面具下不能把这'自我'辨认出来,这才是巧妙的手法"。同时,莫泊桑又指出:"如果对人物进行了充分的观察,我们就能够相当准确地确定他们的性格,以便能预见他们在各种不同情况下的行动方式,如果我们能够说:'一个具有这样性格的人,在这样的情况下会做出这样的事',但决不能由此得出这样的结论:我们能够一个个地确定人物自己的非我们所有的思想中的一切最隐蔽的活动,那些与我们不同的本能所产生的一切神秘的希求,他那器官、神经、血液、肌肤和与我们特殊的体质所决定的暧昧的冲动。"(《谈小说创作》)这就是说,写作主体根据自己的艺术构思塑造着人物,但人物对写作主体保持着相对的独立性。写作主体三番五次地进行艺术构思,修改自己的人物性格,要人物活起来、站起来,但人物性格一旦形成,人物一旦活起来、站起来,他就要顽强地按照他的社会地位、生活环境、思想性格、个人气质来思考、说话、做事、行动、抒发内心情绪。这时候,他常常要跟他的写作主体发生争执,提醒写作主体应该怎样描写他。在这样的情况下,写作主体的笔就只好顺着人物自身的行动进行写作。当然,这种情况只有在进行认真、深刻的艺术构思后才会出现,草率从事是写不出真正的小说人物的。

(二) 情节安排

1. 基本要求

(1) 真实性

真实性是指小说情节虽然是虚构的,但给人的感觉就像在现实中真正发生的一样,能让读者产生一定的共鸣。写小说的人,要想将小说情节写得富有真实性,必须深入生活,体验生活,遵从生活的逻辑。这样虚构小说情节,才有可能虚构得很好,虚构得像真的一样。

例如,陈忠实的长篇小说《白鹿原》就给人一种很真实的感觉。小说以白、鹿两个家族的明争暗斗为主线,展现渭河平原半个世纪波澜壮阔的历史变迁(大革命、日寇侵华、国共内战),以及人物复杂多变的命运。小说情节跌宕起伏,诸如谋取风水宝地、孝子当土匪、亲胞兄弟相煎、昔日情人反目成仇等情节都是虚构的,但又处处显出高度的真实。因为作者具有丰富的生活体验,在创作时恪守社会生活逻辑,紧抓人物的性格及其所处的具体环境来虚构情节。在作者的笔下,人物的行动与命运不只受制于社会生活,还受制于人物各自的复杂性格。一个作者,如果没有丰富的生活经历,没有深刻的生活感悟,他写小说只能靠想象靠编造,会严重脱离生活实际,缺乏真实性,虽有故事情节,却无令人信服的实质内容,当然也就谈不上什么艺术感染力了。

(2) 完整性

一般而言,传统的现实主义小说情节的完整性体现,在它的情节安排包含了构成一个客观事件(作品的中心事件)的开端、发展、高潮、结局这样的完整过程。《水浒传》是个典型范例,以一众好汉被逼上梁山、起义军不断发展壮大、数次打败朝廷派来镇压的大军、招安之后的败落等环节,完整地叙述了起义军由兴而盛、盛极而衰的过程。这种遵循开端、发展、高潮、结局顺序安排情节的写法,使情节有头有尾、层次分明、线索清晰,便于读者把握。

在具体的操作过程中,这种以客观事件的自然流程作为情节安排基本线索的传统模式,可以根据主题表现的需要灵活处理。主要有两种处理方式:一种是采用倒叙方式,将情节中某个重要的环节或是结局提到开头或前面先写,引发读者的阅读期待,或是为作品预设某种意蕴氛围。托尔斯泰的《复活》、鲁迅的《祝福》都是这种类型的范例。再一种是采用省略方式,即有意识地省略情节中的某个环节,有意造成内容表达上的不确定性,从而为读者的积极参与提供想象的空间。例如,莫泊桑的《项链》,先写了主人公玛蒂尔德借项链、丢项链、赔项链,然后跳过10年,写她再遇旧友得知当初所借的不过是条假项链。这10年的省略看似漫不经心,却是作者的匠心所在,使得小说结尾的陡转极其耐人寻味。

(3) 生动性

生动性是指小说情节能给人强烈的艺术感染力,主要表现为传神逼真与曲折动人。情节传神逼真,主要是指情节趋于平淡,其外在形式或许并非大起大落扣人心弦,但作者善于将澎湃的生命激情灌注于表面看来十分平静甚至沉闷的情节叙述中,写得有血有肉,富有浓郁的生活气息,使人读后有如见其人、身临其境之感,让读者体会到一种内在的扣人心弦的力量。例如,美国小说家杰克·伦敦的《热爱生命》,故事发生在冰天雪地的北极圈,主人公是一位因受伤而被同伴抛弃,到后来只能艰难爬行的淘金者。小说没有紧张刺激的情节,但是,在近乎沉闷的叙说中,贯穿了一种追求生命的执着坚毅,正是这种内在生气的灌注使作品极其富有感染力,同样让读者欲罢不能。情节曲折动人,主要是指情节跌宕起伏,环环相扣,引人入胜,具有很强的故事性。一般的通俗小说,比如警匪小说、武侠小说、言情小说等,都比较讲究情节的曲折。

情节的曲折动人和传神逼真并非截然分开,在很多优秀小说中,二者是紧密结合的。例如,《红楼梦》虽然总体上写平常家事,但也不乏一些引人入胜的曲折小事,著名的有黛玉葬花、晴雯撕扇、宝玉挨打等。这些都是作者有意无意中往生活的大湖里投下的颗颗石子,使平静的湖面荡漾起引人注目的小波澜,从而增强小说的生动性。

2. 安排情节艺术手法

(1) 一点因由,生发开去

鲁迅创作小说常用此法。他在自述写作经验时说:"所写的事迹,大抵有一点见过或听到过的缘由,但决不全用这事实,只是采取一端,加以改造,或生发开去,到足以几乎完全发表我的意思为止。"(《我怎么做起小说来》)其《故事新编》几乎都可以作为"一点因由,生发开去"编造情节的范例,值得初学者学习和借鉴。

(2) 移花接木,综合虚构

即集中类似的素材,通过写作主体的想象作艺术处理,构成完整丰满、真实可信的情节。其功用和意义不仅在于促成人物和情节的产生,更重要的是完成人物和情节的典型创造,使其具有更深刻的社会内容和教育意义。例如,王愿坚的《党费》,中心事件是一个普通的农村妇女、共产党员黄新,用做咸菜代替党费上缴来支援游击队,最后壮烈牺牲。据作者在《在革命前辈精神光辉的照耀下》文中回忆说,这个故事情节是融合了三个感人的革命故事及其他生活感受而虚构的。

(3) 因事制宜,顺理成章

即对原始材料进行合理的改造,使其顺理成章,更典型,更理想,更有助于深刻主题和塑造人物形象。例如,在王愿坚的《党费》中,作者对生活素材就做了两点重大的改造。一是作品主人公的生活原型之一卢春兰,作者并不知道她是不是党员,而在作品中把主人公黄新写成了党员;二是把送咸菜改作交党费。这样一改,主题、人物、情节都随之迸发出夺目异彩。

(4) 偶然必然,合乎逻辑

小说的情节应该引人入胜。怎么才能做到呢?重要的方法是把所写事件的偶然性与必然性很好地统一起来,也就是使情节既出乎读者的意料之外,又在事件发展的情理之中。例如,美国小说家欧·亨利的《警察与赞美诗》,描写流浪汉苏比衣食无着,想进监狱过冬,故意触犯法律,却一再受到警察的宽容。后来,他听了教堂里传出的赞美诗,决心改过自新,却遭到警察的逮捕。这一情节初看似乎荒诞,仔细一想,却又符合事件发展的逻辑。

(5) 张弛相间，波澜起伏

要使情节安排得曲折有致，以深化主题，还要有善于组织紧张情节的艺术。所谓紧张情节，是指摄人魂魄、扣人心弦的情节。写作主体在展开情节时，应避免平铺直叙，要采用张弛相间、波澜起伏的方法，引发读者的兴趣，从中领悟小说的主题。例如，蒲松龄《聊斋志异》中的《促织》，小说开头写皇帝命征蟋蟀，成名忧郁欲死，引起紧张。成名尽力寻找，但一无所获，而官府严限追逼，棍棒交加，使成名惟思自尽，这就保持和加强了紧张。成名得巫婆指点，得健壮蟋蟀，举家庆贺，这就使紧张暂时松弛下来。其子弄死蟋蟀，畏惧跳井，成名又落得虫死子亡的悲惨境地，又使紧张加剧了。其子魂化蟋蟀，蟋蟀失而复得，然虫小貌劣，恐官府不纳，紧张仍然存在。蟋蟀一斗得胜，方知异物，成名喜出望外，紧张正要解除，忽又险象环生，蟋蟀险失鸡口，又使紧张加剧。最后，成名献出蟋蟀，得到赏赐，点明这只蟋蟀是其子灵魂幻化的，这就把紧张解除了，故事到此结束。这是作者组织紧张情节的艺术典范。

3. 情节结构形态

傅德岷等学者认为，小说的情节结构形态主要有以下几种。

(1) 线型结构

线型结构又分单线型结构和复线型结构。单线型结构指构成小说情节的线索只有一条，情节单纯，线索明晰，小说自始至终围绕中心人物展开，使主题在完整的情节描写和人物刻画中表现出来。这是中国小说创作的传统结构模式。例如，蒋子龙的《乔厂长上任记》、路遥的《人生》、古华的《芙蓉镇》等。复线结构的小说有两条主线。例如，俄国作家列夫·托尔斯泰的《安娜·卡列尼娜》：一条以渥伦斯基和安娜·卡列尼娜为主，另一条以列夫为主。长篇小说多采用复线结构，中、短篇小说也可采用复线结构。两条线索同时展开，可以使小说反映的生活面更宽广，人物形象刻画得更丰满、更充分。

(2) 网状结构

即有三条或三条以上线索互相交叉发展，盘根错节，犹如蛛网。例如，《水浒传》《红楼梦》《战争与和平》《绿房子》等巨著，都采用了网状结构把纷繁复杂的生活内容和人物关系用蛛网式线索组织起来。

(3) 辐射式结构

这种结构方式的特点是作者的透视点很集中，整篇小说的情节线索都从这一点上射出去。作家王蒙和谌容对这种结构方式运用得很娴熟。典型范例如谌荣的《人到中年》，其复杂内容就是从陆文婷躺在床上的追忆中散射出去的。意识流小说常用这种结构方式。

(4) 板块式结构

即作者在小说中随意地写出一个人物或一段情节，然后搁在一边；或随意写出某种心理或场景，又搁在一边。这些描写自成系统，有一定的独立性和特定的内容，形成一个稳定的板块。这些板块有时相互靠拢、碰撞、连接，能使人了解整个情节的过程；有的板块在表面上无任何联系，但是读完全篇，却由作品所表现出来的思想线索，无形地把各板块联系起来。这种结构形式丢弃了过渡段、过渡句等常用的过渡方法，甚至丢弃了有过渡作用的标点符号，直接把前后不相干的板块前言不搭后语地连在一起。这种结构可能有贯串情节，

如茹志鹃的《剪辑错了的故事》；也可能没有贯串情节，如法国作家普鲁斯特的《斯万的爱情》等意识流小说。在我国的小说中，很少出现完全没有贯串线索的板块结构形式。现代西方的板块结构形式的小说，往往写了较多的下意识活动，甚至是梦境、魔幻及无意识幻觉等。也正因为如此，自成一块的具体内容，不仅可以与主体毫无关系，而且在小说中，某些板块几乎毫无可取之处或毫无必要。

（三）环境描写

小说中的环境是人物性格形成和事件发生的土壤，可以交代人物活动，事件发生的时间、地点、背景、条件，这些是构成环境描写的主要方面，也是为主题形成和人物塑造服务的。小说中的环境描写要注意以下几点。

1. 环境铺垫

环境铺垫是为了烘托气氛，表明人物心境，引发矛盾，联结情节并推动情节。

例如，鲁迅《故乡》的开头写"我冒了严寒，回到相隔二千余里，别了二十余年的故乡去"。接着写渐近故乡时，天气阴晦、冷风呜呜、荒村萧索，引起人的悲凉心境。这开头的环境描写，蕴含着强烈的情感悬念和情节悬念，为后面牵引出闰土、杨二嫂的贫穷现状和性格变化作铺垫。老舍《骆驼祥子》中的一段环境描写："街上的柳树，像病了似的，叶子挂着层灰土在枝上打着卷；枝条一动也懒得动的，无精打采地低垂着。马路上一个水点也没有，干巴巴的发着些白光。便道上尘土飞起多高，与天上的灰气联接起来，结成一片毒恶的灰沙阵，烫着行人的脸。"文中的景物描写是写实，同时也有力地烘托了车夫艰难的生活。

2. 环境衬托

描写环境不仅为人物的活动提供必需的背景和场所，也为人物的行动和情节发展作铺垫，而且它还常常反映人物感情和心灵的色彩。一般来说，环境色彩与人物心理色彩是统一的，小说家以环境衬托人物，常常以乐景写乐，哀景写哀，美景写美。但有时也取反照的方式：以乐景反衬悲哀，以哀景反衬欢乐，在以正求反之中获得强烈的艺术效果。

例如，《红楼梦》第九十七回写林黛玉忧郁成疾，口吐鲜血，不得不焚稿断痴情，临死之际正是薛宝钗与贾宝玉婚庆的喧闹声阵阵传来之时，其艺术感染力非常强烈。鲁迅的《祝福》，开头和结尾写鲁四老爷家祝福的情景和鲁镇过年的气氛，以热闹的环境来反衬祥林嫂的悲惨命运。

3. 环境和谐

在现实生活中，人们总是习惯地按照自己的生活特点、经济条件、兴趣爱好和审美情趣来创造环境，以达到环境和自己的和谐一致。这样的环境，实际上已是人化、情化了的环境。生活环境的陈设、格局等，常常反映出人物的气质和性格特点。

例如，《红楼梦》中为了表现薛宝钗贞静自守的性格，写她住的蘅芜苑，室内"雪洞一般，一色玩器全无，案上只有一个土定瓶中供着数枝菊花，并两部书，茶奁、茶杯而已"，这样写突出了一个"淡"字。为了表现林黛玉孤高自许、落落不群的性格，写潇湘馆外"凤尾森森，龙吟细细"的几杆翠竹和小道曲径两边的点点苍苔，突出一个"幽"字。为了表现李纨胸襟淡泊的性格，写她住的稻香村只是"一带黄泥墙""数楹茅屋""两溜青篱"，突出一个"朴"字。《红楼梦》中人物的居处，无不和人物的性格、身份和谐一致，使环境成为人物性格的外化。

(四) 细节描写

细节是小说刻画人物、展开情节、构成环境的最基本单位。环境和人物的完整描写是由许多细节描写所构成的;故事情节的整体也是由许多细节集合构成的。小说人物的个性特征需要通过真实的细节描写体现出来。没有细节,作品根本不能成立;缺乏细节,形象就会干瘪,情节就会空洞。

例如,《孔乙己》中一句"孔乙己是站着喝酒而穿长衫的唯一的人",概括点出了他的特殊身份,紧接着对他的外貌作细节描写,他的脸色、伤痕、胡子,还有长衫,都富有特征地表现了他的遭遇、境况和精神状态。青白脸色反映出营养不良;皱纹间常夹伤痕,标记着偷窃挨打;胡子花白而蓬乱,既表现他的年纪,又形容他的潦倒;那长衫,"脏"显其懒,"破"表其穷,又脏又破还要借以护身,标榜自己是不同于短衣帮的读书人,其穷酸、迂腐暴露无遗。这样的艺术细节描写是使人物形象具有生命力和感染力的重要因素。

三、微型小说创作技巧

鲁迅说过,初学写作小说者"可以各就自己现在能写的题材,动手来写的。不过选材要严,开掘要深,不可将一点琐屑的没有意思的事故,便填成一篇,以创作丰富自乐。"(《关于小说题材的通信》)初学写作者进行小说创作,最好从微型小说开始。陈亚丽等学者对微型小说的创作提出了很好的建议。

(一) 善于捕捉生活的细节

微型小说和其他小说的区别关键在于一个"微"字。这体现在选材上,就是要选取生活中那些细微的事件、情节、环节。可以是生活中的闪光镜头,也可以是精彩瞬间,以一斑而窥全豹,从中发现美、发现哲理、发现事物的本质。捕捉细节,可以在现实生活中忽然抓住,也可以在自我的生活积淀中仔细挖掘。例如,小说《算账》:

> 有一次,我受命陪张局长驱车到李科长家宴席。
>
> 行至,见李科长身着围裙正忙得不亦乐乎。"老李,你今天怎么也成了家庭主妇了呢?哈哈……"张局长开玩笑地说,我们陪着张局长笑了,笑得多么惬意!
>
> 张局长在科长家很随便,马上把象棋拿出来和我对弈,一边喝茶。
>
> 第一轮,他胜我负,局长神采飞扬。
>
> 但局长平时下棋有一个怪毛病,不许旁人随便谈论,否则他会骂人。
>
> "好,妙着。"科长从旁看一眼,低声说。
>
> "好,好个屁!"局长怒斥道,"观棋不语真君子。"
>
> 第二轮和局。局长兴致正浓,又拉开了第三轮"战争",杀得正酣。
>
> 一顿丰盛的午餐就备好了。
>
> "……不许动!等吃了再战。"局长像布置任务似的。
>
> 我和局长落座。
>
> 科长那娴熟的斟酒技巧,令人叫绝,启瓶、斟酒,灵活自如。

"好,随便些。"局长说,只见桌子上摆了不少的菜,加之色、香、味、形,更是让人食欲大增。

科长非常热情,不停地为局长斟酒、夹菜。

酒过三巡,再酌。我只觉得脸有点灼热。

"老李,算了,小王还要开车,安全第一嘛,是不是?"局长提醒道。

"行,就这一杯……我再……陪……局……长干杯。"科长摇头晃脑地说,并拿着酒瓶,又给局长斟酒。

"最后一杯!"局长历来说话算数。

饭毕。

……

张局长忽尿意正欲入厕。

科长有些醉意朦胧,忽然叫道:"老板,算账……开张票。"一边从衣袋里掏钱。

我真有一点感到莫名其妙,心里不知是什么滋味。

"哈哈……习惯成自然,还以为……哈哈……"局长的眼泪都笑出来了,我也跟着笑了。

"哈哈……"

此文原载《小小说》2001年冬卷上。小说抓住了在家请客的李科长,酒席结束之后,醉意朦胧叫老板开张票这一细节:花费公款,毫不吝啬!吃饭要结账,结账要开票——真是习惯成自然。小说把腐败官员的嘴脸活脱脱地刻画出来了,让人苦笑之后深感公款吃喝的腐败之风必须厉行禁止。

(二)善于挖掘深刻的主题

微型小说由于篇幅短小,不可能对所反映的生活作广泛或全面的描摹,在作品主题的表现上往往容易缺乏深度。因此,创作微型小说时,写作主体一定要在短小的篇幅里尽可能深刻地挖掘作品的主题,做到以微见著,以小见大,在别人司空见惯的东西上,反映出全局,显示事物的本质,使读者能够透过那些细微的画面体味生活的韵味。例如,小说《轮回》:

多年前,每到清晨,她要送他去幼儿园前,他总是哭着对她恳求:"妈妈,我在家听话,我不惹你生气,求你别送我去幼儿园,我想和你在一起。"

急匆匆忙着要上班的她,好像没听见似的,从不理会他在说什么。

他也知道妈妈不会答应他,因而每天都是噘着嘴边哭喊着"我不要去幼儿园……",边乖乖地跟在她身后下楼。

多年后,她年岁渐老,且患上老年痴呆症。他在为生计奔波打拼,没时间照顾她,更不放心让她一个人待在家里。

思虑再三,他想到了一个地方。

在做出抉择的前夜,望着他进进出出,欲言又止的样子,她的神志似乎清醒了许多:"儿啊,妈不惹你生气,妈不要你照顾,不要送妈去养老院,我想和你在一起……"

哀求的声音像是从遥远的地方传来,变得越来越弱,最后变成了哽咽。

他沉默了又沉默,反复寻找说服她的理由。

最终,两人的身影还是出现在了市郊那座养老院里。

在办完手续,做了交接后,他对她说:"妈,我……我要走了!"

她微微点头,张着没有牙的嘴嚅嚅着:"儿啊,记住早点来接我啊……"

那一霎,他霍然记起,当年在幼儿园门口,自己也是这样含泪乞求:"妈妈,记住早点来接我啊……"

此刻,泪眼婆娑的他,别有一番滋味涌上心头!……

人们生活水平确实是提高了,但人们的幸福指数是否与日俱增呢?养儿养女为了防老,这个古老的命题在当今生活是否还有现实价值?如果说,送儿女上幼儿园更多的是为了求知,但送年迈而不能自理的父母去养老院又是为了什么?泪眼婆娑的不仅仅是小说中的"他",也是现实生活中的"我们"。我们国力强盛了,生活水平提高了,但养老这个社会问题出路何在?人间的真情如何传递?这篇小小说的主题挖掘得不可谓不深刻。

(三)善于设计精巧的情节

微型小说字数有限,对故事的叙述不追求情节的完整性、连续性与丰富性。创作微型小说无法拓展渲染,也不能平铺直叙,因而更要通过编织精巧的情节结构来增加叙事的魅力。具体说:一是要巧妙设计富有深刻内涵的生活冲突,用点的冲突代替面的矛盾;二是在单纯中求变化,使之产生曲折动人的变化美,或正反抑扬,或动静张弛,或巧设悬念,或出奇制胜;三是抓住最有利于刻画人物性格特征的细节,使之成为微型小说的情节或者情节的闪光点。创作微型小说常常采用"欧·亨利式"的结构方式展开情节。例如,林清玄的《送一轮明月给他》:

一位住在山中茅屋修行的禅师,有一天趁夜色到林中散步,在皎洁的月光下,他突然开悟了自性的般若。

他喜悦地走回住处,眼见到自己的茅屋遭小偷光顾,找不到任何财物的小偷,要离开的时候才在门口遇见了禅师。原来,禅师怕惊动小偷,一直站在门口等待,他知道小偷一定找不到任何值钱的东西,早就把自己的外衣脱掉拿在手上。

小偷遇见禅师,正感到错愕的时候,禅师说:"你走老远的山路来探望我,总不能让你空手而回呀!夜凉了,你带着这件衣服走吧!"

说着,就把衣服披在小偷身上,小偷不知所措,低着头溜走了。

禅师看着小偷的背影穿过明亮的月光,消失在山林之中,不禁感慨地说:"可怜的人呀!但愿我能送一轮明月给他。"

……

禅师目送小偷走了以后,回到茅屋赤身打坐,他看着窗外的明月,进入定境。

第二天,他在阳光温暖的抚触下,从极深的禅定里睁开眼睛,看到他披在小偷身上的外衣,被整齐地叠好,放在门口。禅师非常高兴,喃喃地说:"我终于送了他一轮明月!"

小说开头写禅师在皎洁的月光下散步,自性的般若突然开悟了,他为此很喜悦。此时有小偷光顾他的茅屋,禅师便以一种宽大仁慈的心怀善待小偷,将自己的外衣披在小偷的身上,目送小偷走后,他回到茅屋打坐。第二天,禅师一睁眼,就看见自己的外衣被整齐地叠放在门口,原来小偷悄悄将外衣还回来了,很显然,小偷被禅师慈善的言行感化了。情节简单但巧妙,特别是结尾出人意料而又在情理之中。

（四）善于塑造鲜活的形象

微型小说篇幅与选材上的特点,制约着写作主体不可能通过细致的笔墨来刻画人物形象,但这并不等于写作主体不能刻画出鲜活的人物形象。篇幅短小反而促使写作主体在描写人物时,要抓住特征,运用更加精练的文笔勾勒轮廓,寥寥几笔,使神情毕现。写作主体常常借助情节的"峰回路转"来亮明人物的性格特征。例如,司玉笙的微型小说《"书法家"》:

书法比赛会上,人们围着前来观看的高局长,请他留字。

"写什么呢?"高局长笑眯眯地提起笔,歪着头问。

"写什么都行。写局长最得心应手的字吧。"

"那我就献丑了。"高局长沉吟片刻,轻抖手腕落下笔去。立刻,两个劲秀的大字从笔端跳到宣纸上:"同意。"

人群里发出啧啧的惊叹声。有人大声嚷道:"请再写几个!"

高局长循声望去,面露难色地说:

"不写了吧——能写好的就数这两个字……"

这篇仅仅百余字的微型小说,只有一个主要人物。作者刻画高局长的形象,只是紧紧抓住他性格特征的一个侧面,采用白描的手法,描写了高局长的神态、语言、动作,寥寥几笔,就"活化"出一个官僚主义者的形象。

微型小说创作中,常常会出现以下毛病:对生活瞬间挖掘不够,主题不深刻;只注重故事情节的曲折多变,而忽略了对人物性格的刻画和对生活哲理的体现;为追求"微型"而写得抽象概括,使作品文学性不足,缺乏感染力;过于直白,缺少含蓄性,或是过分隐晦而使主题不明确;片面追求精巧的构思与隽永的意味而显得矫揉造作,产生失真感;等等。这些问题都值得初学微型小说创作者注意。

1. 选取自己熟悉的人物,或去采访一位先进人物,写一篇叙事散文,不要求有较完整的故事情节,可选择若干细节和片段,勾勒出人物性格特征。根据自己对生活的观察、体验,写一篇抒情散文或议论散文,要求立意新颖,表现自己对生活的独特感受,避免人云亦云和空洞说教。

2. 以"五四"或国庆节为题材,尝试写一首献给祖国的抒情小诗。

3. 以身边的人和事为素材,加工提炼,写一篇千字以内的微型小说。

4. 阅读下列三段以"树"为题材的文字,细细体会散文、诗歌、小说的语言在呈现方式上的差异。

林希的散文《石缝间的生命》(节选):"它们的躯干就是这样顽强地从石缝间生长出来,扭曲地、旋转地,每一寸树衣上都结痂着伤疤。向上,向上,向上是多么的艰难。每生长一寸都要经过几度寒暑,几度春秋。然而它们终于长成了高树,伸展开了繁茂的枝干,团簇着永不凋落的针叶。它们耸立在悬崖断壁上,耸立在高山峻岭的峰巅,只有那盘结在石崖上的树根在无声地向你述说,它们的生长是一次多么艰苦的拼搏。"

曾卓的诗歌《悬崖边的树》(节选):"它倾听远处森林的喧哗/和深谷中小溪的歌唱/它孤独地站在那里/显得寂寞而又倔强//它的弯曲的身体/留下了风的形状/它似乎即将倾跌进深谷里/却又像是要展翅飞翔……"

冯德英的小说《山菊花》(选段):"文登城东关有棵老槐树,不高,才一丈多,但它长得蹊跷,中枢已经老朽,可是周身又生出无数枝干,弯弯曲曲,错综交织;上面的枝条也长得出奇,犹似凤爪龙鳞搅在一起,倒垂下来。"

5. 阅读部编版小学语文课文篇目,选择你最为熟悉的一篇课文,仿照《丑小鸭》课本剧的创作要领,尝试将之改编为课本剧。

第十三章 常用文体写作

作为教育专业大学生,想要创作出高质量的文学作品固然有一定的困难,但借助于本书所传授的知识与技能,写出一些在学习、生活及今后工作中常用的非公文类文章则没那么困难。基于此,本章重在安排大学生常用文体的知识介绍与实训。

第一节 报告文学

一、报告文学概述

(一) 含义

报告文学是散文的一种,是文艺性的通讯、速写、特写等的总称,是一种在真人真事基础上塑造艺术形象,及时反映现实生活的文学体裁。它直接取材于现实生活中具有一定典型意义的真人真事,经适当的艺术加工(但不能虚构),迅速及时地将其表现出来,以发挥社会作用。

(二) 特点

报告文学兼有新闻和文学的特点。茅盾说:"'报告'的主要性质是将生活中发生的某一事件立即报告给读者大众,题材既是发生的某一事件,所以'报告'有浓厚的新闻性;但它跟报章新闻不同,因为它必须充分地形象化,必须将'事件'发生的环境和人物活生生地描写着,读者便如同亲身经验,而且从这具体的生活图画中明白了作者所要表达的思想。'报告'作家的主要任务是将刻刻在变化、刻刻在发生的社会的和政治的问题立即有正确尖锐的批评和反映。"(《关于"报告文学"》)这说明报告文学作为一种新型的文学样式,一方面要选择真人实事的新闻题材,及时反映社会生活;另一方面要用文学的表达方法形象生动地再现社会生活,力求新闻性和文学性的高度统一。

(三) 分类

1. 人物性报告文学

人物性报告文学主要以真实人物为对象。那么,怎样选择和截取表现人物形象的题材呢? 有经验的报告文学作者,往往在正确、先进思想的指导下,从时代角度审视有关人物的行为。作者可以较为完整地写人物生平,也可以只写人物一生中突出的经历,还可以写人物的某些重要片段,或者将这几种手法糅合起来。创作人物性报告文学,一定要出自真实人物的经历,并努力揭示个人命运与时代和人民的关系,尽量反映人物崇高的精神品质和闪光的思想、爱憎的立场、坚定的信念。这样才能起到鼓舞人、教育人的作用。

例如,徐开垒的《雕塑家传奇》,根据主题的需要,选择雕塑家邹鼎丁人生道路上的几个重要片段进行串联组合,并通过精巧的艺术结构表现出来。作品开头写道:初夏的一个早晨,62岁的动物雕塑家邹鼎丁教授一觉醒来,四周满是雕塑泥土和各色动物模型,这里是他的艺术工作室。他注视着"有他自己影子"的雕塑新品:两头大象和一头小象所组成的美满家庭。接着作品穿插了十年前的初夏,他从浙江美院只身来到"这大城市西郊的一个大公园里",在新设的美术工场从事动物雕塑的情景。在周末寂静的工场,他在工作间隙不禁想起往事。于是作者由近及远,引出他年轻时的几个生活片段:1937年的日本神户,军国主义猖狂肆虐,他被迫与新婚妻子含泪分手,只身前往法国,在动物雕塑家不被重视的巴黎流浪街头。后来法、日间邮路中断,他与妻子音讯断绝。抗战胜利后,他和妻子分别回国,但茫茫人海,亲人不知何处。原本在杭州一家艺术学校供职的他又被腐败的国民党当局逐出校门。直到中华人民共和国成立后,浙江美院才从街头找回这位"头发已经长白"的世界著名雕塑家。紧接着作者用顺叙手法,详尽描述了三年后在西郊公园夫妻团聚的场景。聚散沧桑使邹鼎丁体会到人民政府的关爱和新中国所给予的真正幸福,也使他更勤奋地工作着。作品在结尾时照应开头,再次描写那座名为"美满的象家庭"的雕塑作品,进而简叙雕塑家安居乐业的生活现状。通篇以充沛的情感,记叙雕塑家邹鼎丁夫妇的悲欢离合故事,控诉日本军国主义和反动政府的政治迫害和对艺术的摧残。同一人物,两重天地,在强烈的对比中,作品的主题——"塑造出对我们整个祖国新时代的赞美"也得到深刻的体现。

2. 事件性报告文学

事件性报告文学主要以真实事件为报道对象。一般说来,现实中时常发生的一些重大事件,有起因于自然因素的,也有源自社会原因的;有预先规划的,也有偶然发生的;有全局性的,也有局部性的。但无论对哪一类事件,报告文学的作者都应该站在正确的立场上,对事件给予尽量客观、全面的反映,对其中涌现的各种人物,给予一分为二的分析,歌颂也好,暴露也罢,都要努力给读者一种正确的导向。事件性报告文学虽然应该以叙述真实事件为主,但对于事件中出现的人物的思想、行为,更要给予真实的、正确的揭示,从而集中体现优秀人物的高尚精神品质。

例如,王石、房树民的《为了六十一个阶级弟兄》,作者采用倒叙手法,描述了抢救中毒民工的全过程,场面宏大,扣人心弦。作者首先写道:60年代第一个春节,首都王府井一家国有特种药品商店,突然从电话里传来山西平陆61名民工食物中毒,急需1000只二基内醇的消息。故事拉开了序幕。接着采用分层叙述的方法,将事件逐步展开。一方面,61名民工食物中毒后,山西平陆县在县委书记领导下,组织全县最好的医生进行抢救。为寻找特效药,司药员冒险夜渡黄河,老艄公带病打破黄河不夜渡的先例。各处找不到这种药,只得向首都求援。另一方面,首都被震动,为了民工兄弟的生命,准备班机,组织空运。特种药品商店里,从书记到员工四处筹集这种国外进口的特效药。发光设备没着落,戴眼镜的姑娘通过五洲电料行,只用两分半钟搞定。时间就是生命,平陆在继续抢救,首都在筹运药品。作者交叉反复的描述,情急而有秩序,整个事件牵动着成百上千人的心弦。最后,首都特效药连夜空运到平陆,61名民工安然脱险。作品通过抢救61个中毒民工的重大突发事件,纵情讴歌了新生的社会制度和人与人之间的美好感情。

二、报告文学写作

徐中玉等学者认为,要写出优秀的报告文学作品,就要严格地筛选材料,要有多样的艺术结构,要能真实地刻画人物。

(一)严格地筛选材料

一般说来,由于报告文学具有新闻的属性,作者往往在一定的时间内亲赴现场,进行广泛搜集和整理,并据此进行叙述,以表现主题和刻画人物。严格筛选材料,是要求在掌握丰富材料的基础上进行第二步的选择工作。筛选的标准大致有两条:一看材料和细节是否真实;二看它们是否能为主题服务。

例如,黄钢在谈及《亚洲大陆的新崛起》的写作体会时说,作品开头部分的材料,是他经过认真筛选后才确定的。当时,在其搜集的众多材料中有三则材料可以作为开头:一是李四光在1949年中华人民共和国成立后,不顾国民党大使馆的威胁,毅然离开英国回到祖国;二是他废寝忘食地进行科学研究的动人故事;三是他无论刮风下雨,总喜欢拿个拐杖,去野外考察,喜欢在室外写作。最后,作者决定用第一则材料。那是因为作者想"抓住近代经济技术落后的东方必然赶上和超过先进的西方这个大局,努力想从这种战略上展望的全局来组织材料,展现主题"。因此,作者一落笔,李四光一出现,写作的本意便立刻展现:"我们这个国家所在的这一片亚洲大陆今天是一定会崛起的。"

(二)多样的艺术结构

报告文学因不同于新闻和小说,特别需要在结构上下功夫。这种文体受现实中真人真事的局限,作者搜集的真实材料一般又不太符合文学结构的直接要求。因此,如何剪裁取舍,如何调配组合,都必须精心设计,这样才可能达到文学结构的艺术要求。

例如,刘白羽的报告文学《横断中原》,在结构上就颇有特色。作品为了反映1949年4月,中国人民解放军为彻底推翻蒋家王朝挥戈南下的历史事件,采用"日记体"形式,生动真实地记录了其随军南下这段军旅生涯。全文按时间顺序展开叙述:4月22日,解放军沿长江千里一线横渡,突入江南,拉开了与蒋家王朝最后决战的序幕。兵贵神速,作者用4月23日、4月24日、4月25日、4月26日、4月27—29日、4月30日六则日记,顺时记录"我"随军从天津出发到达漯河,沿途所见所闻,所思所想。这里有列车、部队、船帆、大车、红旗组成的南下洪流;也有百万大军分三路过江、占领南京的前线消息;有经过激战解放了的土地、城市、车站;还有国民党反动派给中原人民带来苦难的记录,有解放军与百姓的鱼水情深。解放的大地,处处呈现战争的伤痕,曙光已现,百废待兴。在结尾处,作者充满激情地写道,"我们不会在胜利面前停止下来",必须充分认识"今后建设一个新中国的艰巨责任"。作者按照时序结构布局,展开叙述,一则有利于及时反映瞬息万变的战局,二则便于选择众多丰富真实的材料,使作品在整体上如一幅历史画卷,渐次呈现在读者面前。

(三)真实地刻画人物

1. 尽量突出人物的性格特征

为使人物形象生动饱满,具有鲜明的个性,有经验的作者总会选择那些能突出人物性格特征的材料。例如,理由的《高山与平原》写的是著名科学家华罗庚。华罗庚性格外向,心怀坦荡,有时候对人态度急躁,不留情面。在被任命为中国科学院数学研究所所长后,一次给年轻研究人员讲课,他要求严格,学生答不上题,他竟让学生在黑板前站了两个小时,别人觉得很难堪,他却说:"不过着急了一点,恨铁不成钢。"还有一次在讲完课的晚上,他竟睡到半夜爬起来,一拐一拐地前往研究生宿舍叫醒年轻的研究员们,再次上课,一口气讲到天亮。作者从众多材料中选择这些真实的细节和场景,有力地突出了人物的鲜明性格,充分反映了华罗庚为中国科学事业呕心沥血、无私奉献的崇高精神。

2. 充分发掘人物的内心世界

报告文学的人物一般都在生活中具有一定代表性,尤其是那些先进人物,他们的思想行为无不反映着时代的心声。因此,揭示人物丰富的内心世界,是报告文学刻画人物的不可缺少的内容和基本要求之一。例如,陈祖芬《节奏》,写一位历经战争考验和十年浩劫磨难的舞蹈艺术家的生活经历。她虽年迈有病,却仍追赶着快速的生活节奏,以有限的生命投入工作。她拼命赶着时代的节奏,是因为她认识到"节奏和速度决定着一个国家的命运""人的一生就像一根蜡烛,与其不明不灭地烧着,不如剪一剪烧得更亮些,当然这样也烧得快些。但是只要烧得亮亮的,那有多好!"如此感人肺腑的心声,令人钦佩和振奋。为培养新一代艺术家,她甚至牺牲了对独子的母爱。作者善于从人物言辞及外在表现中挖掘闪光的思想,使人物的崇高品质跃然纸上。

3. 精心选择典型性的细节

要刻画好人物,绝对不能缺少对细节的关注。生动的、富有表现力的细节,即使是一句话、一个动作、一件小事,都能起到画龙点睛的艺术效果。例如,何慧娴的报告文学《拼搏》写的是中国女排姑娘为国争光的动人故事。作品中有这样的真实细节:在中日女排争夺世界冠军赛的关键时刻,袁伟民教练换下陈招娣,责问她为何不拼。陈招娣没有回答,只是流着泪做着再上场的准备。后来,教练得知她因为腰椎本来有伤,比赛中又扭了一下,痛得不听使唤,但她当时没有把实情告诉教练,打完球后才对袁伟民说:"袁指导,我不能说我不行,我怕影响你的指挥。我说我行,可我实在动不了。"比赛结束后,陈招娣由队友抬上汽车,抬上飞机。由此一个细节,就把中国女排姑娘为祖国拼搏的精神风貌鲜明地刻画了出来。

4. 努力采用个性化的语言

常言道:"言为心声。"要刻画生动形象的人物,还要求作者根据人物的不同特点、职业、身份、资历、修养、气质、习惯等因素,准确捕捉具有个性化的语言。例如,茹志鹃的《离不开你》,写的是中国普通家庭耿玉亭与刘桂芬的夫妻之情,从而又揭示出这对平凡夫妇对社会主义的深厚感情。失去双臂的耿玉亭在妻子的帮助下,战胜重重困难,心里无比喜悦。他对妻子说:"唉!这一切都离不了你呀!要是没有你……"丈夫的话还没说完,桂芬一胡刷子,把他嘴巴周围涂上了一层肥皂沫:"说的啥呀!"真是,谈恋爱那阵也没说过这样的话。话虽朴素无华，却真切地刻画出人物个性，展示了情真意长的夫妻亲情。

三、范例选读

万众一心，托起生命的希望（节选）
——献给英勇抗击汶川地震灾害的中国人民   新华社记者

这是一只令人心碎的小手：伤痕累累的手中，紧攥着一支笔。孩子的躯体被无情的砖石掩埋。

这是万人揪心的一刻：废墟上的一座闹钟，已经损毁。留下的，是那个永远定格的时间——14时28分。

2008年5月12日，北纬31度、东经103.4度——相当于数百颗原子弹能量的汶川大地震，在10万平方公里的区域释放。霎时间，山崩地裂，江河呜咽。

汶川、北川、茂县、理县……一栋栋房屋倒下，一座座桥梁坍塌，一个个生命消失。

8.0级大地震！数万人不幸遇难！数百万人失去家园！

突如其来的巨大灾难，震惊了中国，震惊了世界。

任何困难都难不倒英勇的中国人民。灾难，让中华民族迸发出气壮山河、感天动地的伟大力量。一场抢救群众生命、抗击地震灾害的斗争，在中华大地展开。

……

以人为本，国家意志和人民意志高度统一；以人为本，中华民族的力量紧紧凝聚。一个大写的"人"字在山崩地裂中巍然挺立！

托起生命的希望——11万子弟兵上演"生死突击"，在人民最需要的地方发挥最关键的作用。

都江堰告急，什邡告急，绵阳告急……汶川、北川、茂县、理县音讯全无。无数生命在呼唤，人民子弟兵紧急集结。

地震发生13分钟，全军启动应急机制。

地震发生后2小时07分，成都军区2架察看灾情的直升机冒雨起飞。

同一时间，驻灾区的9 100名官兵紧急出征，南北并进开赴救灾一线。空军各个机场、各个飞行部队，按照打仗标准，完成起飞前的准备……

距地震发生不到10小时，解放军和武警部队就有1.2万名官兵进入四川灾区展开救援。在陇南和陕南，兰州军区3 000多名官兵在第一时间抵达灾区……

争时间，抢速度，救生命！13日7时45分起，23架军用运输机和12架民用客机，不间断飞行78架次，将在洛阳、武汉、开封等地集结的10 891名官兵及救灾装备运抵成都地区4个机场。

空中运送、铁路输送、摩托化开进……参加抗震救灾的部队向灾区全力挺进。短短几天，全军和武警部队投入现役部队总兵力达到11万人，涉及各大军区、各军兵种和武警部队，专业兵种包括地震救援、防化、工程、医疗防疫、侦察、通信等20余个……

交通中断、通信中断、电力中断……自5月12日14时28分起，震中汶川没有了消息，10万百姓生死不明。

2个小时过去,4个小时过去,10个小时过去……汶川怎么样了?

党中央在关注,全国人民在关注。

"由党员和班长骨干就地组成200人的突击队,携带干粮、水和抢险工具,徒步前进,以最快的速度到达汶川。"13日凌晨1时12分,武警某师参谋长王毅果断下令。几分钟前,王毅和他所率领的救援部队经摩托化行军抵达古尔沟。此时,前进的道路已被巨大的山体塌方堵塞。

"快!快!快!到汶川、上一线、救群众!"王毅和他的挺进小分队踏上了挺进汶川的征程。

山还在摇,地还在颤……人民子弟兵,这支曾创下世界军史上急行军奇迹的部队,再次依靠双腿与恶劣的天气和地理较量。13日23时15分,武警部队作战指挥部接到了来自汶川的声音——挺进小分队用双脚征服90公里艰难险阻进入汶川县城,成为到达这里的第一支救援部队。

13日20时15分,成都军区某集团军军长许勇率领的救援小分队突进汶川映秀镇;14日凌晨,四川省军区副司令员李亚洲带领的300人救援分队赶到汶川县城……

与世隔绝30多个小时后,汶川盼来了穿迷彩服的救援队伍。

就在救灾部队突进汶川的第二天,另一场惊心动魄的突破战在空中打响。

这是个间歇性的降雨天。没有准确气象资料,没有地面引导;地形复杂,高原缺氧……但是,茂县的灾情不容空降兵循常规、细掂量。

14日12时25分,队长李振波带领15名突击队员,身背小型卫星通信站、超短波电台和夜视仪,勇敢地从5 000米高空跃出飞机舱门,跳向这片亟待救援的土地。家在德阳八角镇的班长任涛,奶奶在地震中遇难,岳母重伤,他把悲伤埋在心里,成为15名空降勇士中光荣的一员……2小时40分钟后,茂县灾情第一次传了出来。

与此同时,成都军区某红军师500名官兵组成的救援队,把绳子绑在身上相互牵拉着,从悬崖峭壁上开辟通道,迅速赶到茂县……

山体塌方、桥梁断裂、路基损毁……没有路,大型装备就进不来,大型救援就无法实施。

时间在分秒流逝,那些依旧被掩埋在废墟里的一个个生命让全国人民揪心……打通"生命线",成为抗震救灾的又一重中之重。

14日下午,武警交通部队紧急抽调各地机械操作手,组成抢险突击队进驻都江堰紫坪铺;第二炮兵在全国7个省市抽调的上千名工程技术人员也迅速在北川集结……一支又一支工程部队,在悬崖,在高山上,展开抢通生命通道的接力。

15日18时,绵竹至北川的道路被抢通;

15日21时40分,震后第一条通往汶川县城的道路被抢通;

15日23时15分,丹巴至理县40公里道路被抢通……

一条条生命之路的抢通,扫清了救援大部队全速进入灾区的障碍。

至16日早晨,救援部队突击到了四川所有受灾乡镇。19日14时,救援部队进入1 480个受灾行政村。

人命关天,顾不得急行军的疲劳,官兵立即投入紧急救援。

撬棍、千斤顶、张力器、起重机……一切能利用的工具，一切能想到的办法全都用上。北京军区某工兵团带来了搜救犬；海军陆战队带来了能够发现10米以下微弱体征的生命探测仪……为了不伤到幸存者，官兵们用双手掏、挖、刨。

汶川不会忘记这样的声音——"让我再救一个吧！"这是一位战士余震中冒死要冲进危楼救人时的哭喊；"下边还有人吗？"那是在梳理了一遍又一遍的废墟上，子弟兵发出的声声呼唤。

历史不会忘记这样的画面——一个个在塌楼中艰难接近生命的身影，一双双托举担架送伤员上车的大手，一张张疲极困极酣睡在乱石中的憔悴容颜。

……

哪里有困难，哪里就有人民子弟兵的身影；哪里有呼唤，哪里就有人民子弟兵奋不顾身的壮举。到21日21时，解放军、武警官兵共从瓦砾堆中解救生还者3323人，转移受灾群众47.5万人……

抢救！抢救！抢救！八一军旗引来生命之光。

……

托起生命的希望——废墟中闪耀的人性光芒，像阳光照亮天地。

没有照片，这个画面却通过记者的报道在千千万万人心中定格：汶川县映秀镇小学29岁的张米亚老师跪仆在废墟上，双臂紧紧搂着两个孩子。两个孩子一息尚存，而用血肉之躯挡住钢筋水泥的张老师生命已经远去。乡亲们怎么也掰不开他拼死护着孩子而变得僵硬的双臂。

"摘下我的翅膀，送给你飞翔"，多才多艺、最爱唱歌的张米亚用生命诠释了这句歌词的深义，用不死的灵魂为他的学生牢牢把守住了生命之门。

撼人心魄的相同画面也出现在德阳、绵阳、绵竹、什邡、都江堰……谭千秋、杜正香、瞿万容、钱富波、向倩、何智霞……一个个名字闪耀着爱的光辉。他们离去时都与张米亚是同一个姿势：俯身向下，双臂紧紧护着学生，身体像展翅欲飞的雄鹰。

"我们的爱是你的翅膀，给你穿越风雨的力量；你的幸福是我们的愿望，一起打造一个属于你的天堂……"老师们用不死的灵魂，托起了一个个生命的希望！

没有五线曲谱，一首首"拼命救命"的英雄壮歌在万万千千人的心中传唱：崇州市怀远镇中学本已逃生的吴忠洪老师，为救两名学生义无反顾地返身冲进正猛烈摇晃的教学楼，被轰然倒塌的楼房掩埋；大震时刹车失灵，卡车司机唐清明毅然将车撞向一棵大树，28名乘客保住了，唐清明却失去了双腿；藏族老人张文志跑出室外后，听到呼救又跑回楼里救出两人，自己腿部却受了重伤……

他们都是普通得不能再普通的人，大难临头时，却显示出顶天立地的英雄本色，山河为之动容。

"比大地更广阔的是大海，比大海更广阔的是天空，比天空更广阔的是人的心灵。"在人类博大的胸怀面前，雷电交加的天空，你被震撼了吗？这是又一串让人刻骨铭心的画面：什邡市蓥华中学，被埋在废墟下的16个孩子在等待救援的艰险时刻，拿出了身边的课本静静地学习起来；北川中学，靠吞墨水维持生命的孩子们在坍塌的废墟下歌唱："幸福和快乐是结局!"北川县一个幼儿园,不满7岁的小姑娘任思雨双腿被卡,鲜血淋漓,在被救援时却安慰起救援队员:"叔叔,我不怕,你们不要担心。"

在都江堰、在德阳汉旺、在汶川……许许多多侥幸逃生的孩子,没有只顾自己的安危,而是用双手刨挖抢救老师和同学,呼喊着仍在废墟下的同伴;被压在废墟中的孩子,身处绝境,却朝着正在想法营救他们的搜救队员和医务人员喊:"叔叔阿姨快出去,这里危险!"……

他们曾经很娇弱,他们曾经令我们很担心,然而在灾难面前,他们的勇敢与坚韧却显示了无与伦比的成熟与强大!

北川县城的废墟下,被三块水泥预制板压了三天三夜的陈坚挂着吊瓶,身受重伤的他没有眼泪,没有呻吟,而是向抢救他的救援人员谈他在绝望中的坚持,谈理想,谈未来。当他终于被救出时,却在担架上停止了呼吸……

生命有限,精神永恒! 从电视直播中看到这一场景的人们无不泪流满面。

地球有断层,生命没有断层!

她去了,但她身下的孩子得救了。包裹孩子的被子里放着一部手机,手机中有一条写好的短信:"亲爱的宝贝,如果你能活着,一定要记住我爱你。"找不到她的名姓,"爱"就是她的名她的姓。

母爱,在这一刻,用如此惨烈的方式展现得淋漓尽致。

还有那一对脸对脸、胳膊搭着胳膊,用自己的身体搭成一个拱形挽救了孩子的无名年轻父母,临死前把乳头塞进女儿嘴里的年轻妈妈,背着3岁的妹妹走了12个小时的11岁少年……

一个个催人泪下的故事如清纯的山泉,涤荡着我们的灵魂。

如果把波澜壮阔的大救援写成一部书,那些故事是击中我们心灵最柔软处的一个章节;如果把波澜壮阔的大救援谱成一支曲,那些故事是生命交响中最凄美的一段旋律。

灾难中的日日夜夜,就是这些老人、少年、男人、女人……用勇敢、爱心、坚毅与执着书写着中华民族在大灾难中的心灵史。废墟上的那些坚守、自强、担当,那些真诚、善良、博爱,像阳光照亮了天地,温暖着人心! 这些血肉之躯铸成的如天大爱,撼人魂魄,高山仰止,怎能不叫人顶礼膜拜!

……

地动天不塌,大灾有大爱。

公元2008年5月19日14时28分,汶川大地震过去整整7个昼夜:国旗半降,汽笛长鸣,苍天无语,大地呜咽。13亿人把头深深低下……时间仿佛停止了。

这是共和国为她的公民致哀,是以人为本、生命至上理念的彰显。

当3分钟举国默哀结束,一声呐喊骤然爆发:汶川加油! 中国加油! 天安门广场的这声呐喊响彻华夏上空,化作隆隆雷鸣!

这是13亿人发自内心的呐喊! 这是一个民族伟大力量的凝聚!

这呐喊,惊天地,泣鬼神,震撼着世界,感动着世界。

法国《欧洲时报》发表社论说,四川大地震发生后,中国政府和人民同舟共济,中华民

族在灾难面前所表现出的民族精神在升华。世人看到了一个巨大的、越来越清晰的身影——"大写的中国人"。

我们不会忘记,3岁获救小男孩躺在担架上敬礼的姿态;

我们不会忘记,7岁获救小女孩突然绽放的灿烂笑容;

我们不会忘记,年轻警花在废墟上为失去母亲的婴儿哺乳时的神情;

我们不会忘记,那个骑着摩托背着妻子遗体前往太平间的男人;

……

2008,那一幅幅令人动容的画面,已深深刻进人们的记忆,成为亿万人民擦干泪水再出发的强大动力。

5月19日,全国哀悼日第一天。北川中学高三学生在高亢的国歌声中复课。这所学校有2900多名师生,其中近一半人在地震中遇难或失踪。

遭受重创的灾区孩子,悲伤中透着坚毅,目光依旧清澈,书声依旧琅琅。

那琅琅的书声,发散着生命的活力;

那清澈的目光,让人们看到了民族的希望。

——节选自《人民日报》2008年5月26日

第二节 文学评论

一、文学评论概述

文学评论也称文学论文、文学批评,是对文学现象和作家作品进行鉴赏、分析和评价的论述性文章。文学评论的评述对象包括文学作品(文本)、作家,也包括文学思潮、文学运动、文学流派社团、文学理论、文学史问题。其中,作家作品是文学评论的主要对象。从内容来看,文学评论包括综合性评论、文学思潮评论、作品评论、作家评论等;从形式上分,文学评论包括作家作品专论、文艺随笔、书信体评论、对话体评论、序跋体评论等。

作家作品专论是最常见、最常用的文学评论样式。它是比较系统地阐述某种文艺观点,评价分析某些文艺现象或作家作品的文章。这类评论内容全面、系统,中心突出,材料充分,思考深刻,论证周密,理论性、学术性较强,如伍尔芙的《论现代小说》、李长之的《鲁迅批判》等。

文艺随笔是一种灵活洒脱的评论样式。它通常不对所论对象进行学理式的分析推理,以求得批评的准确、客观,而是以我为主,着力表现自己在阅读中获得的审美情趣,传达出对意义的领悟,是一种主观意向的印象式表达。它往往通过谈天说地的散漫笔调表达文艺观点,寓理论于知识和故事之中,富有娱乐性和趣味性,如秦牧的《艺海拾贝》。

书信体评论是作家之间、评论家之间、作家与评论家之间、作家与读者之间就文艺作品的某些方面的有关问题,通过书信的形式进行答疑、辩论或交换看法,探讨文艺规律的一种文体。它具有开放性、研讨性、灵活性的特点,由于语气自然,态度诚恳,富有情感,行文章法自由灵活,增强了文学评论的可读性。如福楼拜与乔治·桑通信,马克思致拉萨尔的信,梁宗岱致徐志摩的信《论诗》,郭沫若、宗白华和田汉三人之间的通信《三叶集》等。

对话体文学评论最早来自古希腊哲学,哲学的"辩证"一词,意思就是"对话"。最早树立对话体典范的是柏拉图《理想国》,像朱光潜的《诗的实质与形式》、吴亮的《自动的艺术,还是主动的艺术》、黄子平的《艺术创造和艺术理论》、西方的王尔德的《谎言的衰朽》都是名篇。其特点为设定对话的角色,一般是两人,也可以是多人。这些人一般是虚拟的,而非真实的,干脆用 A 和 B 表示其符号性,两者是主客关系,各有不同的立场和思维逻辑,客人的观点往往是流行见解或一般片面的思想,而"我"的思想是深思熟虑之后的新见。设定论题,内容要精心构撰,防止偏离话题或见解的自相矛盾,也可以适当增加生活场景的叙述。要有论辩性,在思想的论辩中揭示真理,双方或针锋相对,或互相补充,总是包含着许多矛盾和对立。对话体的魅力不在于使读者看到思想的结果,而在于领会思想的辩证发展过程。批评和思想一样,也可以和小说情节一样,跌宕起伏,在时空中划出美的轨迹。

序跋体评论是评论者为某部作品或某部作品集所作的较为全面的评介性文章。序通常在书的前面,跋在书的后面,如鲁迅的《白莽作〈孩儿塔〉序》等。

二、文学评论写作

(一)写作要求

一篇文学评论可以全面系统地论述一个文学现象、一个时期的文学思潮,也可以全面阐述一篇(部)作品的成败得失,也可以取其一点,评判特定文学现象、文学思潮或作品的意义和价值。傅德岷等学者认为文学评论写作要注意以下几点。

1. 坚持历史的、审美的标准

恩格斯 1859 年在《致斐·拉萨尔》一文中对《济金根》采用"美学的和历史的"评论标准,并说这是文学评论的"最高标准"。坚持历史的标准就是运用历史唯物主义的原理,从特定的社会关系、历史条件中去考察文学创作。主要体现在三方面:一是考察文学创作是否真实、典型地反映了一定社会历史生活;二是考察作者以怎样的立场看待社会历史生活,表达出了怎样的倾向,这种立场倾向是否符合生活本质和历史发展的必然趋势;三是根据创作所产生的具体历史条件去考察。对作品的审美判断通常从以下五个方面入手:情感是否真挚、到位;内容是否丰满、典型;形象是否生动;意象是否独特;形式是否完美,是否具有独特性。总之,"美学和历史"标准,是衡量文学创作艺术价值和社会价值的标准。二者的辩证统一,是文学评论的基本要求。

2. 实事求是,如实论断

鲁迅说:"批评必须坏处说坏,好处说好,才于作者有益。"(《我怎么做起小说来》)对文学现象、文学创作特别是作家作品的评析,一定要坚持从实际出发,好处说好,坏处说坏,实实在在,恰如其分。既不故意拔高,也不刻意贬低;不吹捧,也不乱打,本着实事求是的态度,一分为二,才能写出有价值的文学评论来。"捧杀"或"棒杀",都会危害作家作品。

3. 顾及全篇,知人论世

鲁迅在《且介亭杂文二集》中指出:"倘要论文,最好是顾及全篇,并且顾及作者的全人,以及他所处的社会状态,这才较为确凿。要不然,是很容易近乎说梦的。""顾及全篇"就是在评价作品时不能斩头去尾,要对作者的所有作品进行考察,全面正确地了解和评价作家作品,防止主观武断。"知人论世"包括"知人"和"论世"两个方面。"知人"就是要全面考察作家的经历及其世界观,考察作家的世界观同作品的深刻联系。"论世"就是要把作家作品放到一定的历史范畴去考察,结合时代特征、历史环境去评论,而不是从现成的条文出发。只有这样,评论才能准确、公允。

(二)文学评论写作过程

张伯存等学者认为,文学评论写作的过程有几个阶段:首先,在一般的文学阅读欣赏中对某部作品情有所钟,有所发现,产生评论的冲动和意向;其次,带着这种意向再去仔细地、有目的地解读作品,深层次地了解作者;再次,结合有关理论文章或著作阅读,精心选择好论题,进入评论酝酿、构思阶段;最后,开始动笔,进入评论写作阶段,将分析思考形成结构完整的评论文章。写好以后,还要经过反复修改。

1. 阅读欣赏

阅读欣赏阶段包括文学作品的阅读欣赏和相关理论、研究资料的阅读。文学评论与文学欣赏不同。文学欣赏是对文学作品进行体味、赏玩、领略的审美体验,是一种创造性的精神生产活动。而文学批评含有显优劣、定品位的意思,是较高层次的审美活动,它一面指对文本内容和形式的否定、反驳与匡正,一面指对文本内容和形式的肯定、阐扬与补充。

在阅读时应注意三点:一是阅读要点面结合、深浅结合。点面结合的"点"是指评论的作品本身,而"面"则是指作家生平经历、作家其他作品、其他作家的作品等。其中,作品本身的阅读欣赏是最重要的,这是获得评论权最根本也是最重要的依据。只有在仔细阅读作品的基础上,才能使自己深入准确地了解评论的对象,评论时才能切中要害,避免片面性。所谓深浅结合,是指作品的阅读要深一点,钻研要透彻。要深入阅读,就要多读多思考,只有这样才能产生真知灼见。二是阅读要读出感觉,读出新意。所谓读出感觉,就是要对文本有切身的感受,真正做到身有触动、心有感动、笔有舞动。所谓读出新意,那就是在读出感觉的基础之上再前进一步,对文本有自己独到的看法和独特的理解。每一个阅读者都是"这一个",都有着自己不可复制的、独特的人生经历、情绪体验、灵魂感悟,在阅读时要充分调动自身体验,读出属于自己的"第一印象"来。三是阅读一般采取"总体→部分→总体"的步骤。首先是整体阅读,即从头至尾的通读,对作品有一个初步的大体印象。其次是细致阅读,分析研究,发现特色,初步形成观点。最后再回归总体,获得对作品完整的本质的认识,对作品的倾向性和艺术性做出判断。在阅读过程中,如果有感悟,要及时记录下"第一感觉",做好摘记工作。

平时阅读一部小说,关注的是"写了什么",注意故事情节与人物命运。而为写文学评论而从事的阅读,要关注的是"怎么写的",要把一部作品拆解开来,如人物、结构、叙事、细节、隐喻、意象等,并探究其深意。在细读文本之后,便要从自己感受最深的方面入手,抓住作品最突出的特点,切入作品,找到评论的角度,才能写得深入而透彻。

2. 选题

选题也称为定题,即在阅读材料的基础上,选择并确定评论的题旨(中心)。在广泛阅读、思考的过程中,我们时有触动,产生某种评说欲望和冲动,这便是意识或发现到了某个问题(课题),但这还是较初级、朦胧、自发的意识,还须进一步进行抉择与研究:哪个或哪些问题富有研究价值?自己是否具备研究的主客观条件?应从哪个角度去研究?这一系列的思考过程便是课题的选定、确立的过程。确定课题,应注意以下两点。

一是社会需要。定题必须符合、满足社会的需要。社会的需要是极为广泛的,选题只有切合了社会某一方面的需要才具有某种社会价值。可见选题具有广阔的空间,充分的自由。论者应当自由拓宽视野,大胆提出问题。此外,要注意社会需要的轻重缓急。选题要以符合、满足重要而急迫的社会需要为要旨,从而提高选题的社会价值。同时,我们进行的是文学评论的选题,因此,选题应充分满足、符合文学自身发展的需要。例如,文学创作、文学欣赏和文学研究中存在和产生的亟待解决的矛盾、问题。总之,文学评论选定的课题应具有重要性、急迫性(现实性)、文学性相统一的社会性,亦即满足、符合社会在文学方面的急迫的需要。

二是难易适中。选题时要充分估计自己的知识储备情况和分析问题的能力,要考虑是否有资料或资料来源,题目的难易要适中,题目的大小要适度。选题宜大中取小,以小见大。相对小一点的论题,一是易于驾驭,能说清道理,便于挖深掘透;二是便于查找资料。初写文学评论时容易贪大求全,追求面面俱到,但题目如果过于宽泛,很难下笔,对作品的全面评价流于表面,立论不免显得平庸、肤浅。相反,如果选题过小,格局和视野受限,三言两语即说明问题,也很难有广度地拓展和深度地挖掘。如《论鲁迅的小说创作》这个题目就较为宽泛,对一个作家进行全面研究,有时一辈子不能穷尽,若要写单篇评论必然要缩小题目。而且研究的角度很重要,比如小说叙事研究,一个作家写了几十篇作品,如果结构差别不大,有共通之处,可以研究,如果一篇一个结构,那就要选择一篇来研究。题目开口过小的,比如《谈谈〈孔乙己〉的人物描写》,则容易处处受限,施展不开。如果改为《谈谈〈呐喊〉〈彷徨〉中的人物描写》,可能更合适。

一个好的标题必须满足以下几个要求:一是正确地表达文章核心论点或中心内容;二是能恰如其分地指明研究方法和手段;三是容易判明议论内容从属的学科领域和方向。另外题目不要太长,不宜超过20字,一个过于冗长的标题反映了作者对文章的内容缺乏概括。

3. 撰写

作者经过深思熟虑之后,可按以下几个环节来完成文学评论的撰写。

一是拟制写作提纲。文学评论内容复杂,篇幅较长,论述和结构须周密严谨。拟制提纲也就是对文章作通盘考虑、设计。要点是:用何种研究方法组织文章;从何种角度提出中心论点,中心论点之下设置哪几个分论点;选用哪些材料为论据;阐述与证明论点需设置几个层次、段落;如何开头、结尾;怎样过渡、照应;何处提领、分述;文章各部分如何组成一个有机的理论体系。提纲有详纲与略纲之别。略纲只有文章每一部分、每一层次的要点;详纲则是在略纲基础上,即部分、层次的要点上,列出比较具体的内容,比如加上论据要点、重点语句等。对于初学者来说,应制作详纲,以利于具体操作。

二是行文。一般按写作提纲排列顺序执笔,先写绪论,再写本论,最后写结论。这是符合事物的发展规律的,也是文学评论的基本类型。文学评论在行文过程中要注意四个问题:一要注意突出论点,不要把论点淹没在琐碎的论证和烦琐的论据之中,要用各种手法置论点于显著地位。最简单的办法是在标题下设小标题,或独立成段,加着重号,在篇、章、节、段的首部或尾部去显示论点;二要注意以中心论点统率分论点,分论点紧紧围绕中心论点;三要注意既要有分述,又要有总述。分述有利于各个击破,对问题的各个方面作透彻的分析,总述是对问题各局部进行归纳、概括,从整体上把握对象;四要注意结构严谨、清晰,层次与段落要清楚、分明,衔接、呼应要自然和谐,主次与详略要恰当、妥帖。

三是修改。要写好评论,必须在修改上下功夫。修改的范围广泛,包括从内容到形式的各个方面。其重点要注意论点是否正确鲜明,材料是否真实充分,结构是否完整严谨,语言是否准确简洁。修改完毕后,誊写或打印定稿。

三、范例选读

曹雪芹写"笑"

——谈《红楼梦》随笔

郭豫适

在优秀的文学作品中,细节描写往往是加强文学作品的形象性、真实性和生动性,进而形成强烈的艺术感染力量,使读者不由自主地被引进作品所描绘的艺术境界中去的有力手段。曹雪芹的《红楼梦》在这方面就有许多生动的例子。今抄第四十回写刘姥姥在大观园赴宴的一段文字如下:

> 凤姐偏拣了一碗鸽子蛋,放在刘姥姥桌上。贾母这边说声:"请!"刘姥姥便站起身来,高声说道:"老刘老刘,食量大如牛:吃个老母猪,不抬头!"自己却鼓着腮帮子不语。众人先还发怔,后来一听,上上下下都哈哈大笑起来。湘云掌不住,一口茶都喷了出来。林黛玉笑岔了气,伏着桌子只叫"嗳哟!"宝玉滚到贾母怀里,贾母笑的搂着叫"心肝!"王夫人笑的用手指着凤姐儿却说不出话来。薛姨妈也掌不住,口里的茶喷了探春一裙子。探春的茶碗都合在迎春身上。惜春离了座位,拉着他的奶母叫"揉揉肠子"。地下无一个不弯腰屈背,也有躲出去蹲着笑的,也有忍着笑上来替他姐妹换衣裳的……

这里提名写到的发笑的人物有湘云、黛玉、宝玉、贾母、王夫人等八人,他们都笑得非常厉害,但又笑得如此的不同,而这些各不相同的笑又无不符合他们各自的身份和性格,乃至于年龄和体质状况。

曹雪芹在这里第一个就提到湘云,这不是没有缘故的。这个聪明的豪爽不羁有男儿风的姑娘,当她一经想到刘姥姥的话的含义,立即掌不住,把含在嘴里来不及咽下的"一口茶都喷出来",这不是自然不过的吗?而林黛玉,她的笑法就与湘云不同。作者写她连气都笑岔了,上气不接下气,于是"伏着桌子只叫'嗳哟!'"这不就活话出她那娇弱的体态吗?但是,同样也是笑得肚子发疼的探春和惜春,她俩的情态和林黛玉又不一样。作者并没有直接写探春的笑,但是作者写她手里的茶碗甚至都没有来得及放回桌子上而是"合在迎春身上",不就已经很足够地、形象地写出她那笑得前仰后合的情态了吗?而年幼的惜春,既有奶母在旁,当她笑得实在吃不消了的时候,自然就会离开座位,跑过去拉着奶母的手叫"揉揉肠子"了。

至于宝玉,作者也没有直接写他的笑,但却十分合适地写他"滚到贾母怀里",只这一句就很足够地写出这个怡红公子笑不可止以及他在老祖母面前顽皮撒娇的神态了。而贾母的"笑得搂着宝玉叫'心肝'",这动作和语言又是多么恰切地活画出这个贾府的老祖宗这时欢笑的心情和她对宝玉的溺爱!薛姨妈和王夫人的笑也写得很好。如果说,刘姥姥的笑话引得豪爽的年轻的湘云姑娘口里的茶都喷了出来,还未足以说明刘姥姥的话实在可笑的话,那么,连薛姨妈这样在座间属于上辈的人物竟也不能自持,以至于把"口里的茶喷了探春一裙子",就更为充分地写出这笑的力量来了。曹雪芹写王夫人"笑的用手指着凤姐儿却说不出话来",尤其是传神之笔,这不仅写出了她的神情动作,而且还表现出她那心理状态。她许是猜到刘姥姥如此逗笑,是由于凤丫头的促狭吧,但这既然能够博得婆婆的欢笑,又无伤大雅,也就不必深责;何况刘姥姥的话也实在好笑得很,笑的力量这时也压倒了她,于是她便只能"用手指着凤姐儿"而"说不出话来"。这就不仅使读者仿佛听到了她的笑声,看到了她的手势,而且还使读者去联想她当时微妙的内心活动,真是把人物写活了。

以上是座上人们的笑,至于那些不上台面的下人们,作者写他们的笑又与主子们不同。他们何尝不想纵情狂笑,然而在主人们面前,是不允许过分放肆的。于是作者写他们有的便"躲出去蹲着笑的"。"躲出去",以示奴隶、主子身份有别,卑贱的奴隶不得与高贵的主子同堂狂笑;而"蹲着"者,则极言笑得肚子发疼,直不起腰来,被笑征服了也!而那些老成持重一些的婢女,笑了一阵之后,因为没有忘记随时随地为主人服务的责任,所以随即"上来替他姐妹换衣裳",要替姑娘们换衣裳,当然自己就不能仍然笑得前仰后合,否则怎么换法?所以曹雪芹写他们是"忍着笑"。在优秀作家的成功的作品里,为了使得文学描写获得高度的真实感和形象性,就连用词造句都是经过精心选择、过细推敲,而决不是随便乱用的。且看这里"蹲着笑"的"蹲"字、"忍着笑"的"忍"字,以及前面提到的宝玉"滚到贾母怀里"的"滚"字,都是用得十分准确、传神的。

"上上下下都哈哈大笑起来",这是共性,而各人的笑法各有不同,这是个性。曹雪芹在这短短的一段文字中,描写出这许多人物的笑的多样性。他们笑得这样地生动传神,又都笑得这样地合乎人物具体的身份地位和性格逻辑,这是符合文学创作中细节描写个性化的规律的。

恩格斯说得好:"人物的性格不仅表现在他做的什么,而且表现在他怎么样做。"曹雪芹如果只是一般化地写他笔下的人物都在"笑",而没有写出他们各自是"怎么笑"的,那就决不能使他的这段文字描写具有如此强烈的艺术效果。就因为曹雪芹本人对封建贵族家庭,包括对这样的家庭里的日常生活都十分熟悉,凭着他作为一个优秀的作家那种尖锐的眼光,善于深入细致地去观察生活中不同人物不同的思想、性格、言行和体态,又善于通过生动形象的语言文字表现出来,所以他的描写就具有巨大的艺术力量。你看,曹雪芹在这里使用的分明都是一些普普通通的语言文字,但是呈现在读者面前的,却又仿佛是一幅鲜明生动的贵族家庭的饮宴图,使读者仿佛看到和听到了大观园里的人物的活动和他们的声音笑貌。曹雪芹是二百多年前的一位作家,他在这段描写中所展现的人物和生活画面,当然是中国封建时代贵族阶级里所特有的,贵族阶级这种豪华饮宴、寻欢作乐,是建筑在压迫、剥削广大人民的基础上的。这是我们应当认识到的,在我们今天的文学创作里决不能依样画葫芦,生搬硬套的。但是作为我国古代伟大的小说家,曹雪芹观察生活的深入细致,表现生活的具体、形象、生动,这些艺术创作方面的经验和技巧,不是对我们颇有启发,可供借鉴吗?

(《上海文艺》1978 年第 4 期)

第三节　学术论文

一、学术论文概述

(一) 含义

学术论文,又叫科学论文、研究论文,简称论文。它是指对某一学科领域中的问题作比较系统、专门的研究和探讨,表述科研成果的理论性文章。学术论文写作是进行科学研究的重要手段,是科研活动的一个重要环节。学术论文是记录、表述科研过程和科研成果,进行学术交流的重要工具。

(二) 特点

1. 科学性

科学性,指研究者用科学世界观和方法论作指导,以严肃认真的态度,以探索科学真理为目的,对研究对象进行深入的研究,得出符合客观规律、揭示对象本质的结论。科学性是学术论文的生命力所在,也是衡量学术论文价值的重要标尺。学术论文的科学性体现在两个方面:一是陈述内容的科学性,即内容真实、准确,能反映客观事物的本质规律,揭示真理;二是结构和表述科学,即论文结构严谨,材料充实,论据充分,推理严密,论证有力,措辞恰切,行文质朴自然。

2. 创造性

创造性,指学术论文所揭示的事物的属性、特点和得出的结论是首创的,它提出的见解是新颖独到的。学术论文的创造性体现在四个方面:一是"言人之所未言,道人之所难道",选题新颖,创立新说;二是运用新的研究方法,披露新材料,得出新结论;三是纠正前说或错误,延伸研究成果;四是综论前人研究成果,提出问题,指出争论所在,指明争鸣方向,或在实践上深化,取得新进展、新成果。

3. 学术性

学术性,指运用专门性的知识和理论,对某一问题加以研讨,进行去粗取精、去伪存真、由此及彼、由表及里的加工制作,从而完成由个别到一般的飞跃,得出抽象性的结论,使感性认识上升到理论高度,使之专门化、系统化、严密化。学术论文是对某一学科领域的某一问题进行认真的研究,因而还有明显的专业性,表述时较多地运用专业术语和专业名词。

(三) 分类

1. 按研究领域、对象划分

按研究领域和对象,学术论文可分两大类:一是自然科学论文。即科技论文,它是研究自然界物质形态、结构、性质和运动规律的科学论文,用以反映自然科学领域和技术科学领域的研究成果。它注重科学性、实验性和实用性。二是社会科学论文。即以社会现象为研究对象的科学论文,研究并阐述各种社会现象及其发展规律。它注重理论性和社会性。

2. 按写作目的和功能分

按写作目的和功能,学术论文可分两大类:一是一般学术论文。即各个领域的专业和非专业人员,将某学科研究取得的成果撰写成论文,称为一般学术论文。它反映的多是本学科的最新研究成果,体现了学科最新研究水平及其发展方向,具有较高的学术价值和学术交流作用。二是学位论文。即学位申请者(在校大学生、研究生及同等学力人员)为获得相应的学位而撰写的论文。学位论文是考核申请者能否被授予学位的关键,它分为学士、硕士、博士论文三级。

此外,还有按研究方法和内容划分的理论型论文、实验型论文、描述型论文和设计型论文等。

二、学术论文结构和写法

(一) 文题

论文的题目,要准确,要能提起与囊括全文的核心内容。过大过小,均为不妥。另外,论文的题目要简明、新颖、醒目,具有引人注目的效果。

以文科学生的毕业论文为例,题目越具体越好,尽量不用副标题。比如《老舍文学创作的艺术特色》。老舍的主要创作形式有小说和散文,如果两方面都包括,论题的范围大且不说,论述的方法也成问题。因为,即便是一个作家在小说和散文中的艺术特色也不可能完全一致,怎么能放在一起论述呢?这样的标题实际上是一个专著的题目。如果写成一本书,对作家的小说创作和散文创作的评论需要分开来谈,但是作为一篇论文的题目就极为不恰当,这个题目如果改成《老舍小说的艺术特色》或《老舍散文的艺术特色》就比较具体了。

(二) 署名

文题之下要署作者的真实姓名与单位。署名既表明科研成果的归属,同时也表明文责的归属。如果是多人合作的科研成果,就要根据贡献作用的大小来安排署名的顺序。署名不光是对科研成果的一种公开,同时也是对学术责任的一种承担。学术论文如果遇到抄袭他人或被他人抄袭的现象,都要以署名为依据进行查处。在自己的科研成果被别人盗取的时候,署名就成了辨明是非的凭证。

(三) 摘要与关键词

无论是学校规定完成的毕业论文,还是拿到刊物上发表的论文,一般都要求写摘要与关键词。它们的位置虽然在论文正文的前面,但是它们一定是在论文整体完成之后撰写的。

摘要是让读者在阅读正文之前,先对全文内容有一个初步的了解。摘要一般在300字以内。值得注意的是,摘要的内容不是论文小标题的简单重复,而是要用比较精练的语言对全文主要观点和核心内容进行汇总和提炼,既要符合全文的中心,又不重复论文中的语言。它常站在第三人称的角度来写。

关键词是为了文献标引工作,特别是为了计算机自动检索的需要,从论文中选取的起关键作用、代表中心内容,或用以表示全文主要内容信息的词、词组或术语。其作用是便于读者了解文稿的中心内容,便于二次文献的编制,有利于文献进入电脑检索系统,帮助读者又快又准地检索到所需资料。关键词可以从论文标题和内容提要中去选取,也可以从论文正文中寻找,一般选择3～5个既有代表性又有全面性的词或词组,借以显示论文的主要内容,以提高所涉及的概念的深度。关键词不能用句子或过长的词组,也要避免把同义词、近义词并列为关键词;不能用介词、连词、代词、副词和形容词作关键词。

(四) 绪论

绪论,又叫引论、序论、引言,是论文的开头部分。主要阐明选题的缘由、写作的动机、研究的方法及预期的目的,尤其要阐述论文的学术价值,语言应该简洁明了。比较严格的做法,还要回顾前人在这一领域的研究成果,简述本文在前人研究成果的基础上,将有哪些突破等。正规的学术论文,尤其是硕士、博士毕业论文都要有这些内容。一般性的学术论文,在没有明确要求的前提下,这部分内容可以省略。

例如,叶朗发表在《文艺研究》1998年第一期上的《说意境》一文的开头:"本文想谈谈中国传统美学中的一个十分重要的范畴:意境。通过这个范畴,来说明中国传统美学和中国传统艺术的一些特点。"这段绪论开门见山,言简意赅,主要说明了研究的内容、范围。

(五) 本论

本论是论文的主体部分,即正文,论文中的所有论点都在这部分逐一展开论述。这是全文的主干,与论点相关的材料在这里应得到恰当的处理。按照常规,这部分内容至少要有3000字。一般情况下,要根据内容的需要来设计论文的层次,本论至少要分三个层次,可以多于三个,但最好不要少于三个。在大论点之下要有小论点,论点之间有明显的逻辑关系,要层层相扣。本论部分是用有说服力的材料来证明观点,语言要突出论辩性。

关于本论部分,需要注意的是:一是材料的选择要根据论证的需要,占有材料多多益善,而选用材料则应少而精;二是材料的详略要根据论证的需要,说服力强的材料要详写;三是学术论文中的内容,无论是叙述过程还是引用数据,都必须准确无误,科学研究掺不得半点虚假的成分,必须以严谨、科学的态度对待。

值得注意的是,近年来,学术论文有一种不良的学术风气,就是论文越来越让人看不懂,行文中不设小标题,全文一气贯通,没有明显的分段标志。对于初学者来说还是要按部就班,把论文的层次关系明显地标示出来比较好。

(六) 结论

学术论文一定要有结论,即全文的小结。在正文里阐述了哪些问题,在结论里要有个交代。这个小结,不等于对前文各部分标题的简单重复,应该是对所论问题的深化。作者要在对全文论点充分论证的基础上,对全文的核心内容进行高度凝练,并在理论上有一定的升华。这部分内容应该把论文论证的结果,用精粹的语言概括出来,它能集中反映论文的学术水平。另外,在这部分还可以将尚待进一步研究的问题作简要阐述,这能反映作者在这一领域研究的深度与广度,是能体现论文分量的内容。虽然只是提出问题,但绝不是随意拈来,它同样是作者深思熟虑的结果。

(七)注释及参考文献

1. 注释

注释是学术论文中不可缺少的一部分。在作注释时,一定要注意它的科学性,在没有绝对把握的前提下,必须多方查阅,将最为准确、最为确定的注释内容写出来,千万不能存有侥幸心理而随意糊弄。注释能体现作者的治学态度,有些学者专门注意学生的注释,以此来验证其论文的科学价值。

(1)注释的类别

论文写作中,按注释在文中的位置来分,有以下三类。

一是夹注。即指用在行文中间的注释,引用结束即用括号加以注释。当前的论文写作较少使用这种注释。但写作初稿时最好使用这种注释,以方便修改和查证。

二是脚注。即页下注,指在每一书写或打印页的底端对该页所引用的文字出处按照顺序作注解。注序号一般用①②③④……或[1][2][3][4]……标示。为了区别注文与正文,应在正文与注文之间加一条短正线,以示隔离。

三是尾注。即在整篇文章或章节的结尾处,集中对所引文字的出处按照顺序做出注解。脚注和尾注的区别仅在于二者标注的位置不同,注释格式则完全相同。使用尾注可以在篇尾或章尾用"注释"字样提醒标示,再分条列出。

(2)注释的格式

使用脚注或尾注时,要先将文中所引用的文字按照先后顺序依次编序,引文的注序号要在引文结束处标出,并且要标在右上角,然后在页脚(脚注)或文后(尾注)处分条注明出处。

2. 参考文献

写论文时,除了对引文进行注释外,一般还需在文后列出参考文献。参考文献的标准格式与注释的格式大致相同,但是参考书目如果是论著或专著或文集,一般不需要注明页码,因为参考文献要标明的是写作时参考过的书籍或文章,而不是文中所引用的某段文字。

作者所引用的参考文献的篇目宜少不宜多,宜精不宜滥,所引用的文献应是作者在写论文时查阅过的、重要的、有价值的文献,参阅的内容,不一定全文引用,但是对形成论文的观点有很大的影响。参考文献的罗列,同样也能反映作者学术研究的水平。参考文献是与注释完全不同的两个部分。参考文献是注释以外的另一种著述及文章的罗列,一般附于文后。如果文献较多,要分门别类,可以参照参考文献的重要程度依次排列,也可以按照出版年代的顺序排列,一般采用倒序的方式,即年代近的论著放在前边,年代远的放在后边。现在多提倡按作者姓名音序排列。

三、范例选读

端午节古诗词中的诗人情感类别探析

黄珊红　江立员

【摘要】 端午节起源于春秋战国时期,至今有两千多年历史。端午节也是诗人节,诗

是这个传统节日文化的主流。从先秦至清代,诗人们常常以端午为题材,或借端午这个节日来倾诉节日背后的喜乐悲欢或人生体悟,展现了诗人们丰富的内心世界和精神面貌。这类古诗词抒发的诗人情感类别多种多样,或抒纪念屈原之情,或抒怀才不遇之情,或抒借古吊今之情,或抒时光易逝之情,或抒羁旅思乡之情,或抒团聚欢庆之情。

【关键词】 端午节;古诗词;情感

【基金项目】 宜春市社会科学研究"十四五"(2022年)规划项目一般课题"端午节古诗词中的诗人情感类别研究"(项目编号:22SK139)研究成果。

端午节是中华民族千百年来古老的传统节日,另有端阳节、重午节、午日节、中天节、龙舟节、浴兰节、诗人节等二十多个名称。历代文人墨客常常以端午节为创作题材,吟诗填词,抒发情感,写下了诸多脍炙人口、流芳千古的精妙诗词。不同时代、不同诗人、不同人生遭遇及心境抒发的个体情感多种多样、异彩纷呈,这些充满激情的诗篇成为构建中华优秀传统文化的重要元素之一,至今闪烁着迷人的光芒。根据抒情主题侧重点的不同来分类,端午古诗词可分为以下六大类别。

一、抒纪念屈原之情

端午纪念屈原之说最早出自南朝梁代吴均的《续齐谐记》和南朝梁宗懔的《荆楚岁时记》。端午节起源于先秦的夏至节,后"亦因屈原"在这一天投汨罗江以身报国,后人哀其屈死,汉族居住地民众多以吃粽子、赛龙舟来纪念他,而致端午节俗与纪念屈原相联系,成为纪念屈原的节俗,这是历史的造就和民众的选择,文化意义重大。[1]历代诗人也常在这一特殊节日用诗词来抒发自己对屈原的思念和崇敬之情。抒发纪念屈原之情的篇目在端午古诗词中占比较高。……

二、抒怀才不遇之情

屈原素有"存君兴国"之志、治国理乱之能,终因楚怀王昏庸无能,近小人而远君子,他虽想实行"美政",却屡遭贬谪,被逼投江而死,魂归汨罗。在后世诗人眼中,屈原是个悲剧人物,一生壮志未酬。因此,他也成为文人心中失宠贬谪的文化象征。在上千年的历史中,多少才华横溢的诗人受挫于仕途、不容于当朝,一次次的失望、打击、贬谪,将他们原有的满腔热情化为阵阵悲凉与痛苦,难免产生一种被遗弃冷落的孤独感,自感处于荒废边缘。处于这种境地的古代诗人似乎有个共性,即喜欢借人借物来抒发自己的情感,表达自己的愤懑与无奈。而在端午节日,作为标杆人物屈原自然会成为历代诗人倾诉的对象和知音,仿佛他们能从屈原身上找到自己怀才不遇的情感宣泄出口。……

三、抒借古吊今之情

屈原因对国君的虔诚劝谏和对国家命运的深重忧患,使之自古至今享有"忠君爱国"的美誉,成为中华民族爱国主义的精神标榜。他那种将个人身世与国家、人民前途命运融为一体的忧患意识对古代文人影响极为深远。忧患意识是伴随着强烈的社会责任感而产生的,"诗人的心灵充满着忧患,是人类共通情绪的写照。"[2]古代诗人多属于坚定的理想主义者,诚意、正身、修身、齐家、治国、平天下等是他们追求的最高政治理想和人生境界。但政治上成功的诗人毕竟是少数,多数诗人自感人生不得意。特别是政治道路上的失败,对心怀兼济天下之志的古代诗人来说,不仅意味着个人理想的幻灭,也加深了他们对家国前途和人民命运的忧虑,这种忧虑反映在他们的诗词中,就形成了一种极为深广的借古吊今的忧患意识。正如勃兰兑斯所说:"忧患意识普遍存在于中国艺术之中,决定了中国诗词的特别基调。"[3]……

四、抒时光易逝之情

岁月绵长,周而复始,传统节日作为农业社会文明的产物,自产生之初便具有记事的功能。在端午古诗词中,诗人除了抒发纪念屈原、怀才不遇、借古吊今的情怀外,还有些古诗词借端午节日之事来抒发时光易逝的感情。……

五、抒羁旅思乡之情

历来文人都有浓郁的故土情结。"月是故乡明",这是中国人特殊乡土情愫的突出表现。[4]传统佳节本是亲朋好友齐聚一堂、共同欢庆的日子。但也有因各种原因或求学或求仕而客居他乡的诗人不能及时回家与亲友团聚。在周围欢乐的氛围中,他们独自在异乡,因"每逢佳节倍思亲"而写下众多流传千古的诗篇,抒发他们寄居他乡、羁旅思乡之情。历代传统节日诗词中都有这种情况的描绘,端午古诗词中也有不少佳作。……

六、抒团聚欢庆之情

传统佳节带给人们最重要的情感无非是欢乐,在与家人团聚时刻、在参加节日活动之时、在品尝节日美食之时,更多的是享受节日的喜悦。中国人对于家的概念似乎总是那么眷恋,因而在端午佳节,古人更是看重团聚的那份喜悦与满足。……

端午节作为世界非物质文化遗产,是全人类共同拥有的节日文化财富。端午节既有中华传统民俗的丰富内涵,也彰显着伟大浪漫主义诗人屈原的爱国情怀。端午节的古诗词文化表现形式是中华民族特有的。学习、揣摩端午古诗词中诗人丰富的情感世界,全面理解和掌握端午古诗词的意蕴,进而促使全民重视和强化端午节的文化教育,让民众体会传统民俗的丰富内涵,寻找我们共同的精神家园,[5]熟读端午古诗词文化,让其"润物细无声"地传扬于中华大地,借此进一步提升中华民族的文化自信。

【参考文献】略。

第四节 择业文书

大学生毕业后即将面临择业,择业文书的撰写在一定程度上影响着毕业生的就业。好的择业文书是大学生展示自身能力与水平的重要手段。本节将介绍四种主要择业文书。

一、个人简历

(一)个人简历概述

个人简历是对自己的经历(包括学习经历、工作经历等),有选择地加以概括叙述的一种应用文体写作。它是一个人生活经历的精要总结,在一定程度上也是一个人的整体形象的缩影,因而是现代社会人事档案的重要组成部分,也是寻找工作、选拔任用人才等必须具

备的重要资料。其特点是真实性、目的性、精简性。按格式可分为表格式和文字式两种,按载体可分为纸质简历、电子简历两种。

(二)个人简历结构和写法

1. 文字式简历的制作

这种简历的基本内容包括:基本情况、学习和工作经历、求职意向、联系方式、证明材料等基本要素。

① 基本情况:姓名、性别、出生年月、民族、籍贯、学历、学校、专业、身体状况等,这一部分内容一般写在简历的最前边。

② 学习经历:主要列出大学阶段的专业,主修、选修科目及成绩,尤其是要体现与自己所谋求的职位有关的教育科目、专业知识。

③ 工作经历:包括做过哪些社会实践工作,有什么建树或经验教训。

④ 求职意向(也称求职目标):主要表明自己对哪些岗位、行业感兴趣及相关要求。

⑤ 联系方式:同封面所要突出的内容一样,一定要清楚地表明怎样才能找到你,有地址、电话号码、手机号、E-mail 地址等。

⑥ 证明材料:简历的最后一部分一般是列举有关的证明人及附加性参考材料,包括学历证明、获奖证书、专业技术职务证书、专家教授推荐信、所发表的学术论文或著作复印件等。

2. 表格式简历的制作

表格式的简历一般由毕业生所在学校或用人单位根据社会需要而制作,没有统一的模式,表格中一般包括以下内容:求职者的基本情况、爱好特长、求职意向、奖励情况、社会实践(或工作业绩)、自我评价、技能情况、联系方式等。

(三)个人简历写作要求

① 文字要简练,要惜墨如金,避免出现过长段落;多用动词,避免使用第一人称"我",从而避免主观性的语气;以一页 A4 纸为宜,最多不要超过两页。

② 用词力求精确。阐述自己的技巧、能力、经验时要尽可能准确,不夸大也不误导。确信你所写的与你的实际能力及工作水平相同。不要写错别字。

③ 要组织好个人简历的结构,不能出现重复的内容。条理清楚、结构严谨是很重要的。在结构严谨的前提下,要使你的个人简历富有创造性,使阅读者产生很强的阅读兴趣。

④ 详细写出特长。求职者在填写自己的特长时,如果比较模糊和笼统,没有说明到底"特"在哪里,很难就用人单位作出准确判断,也容易产生怀疑。因此,填写时一定要详细。

(四)范例选读

【例文1】

<h3 align="center">个人简历</h3>

姓名:张强	性别:男
出生年月:2003 年 6 月 2 日	民族:汉族
籍贯:山东省某某市	健康状况:良好
毕业院校:某某职业技术学院	专业:物流管理

▲ 知识结构：

主修课：物流基础、营销学、仓储管理学、经济管理学等。

专业课程：电子商务概论、物流学概论、供应链管理、配送与配送中心等。

选修课：商品学、数据仓库与数据挖掘、演讲与口才、普通话等。

实习：六个月。

▲ 专业技能：接受过全方位的大学基础教育，受到良好的专业训练和能力的培养，在物流、营销等领域，有扎实的理论基础和实践经验，有较强的社会实践和研究分析能力。

▲ 外语水平：通过大学英语四级考试，有一定的听、说、读、写能力。

▲ 计算机水平：熟悉 DOS、Windows 2010 操作系统和 Office 2016、熟练掌握 Internet 的操作，掌握 Fortran、Quick-Basic、C 语言等。

▲ 主要社会工作：

小学：班级纪律委员、中队长。

中学：班长、校篮球队队长。

大学：班级团支书、系学生会主席、校篮球队队长、体育协会会长。

▲ 兴趣与特长：

○ 喜爱文体活动，热爱自然科学。

○ 小学至中学期间曾进行过专业的声乐训练，是校合唱团成员，参加过多次重大演出。

○ 中学期间，曾是校生物课外活动小组成员，参加过多次野外实践和室内实践活动。

○ 喜爱篮球运动，曾担任中学校队、大学系队、校队队长，并率队参加多次比赛。曾在××省 CUBA 大学生篮球赛中获得"最佳得分手"称号。

▲ 个人荣誉：

中学：×××优秀团员、三好学生、优秀干部，×××生物竞赛三等奖。

大学：××××年被评为"优秀学生干部"，获得国家二等奖学金、校一等奖学金。

▲ 主要优点：

○ 开朗乐观，有较强的组织能力、活动策划能力和公关能力。

○ 有较强的口头表达能力和人际沟通能力，能与他人和谐相处。

○ 有较强的团队精神，有良好的人际关系，在同学中有较高的威信，善于协同合作。

▲ 自我评价：

勤奋踏实，积极乐观，待人真诚，善于与人沟通，有很强的团队合作精神；工作认真负责，吃苦耐劳，勇于迎接新挑战。

▲ 求职意向：

可胜任应用×××及相关领域的生产、销售工作。也可以从事贸易、营销、管理及活动策划、宣传等方面工作。

联系电话：××××××　　　手机：×××××××××××

联系地址：××市××区××街××号　　邮编：×××××××

电子邮箱：×××＠163.com

证明材料：（略）

【例文 2】

个人简历

姓名	×××	性别	女	出生年月	1998.10.04	照片
学历	大专	民族	汉族	政治面貌	共青团员	
专业	商务英语	身高	170 cm	健康状况	良好	
籍贯	××省××市					
爱好特长	英语、计算机、音乐、围棋					
院校及专业	××学院××应用外语系商务英语专业					
求职意向	外贸跟单员、文员					
奖励情况	2016—2017年度优秀学生奖学金三等奖					
个人简历	2010年—2013年，××××乡初级中学 2013年—2016年，××××实验中学 2016年—2018年，××职业学院					
社会实践	2016年—2017年在国美电器做过手机促销。在中百超市做过各种商品促销及工贸家电的电器促销。参加社会实践工作，锻炼了口才表达能力和与人沟通相处的能力，因此有一定的销售经验。 2016年利用课余时间做过英语家教，更好地锻炼了英语口语表达能力。 2016年在学校附近一家打字复印社从事兼职工作，负责版面内容的编辑与打印，因而能熟练操作各种办公软件，如Word、Excel、PowerPoint等，也锻炼了与人友好相处的能力，培养了耐心、工作责任感。					
自我评价	本人性格开朗，谦虚，自律，自信。学习能力强，能够迅速适应各种工作、学习环境，具备高度的责任心，勤勉不懈，并具有良好的团队精神。通过在校期间三年的专业课学习，具备了良好的英语听说读写能力。能够熟练操作各种办公软件及设备，胜任现代化办公的需求。通过多项社会兼职工作，锻炼了口语表达的能力及与人沟通相处的能力。待人诚恳，人际关系良好，善于沟通，有志为自己的岗位奉献最大的力量。					
英语水平	大学英语六级			计算机水平	二级	
联系方式	地址：(略) 电话：(略)					

二、求职信

（一）求职信概述

求职信也叫自荐信，它是求职者以自我推荐的方式，向用人单位表达求职愿望、陈述求职理由、提出求职要求的一种文书。通过求职信，求职者向用人单位展示自己适合于工作岗位的知识水平、工作能力、精神品格，从而为用人单位了解自己打开一个窗口，为择业的成功打下良好的基础。

求职信往往是无业人员写给用人单位的信。这种信以让对方了解自己、相信自己、录用自己为目的。它的特点主要体现为：自荐性、针对性、祈请性、真实性。求职信的种类繁多,根据求职者的不同身份,可分为毕业生求职信、待业或下岗人员求职信、在岗者求职信;根据求职信息,可分为有明确单位的求职信和无明确单位的求职信;按性质分,有求职信、应聘信和推荐信三种。

(二)求职信结构和写法

求职信与一般书信的格式很相似,一般包括标题、称呼、开头、正文、结尾、附件、落款、联系方式八个部分。

1. 标题

求职信的标题通常只有一种名称,即在第一行中间写"求职信"或"自荐信"三个字,字体不可过于花哨。

2. 称呼

求职者的称呼与一般书信不同,书写时必须正规些。如果写给国家机关或事业单位的人事部门负责人,可用"尊敬的××主任(科长)"称呼;如果写给院校人事处负责人或校长,可称"尊敬的××教授(校长、博士)";如果不知道用人单位的领导姓名及职务,可用"尊敬的领导"代替。总之要尽量用对方容易接受、产生好感的称呼。

3. 开头

如果称呼写的是单位名称,可以简化或省略问候语,直接说明自己写信的目的。表述时应简洁,并能吸引对方看下去。如果称呼写的是"××同志",开头一定要写问候语,然后作自我介绍,如"××公司人事部负责同志:您好!我是……"等。

4. 正文

求职信的核心部分是正文,要求说明求职信的来源、应聘职位、个人基本情况、工作成绩等事项。

如果是应聘信,首先应写明应聘信息的来源渠道,如"得悉贵公司正在拓展省外业务,招聘新人,且昨日又在《×××报》上读到贵公司招聘广告,故有意角逐××营销员一职"。记住不要在信中出现"冒昧""打搅"之类的客气话,他们的任务就是招聘人才,"打搅"又从何说起?如果事先没有明确求职单位,你又很想到某一个单位去工作,但又不知道对方是否招聘人才,你可以写一封自荐信去投石问路,如"久闻贵公司实力不凡,声誉卓著,产品畅销全国。据悉贵公司欲开拓海外市场,故冒昧写信自荐,希望加盟贵公司。我的基本情况如下……",这种情况下用"冒昧"二字就显得很有礼貌。

其次,在正文中要简明扼要地介绍自己与应聘职位有关的学历水平、经历、成绩等,令对方阅读你的求职信之后就对你产生兴趣。但这些内容不能代替简历,较详细的个人简历应作为求职信的附录。

最后,应说明能胜任职位的各种能力,这就是求职信的核心部分。目的无非是表明自己具有专业知识和社会实践经验,具有与工作要求相关的特长、兴趣、性格和能力。总之,要让对方感到,你能胜任这个工作。在介绍自己的特长和个性时,一定要突出与所申请职位相联系的内容,千万不能写上那些与职位毫不沾边的东西。

5. 结尾

结尾部分一般应表达两个意思:一是希望对方给予答复,并盼望能够得到参加面试的机会;二是表示敬意、祝福之类的词句,如"顺祝愉快安康""深表谢意""祝贵公司财源广进"等,也可以用"此致""敬礼"之类的通用词。

6. 附件

求职信有时还要有附件,即能够向对方证明自己能力和水平的相关材料,如履历表(简历)、学历学位证书、各种成绩等级证书、获奖证书、已发表的文章及研究论文复印件等。

附件的书写位置应在落款之上、祝颂语之下。祝颂语下空一行,左侧空两字写"附件"或"附",后加冒号。如附件不是一个,可用阿拉伯数字标注顺序号上下依次排列。

7. 落款

按一般书信格式写出求职人的姓名、写信日期。

8. 联系方式

落款之下左侧空两字,列出通信地址、邮编、电话、电子邮箱等必要的联系方式。

(三) 求职信写作要求

1. 内容真实

写求职信必须实事求是,绝不能伪造材料,脱离实际自吹自擂,也不可夸大其词。经历造假、能力夸大,用人单位一旦发现,往往会立即否决。

2. 优势突出

介绍自己时,要有的放矢,突出自己的优势和长处。因此,在写作前要对该职位应该具备的知识和能力进行深入分析,在此基础上,寻找自身胜任该职位的条件,重点加以突出,让读信人感觉你是该职位的不二人选。不要不管职位,千篇一律地介绍自己的求学经历、工作经历和爱好习惯。

3. 语言谦和

求职者充满自信地介绍自己是必要的,但用语要注意委婉而不隐晦,恭敬而不拍马,自信而不自大。既不能像行政报告,也不能过于热情,有讨好之嫌。在求职信中,可适当地选用一些谦辞、敬辞,如"恳请""敬请""您""贵公司"等。最好能善于使用成语和口语化语言。

4. 行文简洁

求职信仅仅起引荐自己的作用,因此,行文要简洁,对自己的情况介绍不要详细展开,这是简历承担的功能。如果求职信过长,势必影响读信者的工作效率,造成对方的反感,进而影响求职效果。篇幅不宜过长,一般300～500字即可。

5. 书写美观

求职信置于个人简历之前,一般要手写,以示对读信人的尊重。不仅要格式规范,没有错别字,体现写信人良好的文化素养,而且要页面整洁,字迹工整,不涂改,以体现写信人严谨的工作作风。如果手写字体羞于见人,也可藏拙,用打印件,但字体字号及排版也要讲究美观效果,不要作过多修饰。署名则必须手写,以示尊重。

（四）范例选读

求职信

××集团人力资源部：

  我是××职业技术学院计算机系计算机应用专业的学生。我将于今年 7 月份毕业。在校三年的学习期间，本人努力学习，注意培养自己的实践能力。曾连续两年被评为"三好学生"，多次获得"优秀学生干部"称号。曾担任学院计算机协会的负责人，并获得国家计算机中心设置的程序员等级 A 级证书，还在《计算机》杂志上发表论文 2 篇。我的毕业论文《论计算机的程序与应用》被评为优秀毕业论文，并收入我校 2023 届毕业论文集。我深信，只要贵公司能给我提供一个发展自我的机会，我一定能做一个出色的员工。恳请贵公司予以考虑，渴望得到回音。

  此致

敬礼

  附件：1. 个人简历一份

     2. 资格等级证书复印件一份

×××敬上
2023 年 4 月 20 日

联系地址：××市新兴路 208 号计算机系 2020 级 5 班

邮政编码：×××××

电话：13×××××××××

三、竞聘词

（一）竞聘词概述

  竞聘词，又叫竞聘演讲稿，或叫竞聘讲话稿。它是指参加竞聘者为了实现竞争上岗，就自我竞聘条件、未来的施政目标和构想所发表的公开演讲。竞聘演讲越来越有实用价值，引起了越来越多的领域的重视。要想在竞争的年代实现自我奋斗目标，能够做好竞聘演讲是十分重要的，而它的成功又离不开事先的稿件写作。目的的明确性、内容的竞争性、演讲的技巧性是竞聘词的三大特点。

（二）竞聘词结构和写法

1. 标题

有三种写法：一是文种标题法，即只标"竞聘演讲词"；二是公文标题法，由竞聘人和文种构成或竞聘职务和文种构成，如《关于竞聘语文教研组长的演讲》；三是文章标题法，可用单行标题拟制，也可采用正副标题形式，如《扬起自信的风帆——在远帆文学社竞选大会上的演讲》。

2. 称谓

称谓指对评委或听众的称谓。如"尊敬的评委、同志们、朋友们""老师们、同学们"等。

3. 正文

这是全文的重点和核心，应围绕以下几方面来展开。

一是开头。开门见山地叙述自己竞聘的职务和竞聘的缘由,应自然真切、干净利索。

二是主体。先介绍个人简历,简洁地介绍自己的年龄、政治面貌、学历、现任职务等一些情况;再摆出自己优于他人的竞聘条件,如政治素质、业务水平、工作能力等;最后提出自己任职后的施政目标、施政构想、施政措施等。

三是结尾。用最简洁的话语表明自己竞聘的决心、信心和请求。

(三) 竞聘词写作要求

1. 实事求是,明确具体

竞聘演讲就是"毛遂自荐"。自荐,当然要将自己优良的方面展示出来,让他人了解自己。但要注意的是,在展示时,态度要真诚老实,有一份能耐说一分能耐,不能为了自荐成功而说大话、说谎话。

2. 调查研究,有的放矢

竞聘演讲是针对某个岗位而展开的,因此,写作前必须了解竞聘岗位的情况,尤其对当前存在的焦点、难点问题及其存在的根本原因要问清查透,力争找到解决问题的最佳途径,以便在演讲时击中要害,战胜对手。

3. 谦虚诚恳,平和礼貌

竞聘者是通过答辩实现被聘用目的的,只有给人以谦虚诚恳、平和礼貌的感觉,才能被认可和接受。评审人员及与会者不会接受狂妄傲慢、目中无人的竞聘者并委以重任。所以,竞聘词十分讲究语言的分寸,表述既要生动、有风采、打动人心,同时又要谦诚可信、情感真挚。

四、范例选读

竞选班长的演讲词

××学院 王××

同学们:

你们好!

今天,我走上演讲台的唯一目的就是竞选"班级元首"——班长。我坚信,凭着我新锐不俗的"官念",凭着我的勇气和才干,凭着我与大家同舟共济的深厚友谊,这次竞选演讲给我带来的必定是下次的就职演说。

我从没有担任过班干部,缺少经验,这是劣势。但正因为如此,我少的是畏首畏尾的思虑,多的是敢作敢为的闯劲。正因为我一向生活在最底层,从未有过"高高在上"的体验,对摆"官架子"看不惯,弄不来,就特别具有民主作风。因此,我的口号是"做一个彻底的平凡班长"。

班长应该是架在老师与同学之间的一座桥梁,能向老师提出同学们的合理建议,向同学们传达老师的教诲。我保证做到在任何时候、任何情况下,都首先是"想同学们之所想,急同学们之所急"。当师生之间发生矛盾时,我一定明辨是非,敢于坚持原则。特别是当老师的说法或做法不尽正确时,我将敢于积极为同学们谋求正当的权益。

班长作为一个班级的核心人物,应该具有统驭大权的大德大能,我相信自己是够条件的。首先,我有能力处理好班级的各种事务,因为本人具有较高的组织能力和协调能力,凭借这一优势,我保证做到将班委一班人的积极性都调动起来,使每个班委成员扬长避短、互助互补,形成拳头优势。其次,我还具有较强的应变能力,所谓"处变不惊,临乱不慌",将损失减少到最低限度。再次,我相信自己能够为班级的整体利益牺牲一己之私,必要时,我还能"忍辱负重"。最后,因为本人平时与大家相处融洽,人际关系较好,这样在客观上就减少了工作的阻力。

我的治班总纲领是:在以情联谊的同时以"法"治班,最广泛地征求全体同学的意见,在此基础上制定出班委会工作的整体规划;然后严格按计划行事,推选代表对每个实施过程进行全程监督,负责到人,奖罚分明。我准备在任期内与全体班委一道为大家办好七件事:

(1) 借助科学的编排方法,减轻个人卫生值日的总长度和强度,提高效率;

(2) 建立班级互助图书室,并强化管理,提高其利用率,初步解决读书难的问题;

(3) 在得到学校和班主任的同意下,组织旨在了解社会、体会周边人们生存状况的参观访问活动;

(4) 利用勤工俭学的收入买三台处理电脑,建立电脑兴趣小组;

(5) 在班级报廊中开辟"新视野"栏目,及时追踪国内改革动态和风云变幻的国际形势;

(6) 建立班级"代理小组",做好力所能及的代理工作,为有困难的同学代购物件、代寄邮件等;

(7) 设一个班长意见箱,定时开箱,加速信息反馈,有问必答。

我会是一个最民主的班长,常规性的工作会由班委会集体讨论决定,而不是由我一个人说了算。重大决策必须经过"全民"表决。如果同学们对我不信任,随时可以提出"不信任案",对我进行弹劾。你们放心,弹劾我不会像弹劾克林顿那样麻烦,我更不会死赖着不走。我绝不信奉"无过就是功"的信条,恰恰相反,我认为一个班长"无功就是过"。假如有谁指出我不好不坏,那就说明我已经够"坏"的了,我会立即引咎辞职。

同学们,请信任我,投我一票,给我一次锻炼的机会吧!我会经得住考验的,相信在我们的共同努力下,充分发挥每个人的聪明才智,我们的班务工作一定能搞得十分出色,我们的班级一定能跻身全省先进班级的行列,步入新的辉煌!

谢谢大家!

1. 自选感人对象或事件进行采访,写一篇人物性或事件性报告文学。
2. 阅读自己最感兴趣的文学作品,写一篇文学评论。
3. 根据本科毕业论文要求,写一篇学术论文。
4. 撰写一份个人简历、求职信、竞聘词。

主要参考书目

[1] 张继缅,孟繁华.写作简明教程[M].北京:中央广播电视大学出版社,1986.
[2] 董小玉,刘海涛.现代写作教程[M].3版.北京:高等教育出版社,2014.
[3] 尉天骄.基础写作教程[M].北京:高等教育出版社,2010.
[4] 张杰.基础写作[M].北京:中央广播电视大学出版社,2006.
[5] 胡欣.写作学基础[M].3版.武汉:武汉大学出版社,2011.
[6] 马正平.高等基础写作训练教程[M].北京:中国人民大学出版社,2010.
[7] 姚国建.基础写作[M].合肥:合肥工业大学出版社,2005.
[8] 周姬昌.写作学高级教程[M].4版.武汉:武汉大学出版社,2009.
[9] 琚静斋.文学场[M].北京:中央民族大学出版社,2013.
[10] 徐中玉.新编大学写作[M].上海:复旦大学出版,2004.
[11] 唐元明.写作基础与作文评改[M].成都:西南交通大学出版社,2016.
[12] 张伯存,顾玮.基础写作[M].长春:吉林人民出版社,2017.
[13] 梁向阳.基础写作[M].西安:陕西师范大学出版社,2018.